本好きの下剋上

司書になるためには手段を選んでいられません

第五部　女神の化身XI

香月美夜
miya kazuki

TOブックス

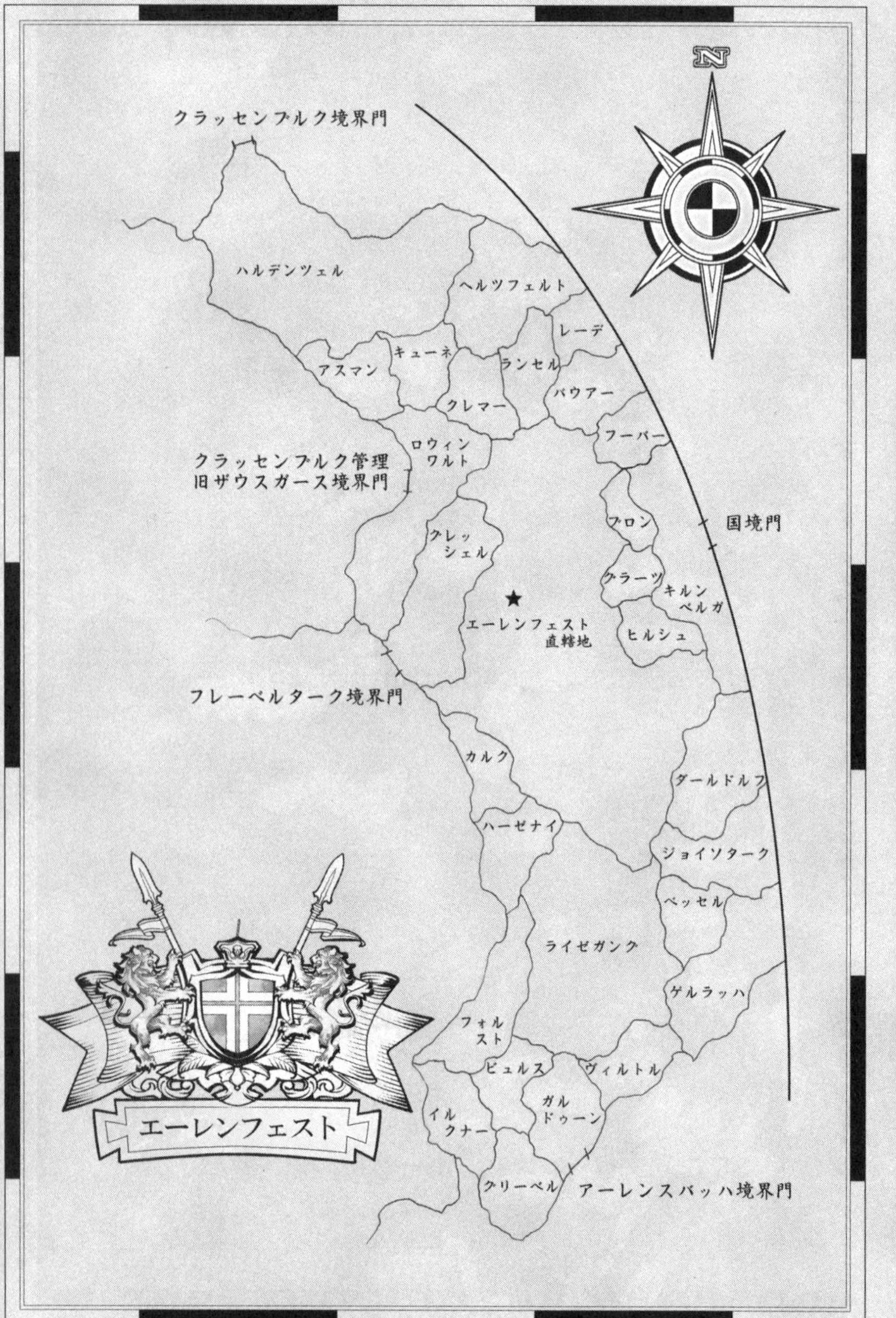

N
クラッセンブルク境界門
ハルデンツェル
ヘルツフェルト
レーデ
アスマン
キューネ
ランセル
バウアー
クレマー
フーバー
ロウィン
ワルト
クラッセンブルク管理
旧ザウスガース境界門
ブロン
国境門
クレッ
シェル
クラーツ
キルン
ベルガ
エーレンフェスト
直轄地
ヒルシュ
フレーベルターク境界門
カルク
ダールドルフ
ハーゼナイ
ジョイソターク
ベッセル
ライゼガンク
ゲルラッハ
フォル
スト
ビュルス
ヴィルトル
ガル
ドゥーン
イル
クナー
クリーベル
アーレンスバッハ境界門
エーレンフェスト

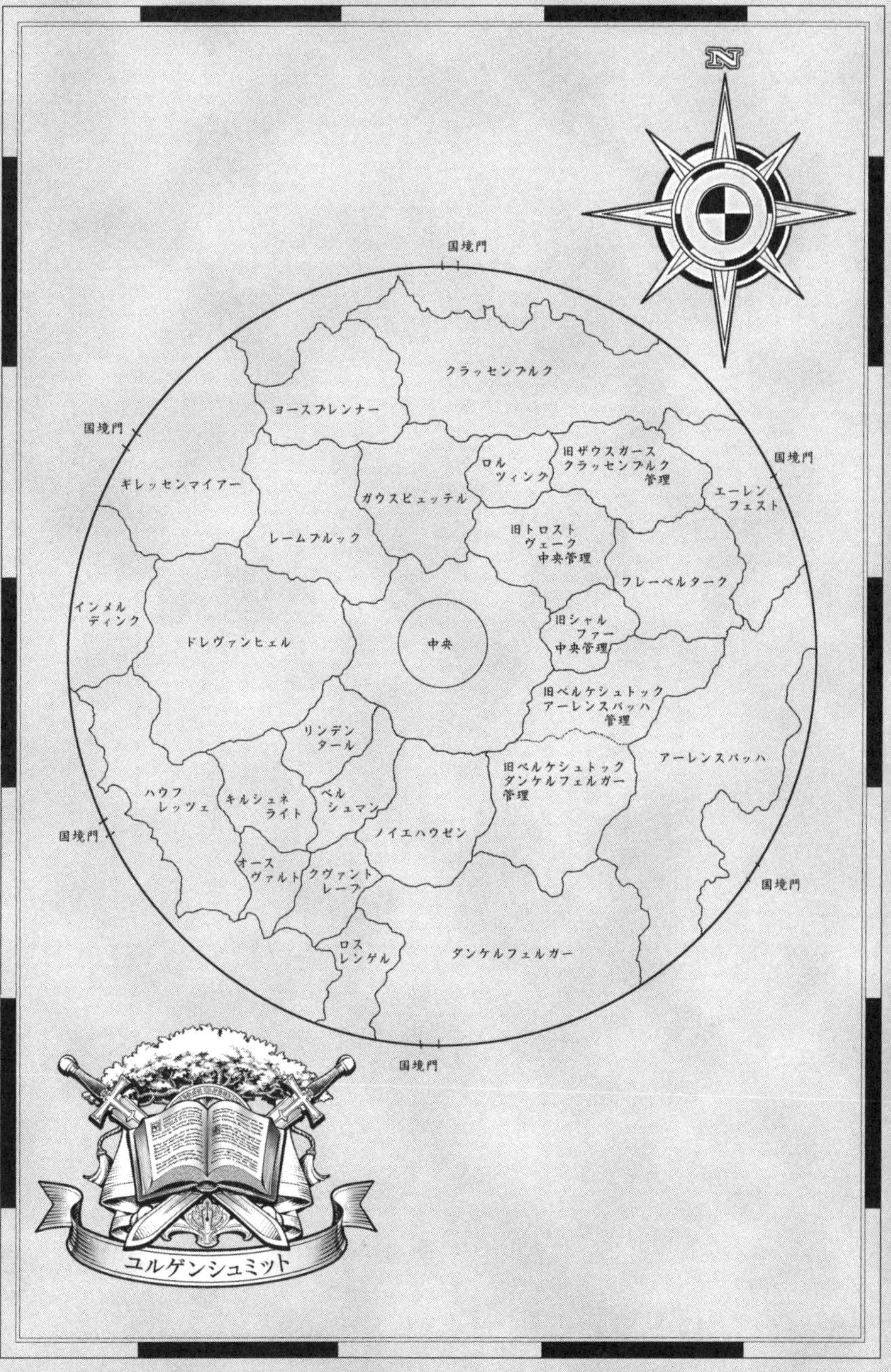
国境門
クラッセンブルク
ヨースブレンナー
国境門
ギレッセンマイアー
ガウスビュッテル
ロル
ツィンク
旧ザウスガース
クラッセンブルク
管理
国境門
エーレン
フェスト
レームブルック
旧トロスト
ヴェーク
中央管理
フレーベルターク
インメル
ディンク
ドレヴァンヒェル
中央
旧シャル
ファー
中央管理
旧ベルケシュトック
アーレンスバッハ
管理
リンデン
タール
アーレンスバッハ
旧ベルケシュトック
ダンケルフェルガー
管理
ハウフ
レッツェ
キルシュネ
ライト
ベル
シュマン
国境門
ノイエハウゼン
オース
ヴァルト
クヴァント
レーブ
国境門
ロス
レンゲル
ダンケルフェルガー
国境門
ユルゲンシュミット

第五部　女神の化身XI

イラスト：椎名　優 You Shiina
デザイン：ヴェイア Veia

登場人物

第四部あらすじ

貴族院におけるローゼマインは、最優秀で問題児。祝福で魔術具の主になったり、大領地とディッターをしたり、王族に恋の助言をしたり、黒の魔物を倒したり、採集場所を癒やしたり……。そんな中、フェルディナンドの出生の秘密を知る中央騎士団長の進言によって、婿入りの王命が出された。それを受け、フェルディナンドはアーレンスバッハへ旅立った。

ローゼマイン
主人公。神様の力で成長して成人前後くらいの見た目になったが、中身は特に変わっていない。本を読むためには手段を選んでいられません。貴族院の四年生。

ヴィルフリート
ジルヴェスターの息子。ローゼマインの兄で貴族院四年生。

エーレンフェストの領主一族

ジルヴェスター
ローゼマインを養女にしたエーレンフェストの領主でローゼマインの養父様。

フロレンツィア
ジルヴェスターの妻で、三人の子の母。ローゼマインの養母様。

シャルロッテ
ジルヴェスターの娘。ローゼマインの妹で貴族院三年生。

メルヒオール
ジルヴェスターの息子。ローゼマインの弟。

ボニファティウス
ジルヴェスターの伯父。カルステッドの父。ローゼマインのおじい様。

フェルディナンド
エーレンフェストの領主一族。王命でアーレンスバッハへ行った。

ローゼマインの側近

オティーリエ
ローゼマインの筆頭側仕え。ハルトムートの母。

ベルティルデ
上級側仕え見習い一年生。ブリュンヒルデの妹。

リーゼレータ
中級側仕え。アンゲリカの妹。

グレーティア
中級側仕え見習いの五年生。名を捧げた。

ハルトムート
上級文官で神官長。オティーリエの息子。

クラリッサ
上級文官。ハルトムートの婚約者。

ローデリヒ
中級文官見習いの四年生。名を捧げた。

フィリーネ
下級文官見習いの四年生。

コルネリウス
上級護衛騎士。カルステッドの息子。

レオノーレ
上級護衛騎士。コルネリウスの婚約者。

アンゲリカ
中級護衛騎士。リーゼレータの姉。

マティアス
中級護衛騎士。名を捧げた。

ラウレンツ
中級騎士見習いの五年生。名を捧げた。

ユーディット
中級護衛騎士見習いの五年生。

ダームエル
下級護衛騎士。

中央の関係者

トラオクヴァール……ツェント。
ラルフリーダ……ツェントの第一夫人。
マグダレーナ……ツェントの第三夫人。
ジギスヴァルト……第一王子。
アドルフィーネ……ジギスヴァルトの第一夫人。
アナスタージウス……第二王子。
エグランティーヌ……アナスタージウスの妻。
ヒルデブラント……第三王子でマグダレーナの息子。
ラオブルート……中央騎士団長。
ソランジュ……貴族院図書館の中級司書。
シュバルツ……貴族院図書館の魔術具。
ヴァイス……貴族院図書館の魔術具。
イマヌエル……中央神殿の神殿長。

神様

メスティオノーラ
風の眷属神で英知の女神。

エアヴェルミーン
元神様。始まりの庭の白い木。

ブリュンヒルデ
元ローゼマインの側近でジルヴェスターの婚約者。

リヒャルダ
元ローゼマインの側近でジルヴェスターの上級側仕え。

エーレンフェストの貴族

カルステッド……騎士団長でローゼマインの貴族としてのお父様。
エルヴィーラ……ローゼマインの貴族としてのお母様。
エックハルト……フェルディナンドの上級護衛騎士。カルステッドの息子。
ユストクス……フェルディナンドの側仕え兼文官。リヒャルダの息子。
ラザファム……フェルディナンドの下級側仕え。

ダンケルフェルガーの貴族

ジークリンデ……領主の第一夫人。
レスティラウト……領主一族で次期領主。
ハンネローレ……領主候補生で貴族院四年生。
ハイスヒッツェ……ダンケルフェルガーの上級騎士。

その他

ジェルヴァージオ……ランツェナーヴェ王。

アーレンスバッハの貴族

ゲオルギーネ……先代領主の第一夫人でジルヴェスターの姉。故人。
ディートリンデ……前領主一族。ゲオルギーネの娘。
レティーツィア……前領主一族。先代領主の孫で養女。
アルステーデ……上級貴族。ゲオルギーネの娘でディートリンデの姉。
シュトラール……フェルディナンドの上級護衛騎士。元騎士団長。
ゼルギウス……フェルディナンドの上級側仕え。

第五部　女神の化身XI

プロローグ

エーレンフェスト寮の会議室の扉が開くと、情報交換を兼《か》ねて夕食を摂《と》っていた領主一族が次々と出てきた。廊下にはそれぞれの側近達が待機している。彼等《ら》は食堂で夕食を終えた者達だ。この後、給仕をしていた側仕《そばづか》えや会議室の護衛をしていた騎士達が食事を摂ることになる。

「フェルディナンド様はこれから離宮へ戻るのでしょう？　戦いは終わったのですから無理をせず、今夜はきちんと休んでくださいね」

「君もよく休んで、明日は木札の暗記と奉納舞《ほうのうまい》の稽古《けいこ》に励《はげ》みなさい」

フェルディナンドとローゼマインが挨拶する側で、フロレンツィアとシャルロッテも挨拶を交わす。領主夫妻はこれから転移陣で城へ戻るそうだ。

「寮の采配《さいはい》はシャルロッテに任せますね。寮からの連絡は早急に届けるように命じています。何かあれば知らせてくださいい」

「えぇ、お母様。お任せください。……お姉様、一緒にお部屋へ戻りましょう」

銀色の布に包《くる》まれてアンゲリカに抱えられたローゼマインと、シャルロッテが連れ立って階段のある玄関ホールへ向かって移動し始めた。それに合わせて二人の側近達もぞろぞろと動き始める。

二人の後ろについて歩き、玄関ホールから中央棟へ出ようとしていたフェルディナンドを引き留めたのは、彼の側仕えのラザファムだった。

「フェルディナンド様、今夜はこちらでお休みいただけませんか？　その……明日には必ず片付けて、私は戻りますから」

ラザファムは早朝からユストクスに呼びつけられ、寮へ移動して部屋を整えた。けれど、フェルディナンドは「今後も食事時以外は離宮で過ごすので、ラザファムは寮の部屋を片付けて引き上げろ」と命じた。ここ一年半ほど離れていて、主《あるじ》のために動ける機会が少ないラザファムならば今夜だけでもと言いたくなるかもしれない。だが、普段の彼はそういう自己主張をせずに、主の命令に粛々《しゅくしゅく》と従う。ラザファムの言葉に他者の意図を感じてフェルディナンドは眉を顰《ひそ》めた。そこにユストクスが「まぁまぁ」と言いながら割って入ってくる。

「良いではありませんか、一晩くらい。カルフィーンの眷属《けんぞく》を罠《わな》にはめるならば、隙《すき》を見せることも必要だと思いますよ」

カルフィーンはアーレンスバッハの紋章に使われている動物だ。その眷属とはアーレンスバッハの前領主一族に忠誠を誓う貴族を指している。彼等に対する試金石を準備したのは事実だが、ユストクスの仲裁《ちゅうさい》があまりにもわざとらしい。一体何を企《たくら》んでいるのか。

「それに、彼も姫様に内緒の話があるようですよ」

ユストクスに示された先では、ローゼマインの一行から一人だけそっと離れたハルトムートがこちらの様子を窺《うかが》っていた。

「フェルディナンド、内緒話ならば其方《そなた》の部屋でしろ。ラザファムに二階の部屋を準備させたのは私だ。我々の気遣《きづか》いを無駄《むだ》にするのではない」

ジルヴェスターまでニヤニヤと笑いながらフェルディナンドの肩を軽く叩《たた》き、彼等の後押しをする。「アウブとしてもう少し警戒するなり、一線を引くなりすべきだ」という言葉をフェルディナンドはすんでのところで呑《の》み込んだ。彼はすでに領地を出ている身だ。アーレンスバッハの執務を担《にな》っている以上、少なくとも彼自身はその意識でいる。アウブらしく一線を引けと思う反面、兄として自分を信用し、まだ自領の者として扱ってくれることを面映《おもは》ゆくも嬉《うれ》しく思う。

「……仕方がない。ハルトムートの話を聞くためだ」

その場にいる者達を一睨《ひとにら》みした後、フェルディナンドは離宮へ戻らず寮の階段を上がった。

寮の二階には男性の部屋が並んでいる。北側に下級貴族や中級貴族の大部屋があり、南側に領主一族やその側近の部屋がある。南東の一番広い部屋を領主が、その隣の部屋を次期領主が使うことになっている。フェルディナンドの部屋は貴族院時代から領主の部屋と反対の南西と定められていて、今日も同じ部屋が準備されていた。

自室に入ると、何故《なぜ》か部屋が暖かい。暖炉《だんろ》に火が点《つ》いていて、薪《まき》の爆《は》ぜる音がした。泊まる予定がないのに、ラザファムが無駄に薪を使うとは思えない。何が何でもユストクスは主を寮に泊めるつもりだったようだ。フェルディナンドは勝手な行動をする側近をジロリと睨んでみたが、ユストクスは飄々《ひょうひょう》とした笑みで受け流すだけだった。

……まったく。

「ラザファム、お茶の準備を頼みますね。私とエックハルトは側近部屋で食事をしてきます」

「かしこまりました。お任せください」

嬉々《きき》として主の世話を焼くラザファムの近くで、ハルトムートが珍しそうに部屋の様子を見回していた。貴族院の寮では側近であっても男性は三階にあるローゼマインの部屋に入れないので、この部屋の作りを見て色々と想像しているに違いない。

「座りなさい」

ハルトムートが「恐れ入ります」と席に着くと、すぐにラザファムがお茶を淹《い》れてくれる。それを一口飲めば、フェルディナンドは体からふっと強張《こわば》りが取れた気がした。

「それで、話とは何だ？」

「ローゼマイン様の側仕えの移動についてです。鐘一つ分もあれば、準備が整うとお話をされていたようですが、彼女達の移動は明日にしていただけませんか？　リヒャルダ達が準備した生活用品があるので、すぐに側仕えが合流しなくてもローゼマイン様に不都合はございません。夜中の移動は危険です」

「この時間から移動させるのは大変だが、できるだけ早く合流させた方が良い。今のアーレンスバッハに、戦闘能力のないローゼマインの側仕えを残しておく方が危険だ。其方もそれは理解しているであろう？」

ハルトムートの言葉に理解を示しつつ、フェルディナンドは指先で軽くこめかみを叩く。

ローゼマインに言うことを聞かせるために、城に残っている側仕えを人質《ひとじち》に取ろうとしている者がいると情報が入った。ディートリンデに味方していた貴族の一部らしい。彼等とそれを抑える者達の動きを観察し、フェルディナンドはアーレンスバッハ貴族の今後の扱いを決めるつもりだ。

だが、それに側近が巻き込まれると、ローゼマインが暴走して後々非常に厄介《やっかい》なことになる。そのためにも、ローゼマインの側近は早急に城から出したい。

「それでも、今は北の離れでレティーツィア様とその側近に守られているので、今夜はそちらで過ごす方が安全でしょう。護衛を付けるにしても、城に残っているアーレンスバッハの騎士は信用に値しません。夜に移動させる方がよほど危険だと考えます」

ディートリンデ達を捕縛《ほばく》するために貴族院へ向かう際、彼女達の味方でフェルディナンドの命令に即座に沿えない騎士は城に置いてきた。つまり、今の城には碌《ろく》な騎士がいない。それだけではなく、ハルトムートはアダルジーザの離宮で捕虜《ほりょ》の尋問《じんもん》もしていたので、周囲にいた騎士達の態度も考慮《こうりょ》に含めているはずだ。

「明日には私やコルネリウスも自分の荷物を取りにアーレンスバッハへ行くので、その時に彼女達を護衛しながら戻ってきたいと思います」

「好きにせよ」

フェルディナンドはあっさりと許可を出した。正直なところ、彼は王族との話し合いやその先に行う儀式の根回しで非常に忙しい。ローゼマインの感情が乱れると困るから配慮しているだけで、側近の問題を側近同士で片付けてくれるならば言うことはない。あまり余計なことに時間や気を回したくないのが本音だ。

「ハルトムート、本題は何だ？　まさかこれが本題ではなかろう？」

「ローゼマイン様は側近を大事にするので、これも本題ですよ」

苦笑しつつ、ハルトムートは一度お茶を飲んだ。ほぅと一つ息を吐いて、懐《ふところ》から魔紙を取り出し、スティロを手にする。

「グルトリスハイトの授与《じゅよ》について詳細を知りたいです。中央神殿のカーティスと共に調べましたが、記載がどこにも残されていません。ツェントの就任式の記述はあるのですが、女神の化身が奉納舞を行って新しいツェントにグルトリスハイトを与える神事の記載は見当たりませんでした」

「さもありなん。ユルゲンシュミットの長い歴史上で王族がグルトリスハイトを失うなど前例がない。再びグルトリスハイトを女神の化身が与える神事など存在せぬ」

元々はメスティオノーラの書を自力で得ることがツェントの条件であり、その記載量でツェント候補達は資質を競《きそ》った。メスティオノーラの書は自力で得る物なので、女神の化身が王族にグルトリスハイトを与える神事など歴史上あり得ない。

「では、フェルディナンド様はどのような儀式を想定しているのでしょうか？　ローゼマイン様に奉納舞をさせると伺《うかが》っていますが、儀式の流れと目的を教えていただけませんか？」

非常に特殊な神事だと耳にしても全く動じずに自分の役目を果たすハルトムートの姿に、フェルディナンドは満足の頷《うなず》きを一つ見せた。

「入場したらローゼマインが奉納舞で選別の魔法陣を光らせ、始まりの庭へ行く道を開く。始まりの庭へ行って戻ってきたら、メスティオノーラの化身として新しいツェントにグルトリスハイトを授《さず》ける。最後に授けられたグルトリスハイトを新しいツェントが皆に見せる。最後の流れは就任式と同じで良いと思っている。詳細は王族との話し合いの後で改めて伝えるつもりだ」

誰が新しいツェントになるのかによって神事の流れに多少の変更が生じる可能性が高いため、今の時点で神事の詳細を決めることはできない。ツェント候補者を思い浮かべ、フェルディナンドは軽く息を吐いた。自分の思い通りに進むだろうかと考え、思う通りに進めるのだと思い直す。ローゼマインもエーレンフェストも自分自身も、二度と王族の良いように動せないようにするのだ。

ハルトムートは流れを書き留める中で、面倒事を見つけたように目を細めた。

「これを就任式と同じ名称で記録すると紛《まぎ》らわしいです。歴史上に前例がなく、今後も行われることのない儀式ならば、名称をグルトリスハイトの継承《けいしょう》の儀式などにしてツェントの就任式と分けておいた方が良いかもしれません」

中央神殿で神事の記録を探したハルトムートらしい意見に、フェルディナンドは「継承の儀式でよかろう」と頷いた。名前など何でも良い。

「今回の儀式の目的は選別の魔法陣を完全に作動させて、正当なツェントを見出《みいだ》す神事を蘇《よみがえ》らせること。ついでに、わずかに光らせた程度のディートリンデでは全く能力が足りていなかったことを周知することだ。未《いま》だにアレを次期ツェント候補と考えている貴族がいるようだからな」

ディートリンデとの関わりが少なくて彼女の愚《おろ》かさを理解しておらず、大領地アーレンスバッハに反論できない中小領地には、素直に中央神殿の言い分を信じている貴族もいる。そのような勘違いは訂正しておかなければならない。

「それと、ローゼマインの神秘性と特異性を他領の貴族達の脳味噌《のうみそ》に刻みつけることだ。未成年の女性アウブを特例として認めさせるためには有無を言わせない状況を作っておいた方が良い」

神秘性に目を向けさせることで新しいツェントに与えるのがグルトリスハイトの魔術具であることを悟《さと》らせないという目的もある、とフェルディナンドは心の中で付け加えた。

「目的は理解しましたし、共感します。必ずやローゼマイン様を完璧《かんぺき》な女神の化身として演出してみせましょう」

目を輝かせてやる気になっているハルトムートを見て、フェルディナンドは軽くこめかみを叩く。張り切り方が少々不安だが、彼には儀式の打ち合わせにまで手を出す余裕《よゆう》はない。ハルトムートに任せるしかないのだ。

……どうしても嫌ならばローゼマインが自分でハルトムートを止めるであろう。

名を受けた者が手綱《たづな》を握れば良いと判断し、フェルディナンドは一言の注意だけで自分の意識から継承の儀式の準備を消し去った。

「ローゼマインに儀式自体を拒否されると面倒なので、くれぐれもやり過ぎには注意せよ。これで話は終わりだな？」

「フェルディナンド様、早々に追い出そうとしないでください」

「ならば、ラザファム。お替わりを」

まだ話があるならば仕方がない。話題が一区切りしたところでフェルディナンドはラザファムにお茶のお替わりを淹れさせる。そこに手早く食事を終えたエックハルトとユストクスが側近部屋から出てきた。二人は護衛騎士と文官としての定位置につく。

「何のお話をしていらっしゃるのですか？」

「城に残っている側仕えの移動と継承の儀式についてだ。大した話ではないので、後でラザファムから聞けば良い」

ユストクスに対する答えに、ハルトムートが「重要な話ですよ」と文句を言う。それをフェルディナンドは鼻で笑った。

「重要とはいえ、其方がローゼマインから離れて私の部屋にわざわざ来るほどの話題ではなかろう。いい加減に本題に入れ」

ハルトムートの顔からスッと笑みが消えた。橙色《だいだいいろ》の目が真剣な光を帯びてフェルディナンドをじっと見つめる。誤魔化《ごまか》しも逃げることも許さないと言わんばかりの顔に、フェルディナンドはわずかに唇《くちびる》を歪《ゆが》めた。アーレンスバッハへ移動してから一年半の間にずいぶんとハルトムートも成長したものだと思う。

「では、ローゼマイン様に女神が降臨した影響について詳細を教えてください」

「何があった？」

「側近との距離感が以前に戻ったように思えます。それから、こちらはレオノーレからの情報ですが、ローゼマイン様が移動に騎獣《きじゅう》を使いたいとおっしゃったそうです」

フェルディナンドはわずかに眉を動かしたが、口を挟まずに先を促《うなが》した。

「当然使えると考えているようで、魔石に恐怖を感じている様子ではなかった、と。まるで魔石を怖がっていたことを忘れているように見えたと聞きました」

戦闘中の危機が迫った状態でも魔石への恐怖を消せなかったのに、戻ってきた途端《とたん》に騎獣を使いたいと言われれば、側近達が違和感を抱くのは当然だ。

「……やはりそうなったか」

「フェルディナンド様は事情をご存じなのですね。ならば、ローゼマイン様に何が起こったのか、お話しください」

ハルトムートに促され、フェルディナンドの脳裏《のうり》には英知の女神がローゼマインの記憶に干渉《かんしょう》したと話した時の記憶が広がった。

◆

英知の女神メスティオノーラはローゼマインに降臨し、エアヴェルミーンに手ずから神の御力《おちから》を分け与え、新しいツェントの選出に口を出して様々なことを取り決めた。

「では、わたくしは戻るので、マインがこちらに戻って来られるように呼びかけてちょうだい」

……ようやくか。

フェルディナンドはその言葉が間違っても口から漏《も》れないように呑み込んだ。英知の女神が戻る様子を見せなかったため、最悪の場合はローゼマインが神々の世界に捕らわれたままになるかもしれないと考えたくらいだ。呼びかければ戻ってこられるらしいとわかって安堵《あんど》したが、それはほんの一瞬のことだった。

英知の女神がフェルディナンドを見ながら愉《たの》しそうに唇の端を上げた。そこに含まれる悪意を読み取って、フェルディナンドは身構える。英知の女神の立場からすると、自分がいかに疎《うと》ましい存在なのか自覚があるからだ。

ユルゲンシュミットに伝わっている神話が正しければ、英知の女神メスティオノーラにとってエアヴェルミーンは、父親である命の神エーヴィリーベから母親やその眷属、自分の命を救ってくれた恩人だ。

そして、フェルディナンドは正しい道を通らずに上空から直接始まりの庭に飛び込み、メスティオノーラの書を得たにもかかわらずユルゲンシュミットの礎《いしずえ》の魔術を染めなかった。ユルゲンシュミットの魔力枯渇《こかつ》とエアヴェルミーンの消失が刻一刻と近付いているのに、ローゼマインとの殺し合いもせず、ジェルヴァージオの妨害をするのだ。エアヴェルミーンを慕《した》う英知の女神に好かれるはずがない。

「呼びかけるのはテルツァの方が良いかしら？　クインタでは声がマインに届かないかもしれませんもの」

軽い威圧を自分に向けられるくらいならばフェルディナンドは耐えられる。だが、その悪意にローゼマインも巻き込まれたことに歯噛《はが》みしたい気持ちになった。英知の女神は「クインタを助けてほしいと、エアヴェルミーンの怒りを鎮《しず》めてほしいと望まれました」と言ったが、怪しいものだと思う。

ローゼマインは魔力飽和《ほうわ》を避けるために魔力を放出しただけだ。たったそれだけである。祝詞《のりと》も唱えていなければ、魔法陣を描いたわけでもない。呼んでもいないのに勝手に降臨してきたとしかフェルディナンドには思えなかった。エアヴェルミーンを見つめる女神の表情を見れば、どれだけ慕っているか一目でわかる。

……下界に降りたくて仕方がない時に、ちょうど良い存在を見つけただけではないか？

だが、同時に女神の図書館につられて考えなしに「わたくしの体くらい、いくらでもお貸しします」と飛びつくローゼマインの姿も容易に想像できた。

……安請け合いをするのではない、あの馬鹿者！

きつく拳《こぶし》を握りながらフェルディナンドは「マインに声が届かない」の意味を考える。神話の中で神に助力を得る際の代償に関する記述を思い出し、ヒュッと喉が鳴った。

「ローゼマインに何をしたのですか⁉」

英知の女神はエアヴェルミーンの肩に座った状態で彼を見下ろして少し首を傾《かし》げた。ローゼマインと同じ顔なのに、言動が違うせいで同一人物に見えない。

「体を貸してもらいやすいように少し精神的に干渉しました。体を借りている間、わたくしの図書館にいてもらうため、読書に対する執着《しゅうちゃく》より深く心の内に入り込んでいる記憶への繋《つな》がりを断ったのです。マインはずいぶんと喜んでいたから、もしかすると記憶を断つ必要はなかったかもしれませんけれど……神に助力を願ったのですもの。多少の犠牲《ぎせい》はつきものでしょう？」

きつく眉を寄せるフェルディナンドの反応を愉しそうに見ながら英知の女神はフフッと笑う。

……最悪の予想より犠牲は少ないな。

普通の人間にとっては、ほとんどの記憶がなくなりかねない大変な事態に違いない。だが、ローゼマインは信じられないくらいの本好きだ。読書より大事にしている存在は多くない。ほとんどの記憶が残っているとフェルディナンドは思った。

「記憶の断たれた者の声はわたくしの図書館にいる者に届かない可能性が高いのです」

……それはローゼマインから私の記憶を断つために行ったのか？

日常的に祈りを捧《ささ》げているローゼマインや、ツェント就任に意欲的なジェルヴァージオに比べると、フェルディナンドは女神にとってさぞ腹立たしくてならない存在だろう。だが、その嫌がらせにローゼマインを巻き込まないでほしいものだ。

「……一度断たれた記憶を繋ぎ直す方法はあるのですか？」

「忘れられた者がマインに魔力を流せば、その者に関する記憶が繋がります。けれど、記憶が断たれているならば、見知らぬ者の魔力を流されることに拒否感を示すでしょうね。無断で魔力を流されればマインはどう感じるかしら？」

英知の女神の言葉に、フェルディナンドは軽くこめかみを叩いた。先程エアヴェルミーンに御力を流そうとした女神を止めたことに対する当てこすりに違いない。

「マインが目覚めたとしても、見知らぬ者の記憶を取り戻したいと願うかしら？　必要ないと言われたら、クインタはどうするつもり？　嫌がるマインに無理に流すのかしら？　それとも、記憶の欠如《けつじょ》を説明して自分の魔力を受け入れてほしいと請うのかしら？　まさか無断で流すような野蛮な真似《まね》はしないでしょうね？」

……それが女神にとって渾身《こんしん》の嫌がらせか？

全く考慮に値しない。フェルディナンドはメスティオノーラの書を写すために特に何の説明もせずに同調薬と液状魔力を使ってローゼマインの魔力を染めたところである。ローゼマインを呼び戻し、記憶を戻すために無断で魔力を流すことに何ら躊躇《ちゅうちょ》はない。野蛮と言われたところで、さもありなん。フェルディナンドは痛くも痒《かゆ》くもない。それより、情報収集の方が大事だ。

「……魔力を流す以外に記憶を取り戻す術《すべ》はないのですか？」

「まぁ、わたくしがそれを教えると思って？」

……ほぅ、否定はしないのか。

もし他に何の方法もなければ、英知の女神はそのことを得意顔で突きつけると思われる。その方がフェルディナンドに対する嫌がらせとしては効果的だ。神話の中で神々の悪戯《いたずら》や呪《のろ》いを消す方法がなかったかと記憶を探るフェルディナンドの険しい表情に、英知の女神は満足したらしい。

「クインタはマインの中から貴方《あなた》に関する記憶がなくなっているのと、残っているのとどちらを望んでいるのかしら？」

毒を含んだ笑みを向けた後、英知の女神は神々の世界へ戻った。ローゼマインの体がエアヴェルミーン様の肩からゆっくりと落ちていく。

「ローゼマイン！」

フェルディナンドは走り寄ってその体を抱き留めた。その瞬間、思わず顔を顰《しか》める。ローゼマインは完全に魔力を染め替えられていた。まるで他者に触れられることを拒絶するように女神の御力を放っている。そのせいで女神が消えてもローゼマインの体とは思えなくて腹立たしい。

「ローゼマイン、聞こえるか?」

フェルディナンドが呼びかけても、全く反応がない。女神の言い分が正しいならばフェルディナンドに関する記憶が断たれているに違いない。彼はそう判断し、ローゼマインの手を握って魔力を流す。

だが、思わぬ反発に遭《あ》い、彼の魔力は跳ね返された。先日は同調薬と少しの液状魔力で簡単に染められたのに、今は魔力が拒絶されている。女神が降臨したことで、フェルディナンドにとっては自分と同質で警戒する必要のなかったローゼマインが完全に異質な存在になってしまった。

……忌々《いまいま》しい。

この場に同調薬があれば魔力を通して染め直すのが楽だったはずだが、戦場に必要な物ではないので今は持っていない。フェルディナンドは勝手に染め替えた女神だけではなく、考えなしに体を貸したローゼマインにも怒りを覚えつつ、今度はシュタープを握らせて更に強く魔力を流し込んだ。

「ローゼマイン、早く戻れ」

ほんのわずかに魔力の繋がった感触がした。フェルディナンドは更に魔力を流し込み、その繋がりをじわじわと広げていく。それでも、ローゼマインは彼の呼びかけに答えない。

……本当に魔力を繋げることで記憶が戻るのか? 英知の女神がローゼマインを神々の世界に取り込もうとしている可能性はないのか?

嫌な予感が胸を過《よぎ》る。他に少しでも染めやすい魔力の流し方がないかとフェルディナンドが記憶を探る中、ジェルヴァージオの問いに答えるエアヴェルミーンの声が耳に留まった。

「神の定めに従うべきだ。メスティオノーラが戻ったのだからマインの意識がこちらへ戻れるように何らかの手を尽くすまで待てば良い」

人間と違って神は嘘《うそ》を吐《つ》かない。重視するのは人と神との約束だけだ。歴史がそれを証明している。約束を守るためには女神も動かなければならない。

……ならば、私はこのまま魔力を流しながら、女神の図書館にいるローゼマインに声をかけ続けるしかない。

腹を括《くく》った瞬間、フェルディナンドは今のローゼマインの状態に引っかかりを覚えた。女神の図書館にいて、読書より重要な記憶がないのである。

……まさか記憶の有無は関係なく、ローゼマインが読書に集中しているせいで私の声が聞こえていないだけではあるまいな？

もはや記憶を断たれていて声が届かないのか、読書中で聞いていないだけなのかフェルディナンドには判別できなかった。女神の図書館では誰もローゼマインの肩を揺さぶったり、本を閉じたりできない。ローゼマインが戻ってこられるかどうか怪しくなってきた。魔力の反発をねじ伏せる勢いでフェルディナンドはシュタープに魔力を込める。

「ローゼマイン、……ローゼマイン！」

「うひゃっ⁉　な、何事ですか⁉」

明らかに読書に集中しすぎていて周囲の声を聞いていなかったと判断できる呑気《のんき》な声に、フェルディナンドの心中では安堵より怒りが上回った。

「やっと聞こえたか……。さっさと戻れ、ローゼマイン。さもなくば、君の大事なものが順番に消えることになるぞ」

脅《おど》しつければ、ローゼマインが「女神様、体を返してくださいませ！」と叫ぶ声が脳内に直接伝わってくる。だが、それに対する女神の返事はフェルディナンドに伝わってこないし、それきりローゼマインの声が途切れて再び何の反応もなくなった。

ローゼマインが目を覚ますまで、正確にはメスティオノーラではなくローゼマインらしい反応があるまでフェルディナンドは気が気ではないままシュタープで魔力を流し続けた。

◆

……返す返すも腹立たしい。

だが、碌な説明もせずに降臨して好き勝手に振る舞う英知の女神や、事の重大さを理解していない呑気すぎるローゼマインに苛立《いらだ》ちを感じていたところで事態は好転しない。関わると碌なことがない神々関係の記憶を一旦置いておいて、フェルディナンドはじっと返事を待っているハルトムートと視線を合わせた。

「私はあまり女神の話をするつもりはない。始まりの庭に行けぬ者に言えることは非常に少ないからだ」

下手に話せばツェント争いの裏側が漏れる可能性もあるし、女神の降臨によってローゼマインの体が好き勝手に使われたと知った場合のハルトムートの反応を考えると面倒臭い。

「ローゼマイン様の記憶の有無は側近にとって非常に重要な情報です。我々が知らないことで、主に負担をかけるわけにはまいりません。話せることだけでもお願いします」

初めて魔石恐怖症が発症した時、ローゼマインはどうして魔石が怖いのか自覚できていなかった。ハルトムートとリーゼレータは小さな違和感を覚えていたが、それを追及する時間がなかったため、祝勝会で恐怖から逃れようとしたローゼマインの言動に上手《うま》く対応しきれなかった。

恐怖から逃げる言動を側近に責められたローゼマインは、側近に対して無意識の緊張を見せるようになった。側近の呼びかけに一瞬身構えたり、側近が近付きすぎると一歩下がろうとしたりするなどの些細《ささい》な変化で、日常生活に支障はない。だが、ハルトムートとリーゼレータは小さな違和感を見過ごしたことを非常に後悔している。

「……其方の気持ちはわかるが、詳細を知りたいのは私の方だ」

女神に言われた通りに魔力を流したものの、フェルディナンドに関係する記憶の全てが繋がっているとは言い切れない。魔石恐怖症の原因となった戦いにはフェルディナンドも参加していたのに、そこは繋がっていないからだ。原因となった者の魔力が必要なのか。その者が死亡している場合はどうすれば良いのか。魔力のない平民達の記憶を繋げる方法はあるのか。英知の女神の反応から他にも方法はあるようだが、それはどのような方法なのか。ローゼマインの魔力をフェルディナンドが全て染め直して元の魔力にすれば、記憶も全て元に戻るのか。

「今のローゼマイン様に接する上で注意することだけでも構いません。何か情報をいただけませんか？」

フェルディナンドは指先でこめかみを叩きながら考える。どうせローゼマイン本人が気付いたら話をしなければならないことだ。それと同程度ならば問題ないだろうか。

「側近以外には決して漏らしてはならぬ」

フェルディナンドは記憶の欠如が女神に助力を求めた代償であること。読書に対する執着より深く心の内に入り込んでいる記憶が断たれたことを伝えた。

「英知の女神から詳細な説明は得られなかったが、魔石恐怖症関連の記憶が欠けているならば、良い記憶だけではなく悪い方に強烈な記憶も断たれていると考えて間違いなかろう。それと、あの本好きが読書より優先する存在はそれほど多くないと思っている。少なくとも側近や領主一族の記憶が断たれている様子はなかった」

ハルトムートは「私もまだ読書以下ですか……」と落ち込んだ後、ハッとしたように顔を上げた。

「フェルディナンド様の記憶も断たれていなかったのですか?」

「……見ての通りだ。お茶の席でも、夕食の席でも特に不都合はなかったな」

実際、普通に会話している姿しか見られないのだ。フェルディナンドの言葉を疑えるはずがない。

ローゼマインに無断で魔力を流したことも彼が自分で言わなければ周囲にはわからない。

「これは私の推測でしかないが、ローゼマインにとって読書を上回る記憶となると、本作りではないか？　下町の平民や神殿の工房関係者の記憶は怪しいと思っている。それ以外の、ローゼマインが無意識の内に抱え込んでいる事柄に関しては予測が困難だ」

ハルトムートはローゼマインの側近の中で唯一《ゆいいつ》下町に家族がいることを知っているので、納得して同意した。

「フェルディナンド様は落ち着いていらっしゃいますが、何か記憶を取り戻す術をご存じなのですか？」

「さて？　神話や歴史を参考にいくつか試《ため》してみようと思っているが、確実とは言えぬし、今は検証している時間がない。試すのは継承の儀式を終えてからになる」

ハルトムートは記憶が欠けている状態で、王族との話し合いや儀式に参加させて大丈夫なのかと心配を口にする。

「貴族の中で最も身近な領主一族や自分の側近の記憶が断たれなかったのに、王族や他領の貴族の記憶が欠けていると思うか？」

「確かに今の状態でも話し合いや儀式は問題なく進められると思います」

ローゼマインが王族やダンケルフェルガーの領主夫妻を読書より重視するとはとても思えないという点で、その場にいる全員が意見を一致させた。

「女神の御力があれば、立場の上下が入れ替わったことを王族に示すことも、他領の貴族達に新しいツェントを認めさせることも、未成年の女性アウブを特例として認めさせることも容易にできる。私は今の状況を最大限に利用するつもりだ」

「しかし、非常に難しい問題ですね。少しでも早くローゼマイン様に欠けているものを取り戻したい気持ちと、女神の御力に溢《あふ》れた今のローゼマイン様を他領の貴族達に見せびらかしたい気持ちが拮抗《きっこう》していて……」

ハルトムートは大袈裟《おおげさ》に頭を抱えて悩み始めたが、どうでも良い。フェルディナンドは即座に見切りを付けて話を進める。

「其方等から記憶の欠如をローゼマイン本人に伝えることは禁じる。女神の御力が溢れている現状で、アレの感情が乱れるとどうなるかわからぬ」

ただ立っているだけでも周囲の者は畏怖《いふ》を感じて近付けない。もし荒れた感情のまま、あの御力を放たれると誰にも止められなくなる可能性が高い。

「王族との話し合いにも銀色の布は必須《ひっす》だと思っている。さすがに最初から使うつもりはないが、王族がローゼマインの感情を逆なでする可能性は高いのであろう？」

「フェルディナンド様、王族が一度くらい女神の御力による威圧を受けて今の立場を思い知るのも一興……などと考えていらっしゃいませんか？」

「私ではなく其方が考えているのであろう」

ハルトムートはニコリと笑って誤魔化したが、彼は貴族院で何だかんだと王族に不敬な物言いや態度をしていたと聞いている。

「フェルディナンド様。女神の御力が暴走する可能性があるならば、いざという時のために名捧げ側近が入室できるように準備しておいた方が良いと思います」

「名捧げ側近に？　何か理由があるのか？」

知らない事情があるようで、フェルディナンドはユストクスに視線を向けた。だが、彼は興味深そうにハルトムートを見ているだけだ。どうやらユストクスも知らない情報らしい。

「上級貴族であるリヒャルダやブリュンヒルデでもローゼマイン様に触れる際には手が震えることはご存じでしょう？　しかし、名捧げ側近はローゼマイン様の魔力に包まれているせいか、畏敬の念を覚えても近付いたり触れたりすることに何の障害もありません。マティアスやラウレンツからも同様の証言があります」

魔力の多い者ほど女神の御力に対抗できるようで、上級貴族は手が震えるけれど触れられるが、下級貴族は近付くことも難しい。だが、名捧げ側近はその枠から外れた存在だとハルトムートは勝ち誇った顔で言った。

「わかった。王族との話し合いではジルヴェスターに控えの間を準備するように頼んでおこう」

「恐れ入ります」

ハルトムートが退室すると部屋の中には沈黙《ちんもく》が広がった。ラザファムが茶器を片付ける音、暖炉で薪の爆ぜる音がやけに大きく聞こえる中、フェルディナンドの指先がトントンと椅子の肘《ひじ》掛《か》けを叩く。彼が思考している時の癖だ。

その指の動きが止まるのを待って、ユストクスが口を開く。

「さて、フェルディナンド様。どうされますか？」

声をかけられたフェルディナンドは、答えを促すユストクス、護衛騎士として自分の背後に立っているエックハルト、茶器を片付けて戻ってきたラザファムの三人をゆっくりと見回した。この三人はフェルディナンドに名を捧げているため、彼の言動の影響を最も受ける者達である。

「いざと言う時に触れられるか否《いな》かで大きく変わる事態がある。忠誠心からではないが、良いか？」

「主の望みのままに」

フェルディナンドは懐に手を入れると、ローゼマインに返された自分の名捧げ石に触れた。

顔色の悪い王族

自室に飛び込んできたオルドナンツがくるりと部屋を回った後、リヒャルダの腕に降りる。

「レオノーレです。アダルジーザの離宮に到着いたしました。これから戻るのですが、寮まで荷物運びを手伝ってくださる騎士の方々もいらっしゃいます」

フェルディナンドのおかげでアダルジーザの離宮の離れにある転移陣を使えるようになり、アーレンスバッハと貴族院の行き来ができるようになった。自分の荷物を取りに行っていたレオノーレ、コルネリウス、ハルトムート、クラリッサが戻ってきた連絡だ。彼等がアーレンスバッハで待機していたリーゼレータとグレーティアを連れてきてくれる予定になっている。

「これはローゼマイン様に玄関まで出てきて騎士達に挨拶をしてほしいというお願いですね。転移扉を使えば、すぐに到着するでしょう。わたくしは荷物を運ぶ下働きの者達に指示を出してきます。オティーリエ達は姫様の身支度《みじたく》を調《ととの》えて玄関ホールへ」

レオノーレのオルドナンツを聞いたリヒャルダがそう言って急ぎ足で部屋を出て行くと、わたしはすぐにオティーリエとブリュンヒルデに取り囲まれた。髪型や衣装に問題がないか二人が確認する間に、ベルティルデが銀色の布を持ってくる。ふわりと銀色の布が頭からかけられた。

「ダームエル、ユーディットです。これからローゼマイン様が玄関ホールへ向かうので護衛をお願いします」

ユーディットがオルドナンツを送ったので、階段の二階でダームエルは待機しているだろう。わたしはいつも通りに銀色の布に包まれ、アンゲリカに抱えられて移動する。

「この後はレオノーレ達と入れ替わりにアンゲリカ達が荷物を取りに行くのでしょう？」

「ヴァッシェンで洗浄しておけば着替えがなくても特に問題ないと思うのですが、ラウレンツにそれはダメだと言われてしまいました。エックハルト様は戦いの直後こそ気を抜くなとおっしゃったのですけれど……」

アンゲリカは哀《かな》しげな声を出しているが、戦いが終わった今、着替えや日用品のない状態で問題ないと言い切る貴族女性は普通いない。ラウレンツの感覚の方が普通だと思う。

「フフッ、エックハルト兄様は別に着替えを取りに行くなとか、鎧《よろい》を脱ぐなという意味で言ったわけではないと思いますよ。それに、エックハルト兄様もアーレンスバッハへ荷物を取りに行っているのではなくて？」

「……そういえば、一度アーレンスバッハへ行くと聞きました」

そんな話をしている内に玄関ホールに到着した。玄関扉が大きく開かれていて、側近達と共にいくつかの荷物が運び込まれてくる。わたしはアンゲリカに降ろしてもらうと、アーレンスバッハの騎士達に礼を述べた。

「皆様、荷物を運んでくださってありがとう存じます。とても助かりました。騎士の皆様も交代で領地へ戻ると報告を受けています。少しでも休息を取ってくださいね。それから、レティーツィア様の周囲にはよく気を配ってくださいませ」

ランツェナーヴェの者達に蹂躙《じゅうりん》されたため、城に残っている貴族達はレティーツィアよりディートリンデに味方していた者の方が多い。ディートリンデ達は捕らえたが、それを機に何か仕掛けてきてもおかしくない。

「ローゼマイン様、ご安心くださいませ。レティーツィア様はお元気でしたよ。貴族院の戦いが終わり、ローゼマイン様やフェルディナンド様がご無事だったことを喜んでいらっしゃいました」

城で留守番をしていたリーゼレータが「ねぇ」とグレーティアに微笑《ほほえ》むと、グレーティアも小さく頷く。

「はい。わたくし達にも良くしてくださいました」

自室に戻ると、リーゼレータとグレーティアは戦いが終わったことや皆が無事だったことを改めて喜び、銀色の布を外したわたしの姿に驚きつつも寮内の日常生活へ溶け込んでいく。

そんな中、わたしは自室で奉納舞の練習をしていた。

……奉納舞、大変。

普通に動くくらいならば、わたしも自分の体の大きさに慣れたと思う。だが、奉納舞になると、話はまた違う。手足の長さが違うせいか、体が重くなっているせいか、重心を保つ感覚が以前と合わないのだ。今の体でフェルディナンドから及第点《きゅうだいてん》が出る程度に舞うのは難しい。

……新しいツェントの就任式がいつになるのか知らないけど、間に合うかな？

不安になりつつ奉納舞の練習に励み、話し合いの原稿を暗記しているうちに、王族との昼食会を兼ねた話し合いの日になった。

「ローゼマイン様、ギルベルタ商会から新しい衣装が届きました！　間に合って良かったですね」

王族との話し合いが行われる当日の午前中にギルベルタ商会の新しい衣装が届けられた。エーレンフェストの染め布にフェルディナンドからもらったアーレンスバッハの薄布を使った衣装である。衣装に合わせた髪飾りも入っていた。わたしの注文通りだ。

「薄布を通してほんのりと光が見えるようで、とても美しいです。トゥーリの髪飾りも相変わらず素晴らしいですね」

「……ええ。本当に綺麗《きれい》です」

着替えを手伝ってくれるブリュンヒルデに笑って頷きながら、わたしはものすごく混乱していた。

……トゥーリって誰？　わたしの髪飾り職人？

自分の髪飾り職人の名前をすっかり忘れていたし、顔を合わせて注文したはずなのにトゥーリという人物の顔が全く思い浮かばない。

……なんで思い出せないの？

ギルベルタ商会に所属している髪飾り職人のはずだ。衣装を作るコリンナやその助手をする針子の顔はわかるのに、コリンナが一緒に連れているはずの髪飾り職人の顔だけが思い出せない。

……他に何を忘れてるんだろう？　忘れていても問題のないこと？

そう思った時に、ふとフェルディナンドが「思い出せるか？」といくつも質問してきた声が脳内に蘇ってきた。メスティオノーラが精神的に干渉した影響について話をしていた時のことだ。

……もしかして、これが英知の女神に体を貸した代償？

背筋がひやりとした。胃の辺りが引き絞られるように痛んだ。自分が一体何を忘れているのか、どうすれば思い出せるのかわからない。自覚がないままに不自然な形で記憶を失っている。それは何とも言えない恐怖だった。

……落ち着け。大丈夫。何か方法があるはず。

目を覚ました直後も記憶が混乱していたけれど、体を貸す前に何をしていたのか、すぐに思い出せた。希望的な予想になるけれど、女神によって消えている記憶は完全に失われているわけではないはずだ。きっとすぐに思い出せるだろう。

けれど、トゥーリについて何も思い出せないまま、わたしの身支度は終わった。

「姫様、フェルディナンド様がお茶会室にお着きですよ。先に打ち合わせを行いたいそうです」

女神関連の相談ができる人の到着を知らされたわたしは、すぐさま部屋を出ようとした。動いた瞬間、アンゲリカにバサッと銀色の布を被《かぶ》せられて抱き上げられる。

「アンゲリカ、もう少し丁寧《ていねい》にローゼマイン様に接してくださいませ。動きが少々乱雑になってきています。ローゼマイン様は荷物ではございません。女神の化身をお運びする栄誉をいただいていることを自覚し、恭《うやうや》しく丁寧に扱ってくださいませ」

「わかりました。以後、気を付けます」

クラリッサがわたしの扱い方についてアンゲリカに文句を言っているのが聞こえる。確かに段々アンゲリカが慣れて、扱いが作業っぽくなってきたなとは思ったけれど、今はアンゲリカの運び方より記憶の欠損《けっそん》の方がよほど気になる。少々乱暴でも構わないから早く運んでほしい。

お茶会室は王族との昼食会の準備のために多くの側仕え達が出入りし、領主夫妻は不備がないか最終確認をしている。お茶会室の隅《すみ》には客人の側近達が交代で休憩《きゅうけい》できるスペースがあり、そこでフェルディナンドが範囲指定の盗聴《とうちょう》防止の魔術具を作動させて待っていた。向かい合わせにある椅子に座ると、わたしの側仕え達がお茶の準備をして魔術具の範囲から出ていく。

「ローゼマイン、渡してあった内容は覚えたか？」

「覚えましたけれど……それより、大変なのです。わたくし、やはり記憶が欠けています。この髪飾りを作った職人の名前や顔が思い出せなくて……」

わたしは自分の髪に挿《さ》されている髪飾りに触れながら、フェルディナンドに記憶の欠損について訴えた。けれど、フェルディナンドは特に動じた様子も見せずに頷くだけだった。

「さもありなん。おそらくその衣装の布を染めた染色職人の名前や顔も繋がっていないのではないか？　君がルネッサンスの称号を与えた職人だ」

「染色職人？　ルネッサンス？」

わたしは必死に記憶を探る。ルネッサンスはわかる。新しい染色方法を広げるために領主一族の専属になった染色職人に贈られた称号だ。わたしは届いたばかりの新しい衣装のスカートを少し摘《つま》んで広げる。そこにも新しい染織方法が使われている。わたしが依頼した染め方なのだから、当然わたしにも専属の職人がいるはずだ。それなのに名前も顔も思い出せない。

「……繋がっていません。フェルディナンド様は何かご存じなのですか？　わたくしの記憶が消えているのではなく、繋がっていないとおっしゃる根拠は何ですか？　女神様から何か伺っているのですか？　教えてくださいませ」

わたしが思わず立ち上がると、フェルディナンドに座り直すように言われた。視線で側近達の存在を示される。わたしとしては肩をつかんで揺さぶりながら問い詰めたいくらいに気が急《せ》いているけれど、声が聞こえないだけで、わたし達の姿は控えている側近達から丸見えだ。何を話していたのか後で問われると困る。始まりの庭で起こったことや女神が降臨した経緯などは、新しいツェントの選出に大きな影響を与えるからだ。新しいツェントとの協議が終わるまで不用意に漏らすなと言われている。

「……女神の図書館に君を押し込めておきたかった英知の女神が干渉したのは、読書に対する執着より深く心の内に入り込んでいる記憶だそうだ。消したわけではなく、繋がりが切れている状態だと聞いている。それ以上は具体的な答えを得られなかったが、君にとって女神の図書館より優先する存在はそれほど多くない。人物ならば予測可能だが、無意識の内に抱え込んでいる事柄に関しては予測が困難かもしれない」

「その、髪飾り職人はわたくしにとって読書より大事な存在なのですか？　その、領主一族や側近達より髪飾り職人の方が大事というのが、よくわからなくて……。フェルディナンド様は髪飾り職人や染色職人の記憶がなくなると知っていた口調ですよね？　どういう人物なのですか？」

聞けば思い出せるかもしれない。そう思ったけれど、フェルディナンドは首を横に振っただけで教えてくれなかった。自分では全くわからないけれど、読書より深く心に根付いている記憶なのだから、わたしにとって何よりも大事なことのはずだ。それが消えたままというのは困る。

「どのようにすれば、記憶が戻るのですか？　フェルディナンド様にはわかるのですか？」

「薬の類《たぐい》や時間がない以上、今は難しい。少なくとも新しいツェントの選出が終わってからだ。君にとって大事な存在はほとんどが平民でエーレンフェストにいる。貴族院で遭遇《そうぐう》してすれ違うことはない。後で協力するので、もう少し待っていなさい」

「後で、ですか？　絶対ですね？」

わたしが念を押すと、フェルディナンドは一つ頷いて請け負ってくれた。わたしは息を吐いて肩の力を抜く。フェルディナンドは隠し事が多いし、曖昧《あいまい》な言い方で誤解させるような誘導をすることはあるけれど、嘘は言わない。後回しにされることはあっても、必ず協力してくれるのは間違いない。それがわかって、少しだけ安心できた。

「打ち合わせを優先しても良いか？　昼食会まで時間がない」

「はい」

「ダンケルフェルガーの領主夫妻がいらっしゃいました」

四の鐘が鳴るとほぼ同時に、扉の前で来客を迎える側仕えが声を上げた。今日の昼食会の主催はエーレンフェストの領主夫妻なので、二人が客人を出迎える。

「君はここでおとなしく座っていなさい」

今日のわたしとフェルディナンドは主催側ではなく招待された客の立場だ。わたしはアーレンスバッハの礎の魔術を染めた新しいアウブ兼グルトリスハイトを授ける女神の化身として、フェルディナンドは王命を受けて執務を担っていた次期アウブの婚約者として招待されている。

……王族やダンケルフェルガーがお客様なのに、わたしが挨拶用の椅子に座らされるの、ホントに落ち着かないんだけど。フェルディナンド様め。

最上位の者には全ての客人が挨拶に訪れるため、他の客人や側仕え達の仕事の邪魔にならないように食事用の席から少し離れたところに挨拶用の椅子が準備される。今回は王族より女神の化身であるわたしの方が上だと皆にわからせるための小道具だ。

ビックリするくらい周囲を囲まれている。椅子のやや前方から横にかけて護衛騎士達が並び、すぐ右にハルトムート、左にフェルディナンドが立っている。

「フェルディナンド様は座らなくて良いのですか？　隣にどーんと立っていられるのも気になるのですけれど。そこ、普通は側近が立つ位置ですよね？」

「君の隣に座れるのは対等の立場の者だけだ。もし私が座れば相対的に女神の化身の地位が下がる。それでは意味がない。君が望むならばこちらにも側近を立たせても良いが、もし王族がこの椅子に難癖《なんくせ》を付けてきた場合、ローデリヒやフィリーネでは分が悪いぞ」

「そのままでお願いします。大変心強いです」

「よろしい」

わたし達がぼそぼそと小声で話をしている間に、ダンケルフェルガーの領主夫妻は挨拶を終える。

「アウブ・エーレンフェスト、この度は話し合いの場を提供いただき、ありがたく存じます。先の戦いではダンケルフェルガーに本物のディッターを経験させてくださり、感謝の極《きわ》みです」

ダンケルフェルガーの領主夫妻は先に席に着いて、挨拶を待っているわたしを見て大きく目を見開いた後、真《ま》っ直《す》ぐにわたしの前へ歩いてくる。今までと立場が違うことはわかるけれど、つい立ち上がりたくなって体がそわりと動いてしまう。ちらりと左上に視線を向けると、フェルディナンドは一つ頷いた。そのまま待機していろという合図である。

ダンケルフェルガーの領主夫妻がわたしの前に跪《ひざまず》いた。

「英知の女神メスティオノーラよ。ダンケルフェルガーにどうか祝福を賜《たまわ》らんことを」

わたしの周囲の者達には今までと対応を変えないように、とフェルディナンドが予《あらかじ》め言っておいてくれたので、ハルトムートやクラリッサを除くと、このように仰々《ぎょうぎょう》しく跪かれることはなかった。けれど、これが女神の御力を前にした貴族の普通の対応らしい。

わたしではなく女神の御力に対して跪いているだけだから、調子に乗ると御力が消えた時に大変なことになると言われた。調子に乗るのがどういうことなのかわからないけれど、これまではわたしの方が下の立場で接していたのに、アウブ・ダンケルフェルガーがわたしの前に跪いているのだ。初めてベンノ達に跪かれた時のような居た堪《たま》れなさを感じる。

「アウブ・ダンケルフェルガー。申し訳ないのですけれど、わたくしは女神の御力を得ているだけです。中はローゼマインのままですから、女神としての祝福はできません」

「おや、それは残念ですな」

少し砕けた対応にはなったけれど、やはり女神の御力の影響はあるようで、ダンケルフェルガーの領主夫妻はわたしの方が上位の者であるという態度を崩さない。

「まさか本物の女神の化身と共に戦えるなど、全く考えていませんでした。できることならば中央騎士団を捕らえる中で自分達がどのように活躍したのか、お目に入れたかったと我が領地の騎士達が悔《くや》しがっておりました」

側仕え達がお茶を淹れ始めても会話は終わらない。アウブ・ダンケルフェルガーと騎士達が今回の戦いでどのような活躍をしたのか教えてくれる。まだダンケルフェルガーでは大規模ディッターの興奮が冷めやらぬ騎士達が多いらしい。ランツェナーヴェの者達の見張りや尋問をしているアーレンスバッハの騎士達はピリピリしているらしいのに大きな違いだ。

「王族の対応によってはアウブ・ダンケルフェルガーがツェントに任命されると伺っています。……今回の事態に王族はどのような対応をするのかしら？」

第一夫人であるジークリンデが心配そうにそう言いながら扉の方を見遣《みや》る。わたしも王族の今後が心配でならない。同じように扉の方を見た時、来訪者の知らせがあったようで側仕え達によって扉が開かれた。

「では、我々は失礼いたします」

ダンケルフェルガーの者達が指定された席へ向かうのと、王族が入ってくるのはほぼ同時だった。げっそりとしているトラオクヴァールと第一夫人のラルフリーダ、ジギスヴァルトとアドルフィーネ、アナスタージウスとエグランティーヌ、それから、春なのに円筒状になっている毛皮のマフに両手を入れているヒルデブラントとマグダレーナ。
こういう公的な場に夫婦で赴《おもむ》く場合、複数の妻がいても第一夫人だけが招待されるのが常だ。そのため、第三夫人であるマグダレーナの存在は意外に思える。けれど、彼女は講堂での戦いに騎士を率いてラオブルートを討った本人であること、それから未成年であるヒルデブラントの責任を取るべき母親であることから招待されたらしい。

……うわぁ、誰の顔色も悪いね。

しかし、それも仕方がないだろう。アナスタージウスやマグダレーナを通じて、今回の話し合いの主旨を色々と聞かされているはずだ。

「アウブ・エーレンフェスト。この場の提供に感謝する」

少し掠《かす》れた声のトラオクヴァールの挨拶が聞こえ、その後は彼を先頭に王族がぞろぞろとやって来てわたしの前に跪いた。

「英知の女神メスティオノーラよ。我等にどうか祝福を賜らんことを」

「貴方達の誠意と努力の分には報《むく》いたいと思っています。ジギスヴァルト王子には許可証もいただきましたし……」

わたしはハルトムートに視線を向ける。打ち合わせ通り、ハルトムートが革袋をわたしに差し出した。その中に許可証が入っていると気付いたのだろう。ジギスヴァルトはジルヴェスターとわたしを交互に見て、少し気分を害したような困った顔になる。

「いえ、それは……」

「本当に申し訳ございません。せっかく許可証をいただいたのですけれど、激しい戦いの連続だったため、鎖が傷《いた》んでしまいました。なるべく早くお返ししなければならないと思っていたのです」

本当に、可能な限り早く返さなければならないのだ。実は昨日の夜、お返しする物の確認をしていたら垂れ流し状態になっている女神の御力に当てられてしまい、許可証の鎖が完全に金粉化してしまった。正直なところ、魔石部分も脆《もろ》くなっている。

……完全に壊れる前に！　形が残っている内に返却しなきゃ！

あたふたとした気持ちで、わたしは受け取った革袋から許可証を取り出した。

「ローゼマイン、それを素手でつかんでは……」

「あ！」

フェルディナンドの注意は少し遅かった。魔石部分は形を保っていたはずなのに、わたしが摘まんでしまったため、わたしの手の中でサラサラと金粉になっていく。跪いている王族が信じられないものを見たように息を呑んだのがわかった。ちょっとしたうっかりだ。壊したくて壊したわけではない。女神の御力が悪いし、不可抗力なので許してほしい。

「か、重ね重ね申し訳ございません。……でも、女神の御力で金粉化したのですから、調合の素材としては希少価値が高くて、魔力含有量《がんゆうりょう》も多いでしょうし、属性も多くて全ての値が高いと思われますよ」

わたしは少しばかり視線を逸《そ》らしながら手の中に残る金粉を革袋にもどし、そのままジギスヴァルトに向けてそっと差し出す。革袋を受け取ったジギスヴァルトは数秒間固まっていたが、ニコリと穏やかな微笑みを浮かべて受け取ってくれた。

「この許可証がお役に立てたようで何よりです」

ジギスヴァルトが何とか立ち直ったらしいところで、フッとフェルディナンドが笑みを漏らして、わたしの髪飾りに触れた。

「女神の御力による金粉ですか。ジギスヴァルト王子が羨《うらや》ましい限りです」

……こんなところで素材のおねだり⁉　マッドサイエンティストめ。挨拶途中の王族の目が泳いでるじゃない！

空気を読んでくださいと心の中で怒りながら、わたしは女神らしい微笑みを浮かべる。

「あら、フェルディナンド様も必要でしたら、金粉化いたしますよ。ただし、ご自分で素材や魔石を準備してくださいませ」

「メスティオノーラの化身の寛大《かんだい》なお心に感謝いたします」

フェルディナンドが魔王のような毒々しい笑みを浮かべて、からかうような言葉を口にする。よほど新しい研究素材が嬉しいのか、ずいぶんと機嫌《きげん》が良いようだ。

……フェルディナンド様の機嫌が良いのはいいことだよ。王族のためにも……。

「お話し合いの前に昼食を摂りましょう」

いつまでも目の前に跪かれても困る。わたしは席に着くように王族達を促した。全員が席に着き、側仕え達は給仕の仕事を始める。同行させる側近は最低限の人数でお願いしているけれど、側近が多いせいか全領地の領主候補生を招いたお茶会の時よりも少し手狭《てぜま》に感じる。

ヒルデブラントのマフが外される。季節外れだと感じたマフの下にはシュタープを封じる手枷《てかせ》がはめられていた。王族以外の者達の視線がそこに集中する。

「シュタープは本来ならば入手しているはずがない物です。不正をして入手した物は、その使用を禁じなければなりません」

厳しいマグダレーナの言葉にヒルデブラントが泣くのを必死にこらえているような顔で俯《うつむ》いた。すでに自分が犯した罪について懇々《こんこん》と言い聞かされたことが一目でわかる。悪い大人に唆《そそのか》された結果であっても、罪は罪。子供であっても許されない世界だとわかっているけれど、利用された子供を見て気分が良いはずがない。わたしはヴィルフリートが知らずに白の塔に入って罪とされた時のことを思い出して苦い気持ちになった。

……あの時みたいに何とかできないかな。

ヒルデブラントを見つめていると、エグランティーヌがじっとわたしを見ていることに気が付いた。相変わらず綺麗な人だ。でも、何を求められている微笑みなのかわからない。わたしは曖昧に微笑んでおくだけにした。

「本日はアーレンスバッハの食材をエーレンフェストの調理方法で仕上げたメニューになっています」

ジルヴェスターによるメニューの紹介から昼食が始まった。エーレンフェストとわたしの関係を知らせるため、ゲオルギーネのせいでアーレンスバッハとエーレンフェストが戦うことになったけれど、アーレンスバッハとの関係は悪くないことを強調するためのメニューだ。

今回は時間がなくて新しいメニューを考案したり、宮廷料理人達に練習させたりできなかったので、以前に作ったことがある料理ばかりである。それでも、海の食材を食べる機会が少ない王族やダンケルフェルガーの領主夫妻にとっては珍しい料理だったようだ。

「領主会議で何度かいただいたエーレンフェスト料理とはまた違った味わいですわね」

ツェントの第一夫人ラルフリーダがそう言うと、フロレンツィアがニコリと微笑んだ。

「えぇ、食材がアーレンスバッハの物なので、わたくし達も滅多《めった》に食べられません。今回はアーレンスバッハの前領主一族であるレティーツィア様が送ってくださいました」

フロレンツィアが「ねぇ」とわたしに同意を求めて視線を向けてきたので、わたしはここぞとばかりにレティーツィアとの仲が良好であることを示す。

「ランツェナーヴェの横暴から港を守り、平民である漁師達にも癒《いや》しの魔術をかけたお礼として、漁師達がたくさんの魚介類を持ってきてくれたそうです。そういう意味ではハンネローレ様の功績でもありますね」

「見事な戦い振りでした。魔力のない敵なのでヴォルヘニールを使いたいと言われた時には、やはりダンケルフェルガーの領主候補生だと感心したものです。ローゼマインの呼びかけに応えてくださったことに感謝しています」

フェルディナンドがハンネローレを褒《ほ》めつつ、救出のお礼を述べる。しばらくランツェナーヴェ掃討戦《そうとうせん》の話をしていたが、貴族院の戦いから中央騎士団の取り調べや今の貴族院の現状へと話題が移っていく。

「ラオブルートに扇動《せんどう》された騎士団の取り調べはかなり進んでいます。講堂には中央騎士団の者だけではなく、ランツェナーヴェの者達も交じっていたようです。取り調べに立ち会った文官によると、講堂にいた者はかなりトルークの影響が薄れていたと聞きました。やや曖昧な部分はあるものの、記憶を読むことができるため、犯罪者や関係者の識別がかなり容易になっています」

ジギスヴァルトの言葉に、フェルディナンドがちらりとわたしを見た。

「君がランツェナーヴェから持ち込まれた物を全てヴァッシェンで洗い流したからだ」

「まぁ、水の女神の御力はすごいですね」

即死毒を防ぎたかっただけなのに、まさかトルークの影響の洗い流しまでできるとは思わなかった。巻き込まれて観覧席に打ち上げられていたアナスタージウスは嫌な顔をしていたけれど、さすがエーヴィリーベを押し流して春を招く力を持つ女神様である。

他にもトルークを使われている者がいるかもしれないので、中央の貴族はほぼ全員がヴァッシェンを受けているそうだ。トルーク未使用者は数秒で水が消えるが、使用された者は影響が薄れるまで消えないらしい。

「私は今回の責任者として処刑される前に、自らの側近によって溺死《できし》させられるかと思いました」

やや遠い目でそう言ったのはトラオクヴァールだった。ジェルヴァージオを次期ツェントにするために暗躍していたラオブルートは、長期間にわたってトラオクヴァールにトルークを使っていたようだ。影響が一番深刻だったらしい。

「貴族院の現状ですけれど、ダンケルフェルガーからの救援要請に加えて、国境門が光ったことでアウブ・クラッセンブルクは急いで駆けつけたそうです」

「ギレッセンマイアーやハウフレッツェも同じです。領主会議の時期ではないのですけれど、貴族院に全てのアウブが集まりつつある状態ですね」

エグランティーヌとアドルフィーネがそう言った。ダンケルフェルガーから救援要請のあった上位領地は「アーレンスバッハからランツェナーヴェの者達が中央に乗り込んでいる」という情報までしか持っていないそうだ。すでに戦闘が終わっている貴族院で必死に情報を集めようとしているらしい。けれど、寮から出たら問答無用で切り捨てると命令されているし、どこに問い合わせても碌な回答が得られない。かなり苛立っているようだ。

「わたくし達のところへ多くの問い合わせが来ましたが、全てに黙秘を通しています」

今日、これから話し合って決まったことが他領へ通達されるのだ。わたしはとんでもない場にいるのだと改めて思った。

新ツェントの条件

食事をおいしく感じられるくらいの現状報告を話題にして昼食を終えると、食後のデザートとお茶が運ばれてきた。その準備を終えると、全ての側近達が一旦下げられる。ここから先の話し合いは側近抜きで行うのだ。必要になればオルドナンツで呼ぶことを約束し、側近達がお茶会室を出て行く。

一気に人数が減った。シンと静まったお茶会室を見回して、わたしは一度ゆっくりと深呼吸した。

「では、新しいツェントの選出についてお話を始めたいと思います。皆様もすでにご存じでしょうが、先日、わたくしに英知の女神メスティオノーラが降臨しました。英知の女神もエアヴェルミーン様もいち早くユルゲンシュミットに新たなツェントをお望みです」

「では、父上にグルトリスハイトを……」

「ジギスヴァルト様、上位の方のお言葉を遮《さえぎ》っていらっしゃいますよ」

隣に座っているアドルフィーネに発言を止められ、ジギスヴァルトはわずかに目を見張った。王族育ちで父親以外の上位を知らないせいだろう。周囲の視線に気付いたようで、ハッとしたように姿勢を正し、「申し訳ございません」とわたしに先を促す。

「神々が望むツェントは、ユルゲンシュミットの礎を染められる者。今の王族の皆様が供給しているところはユルゲンシュミットの礎ではないため、もうじき魔力が尽きてユルゲンシュミット自体が崩壊《ほうかい》してしまうそうです」

王族が一斉に息を呑んで目を見開いた。衝撃《しょうげき》だっただろう。必死になって魔力を注いでいた礎が別物だったと言われたのだから。

「完全に別物というわけでもないのですよ。中央の王宮にある供給の間は中央神殿の祈りの間と繋がっていて、中央神殿の祈りの間にある魔術具が貴族院にある供給の間に繋がっています。その供給の間から礎の魔術に魔力が送られています。魔力を送るための魔術具に魔力が必要になるので、礎まで多少は届いてはいるのですけれど、ユルゲンシュミットを維持《いじ》するために必要な量には全く足りていません」

貴族院にあるユルゲンシュミットの礎の魔術に届くまでに魔力のロスが多すぎるのである。多少は届いていると言われても徒労感に変わりはないだろう。

「では、尚更《なおさら》早くグルトリスハイトを……」

「えぇ、新しいツェントの選出が必要です。新しいツェントには神々からの要求を呑んでいただくことになります。先にそれをご承知おきください」

「神々からの要求だ、と？」

アナスタージウスが目を丸くするのを見つめながら、わたしはコクリと頷いた。神々からの要求という言葉に、皆が一度姿勢を正した。畏《かしこ》まった皆には悪いけれど、正確には神々の要求ではない。神々の言葉を良いように解釈したフェルディナンドの要求だ。

「一刻も早く礎を満たすこと、魔力のあるランツェナーヴェの者達をユルゲンシュミットの者として受け入れること、今回の騒動《そうどう》に関しては命を奪う処罰は許されないこと、次代のツェントは自力でメスティオノーラより英知を得た者にすること。大まかには以上です」

わたしの言葉にトラオクヴァールが目を見開いた。

「一刻も早く礎を満たすのは理解できます。だが、魔力を持つランツェナーヴェの者達は侵略してきた犯罪者です。ユルゲンシュミットの貴族として受け入れるのは、いくら英知の女神のお言葉であっても他の者達が承知しないでしょう」

苦しそうに言葉を放つトラオクヴァールに、フェルディナンドが緩く首を横に振った。

「受け入れるだけです。別に貴族として遇する必要はありません」

「では、どのように遇するおつもりですか？　すでにシュタープを得た者もいると報告を受けていますが……」

「彼等は貴族院に通ったわけではないし、ヒルデブラント王子を唆して不正入手したシュタープです。王子と同様に封じてしまえば良いではありませんか。その後は当人の罪状によって牢《ろう》に繋いで魔力を搾《しぼ》り取るか、中央神殿の神官や巫女《みこ》にしてユルゲンシュミットにその魔力を捧げてもらえば良いだけです。受け入れた後の待遇について女神やエアヴェルミーン様は何もおっしゃいませんでしたから」

ランツェナーヴェのために魔力を搾り取られるのを厭《いと》って、ユルゲンシュミットを侵略しようとした者達がユルゲンシュミットのために魔力を搾り取られることになるのだ。皮肉なことだと思う。閉じ込められるのは可哀想《かわいそう》だけれど、自分達の行いの結果だし、蹂躙されて突然殺されたアーレンスバッハの貴族達に比べれば命があるだけマシだ。そう思うと、わたしはフェルディナンドの意見に反対する気は起きなかった。ユルゲンシュミットの貴族は全員が何らかの形で土地のために魔力を注いでいる。ユルゲンシュミットに住むならば、ランツェナーヴェ人でも魔力を搾り取られるのは当然だと思う。

「つまり、魔力を奪うだけで処刑はしないということですか？　いくらこれ以上魔力を減らせないとはいえ、後々に禍根《かこん》が残ると思うのですが……」

「えぇ、危険だと存じます」

王族や上位領地の間では大量の処刑や連座が当然のこととして教えられているのだろう。ジギスヴァルトが心配そうに顔を曇らせ、エグランティーヌも同意した。けれど、わたしは禍根が残ると言う彼等の言い分が理解できない。

「え？　でも、政変後に将来の禍根を断つという理由で粛清を行い、多くの命と知識が失われたために王族はグルトリスハイトを探せず、ユルゲンシュミットは魔力不足に陥《おちい》ったのですよね？　粛清をしたところで未だに廃領地や負け組領地には恨《うら》まれていますし、連座によって何もしていない者まで処刑することになって将来の禍根を自分達で作り出していたと思うのですけれど……」

面白い冗談ですね、とわたしが微笑むと、王族が一斉に顔色を変えた。もしかして冗談ではなく、本気で今回もまた大量処刑をするつもりだったのだろうか。命を奪うなと英知の女神が禁じてくれて本当に良かったと思う。

「ユルゲンシュミットを崩壊の危機に導いた全ての原因は王族です。さすがにもう自覚はあると思うのですけれど、まさか今までの自分達の行いを何一つとして反省してないというわけではありませんよね？」

わたしの指摘《してき》に王族が少し目を逸らした。視界の隅でジルヴェスターがオロオロとしているのがわかる。アウブがそんなふうに感情を揺らすところを公《おおやけ》に見せて良いのだろうか。もう少し威厳《いげん》を持って、悠然《ゆうぜん》と構えていてほしいものである。

「わたくしとしては少々見当違いの部分があるとはいえ、グルトリスハイトがないままにユルゲンシュミットを支える努力をしてきた姿も見ています。できるだけ緩やかに世代交代をするために、王族から新しいツェントを選出するのが一番だと思っていたのですけれど……フェルディナンド様がおっしゃった通り、少々不安になってきましたね」

困ったわ、とわたしは頬《ほほ》に手を当てて首を傾げる。

「今のユルゲンシュミットの在り方はとても歪んでいます。次代のツェントの選出から、できる限り古《いにしえ》の方法に戻すことをエアヴェルミーン様と約束いたしました」

別に約束したわけではなくフェルディナンドが宣言しただけだが、エアヴェルミーンはメスティオノーラの書を得たツェント候補が増えることを望んでいたので、かなり大まかに見れば間違ってはいないだろう。多分。

「古の方法ですか？」

筋書きを書いたフェルディナンド以外は、すぐに理解できないというような顔をしている。そんな皆を見回し、わたしは新しいツェントへの要求を口にする。

「そうです。ツェントの世襲《せしゅう》を廃止して、次代のツェントは血統によらないものとします。自力でメスティオノーラの書を得られる者が次代のツェントとなるのです」

次期ツェントと決まっていたジギスヴァルトは自分の立場を失うことに顔色を変えた。第一夫人であるアドルフィーネは諦めの表情になっている。

「中央神殿を古の聖地である貴族院に戻し、ツェントを中央神殿の神殿長とします。ツェントには古の儀式の復活に力を注いでいただき、ユルゲンシュミットを魔力で満たしていただきますね。ほんの一時とはいえ、わたくしを中央神殿の神殿長へ、というお話があったのですもの。別に問題はないでしょう」

ニコリと微笑めば、顔色を失っている王族が何人もいる中で、ジルヴェスターとフロレンツィアは遠い目をして我関せずと言わんばかりの笑みを浮かべていた。

「それから、ツェントの神殿長就任に伴い、中央の王宮や離宮を閉鎖し、ツェントの一族は貴族院に住居を移動していただきます。元々王座の独占を始めたツェントが暗殺を恐れ、政敵から逃れるために作られた中央の王宮や離宮に住み続けるのは魔力と人員の無駄遣いですもの。貴族院へ移り、中央の直轄地《ちょっかつち》ではなく、全ての領地から集めた税で生活してください。税収で生活するのはアウブと同じですし、足りなければ自分で稼げば良いだけですから」

「ローゼマイン」

……あ、筋書きにない余計なことまで付け加えちゃった。失敗、失敗。でも、この機会に上位の貴族達も自力で稼ぐことを考えたら良いと思うよ。

「このように新しいツェントには今までの王族という枠組みを壊すための生活をしていただくことになっているのですが、王族の中からどなたか立候補者はいらっしゃいますか？」

王族がお互いに顔を見合わせている。グルトリスハイトを得たツェントになれるとはいえ、今までの生活とは完全に変わるのだ。すぐに名乗りを上げられるような者はいないだろう。

「いらっしゃる場合は、その方にツェントをお願いするためにも今回の王族の失態はなるべく隠す方向で動き、新しいツェントとその妻子以外の王族を廃領地のアウブに任じます。いらっしゃらない場合は、他領のアウブ達に納得いただけるように政変以降の王族の失態を印刷してユルゲンシュミット中に配って反感を煽《あお》り、逆にアウブ・ダンケルフェルガーの今回の活躍を物語にして華々《はなばな》しく吹聴《ふいちょう》して中継ぎのツェントになっていただきます」

王族達が声も出ないほど驚いている中、べしっと太腿《ふともも》をはたかれた。フェルディナンドが不機嫌たっぷりのキラキラ笑顔でわたしを見ている。

「少し説明が足りないのではないか、ローゼマイン？」

余計なことを付け加えたら、フェルディナンドに対する説明が足りないと怒られた。だが、わたしだってちょっとは女神らしいことをしたいのだ。皆に印刷物を配るのは、とてもメスティオノーラの化身らしいと思う。

「あら、こういう時の世論操作に印刷物を使うのは基本中の基本ではありませんか。それに、まだ新産業であまり知られていない印刷業の宣伝にもなります。印刷物を使って世の中を動かすなんて、とても英知の女神メスティオノーラの化身らしいでしょう？　今回の戦いにおけるダンケルフェルガーの活躍話を書くように、ディッターー物語の作者にはすでに依頼済みです」

「なんと⁉　我々がディッター物語の主役になるのですか⁉　買い占めねば！」

「周知のための物を買い占めてどうします？」

興奮気味のアウブ・ダンケルフェルガーを、隣に座るジークリンデが呆《あき》れ顔で軽く叩いて窘《たしな》める。

ジークリンデとフェルディナンドの表情が何だかとてもよく似ているように見えた。

「本当に君に権力を持たせたらとんでもないことになるな」

フェルディナンドが顔を引きつらせてわたしを軽く睨んだ後、王族を見回した。

「新しいツェントが王族以外から立つ場合、皆様が案じられていた通り、外患誘致《がいかんゆうち》を防げなかった旧王族は将来の禍根の種となります。納得できない貴族達が再び担《かつ》ぎ上げようとして、国が内乱状態になる可能性も高いでしょう。この危険を未然に防ぐため、王族は全員白の塔へ入っていただくことになります。神々とのお約束ですから、どのような罪人であっても絶対に処刑にはいたしません。その点はご安心ください」

命さえ奪わなければ良いという意味合いのことを全く安心できない魔王の微笑みで言われた王族が青ざめた。それほど恐ろしい扱いをするつもりはない。わたしは急いで付け加えた。

「内乱を避けるためですから、明確な罪がある方以外の生活は旧王族として保証いたしますよ。わたくし、フェルディナンド様と話し合って、待遇を大幅に改善していただきました。一日二食に加えて、なんと本を一冊お付けします！」

シンとその場が静まりかえった。

……あ、あれ？

残念ながらわたしの交渉結果は大して喜ばれなかったようだ。「本一冊……」と呆れたような小さな声が王族だけではなくダンケルフェルガーやエーレンフェストからも上がった。明らかに役に立たないと思われている。

……普段から本を読まないから、王族は古語のお勉強が進まなかったんだよ！　ふんぬぅ！

わたしの気遣いが伝わらない微妙な空気の中、エグランティーヌがぴたりと頬に手を当てながら、わたしとフェルディナンドを見つめた。

「あの、ローゼマイン様。わたくし、質問があるのですけれどよろしいでしょうか？」

「本は二冊が良いですか？」

「いえ、違います。わたくしは以前にお二人とお話をした時、奉納舞の検証を大々的に行ってツェント候補が各地の領主候補生から次々と出た場合は騒乱の種になるというご意見をいただいたと記憶しています。……けれど、今のお二人は次代のツェントを王族以外から選ぶとおっしゃいました。それが騒乱の種になることについてどのようにお考えなのでしょうか？　教えていただいてもよろしいかしら？」

騒乱が起こることを何よりも忌避《きひ》したいエグランティーヌらしい質問だ。これは想定されていた質問事項の中にあったので、わたしはフェルディナンドとの打ち合わせ通りの答えを返す。

「王族のどなたかがツェントになれるならば、それが一番良いとわたくしは今でも思っています。余計な騒乱の種など必要ありませんから。でも、グルトリスハイトへ至る手段がわかって一年近く経《た》ちますが、王族はグルトリスハイトを得られたのでしょうか？」

わたしがそこで言葉を止めると、フェルディナンドに軽く睨まれた。

……うぅ。でも、ここで「一番グルトリスハイトに近かったのは、生まれながらの全属性であるエグランティーヌ様ですよね？」なんて嫌味ったらしいこと、言えないよ。

間違ってはいないけれど、わざわざ口にしなくて良いことが世の中にはあると思うのだ。わたしはフェルディナンドからエグランティーヌへ視線を戻して答えを促す。

「いえ、得られていませんが、ツェントとローゼマイン様が養子縁組をすることで王族にグルトリスハイトがもたらされることは決まっていましたから……」

「エグランティーヌ様、それでは王族ではなく、王族以外がグルトリスハイトを得てしまいます。私の意図と違います。当時の私は嘘偽りなく、王族がグルトリスハイトを得るべきだと考えておりましたが、まさかここまで王族にツェントとなるための資質や努力や矜持《きょうじ》が全く足りないとは考えていませんでした」

「フェルディナンド⁉」

わたしの暴走を遠い目で見ていたジルヴェスターがハッとしたように目を見開き、フェルディナンドを制止しようとした。けれど、彼はその制止を笑顔で受け流すだけで言葉を止めようとしない。

わたしが言うように準備されている筋書きもかなり好戦的だと思っていたが、フェルディナンドはもっと挑発的だった。今まで王族に表面上の礼儀をきっちりと弁《わきま》えていた彼が、これほど直接的に王族を無能扱いするとは思わなくて、わたしは目を瞬《またた》く。

「あの時、私は騒乱を起こさずに王族がグルトリスハイトを手に入れられるように、手掛かりをお伝えしました。そして、決してトラオクヴァール様に叛意《はんい》などないことを示すために王命の婚約を受け入れていました。ですが……」

フェルディナンドはそこで言葉を切って、笑みを深める。

「手掛かりを得た王族は自分でグルトリスハイトを得るのではなく、ローゼマインに取らせようとしました。アーレンスバッハへ向かう私の代わりにエーレンフェストを守ると約束したローゼマインが、王の養女となってグルトリスハイトを得ることになり、まるで悪夢のような最悪の婚姻《こんいん》を強いられると聞かされたのです。その時の私の心情がわかりますか、トラオクヴァール様？　エーレンフェストを守るために離れたというのに、王族によってエーレンフェストを引っ掻《か》き回された私がどのように思ったのか、少しは想像してみていただきたいと存じます」

質問をしたエグランティーヌではなく、フェルディナンドは真っ直ぐにトラオクヴァールへ視線を向けていた。トラオクヴァールが唇を引き結んで項垂《うなだ》れている。

「いくら何でもツェントに失礼が過ぎますよ、フェルディナンド様」

「マグダレーナ、第三夫人で社交の場にはあまり出ぬ其方が知らぬだけで、私は彼にそれだけのことを強いたのだ」

トラオクヴァールの制止にマグダレーナは「差し出口だったようです。申し訳ございません」と口を閉ざす。

「トラオクヴァール様、フェルディナンドに何を強いたのか、教えていただけますでしょうか？　私は彼の兄として、アウブ・エーレンフェストとして、知る権利があると存じます」

フェルディナンドの婿入《むこい》りに関しては蚊帳《かや》の外に追いやられていたジルヴェスターが、トラオクヴァールを見据える。トラオクヴァールはフェルディナンドに視線をやり、しばらく逡巡《しゅんじゅん》した後、ゆっくりと首を横に振った。

「無理を強いた彼からの条件が決して口外しないことだったので、私から反故《ほご》にする気はない。これ以上、彼や女神の化身の怒りを買うような真似はせぬよ」

トラオクヴァールの判断にフェルディナンドは少し安堵したように一つ頷いた。

「エグランティーヌ様、質問の答えですが、グルトリスハイトを得る方法を知ったにもかかわらず、未だに手にしていない王族を代々のツェントに据えて再び国が崩壊する危機を迎えるよりは、騒乱があったとしても魔力で満たされた国が存続する方が望ましいと考えています」

「そうですか……」

「……ですが、これまで通りに王族がツェントとしてユルゲンシュミットに君臨しているように見せかけたければ、全く方法がないわけではございません。任命されたツェントの子から最も多くメスティオノーラの書を得られる者を代々輩出すれば良いのです」

自分達の努力でツェントを続ければ良いという突き放したフェルディナンドの言葉に、エグランティーヌは何か考えるようにおっとりと首を傾げる。

「王族がユルゲンシュミットの在り方を歪めてきた歴史と、誰もがメスティオノーラの書を得られるように取得方法を公開するつもりですが、王族にはこれからも歴代ツェントを輩出できるように努力していただきたいと存じます」

「ユルゲンシュミットの在り方を歪めてきた歴史……?」

わたしはフェルディナンドに促され、ツェントの資格を得るための方法が歴代のツェントによって少しずつ変わっていった話をした。中央の王宮図書館にある資料は、王族が中央へ移った後の分しかないため、王族がこれまで学んだ歴史とはずいぶんと違ったらしい。

衝撃を振り払うように首を横に振ったジギスヴァルトがわたしを見る。

「女神の化身よ。王族というこれまでの枠組みを壊すために神々が新しいツェントを欲していることは理解しました。私が新たなツェントとなり、なるべく御心に沿うように昔のやり方を取り入れることにしたいと思います」

ジギスヴァルトの宣言にフェルディナンドが軽く眉を上げた。アナスタージウスが不安そうにジギスヴァルトを見る。

「兄上、それは……」

「次期ツェントとして周知されている私がひとまず新しいツェントに就任するのが最も相応《ふさわ》しいと思っている。アナスタージウスは同意してくれるであろう？」

抗議するように声を上げたアナスタージウスへジギスヴァルトの穏やかな笑顔と言葉が向けられた。アナスタージウスはかけるべき言葉を見失ったような顔でそっと視線を下げる。それを了承と受け取ったのか、ジギスヴァルトは笑みを深めてわたしに視線を向けた。

「昔のやり方を取り入れますが、今回の外患誘致の罪はアーレンスバッハにございます。王族が全ての罪を背負うことには納得できません」

「兄上！」

アナスタージウスが制しようとしたけれど、ジギスヴァルトは続けた。

「確かに騎士団長の裏切りもあり、危険には陥りました。しかし、ダンケルフェルガー、エーレンフェストによってユルゲンシュミットは守られました。王族より先に罰する必要があるのは、ランツェナーヴェの者達を自領で止められなかったアーレンスバッハの者達ではありませんか？」

穏やかに微笑むジギスヴァルトの視線はフェルディナンドに向けられていた。フェルディナンドがディートリンデを抑えて、ランツェナーヴェの者達の侵入を防げていればこのようなことにはならなかったという思惑《おもわく》が透けている。他者に命じることに慣れていて、王族である自分の言葉を覆《くつがえ》されることなど髪の毛一筋も考えていないことがよくわかった。そういう立場で、そういう育ち方をしたのだろう。

……ジギスヴァルト王子は立場の上下が全然理解できてないみたいなんだけど、ツェントに立候補した王族だから女神の化身ってことになってるわたしにこの態度でいいのかな？

王族の考え方や基準がよくわからない。この場でジギスヴァルトを咎《とが》めた方が良いのかどうか。わたしがちらりとフェルディナンドを見ると、キラキラの作り笑顔になっていた。

……うわぁ、応戦する気満々じゃない？

「かしこまりました。アーレンスバッハの罪人はいつでも引き渡しできる状態になっています。ジギスヴァルト王子のお望み通り、すぐに中央へ引き渡しましょう」

先に罰したいならさっさとやれ。受け入れ態勢が整っていないのは中央ではないか、という副音声が聞こえた気がした。こんな状態のフェルディナンドに立ち向かっていくなんて怖いこと、わたしは本以外のことでしたくない。けれど、ジギスヴァルトはどうやらなかなか勇気のある若者だったらしい。キラキラ笑顔のフェルディナンドを不機嫌とは悟れなくても、副音声は正確に聞き取れたようで、ジギスヴァルトは一瞬言葉に詰まった後でニコリと微笑んだ。

「実行犯の話だけではなく、次期アウブを支えるための婚約者としてアーレンスバッハにいた貴方について話をしているのです。ご自分の罪を自覚していますか？」

その言葉にわたしの方がカチンときた。王族の義務を果たしていないジギスヴァルトから、王命の義務に従って心身を削るようにして慣れない土地で執務をしていたフェルディナンドへの言い分を聞き流すことはできない。

「わたくし、ジギスヴァルト王子のお言葉がよく理解できないのですけれど、フェルディナンド様が義務を怠《おこた》っているとおっしゃりたいのでしょうか？」

フェルディナンドではなく、わたしが口を開いたことにジギスヴァルトが目を見開き、アナスタージウスが「兄上」と頭を抱える。ジギスヴァルトを制止したければ、もっとしっかり早く制止するべきだったと思う。

「王命による義務だったからこそ、フェルディナンド様は婚約者で碌な権限もないまま執務をさせられ、結婚が延期になっても帰省さえ許されなかったのですよね？　そのせいで毒を受けたというのに碌に治癒《ちゆ》する余裕もないまま戦場に立ったのではありませんか。アーレンスバッハの騎士とダンケルフェルガーの有志を率いて戦ったにもかかわらず、まだ義務が足りない、とおっしゃるのですか？」

「うむ。ローゼマイン様のおっしゃる通りだ。フェルディナンド様はアーレンスバッハにいるランツェナーヴェの兵士達を掃討し、エーレンフェストへ侵攻したアーレンスバッハの貴族達を追い、中央でメスティオノーラの書を得ようとするランツェナーヴェの者達を捕らえました。夫ではなく未だに婚約者という立場を考えると、領分を越えるほど真摯《しんし》に義務を遂行《すいこう》していたと言えるでしょう。それは共に戦ったダンケルフェルガーが保証いたします」

本当に休息を取る余裕などほとんどないままの強行軍だったことをアウブ・ダンケルフェルガーが認める。ジギスヴァルトは「そうですか」と微笑んでいるが、その目は全く納得しているようには見えなかった。

「ジギスヴァルト王子、わたくしからもお伺いしたいのですけれど、フェルディナンド様が王命による義務を遂行している間、ダンケルフェルガーやエーレンフェストから危機を知らされた王族は一体何をしていたのですか？」

遂行しなければならない義務を抱えているのは、わたしやフェルディナンドだけではないはずだ。王族が罪を負うことに納得できないと言うが、王族は一体何をしていたのか。わたしが睨むと、ジギスヴァルトが気圧《けお》されたように息を呑んだ。

「忠告したというのに騎士団長の裏切りや中央でのトルークの蔓延《まんえん》に気付かず、騎士団長の思惑に乗ってランツェナーヴェの者達へシュタープを取らせるという愚を犯し、ユルゲンシュミットの礎を守ることを放棄して王宮に籠《こ》もり、騎士団の裏切りに右往左往する以外に何をしていたのか教えてくださいませ。わたくし、講堂での戦いでジギスヴァルト王子のお姿を拝見していませんけれど、どちらで何をしていらっしゃったのかしら？」

「私は、自分の離宮で王族として中央貴族達に指示を……」

息苦しそうに言葉を吐き出すジギスヴァルトを、わたしはニコリと微笑んで制する。自分の離宮に引き籠もっている時点で、全くユルゲンシュミットの守りになっていない。

「それは自分達の身柄を守るだけではなく、国や礎を守るという王族の義務の遂行に必要な指示でしたか？　礎の魔術を守ることはツェントやアウブにとって何より重要な役目です。礎の間ではなく、自分達が住む離宮を守っている時点で王族として失格ですけれど、ジギスヴァルト王子にその自覚はおありですか？」

「ローゼマイン、そろそろ止めなさい。女神の化身からの糾弾《きゅうだん》に他の王族が顔色を失っている」

フェルディナンドが軽くわたしの袖《そで》を引く。見回してみれば、確かに顔色の悪い人ばかりだ。

「そのようですね。でも、政変後の処刑の時には王族の無茶な連座や頓珍漢《とんちんかん》な糾弾に顔色どころか、命を失った者がたくさんいるというのに、命の保障だけはされている王族が自分達の失態を突きつけられて顔色を失うくらい何でもないでしょう？」

わたしがコテリと首を傾げると、フェルディナンドが立ち上がってわたしの腕をつかむ。その顔色は悪く、焦りが誰の目にも見えるほどになっていた。

……あれ？　王族だけじゃなくてフェルディナンド様も変だよ？

「ローゼマイン、目の色が変わっている自覚はあるか？　無意識に漏れ出す女神の御力が増えて軽い威圧状態になっているのだが、わかっているのか？」

ジギスヴァルトに怒りを感じたけれど、軽い威圧状態になっている自覚は全くなかった。罪を突きつけられて困っているとか、指摘されたことを屈辱《くつじょく》に思って震えているのではなかったらしい。

「そういうつもりではなかったのですけれど……」

目を瞬くわたしに向かって、ゆっくりと手を挙げたのはトラオクヴァールだった。必死に呼吸を整えている姿を見れば、わたしの無意識の威圧をまだ受けていることがわかる。

「どうか私の発言をお許しください、ローゼマイン様」

丁寧に発言の許可を求める彼の姿に、ジギスヴァルトがフェアドレンナの雷を受けたような顔になる。皆の注目がトラオクヴァールに集まった。

「許します」

「断罪されるべき立場を弁えぬ愚かな息子で申し訳ございません。けれど、ローゼマイン様が愚息の言葉にお心を揺らす必要はないのです。星結びを終えるまでディートリンデの連座にならないことは確定しています。どうかご安心くださいませ」

トラオクヴァールの言葉に、わたしは胸を撫《な》で下ろす。何だか記憶から薄れていたけれど、確かにそういう約束があったような気がする。誰が何を言ってもフェルディナンドに影響はない。ホッとわたしが息を吐いた瞬間、威圧が消えたようで周囲の皆も安堵するように息を吐いた。

女神の御力と名捧げ

フェルディナンドが真剣な眼差《まなざ》しでわたしの顔を覗《のぞ》き込み、「目の色は戻ったようだな」と呟《つぶや》く。

わたしの目の色は戻ったようだけれど、フェルディナンドの顔にある焦りは完全に払拭《ふっしょく》されていない。何か起こっているのだろうか。

「ローゼマイン、女神の御力は自分の魔力より制御が難しいように見える。君が感情的に反応すると同時に女神の御力が膨《ふく》れ上がっているようだ。このまま女神の御力が増えれば、君が君ではなくなる可能性がある。頼むから、できるだけ感情を抑えなさい」

君が君ではなくなるという言葉に背筋が震えた。それはすでに失ってしまった記憶の他にも大事な記憶が消える可能性があるということだろうか。それとも、もっと恐ろしいことが起こるということだろうか。焦りの消えない顔でフェルディナンドが指摘するということは、わたしはすでにわたしではなくなっているのかもしれない。

……何それ、怖い！

わたしの中で恐怖が膨れ上がるのは、ほんの一瞬だった。

「ローゼマイン！」

フェルディナンドが息を呑んで声を上げるのとほぼ同時に、自分の視界の端にいる者達が胸元を押さえて顔を歪め、あちらこちらから呻《うめ》く声が聞こえ始める。目に映る光景は自分が威圧している時と同じだ。けれど、今、わたしは頭が真っ白になる程の怒りを感じているわけではない。怖いという感情が膨れ上がっただけだ。

「違……こんなつもりではなくて……」

自分の中で膨れ上がった恐怖という感情が他人を苦しめている現状を目の当《ま》たりにして、自分の中にある女神の御力に対する恐怖はいや増していく。

「感情を抑えなさい、ローゼマイン」

わたしに皆の様子を見せないように、皆を女神の御力から守るために、フェルディナンドがわたしの肩をつかむ。フェルディナンドもまた苦しげに眉を寄せ、脂汗《あぶらあせ》を垂らしながら、真剣な目でわたしを見下ろしていた。あのフェルディナンドが表情を取り繕《つくろ》うことさえできていない。

「フェルディナンド様、離れてください。近い程、影響が……」

わたしにとってフェルディナンドはとても大事な人だから、わたしの力で傷つけたくはないのだ。肩に置かれている手を叩きながら、わたしはフェルディナンドが離れてくれることを願う。

次の瞬間、フェルディナンドが咳《せ》き込んだ。コフッという異音に記憶が刺激されて、平民時代の洗礼式後に神殿で同じように向かい合った記憶が途切れ途切れに浮かんでくる。

わたしはあの時、誰かを守ろうと必死になって、当時の神殿長や神官長と対峙《たいじ》していた。今は誰を守っているわけでもない。ただ傷つけているだけだ。できることならば、すぐにでも止めたいし、自分の内にあるはずの力なのに、どのように扱えば良いのかわからない。

「その力を正しく使って、街を守ってくれ」

「……に怒られるような使い方はしない。約束するよ」

不意に誰かと交わした約束が脳裏で響く。大事な約束だったはずだ。それを破ってしまった悔しさに泣きたくなってきた。これ以上感情的になってはいけない、と理性が警告を出しているのに、どうすれば抑えられるのかわからない。

「フェルディナンド様、お願いですから離れて。わたくし、どなたかと約束をしたのです。守るために力を使う、と」

フェルディナンドの顔色を見れば、漏れ出る女神の御力が更に増えているのがわかる。何度か咳き込んだフェルディナンドの口の端から、記憶と同じ赤い血が滴《したた》った。

「離して！」

わたしを抱きしめるように伸ばされたフェルディナンドの手を思い切り振り払って、わたしはその場から逃げ出した。勢いよく立ち上がったせいでガタンと椅子が倒れる音が響く。

……どこまで離れたら大丈夫なんだろう？　どこか、傷つけない場所に……

わたしは逃げ場を探して部屋の中を見回した。中央棟と繋がる扉はテーブルを挟んで反対側で、そこまでたどり着く前に皆がもっと苦しい思いをする。寮に戻る扉は自分の背後にあるけれど、寮に戻れば傷つける人数が増えるだけだ。

フェルディナンドは振り払われた自分の手を見た後、すぐさま口元の血を拭《ぬぐ》ってジルヴェスターへ視線を向けた。

「アウブ・エーレンフェスト、ハルトムート達に入室許可を！」

「入れ、ハルトムート」

ジルヴェスターが片手で胸元を押さえながら、もう片手でオルドナンツを飛ばす。

ハルトムートの腕の上でオルドナンツが「入れ、ハルトムート」と喋《しゃべ》っているくらいに早く、寮と繋がる扉が開いてハルトムート、クラリッサ、マティアス、ラウレンツ、グレーティア、ローデリヒの六人が入ってきた。

「失礼します」

「ハルトムート、貴方達もわたくしに近付いては……」

「大丈夫です、ローゼマイン様。我々は常にローゼマイン様の御力をまとっているので、御力が増えたことやその神々《こうごう》しさは感じ取れますが、大した影響はないのです」

ご安心くださいと笑いながらハルトムート達男性陣がわたしを囲むように立って、会議中の皆との間に壁を作る。壁ができれば少しは女神の御力も遮られるのか、苦痛を耐えるような呻き声は聞こえなくなった。それだけで少し恐怖が和《やわ》らいで心が軽くなる。

……ハルトムート達は本当に苦しくないんだ。

ハルトムートやラウレンツがわたしを安心させるように笑みを浮かべている。マティアスとローデリヒは「役目を果たさなければ」という真剣そのものの表情だけれど、取り繕ったり苦痛に耐えたりしているような顔ではなく、ごく自然なものだ。

「もしかしたら必要になるかもしれない、とフェルディナンド様に言われて待機していたのですよ。女神の化身の溢れ出る魅力は下々の者にとって辛《つら》く感じることもあるでしょうから」

ローゼマイン様のお世話をする側仕えのお仕事も一度してみたかったのです、と鼻歌でも歌い出しそうに楽しそうなクラリッサが手にしていた銀色の布を広げた。クラリッサの明るい笑顔に何だか胸が軽くなる。今のわたしが近付いても大丈夫な人がいることにホッとした。勝手に膨れ上がっていた孤独感や恐怖がすっと薄れていく。

「ローゼマイン様、王族やアウブの方々の目に触れるのに布を掛けるだけでは見苦しいから、とリーゼレータ達がマント状に整えてくれたのですよ。せっかくの衣装が見えなくなってしまうのは残念ですけれど……」

グレーティアがフード付きマントに形を変えた銀色の布をわたしに被せて、不格好な皺《しわ》ができないように整えながら、さりげなくわたしの目元を拭ってくれる。普段はほとんど口を利《き》かずに黙々と仕事をするグレーティアが、今はわたしの気分を和《なご》ませようと頑張って言葉を選んでくれているのがわかって、心がほっこりしてくる。

「ありがとう存じます、二人とも」

「あら、ローゼマイン様。お礼には及びません。思わず見惚《みと》れてしまう程にお美しいローゼマイン様の魅力に気を失う者が続出しては会議にならなくて大変ですもの。それというのも、ローゼマイン様が全ての神々より寵愛《ちょうあい》を得ていらっしゃるメスティオノーラの……」

「フェルディナンド様、いかがでしょう？　これくらいの露出でしたらお顔も見えますし、女神の御力を感じつつ、強すぎない程度に抑えられたと思います」

クラリッサの賛美を遮るようにグレーティアが前に進み出て、フェルディナンドに声をかける。フェルディナンドが銀色のマントをつけられたわたしを見て、「問題ない。助かった」と頷いた。

「ローゼマイン様、気の利く臣下への褒美《ほうび》だと思って、女神の化身による癒しを見せてくださいませんか？」

ハルトムートが茶目っ気を見せたウィンクで、女神の化身の力をまとったわたしの癒しを見たいとねだる。一見ふざけているようにも見えるハルトムートの表情だが、橙色の瞳はじっとわたしの反応を探っていた。おどけた表情も口調も、わたしが断りたければ容易に断るための理由にできるようにという配慮だろう。

「ハルトムート、ありがとう存じます」

「恐れ入ります」

わたしは「シュトレイトコルベン」と唱えて、フリュートレーネの杖《つえ》を手にする。

「水の女神フリュートレーネの眷属たるルングシュメールよ」

普段と違ってルングシュメールへの呼びかけだけで、杖の先にある緑の魔石から癒しが部屋中に降り注いでいく。席に着いていた人達の顔色が明らかに良くなって安堵の息を漏らしている。癒しはきちんと効果があったようだ。

「何と美しい！　全ての神々より神具を使うことを許されたメスティオノーラの素晴らしき……」

「よくやった。其方等はハルトムートを連れて下がれ。話し合いを続けたい」

ジルヴェスターが軽く手を振りながら興奮しているハルトムートを連れて下がるようにわたしの側近達に命じた。すぐにハルトムートが連行されていく。マティアスとラウレンツに挟まれ、ローデリヒに背中を押されて連れ出されるハルトムートには先程のできる側近の面影が全くない。

ジルヴェスターは彼等の代わりに側仕え達を呼んで、お茶を淹れさせる。側仕え達が動くことで部屋の中から緊迫感《きんぱく》が拭い取られ、少しばかり穏やかなものに変わった。

「ローゼマイン様もお席に着かれますか？」

グレーティアが倒れていた椅子を整えている。その様子を示しながらクラリッサが声をかけてくれたので、わたしはコクリと頷き、クラリッサにエスコートされて自分の席へ向かう。

「あ……」

席の前に立っているフェルディナンドと目が合った。助けようとしてくれたのに手を振り払ってしまったので、どのように声をかければ良いのかわからなくて少し気まずい。

「あの、フェルディナンド様。痛いところはございませんか？　その、わたくし……」

「ルングシュメールの癒しがあったので問題ない。君もせっかく落ち着いたのに不用意に感情を揺らすものではない」

フェルディナンドはクラリッサからわたしの手を取り、クラリッサとグレーティアに下がるように指示を出すと、わたしを椅子に座らせる。わたしは本当に問題がないのか、じっとフェルディナンドの顔を見つめた。女神の御力が辛いのに無理させているのではないだろうか。

「そのように心配せずとも、こうしておけば女神の御力で他人を傷つけることはあるまい」

「あのようなことになるならば、最初からまとっていたかったです」

わたしが自分の手に触れる銀色の布をぎゅっとつかむと、フェルディナンドは仕方がなさそうな顔でちらりとジルヴェスターへ視線を向けた。

「銀色の布はどうしてもランツェナーヴェの者達を連想させるので、王族やダンケルフェルガーとの話し合いで最初からまとっているのは印象が良くない。だが、女神の御力を知った今ならば、それを外せと言う者などこの場にはいまい」

……それはそうかもしれないけど、周知するために自分まで痛い目に遭う必要はないと思うよ。

誰も痛い目に遭わないのが一番だとわたしは思うが、フェルディナンドやジルヴェスターの意見は違うらしい。

「あぁ、そうだ。ローゼマイン、手を出しなさい。今後再び女神の御力が暴走した時のためにこちらも持っておいた方がよかろう」

「銀色の布の他にも何か対策があるのですか？」

何かお守りでもあるのだろうか。わたしがフェルディナンドに言われるまま両手を揃《そろ》えて出せば、ポンと軽く手の上に盗聴防止の魔術具と白い箱が置かれた。何だろうと蓋《ふた》を開けようとするより先に勝手に魔力が吸い出されるような感触がして、白い箱が白い繭《まゆ》状に形を変えていく。何度も見たことがある物なので、これだけ変化すれば嫌でもわかった。名捧げ石だ。

「フェ、フェルディナンド様、これはどういうことですか？」

「非常事態に私が君に近付けないようでは困るではないか」

「それはそうかもしれませんけれど、今回と同じように彼等を呼べば……」

「黙りなさい」

うにっと頬を摘まれて、わたしはフェルディナンドに唇を尖《とが》らせる。そんなことのために名捧げを使うのは間違っていると思う。

「こんな騙《だま》し討《う》ちのような名捧げ、あり得ません。もっと、何というか、とても大事な誓いではありませんか。エックハルト兄様達から捧げられているフェルディナンド様ならば名捧げの重要性をご存じでしょう?」

わたしの側近達はそれぞれに大事な思いを自分の名前に込めて捧げてくれたのだ。エックハルト達から忠誠と命を捧げられているフェルディナンドにそれがわからないはずがない。フェルディナンドがわたしを主として欲しているわけではないのに、ただの手段として名を捧げるのは、彼等の誓いが軽んじられているようでひどく悲しい気分になる。

「女神の御力が消えるまでで構わぬ。……それ以上は望まぬ」

「ですから、そのような手段として……」

「女神の御力が消えるまでだ。それほど嫌ならば、私に命じて返却すればよかろう」

「家族同然と思っている方との間に主従関係が発生するのは嫌なのです」

お友達になれるかと思ったフィリーネにも、平民時代を知っているダームエルにも、主従としての線を引かれた途端、それまでの気安い空気は消えた。同じことがフェルディナンドとの間に起こるなんて考えたくない。何より、王命に振り回される彼を歯痒い気持ちで見ていたわたしが、上の立場から彼に命令を下したくないのだ。

「最初に私の命を救う手段として名捧げを利用したのは君だ。今回は諦めよ。どうせ、それほど長い期間ではない」

頑《かたく》なにそう言い切ったフェルディナンドがわたしの手から盗聴防止の魔術具だけを取って、隣の自席に座る。緊急事態だったとはいえ、先に手段として利用したと言われれば反論の余地もない。わたしはフェルディナンドの名捧げ石を握って、そっと息を吐いた。

「さて、話し合いを再開してもよろしいでしょうか？」

皆がお茶を飲み、側仕え達が退室するのを見届けた上で、フェルディナンドが発言する。ひとまずツェントとして立候補したジギスヴァルトがいるので、彼をツェントにするか否かを話し合うことになった。

「ジギスヴァルトを新しいツェントにするのですか？　それは、その……」

トラオクヴァールとラルフリーダがひどく心配そうにわたしとフェルディナンドを見る。

「他に立候補する者がいなければ、そうなります。こちらの選択肢としては王族の内のどなたかがツェントとなり、神々の要求するユルゲンシュミットへと変化させるということですから、立候補者がいればその方にお任せいたします」

「次期ツェントとしてユルゲンシュミットの貴族達に認められている私が最適でしょう。私がツェントになり、皆を救います。ご安心ください、父上」

ジギスヴァルトがいつも通りの穏やかな笑みでそう言った。王族をなくすためのツェントになることを、それほど誇らしそうな顔で言える心境がわたしにはどうにも理解できない。

「では、ジギスヴァルト王子には神々からの要求を必ず実行してもらうために、光の女神や秩序の女神ゲボルトヌーンに契約魔術を使って誓っていただきますね」

「契約魔術を……？」

「はい。女神の御力が消えた途端、神々の要求を無視されたり、あまりにも先延ばしにされたりすると困ります。当然のことながら、新しいツェントには神々と契約していただきます」

これはわたしと交わす契約ではない。魔術を使った神々への宣誓《せんせい》だ。神々と直接契約する魔術なので人間同士の契約に比べると、抜け道がほとんどなくて厳しいものになる。違反したら神々から厳しい鉄槌《てっつい》が下るらしい。もしかすると、わたし達が相手ならばのらりくらりと神々の要求から逃れられると思っていたのだろうか、契約魔術が怖いのか、ジギスヴァルトの顔色が悪くなった。

「ほぅ、確かに神々の要求に対して神々と契約をするのは妥当《だとう》でしょう」

「えぇ。グルトリスハイトを得る前に、全てのアウブの前でユルゲンシュミットをどのように導いていくのか誓うようにすれば良いのではございませんか？　そうすれば、他領のアウブにも神々の要求がどのようなものかよくわかるでしょう」

ダンケルフェルガーの領主夫妻が同意したことで、契約魔術を行うことは決定となった。テーブルの上に出されていたジギスヴァルトの拳がきつく握られる。

ジギスヴァルトが神々への宣誓に同意してくれれば、後は継承の儀式をいつどのように行うのか決めれば良い。その後、他の王族の扱いや廃領地になっている土地をどのように分けるのか決めることになっている。

……まだ決めること、結構あるね。

わたしが話し合いの流れを頭の中で思い返していると、フェルディナンドがカタリと立ち上がった。

「ジギスヴァルト王子、先程の事態で実感いただけたと思いますが、女神の化身からグルトリスハイトを賜るツェントが祭壇上で共に並べなければ大変なことになります。新しいツェントになるならば、ローゼマインに名を捧げてください。そうすれば、女神の御力の影響を防げます」

フェルディナンドの言葉にジギスヴァルトが目を瞬いた。確かに継承の儀式で新たなツェントになる人が女神の御力に当てられて倒れたら大変だ。

……でも、名捧げをそういう手段にはしたくないんだよ。前におじい様に叱られた通りになってるじゃない。

「私が名を捧げるのですか？　新たなツェントとなる者が、その後アウブ・アーレンスバッハになる者に？　それではツェントの主がアウブということになりますが……」

いくら何でもおかしいのではないか、とジギスヴァルトが顔を顰めた。命を守る手段ではあるけれど、彼の言う通り、ツェントとアウブの地位を考えればおかしい要求だとわたしも思う。それでも、名を縛らなければ王族を信用できないとフェルディナンドは言った。

……神々への契約だけしてくれれば、わたしは良いと思うんだけどな。

そんなことを考えていると、苦虫を噛み潰したような顔になったトラオクヴァールがそっと挙手した。

「何でしょう、トラオクヴァール様？」

「ローゼマイン様、御前でのお目汚し、大変失礼いたします」

断りを入れると同時に、トラオクヴァールが立ち上がってジギスヴァルトをシュタープの光の帯で縛り上げた。

「ジギスヴァルト、処刑が当然の我々に生き延びる選択肢を与え、グルトリスハイトを授けてくださる女神の化身に名を捧げて尽くすこともできぬ者にツェントとなる資格などないのだ。神々との契約を厭い、名を捧げることに拒否を示した其方はもうツェントにはなれぬ。いい加減に理解せよ。グルトリスハイトがなくとも王族としてあらねばならなかった我々の生き方が、其方の教育に深く影響していたとはいえ、失った地位にしがみつこうとする姿はあまりにも愚かで見苦しい」

トラオクヴァールが今にも泣きそうに顔を歪めた。ラルフリーダが静かに目を伏せる。縛り上げられたジギスヴァルトを見下ろし、フェルディナンドはトラオクヴァールに視線を向けた。

「トラオクヴァール様の判断で、ジギスヴァルト王子を新たなツェントにはさせないということでよろしいでしょうか？」

「今のジギスヴァルトが神々の要求する新しいツェントになれるとは、とても思えません」

神々の怒りを買うだけでしょう、と項垂れるトラオクヴァールに否定の声は一つも上がらない。皆がその言葉を肯定《こうてい》するような顔で縛り上げられたジギスヴァルトを見た。

新しいツェントの決定

「ジギスヴァルト王子には荷が勝ちすぎますが、王族の誰かがツェントにならなければ王族は全員が白の塔へ入ることになります。それでもよろしいのですか？」

フェルディナンドの言葉にトラオクヴァールはしばらく逡巡を見せる。自分で縛り上げたジギスヴァルト、自分の妻や子供達を見回した後、彼はゆっくりとその場に跪いた。

「トルークの影響が抜けた今であっても、いや、今だからこそ私は自力でグルトリスハイトを手にした者がユルゲンシュミットのツェントに相応しいと心底実感しております。……祭壇に上がり、女神の化身と共に姿を消したフェルディナンド様ならば、お持ちではございませんか？」

「父上、何をおっしゃるのですか⁉」

トラオクヴァールがフェルディナンドに対して跪き、敬称を付けたことに、ざわりとその場がざわめいた。王族は跪くトラオクヴァールとフェルディナンドを見比べ、ダンケルフェルガーの領主夫妻はじっとフェルディナンドの反応を注視している。

……やっぱりダンケルフェルガーもフェルディナンド様がメスティオノーラの書を持ってないか疑ってるんだ。

「トラオクヴァール様。そのお言葉は王族全員が白の塔へ入ることになったとしても、という解釈でお間違いありませんか？」

トラオクヴァールの質問に答えるのではなく、静かに問うフェルディナンドの姿に血の気の引いた顔で立ち上がったのはアナスタージウスだった。

「父上、お止めください！　貴方はツェントです。女神の化身以外の者に跪くものではありません」

「ユルゲンシュミットを治めるツェントはグルトリスハイトを持つ者でなければならぬ、アナスタージウス」

「そのグルトリスハイトはメスティオノーラの化身となったローゼマインから授けられるのです。私は父上にグルトリスハイトを得て真のツェントになっていただきたいし、彼等にそう願いました。これまで国の行方を誰よりも案じてきた父上が最もツェントに相応しいと思っています」

立たせようとするアナスタージウスに対して、トラオクヴァールは首を横に振る。その真剣なやり取りを見ながら、わたしは感嘆《かんたん》の息を吐いて隣で立っているフェルディナンドを見上げた。

……おぉ、完全にフェルディナンド様の予想通りだね。

予想されていた反応や質問が出てくるので、何というか、筋書きのあるお芝居《しばい》でも見ている気分だ。真剣に言い合っている二人には悪いけれど、フェルディナンドにはトラオクヴァールと真面目《まじめ》に向き合う気などさらさらない。

「トラオクヴァール様、大変失礼かと存じますが、貴方の仮定には前提条件に大きな間違いがございます。祭壇に上がれるのは全ての大神《おおがみ》の御加護を得た者であって、グルトリスハイトを持つ者ではありません」

フェルディナンドの言葉にエグランティーヌが「そうですね」と同意を示した。エグランティーヌが口を開くとは誰も考えていなかったようで、全員の視線がそちらに向く。

「わたくしも貴族院の実技で神々の御加護を得る儀式を行った時、祭壇に上がったことがございます。シュタープを得た白い広場のようなところへ通じていたのですけれど、他には特に何もないところでした。けれど、わたくしはグルトリスハイトを得ているわけではございません」

「全ての大神から御加護を得ている全属性であることが重要なのです」

わたしが言うはずだったセリフをエグランティーヌが言ってくれたので、わたしは少しだけ補足するに留《とど》めておく。

王族であるエグランティーヌに指摘されたトラオクヴァールが大きく目を見開く。わたしが言うよりも効果的だったと思う。祭壇に上がれることがメスティオノーラの書を所持している証拠にはならないのだ。

「だが、それでも、彼は……」

「えぇ。わたくし達に示してくださったグルトリスハイトへの手掛かりなどから考えると、フェルディナンド様はすでにお持ちか、もしくは、とても近いところへ到達しているのではないかと考えています」

エグランティーヌはそう言いながらフェルディナンドに視線を向ける。トラオクヴァールもフェルディナンドを見た。二人とも「グルトリスハイトを得ているのか否か」を問う顔になっている。けれど、探るようにじっと見つめているエグランティーヌと、縋《すが》るように見ているトラオクヴァールではその表情に大きな違いがあった。

「トラオクヴァール様は本当にジギスヴァルト王子の父親ですね。とてもよく似ていらっしゃる」

跪くトラオクヴァールを見下ろすフェルディナンドはとても冷たい顔だった。「愚かで見苦しい」と実の父親に縛り上げられたジギスヴァルトとよく似ているというのが褒め言葉だと感じる者などいないだろう。その場にいた者が一斉に顔色を変えた。マグダレーナがジギスヴァルトとトラオクヴァールを見比べ、フェルディナンドを赤い瞳で軽く睨む。

「トラオクヴァール様のどの辺りがジギスヴァルト王子と似ているとおっしゃるのです？」

「ふむ。ご自分に都合の悪いことは忘れ、王族という地位を笠《かさ》に着て他者に自分の意を強要するジギスヴァルト王子の性根《しょうね》は父親譲りだと思わずにはいられませんが、マグダレーナ様の目には混沌《こんとん》の女神の呪いがかかっているようですね」

目が曇っていると言ってマグダレーナの言葉を切り捨てると、フェルディナンドは軽蔑《けいべつ》を込めた薄い金色の目でトラオクヴァールを見下ろしながら腕を組んだ。

「トラオクヴァール様がすっかりお忘れのようですから、繰り返させていただきます。私は簒奪《さんだつ》も反逆も考えていませんし、ツェントの地位に就きたいと望んでもいません。あの時、それを内外に示すためにアーレンスバッハへ婿入りするように、と命じた貴方に私は従ったではありませんか。命懸《いのちが》けでアーレンスバッハに滞在した一年半が、無駄ではなかったことを祈ります」

フェルディナンドの言葉にジルヴェスターがテーブルの上に出している拳をきつく握り締めた。多分、今、ジルヴェスターはトラオクヴァールを殴り飛ばしたいくらい怒っている。

「あの時はそれが最善だと判断したのだ」

絞り出すようなトラオクヴァールの言葉に口を開いたのは、フェルディナンドではなくジルヴェスターだった。

「あの時は王命でアーレンスバッハへやるのが最善で、今度はグルトリスハイトを得ているという仮定だけで、確証さえないままにツェントを押しつけるのですか？　アーレンスバッハの後始末だけではなく、今までの王族の後始末をフェルディナンドにさせるのが最善だと……？　いくら何でもシュラートラウムの訪れにはまだ早いのではございませんか？」

寝言は寝てから言えという意味だが、直接それをトラオクヴァールに笑顔で言えるジルヴェスターは、本当にフェルディナンドの兄だなとしみじみ思う。

……それにしても、トラオクヴァール様も自分の発言を都合良く忘れる人だったのか。

フェルディナンドをこれ以上トラオクヴァールの都合で使わせる気はないジルヴェスターと、ユルゲンシュミットのためならば最善の方法を採りたいトラオクヴァールが睨み合う。火花の散りそうな雰囲気の中、柔らかな声が割って入った。

「では、フェルディナンド様は今後グルトリスハイトを得るつもりも、ツェントに就くつもりもないということでよろしいでしょうか？　トラオクヴァール様の申し出を受けるつもりはないのですよね？」

エグランティーヌが頰に手を当てて首を傾げる。いつも通りのおっとりとした微笑みに見えるけれど、その明るいオレンジ色の瞳は真剣そのものだ。その目を見返し、フェルディナンドはしっかりと頷く。

「白の塔へ入る代わりに神々の要求に応える王族がツェントとなるのか、アウブ・ダンケルフェルガーがグルトリスハイトを与えられてツェントとして君臨《くんりん》するのか……メスティオノーラの化身から示された選択肢は二つ。私がツェントになるという選択肢は最初からありませんでした。いくらトラオクヴァール様が望んだところで、選択肢が増えるわけがございません」

「お答え、ありがとう存じます。フェルディナンド様のお考えはわかりました」

王族は選択肢を与えられただけだとフェルディナンドは切り捨てる。エグランティーヌは納得したように頷いたけれど、トラオクヴァールは納得できなかったようだ。大きく目を見開いて「ツェントは自力でグルトリスハイトを得た者がなるべきなのです」と訴える。けれど、その言葉はフェルディナンドから完全に黙殺された。

「あの、トラオクヴァール様」

わたしは跪いたままフェルディナンドに訴えるトラオクヴァールを見兼ねて声をかけた。

「自力でグルトリスハイトを得た者をツェントに、と望む貴方が間違っているとは思いません。メスティオノーラの書の獲得方法を広め、次代からそのように選ぶつもりです。けれど、わたくしは一旦今の王族にツェントを引き受けてほしいのです」

わたしはアドルフィーネやエグランティーヌ、マグダレーナ達を見回す。王族に嫁《とつ》いで数年だったり、第三夫人として社交の場に出る機会が少なかったりした彼女達が一生白の塔で過ごす程の罪を犯しているとは思えない。

「王族の助命や連座の回避という意味もありますが、突然王族以外の者がツェントになるより、準備期間がある方が受け入れられやすいと思います。変化が大きければ大きい程、周囲からの反発も大きいですから……」

「グルトリスハイトがあれば、そのような不満を口にする貴族はおりますまい」

偽の王だと言われ続けたトラオクヴァールだからそう思うだけだ。わたしはゆっくりと首を横に振った。

「トラオクヴァール様はグルトリスハイトを神聖視しすぎているように見受けられます。グルトリスハイトがあっても、メスティオノーラの書を得たツェントが立っても、人は不満を口にするのですよ。人々の不満に際限はありません。できるだけ軋轢《あつれき》が少なく、争いが少なければ良いとは思いますが、完全になくなることなどないでしょう。それは歴史が証明しています」

話している途中で強い視線を感じて、わたしはゆっくりと視線を移す。こちらをじっと見ているエグランティーヌと目が合った。

「どうかなさいましたか？」

わたしが呼びかけると、エグランティーヌは一度視線を下げた後、ゆっくりと顔を上げてトラオクヴァールを真っ直ぐに見た。明るいオレンジの瞳に強い光が宿っている。

「ユルゲンシュミットのためにはグルトリスハイトが必要不可欠です。ローゼマイン様がグルトリスハイトを得るならば、それを騒乱のないまま王族へもたらすためにツェントとの養子縁組と次期ツェントであるジギスヴァルト王子との婚姻が絶対に必要だとわたくしは考えていました」

エグランティーヌにとっては、自分との結婚を機に次期ツェントから退いたアナスタージウスや、再び争いが起こることが目に見えているヒルデブラントとの結婚ではダメだったらしい。

「けれど、今回の騒動でローゼマイン様は女神の化身として王族にグルトリスハイトを与えてくださる選択肢をお示しなさりました。そうであれば、ジギスヴァルト王子との婚姻も養子縁組も必要ありません。グルトリスハイトを望んだとしても、どなたにも迷惑をかけることがない状況ですけれど、トラオクヴァール様はグルトリスハイトを望まないのでしょうか?」

エグランティーヌの言葉に、アナスタージウスが期待するようにトラオクヴァールを見つめる。妻であるラルフリーダやマグダレーナも、結婚して王族になったアドルフィーネもトラオクヴァールを見ている。しかし、彼は頑なに首を横に振った。

「新たなツェントは自力でグルトリスハイトを得た者が相応しい。その考えを変えることはできぬ。新たなツェントになるべき人物は私ではない」

「そうですか。トラオクヴァール様のお考えはわかりました」

エグランティーヌはトラオクヴァールに椅子に座り直すように促した後、わたしを見た。オレンジの瞳には強い決意が宿っている。

「ローゼマイン様、わたくしが女神の化身からグルトリスハイトを得てツェントになります。ローゼマイン様にわたくしの名を捧げ、神々に宣誓いたしますから、どうかグルトリスハイトをお与えくださいませ」

「エグランティーヌ、其方……」

アナスタージウスが呆然《ぼうぜん》とした顔でエグランティーヌを見つめる。彼女は「わたくし、国が乱れるのは好まないのです」とニコリと微笑んだ。

「女神の化身からグルトリスハイトを得るのは、次期ツェントだと貴族の皆様に周知されているジギスヴァルト王子が最善でした。ジギスヴァルト王子がグルトリスハイトを得られれば、最も長い時間をかけて緩やかに変化させることができたでしょう」

女神の化身からジギスヴァルトがグルトリスハイトを得て、古の獲得方法を実践した次代へツェントを譲れるように努力し、他の王族は廃領地のアウブとして国に尽くす。彼女にとっての最善はそれだったそうだ。けれど、ジギスヴァルトは不適格だと判断された。

「治世がジギスヴァルト王子に比べると長くは続かないところが少し不安ではありますが、トラオクヴァール様がグルトリスハイトを望むのであれば、今までのご苦労が報われることが喜ばしいと思いました」

グルトリスハイトがないままに奮闘《ふんとう》してきたのだ。トラオクヴァールがグルトリスハイトを得て正しいツェントとして国に尽くし、神々の要求に応じて国の在り方を変化させていくならば応援したとエグランティーヌは言う。けれど、トラオクヴァールは望まなかった。

「アナスタージウス様やヒルデブラント王子は全ての大神の御加護を得られていらっしゃいませんから、女神の化身と共に祭壇へ上がれません。最初から今回のツェントとしては対象外です」

アナスタージウスとヒルデブラントが悔しそうに顔を歪める。確かに祭壇に上がれないのは致命的だ。生まれつきの全属性でない彼等が今から小さな祠《ほこら》を巡って祈り、再取得の儀式で全ての大神から御加護を得る時間はない。

「ジギスヴァルト王子が御加護を得られるように、王座を放棄した以上は決して抜きん出ることがないように、ずっとアナスタージウス様は手助けしていらっしゃいましたからね」

エグランティーヌはアナスタージウスを慰《なぐさ》めるように微笑みながらフェルディナンドへ視線を向けた。

「そして、グルトリスハイトの有無にかかわらず、フェルディナンド様がツェントをお望みであれば、わたくしは望みませんでした。女神の化身の寵愛を受けている方と争うほど無謀《むぼう》ではございませんし、争いは好みませんから」

……え？　寵愛？　また勘違いしてる人がいるよ。

クスクスとからかうように笑うエグランティーヌに反論するべきかどうか悩んで、わたしはちらりとフェルディナンドを見た。眉間に皺を寄せて顔を顰めている。いつもと同じような仏頂面《ぶっちょうづら》に見えるけれど、これは本気で嫌がっている顔である。ここは反論した方が良さそうだ。

「エグランティーヌ様、わたくしのフェルディナンド様への思いは家族同然のものであって、男女間における寵愛ではありませんし、フェルディナンド様も家族愛や政略結婚までは許容できても、そういう意味合いの寵愛を受けるのは心底嫌がっておいでなのです。そこは勘違いしないでくださいませ」

その途端、その場にいた全員がポカーンとした顔になった。皆の視線が雄弁《ゆうべん》に「何を言っているのかわからない」と告げている。

「……え？」

皆がわかっていることをわたし一人だけがわかっていないような雰囲気だ。わたしは思わず手を伸ばすと、フェルディナンドの袖をつかんだ。

「わたくしが言っていること、間違っていませんよね、フェルディナンド様!?　一緒に皆に立ち向かいましょう」

袖を何度か引っ張ると、フェルディナンドはものすごく嫌そうな顔になった。いくら面倒で嫌なことでも反論しなければ、無言は肯定だと誤解されるとわたしに教えたのはフェルディナンドだったはずだ。

「ほぅ、ローゼマインの言い分は間違っていないのか、フェルディナンド？」

「何故貴方が便乗《びんじょう》するのでしょうか、アウブ・エーレンフェスト？」

「其方の兄として、ローゼマインの養父として、知っておくべき事柄だと思わぬか？」

「全く思いません」

ニヤニヤしているジルヴェスターを、目が全く笑っていないキラキラとした笑顔でフェルディナンドが睨む。笑顔で睨むとは相変わらず器用だと思う。

「申し訳ございません。わたくし、言葉選びを間違えてしまったようです。フェルディナンド様がツェントを望むのであれば、自分が望むつもりはなかったと述べたかっただけで……」

「エグランティーヌ様のおっしゃる通り、君が脱線しすぎたのだ、ローゼマイン」

フェルディナンドはエグランティーヌに続けるように指示を出して、わたしに座り直すように軽く手を振った。確かにユルゲンシュミットを左右する大事な話し合いの場で、わざわざ反論するようなことではなかった。もしかしたら効率重視のフェルディナンドは今まで通りに勘違いさせておくことを望んでいたのかもしれない。失敗した。

「わたくしこそお話を遮ってしまって申し訳ございませんでした。続けてくださいませ」

「わたくしより相応しいと思われる方がどなたもツェントを望まないのであれば、わたくしがなります。アウブ・エーレンフェストがおっしゃったように、王族の後始末を王族以外の方に押し付けるべきではないでしょう。それに、わたくしも子を持つ母です。できれば個人個人で部屋を分けられる白の塔へ入るのではなく、娘と過ごせる場があることを望みます」

……へ？　娘⁉　いつの間に⁉

わたしは大きく目を見開いた。いつの間に妊娠《にんしん》して出産したのか知らないけれど、結婚した時期を考えても、彼女の娘はかなり幼いに違いない。

……エグランティーヌ様、母親になってたのか。

だったら、親が白の塔へ入れられて親子がバラバラになってしまうよりは、ツェントでもアウブでも一緒に暮らせるほうが良いと思う。

「全属性であるエグランティーヌ様の娘であれば、次代のツェントとしての素質も高いと考えられます。アナスタージウス王子にエグランティーヌ様を支えていく覚悟があれば、グルトリスハイトを与えても問題ないのではありませんか？」

わたしがそう言うと、アナスタージウスが警戒するように「どのような覚悟がいるのだ？」と尋ねる。そこまで心配そうな顔をしなくても、女性アウブの配偶者と同じようなものだ。

「エグランティーヌ様の妊娠や出産の時期に、アナスタージウス王子が代わりをできることが必須になります。アナスタージウス王子が祈りによって全ての大神から御加護を得て、エグランティーヌ様の代わりが務まるようになるまで二人目のお子を望むことはできなくなるくらいですね。回復薬をたくさん持って祠を回ればすぐですよ」

ツェントを支えるだけならば、メスティオノーラの書を得られなくても全属性になれれば十分だ。わたしが「国を支える決意をしたエグランティーヌ様のためにも頑張ってくださいませ」と激励《げきれい》すると、アナスタージウスはひくっと頬を引きつらせた。それでも彼は大事な嫁と可愛《かわい》い娘のためならば何でもするだろう。アナスタージウスはそういう人だ。エグランティーヌの望みならば絶対に叶《かな》えるという意味で、わたしは彼を信頼している。

「エグランティーヌ様が新しいツェントになるのであれば、王族の罪はなるべく隠す方向で動くことになります。ヒルデブラント王子もシュタープを得たことだけを隠して、そのまま過ごすことはできないでしょうか？」

わたしの言葉にマグダレーナが驚いたようにこちらを向いた。

「他の王族が罪を隠されて、厳しいながらも貴族として生きていくことが決まったのですよ。それなのに、ヒルデブラント王子だけ更に厳しい罰が下るのは可哀想ではありませんか。手枷を魔術具の腕輪のような見かけに改造して、同級生がシュタープを得る年齢まで封じておくとか……できませんか？」

「彼の側近に手枷の改造をさせるならば構わないが、君は相変わらず幼い者に甘すぎる」

フェルディナンドに睨まれて、わたしは少し視線を逸らす。

「だが、ローゼマインの言う通り、今回のヒルデブラント王子に関しては情状酌量《じょうじょうしゃくりょう》の余地がある。幼さ故に情報から隔離《かくり》されていたであろうし、ラオブルートを警戒すべきと周囲の大人が全く考えていなかった。これで周囲の大人が罪を隠されて生きていくのに、幼い者一人が目に見える大きな罪を負うのは公平だとは思えぬからな」

　他人の目には見えぬ罰からは逃れられぬから良いか、と言いながらフェルディナンドがヒルデブラントの母親であるマグダレーナを見た。

「マグダレーナ様。ツェントから許可が出ているという言葉を信じて周囲の側近達まで碌に止めなかったのであれば、幼い子供が唆されても仕方ないと思われます。だが、シュタープの性質や取得年齢が上がった理由だけでも教えていれば、ラオブルートの提案に飛び乗り、ランツェナーヴェの者達にシュタープを取らせるような愚行は防げたでしょう。第三夫人の子とはいえ王族だというのに、少々教育が疎《おろそ》かだったのではありませんか？」

　フェルディナンドの指摘にヒルデブラントが真っ青になり、マグダレーナが「えぇ。わたくしの教育不足でした」と目を伏せる。わたしは何度か目を瞬き、首を傾げた。

　……あれ？　わたし、地下書庫でヒルデブラント王子とカリキュラム変更に関するお話をしたし、アルステーデから話を聞く時にフェルディナンドにも言ったと思うんだけど？

　おそらく親の教育が悪かったとか周囲の大人のせいにすることで、ヒルデブラントの罪を減らすつもりなのだろう。もしここでわたしが余計な指摘をしたらフェルディナンドが「説明があったのにあのような愚行を？」とか「甘やかす必要はなさそうだ」などと言って、ヒルデブラントにもっと厳しい方向に話が進む可能性が高い。余計なことは胸にしまっておいて、フェルディナンドを宥《なだ》めることにする。

「大丈夫ですよ、フェルディナンド様。エグランティーヌ様がツェントになるのであれば、トラオクヴァール様はアウブになります。ヒルデブラント王子はもう王族ではなくなりますし、領主一族の教育としてはダンケルフェルガーを参考にすれば、きっとハンネローレ様のような優秀な領主候補生になれますから」

ダンケルフェルガーの領主候補生はレスティラウトもハンネローレも優秀なのだ。ダンケルフェルガー出身のマグダレーナならば、ヒルデブラントを優秀な領主候補生に育てるのは簡単だろう。

「あの、ローゼマイン、様は……私が次代のツェントになることを応援してくださいますか？」

ヒルデブラントが不安そうに尋ねてきた。現実的に考えると、ヒルデブラントがメスティオノーラの書を得ることはほぼ不可能だが、応援するくらいならばわたしにもできる。「もちろん応援します」と口を開こうとした瞬間、フェルディナンドに睨まれた。

「止めなさい。まさか英知の女神の化身である君がこのような公の場で安請け合いをする気か？貴族院入学前の幼い身でも知っておかなければならない現実があろう」

まだ何も言っていないのに、フェルディナンドから説教された。

「おっしゃることはわかりますけれど、このような公の場で子供の夢をすっぱり切り捨てるような真似をする必要もないでしょう？」

「後で不可能を知る方が残酷《ざんこく》ではないか」

「不可能とはどういうことですか⁉」

目を見開くヒルデブラントにフェルディナンドが残酷な現実を伝える。

「ヒルデブラント王子が得たシュタープは、旧世代と同じ品質の物です」

次代のツェントは自力でメスティオノーラの書を取らなければならない。その取得方法や祈りの重要性が領主会議で周知されれば、シュタープを得られる三年生までの期間に学生達は魔力圧縮や属性を増やす努力をするだろう。そんな同級生と共に三年時に得られる物に比べると、貴族院入学前に得たシュタープの品質はかなり粗悪だ。

「ヒルデブラント王子の場合、あまり祈りや魔力圧縮を頑張りすぎるとシュタープの容量を超えて魔力の制御が不可能になってしまいます。実際、ローゼマインも三年生の御加護を得る儀式の後に苦労していました」

フェルディナンドがヒルデブラントに告げた。

「ですが、今のローゼマインはそのように見えません。何か方法が……」

「ローゼマインは元々全属性だったので大神の祠に入れました。ヒルデブラント王子は属性が欠けているため大神の祠に入れないので、ローゼマインと同じ方法は使えません。シュタープの容量を増やせないことを念頭に置いて成長にも気を付けなければ、貴族として致命的な欠陥《けっかん》を抱えることになります。そういう苦労こそが他人の目には見えぬ、ヒルデブラント王子がこれから一生背負っていく罰です」

ヒルデブラントの顔が今にも泣きそうに歪んでいく。

「つまり、私は、次代のツェントになれないのですか？」

「古代文字を勉強し、地下書庫の資料を読めるようになればわかります。当時は成人の時がシュタープの取得年齢でしたが、それまでに祈りを捧げて全ての大神から御加護を得なければツェントになることはできませんでした。全属性になる前にシュタープを得てしまったヒルデブラント王子にはおそらく不可能です」

フェルディナンドに止《とど》めを刺されたヒルデブラントは、絶望感に満ちた顔になってガクリと項垂れる。親であるトラオクヴァールやマグダレーナだけではなく、ダンケルフェルガーの領主夫妻も悔しそうに眉を寄せていた。

罪人の扱いと褒賞

項垂れて涙を零《こぼ》すヒルデブラントにどのような言葉をかければ良いのか……と沈黙が支配する中、フェルディナンドは面倒臭そうに溜息《ためいき》を吐いた。

「真面目な会議の最中に泣いているだけの子供など不要です。会議の邪魔なのでさっさと退場させてください。いくら今日の午後の時間を全て押さえているとはいえ、それほど時間はありません。ローゼマイン、議題を先に進めなさい」

泣いている子供相手とは思えないほど非常に冷たい言い分だが、いつものことだし、別に間違っていない。グルトリスハイト継承の儀式の日取り、他領へ解禁する情報、罪人の扱い、廃領地のアウブとなる王族のこれからなど、領主会議までに決めておかなければならないことは多いのだ。

わたしはマグダレーナに出入り口へ連れていかれるヒルデブラントから、床に転がされたままのジギスヴァルトに視線を移した。

「新しいツェントが決まったので、今後についてお話をいたしましょう。ジギスヴァルト王子も席に着いてくださいませ。境界線の引き直しや新しい領地についてのお話もするのに、アウブに着任するジギスヴァルト王子が縛られたままでは困るでしょう？」

「女神の化身に対してあのような態度を取ったジギスヴァルトを廃領地の新たなアウブに据えるとおっしゃるのですか？　本当によろしいのですか、ローゼマイン様？」

トラオクヴァールがわたしと、そして隣に座っているフェルディナンドに確認するような視線を送る。わたしはニコリと微笑んで頷いた。

「ジギスヴァルト王子は王族です。女神の御力を宿しているとはいえ、領主一族のわたくしへの対応だと考えれば罰されるようなことではありません。それに、今ジギスヴァルト王子が罰されると二人の妻にも累《るい》が及ぶでしょう？　それはわたくしの本意ではございません」

……夫のせいで奥様方が苦労するのは可哀想だからね。

ジギスヴァルトがこんなところで罪に問われたら、次期ツェントの妻からアウブの妻に格が落ちるアドルフィーネ達の未来が更に暗くなってしまう。二人の妻がジギスヴァルトへの教育を頑張ってくれることを期待したい。

だが、期待されても困るのだろう。アドルフィーネがとても心配そうな顔になった。

「上位の者への恭順《きょうじゅん》を知らないジギスヴァルト王子に廃領地のアウブは少し荷が勝ちすぎではございませんか？」

「今回の騒動における王族の罪をなるべく隠す方向でグルトリスハイトを与えるとお約束いたしました。それに、ジギスヴァルト王子はグルトリスハイトを得るという点では不適格でしたが、罪があるわけではないのです」

「そうですね……」

アドルフィーネが少し顔を上げて、わたしを見つめる。琥珀《こはく》色の瞳が何か探っているように見えるのは気のせいだろうか。エグランティーヌがツェントに立候補した時のように、アドルフィーネも何か静かに考えている気配を感じながら、わたしはジギスヴァルトへ視線を移した。

「ジギスヴァルト王子がこれから先、アウブになった後に問題を起こした場合は、新たなツェントから相応の罰や処分が下るはずです。いきなり意識を切り替えるのは難しいと存じますが、早急にアウブとしての振る舞いを身につけてくださることを期待しましょう」

「本当にローゼマイン様は慈悲深《じひぶか》いこと」

王族からはそんな声が上がり、トラオクヴァールは「ローゼマイン様のご慈悲に感謝せよ」と言いながらジギスヴァルトの縛《いまし》めを解く。完全に自分の存在が皆の意識に上がらないまま、どんどんと話が進んでいく現状に、ジギスヴァルトは己の立場が次期ツェントや王族から外れたことを実感したらしい。わたしにお礼の言葉を丁寧に述べながら座り直した。ヒルデブラントを外で待機していた側近に引き渡したマグダレーナも戻ってきて席に着く。

……別に慈悲じゃないんだけどね。

わたしは胸の中でそっと呟いた。ジギスヴァルトの縛めを解いたのは、中央が抱えている廃領地のアウブになってくれる者がいなくなると、フェルディナンドの計画が狂うからだ。その穴を埋めるために計画の練り直しをすると、わたしの図書館都市計画は更に遠のいてしまう。わたしはできるだけ早く今回の王族との話し合いやグルトリスハイトの授与を終わらせて自分の記憶を取り戻したいし、図書館都市計画を進めたいのである。

「継承の儀式についても決めましょう。今、各領地から情報を求めて貴族達が集まってきているので、エグランティーヌ様は至急名捧げの石を作ってくださいませ。名捧げの石ができ次第、グルトリスハイトを授けるための継承の儀式とアウブ達からの承認の儀式を行います」

あちらこちらの領地からアウブが集まってきている今ならば、新ツェントの就任に関わる儀式をまとめて行えるはずだ。

「それほど急がなくても、メスティオノーラの化身よりグルトリスハイトを賜ることが決まったことだけをアウブ達に告げ、儀式自体は領主会議の時でよろしいのではございませんか？　講堂などの準備が間に合わないと思いますけれど……」

エグランティーヌの言葉にフェルディナンドが厳しい顔で首を横に振った。

「女神の御力を領主会議の時期まで残せないので、新ツェントの就任に関わる儀式は領主会議までに行い、領主会議ではローゼマインをアウブとする就任式を行います。女神の御力の影響を深く受けているローゼマインは、現在アウブとしての行動が不可能で、認証のブローチの作製を始めとした領主の仕事に支障を来《きた》しています。今のままでは領主会議にアーレンスバッハが参加できません。能なしの愚か者に王命で一年半も振り回されながら執務をしてきた私に、エグランティーヌ様は正当なアウブもいないまま再び一年間執務をせよとおっしゃるのですか？」

「まさか……。あまりにも急なので周囲の者の負担が大きいと考えただけです。けれど、アーレンスバッハ側から見ると、そうなってしまうのですね」

自分の側近や中央で仕事をしている貴族達、突然招集をかけられる他領のアウブ達……彼等の負担を軽減しようとした言葉だ。片方から見れば全く悪いことではない。性急に物事を進めようとするフェルディナンドを止めてくれたと見る者もいるだろう。だが、王族の言葉としてそれを推し進められてしまうと、アーレンスバッハは窮地《きゅうち》に陥る。

「自分の周囲の都合だけを考えて何かを口にしただけで、余所《よそ》が窮地に陥る。ツェントの言葉にはそれだけの重みがございます。今回は王族ではなく、女神の化身の都合を最優先にして進めさせていただきます」

たまには他者の都合で振り回される立場も味わえ、とフェルディナンドの顔が雄弁に語っている。エグランティーヌが神妙な顔で「かしこまりました」と頷いた。

「グルトリスハイトの継承は奉納舞を行う舞台と祭壇が整っていれば十分です。中央の文官と中央神殿の者達を率いて準備すればそれほど時間はかかりません。今後エグランティーヌ様が中央神殿の神殿長になるのですから、今は夫であるアナスタージウス王子が補佐すれば良いのです」

アナスタージウスは「私がまた中央神殿へ出向くのか……」と眉を顰めたが、元々そうなる予感はあったのだろう。それほど抗《あらが》わずに了承した。

「去年の領主会議ではローゼマインを神殿長にするという提案を耳にしました。ならば、エグランティーヌ様やアナスタージウス王子にできないはずがございません」

フェルディナンドの言葉に二人の視線がジギスヴァルトへ向かった。発案者、もしくはそれを推し進めようとしていた王族が誰だったのか、それだけでわかる。

「エグランティーヌ様がツェントになった後は現在の中央神殿を解体し、中央神殿の機能を貴族院内に移します。ご自身が立ち入れる神殿に整えてください。ツェントとなったエグランティーヌ様が神殿長となり、貴族院で運営される中央神殿は他領の手本になるでしょう」

隠していてもわかる王族の神殿に対する忌避感を「自分達で作り替えろ」とフェルディナンドは綺麗に流す。わたしとフェルディナンドも前神殿長がいなくなってから自分達の手で変えていったのだから、ツェントという権力者にできないはずがない。

「大丈夫ですよ、アナスタージウス王子。それほど心配しなくてもどのアウブもすぐに神殿の改革に必死になります。神殿に出入りすることを蔑《さげす》まれるとしても最初の内だけです」

領主会議で礎の位置や聖典の役割について周知するつもりなので、エグランティーヌが中央神殿へ出入りしたところでそれほど長い間蔑まれるようなことにはならないと思う。

「ついでと言っては何ですが、儀式の準備で中央神殿へ行くならば神殿の解体と移動について神官達に連絡しておいてください。政変後に各領地から掻き集めた青色神官や青色巫女は、領主会議でアウブ達の希望があれば領地へ戻します。下働きを行う灰色神官はまだしも、これからお祈りをする者が増える貴族院の神殿にはそれほど多くの青色神官や青色巫女は必要ありませんから」

どの領地も魔力的には不足しているはずなので、青色神官や青色巫女を引き取ることを拒むアウブは少ないと思う。中央の経費削減にも繋がるはずだ。

「貴族院へツェントの住まいを移せと簡単に言うが、貴族院に住めるところなどないではないか」

アナスタージウスが嫌な顔をすると、フェルディナンドが「ございます」と微笑んだ。

「王の養女としてローゼマインが入る予定だった離宮は、中央ではなく貴族院にございます。しばらくはそちらを住まいとすれば良いのではありませんか？　家具や内装は王族の姫に相応しい品質の物が揃っているはずです」

「其方、そこは……」

フェルディナンドが有無を言わせないように笑みを深める。アナスタージウスが奥歯を食いしばり、エグランティーヌがよくわからないというように目を瞬いた。わたしは真っ青になっている王族の男性陣を見ながらニコリと微笑んだ。

「トラオクヴァール様やジギスヴァルト王子がわたくしのために準備してくださった離宮ですもの。ユルゲンシュミットを支える魔力に余裕ができて、自分達の住まいをエントヴィッケルンで整えられるまでの仮住まいならば十分だと思いますよ」

今はアーレンスバッハの者達が貴族院へ出入りするためと罪人達を閉じ込めるのに使っている。けれど、領主会議までには寮を使えるようにするつもりだし、罪人は中央の牢へ移動させれば問題ないはずだ。家具や寝具などは今使っている物を持ち込んでも良いと思う。

「貴族院にも住む場所はあるのですから、議題を次に進めますね。エグランティーヌ様にはグルトリスハイト継承後、早急に礎を染めていただく必要がございます。領主会議までに礎の魔術の染め替えを終えていなければ、境界線の引き直しや罪人の処分ができません。たとえグルトリスハイトを得たとしてもできないことが多すぎますから」

エグランティーヌが「まず名捧げ、次に継承の儀式、それから礎の魔術の染め替え」と硬い表情で自分のする順番を確認していく。

「それから、今回の首謀者であるジェルヴァージオがギレッセンマイアーの国境門に閉じ込められています。彼を回収に行ってもらわなければなりません」

「その者は国境門へ移動できるローゼマイン様が捕らえてくるのではないのですか？」

丁寧な口調でわたしに向かって言いながらアナスタージウスがフェルディナンドを睨んだ。これ以上こちらへ仕事を振るな、と言いたいことがよくわかる表情だ。

「今のわたくしは不用意に外へ出ることが禁じられています。……その、この通り、銀色の布がなければどうなるかわかりませんから……」

「ローゼマインが外出できないことに加えて、今回の騒動でエグランティーヌ様には何の功績もございません。首謀者くらいは捕らえた方が良いのではありませんか？」

おそらく離宮を守っていたのだと思うが、講堂で戦ったアナスタージウスやラオブルートを討ったマグダレーナに比べると功績とは言えない。多くの貴族を納得させるためにも、目に見える功績はあった方が良い。

「ジェルヴァージオのシュタープはすでに封じていますし、すでに三日ほど放置しているので多少弱っていると思います。彼が持っている回復薬の数と品質次第ですが、あと一週間ほど元気かもしれません。捕らえる時には騎士を十名ほど連れていくことをお勧めします」

祭壇の上で戦っていた時に即死毒を出したことからも、見知らぬランツェナーヴェの道具を持っている可能性は高い。転移した瞬間に攻撃されるかもしれないとフェルディナンドが注意する。

「処罰するのに首謀者の記憶が必要ないならば、放置するのも一つの手段です。神によって殺害は禁じられましたが、自然と死ぬのを待つことは可能ですから」

記憶を見ることはできなくなるけれど餓死《がし》させるのも一つの方法だとフェルディナンドは素っ気なく言った。よほどジェルヴァージオには思うところがあるらしい。

「ただあの者の記憶を見れば、グルトリスハイトに関することがたくさん出てきます。騎士に任せず、エグランティーヌ様が探るのが望ましいと存じます。ユルゲンシュミットのツェントとして知っておかなければならないことが大量にあるはずです」

フェルディナンドの言葉にアナスタージウスが気色《けしき》ばむ。

「待て、フェルディナンド。いくら何でもランツェナーヴェの者達に関する記憶はエグランティーヌに重すぎる」

「ツェントという立場が軽いわけがないでしょう。それを共に背負うことが伴侶《はんりょ》の役目であって、ツェントの重みから逃れる道を示すことではありません、アナスタージウス王子」

逃げるな、とフェルディナンドから睨まれた二人がゴクリと息を呑んだ。ツェントの責任を放棄《ほうき》したトラオクヴァールが申し訳なさそうに視線を下げる。

「では、ジェルヴァージオ以外の罪人の扱いについてですけれど……」

わたしが切り出すとフェルディナンドが立ち上がり、布に包まれた一枚の登録メダルをエグランティーヌに差し出す。

「こちらは中央神殿から回収してまいりました。現在ランツェナーヴェに残っている王のメダルです。新しくツェントになられるエグランティーヌ様に破棄をお願いいたします」

「あら、ランツェナーヴェとの交渉はなさいませんの？」

エグランティーヌは登録メダルを受け取りながら首を傾げる。ランツェナーヴェに賠償《ばいしょう》を求め、あちらに非があることをアウブ達に知らしめた方が良いのではないか、と言う。

「ランツェナーヴェの者達はユルゲンシュミットの貴族を同じ人間ではなく、魔力を得るための手段と考えているようです。魔力を封じるための道具や即死毒などの開発も進んでいるという証言もありました。もし賠償を求めるならば、使節団が全員捕らえられたり魔石を得るために殺されたりする可能性が非常に高いことを考慮した上で、派遣を決定してください。アーレンスバッハでランツェナーヴェの者達に接してきた私としては、国境門を閉ざした上で放置するのが最善だと考えます」

王族の顔が引きつった。彼等はトルークによって中央の貴族達を滅茶苦茶《めちゃくちゃ》にされたが、即死毒やそれ以外の道具を使われたわけではない。銀色の布と武器を使った貴族の殺害や貴族女性の誘拐《ゆうかい》がアーレンスバッハで起こったことはまだ詳細な報告を受けておらず、ランツェナーヴェの危険性をよく知らなかったようだ。わたしもアウブとしての意見を述べる。

「色々な危険性を考えた結果、わたくしはアーレンスバッハからランツェナーヴェへの使者を出すつもりはございませんし、国境門を開閉する気もありません。もし今後国境門を開くならば、ランツェナーヴェ以外にしたいと考えています。もちろん、エグランティーヌ様がお望みであれば中央で使節団を整えてランツェナーヴェへ送ることに反対はしませんし、その際はアーレンスバッハで回収している彼等の船を有料で貸与いたしますよ」

無料でないのは戻ってこない可能性の方が高いからだ。それに、アーレンスバッハを図書館都市にするためにはいくらお金があってもいい。

「つまり、ランツェナーヴェの捕虜を帰らせることは考えていらっしゃらないのですか？　治安や経費の面から考えると、あまり多くの者がいても困ると思うのですが……」

ジギスヴァルトの言葉にわたしはゆっくりと首を横に振った。わたしとしては帰らせても構わないのだが、それは神々の理《ことわり》に反する行為だ。

「助けを求めてきた者の受け入れを拒むことは許さないとエアヴェルミーン様はおっしゃいました。……受け入れた後は人の理によって扱っても構わないそうですが、ユルゲンシュミットまでやってきてシュタープを得ようと奮闘したランツェナーヴェの者達をわたくし達の勝手な判断で追放してはならないのです」

ユルゲンシュミットの始まりとエアヴェルミーンの贖罪《しょくざい》など神々の理と人の理の違いについて話をすると、皆がゆっくりと息を吐いた。

「我々が貴族院で捕らえたアーレンスバッハの罪人及びランツェナーヴェの者達の処分は、王族に行っていただくのが適当だと考えています。彼等の罪はアーレンスバッハで裁ける範囲を超えています」

フェルディナンドがそう言って王族をゆっくりと見回した。ランツェナーヴェの者達の侵入を許した王族の罪を少しでも隠蔽《いんぺい》するためには、王族が共に戦った部分を誇張《こちょう》し、罪人を全て捕らえたことを周知しなければならない。

「政変後の粛清では連座を含め、たくさんの処刑が行われました。外患誘致の上、実際に貴族院へ攻め入っていた本人達でさえ全く処刑されないのでは、負け組領地の貴族達の不満が非常に大きくなるでしょう。その点はどのようにお考えですか？」

ダンケルフェルガーの第一夫人であるジークリンデの質問に、わたしは背筋を伸ばして口を開く。処罰などについて話をするのは気分の良いものではないけれど、決めなければならないことだ。

「今は神々によって処刑が禁じられていますが、それを周知しても不満は残るでしょう。その中で他領のアウブを納得させられるくらいの重い処罰を科すためにも、二度と彼等が貴族として扱われることはないということを内外に示すためにも、領地外に彼等を移動させた状態でのメダルの破棄を行いたいと思います」

「移動させた上で行うメダルの破棄というと、シュタープの破壊ですよね？　ランツェナーヴェの者達がユルゲンシュミットの貴族としてメダルに登録されているのですか？」

アドルフィーネの質問に、わたしは頷いた。

「ユルゲンシュミットの貴族として登録されていなければシュタープを得られません。そのため、アルステーデが彼等をアーレンスバッハの貴族としてメダル登録したそうです。現在中央にいる彼等のメダルをアーレンスバッハで破棄すれば、命を奪うことなく貴族としての資格を剥奪《はくだつ》できます。異議のある方はいらっしゃいますか？」

誰からも反論は特に出なかった。

「罪人達にはユルゲンシュミットの各地で魔力を注いでもらうつもりです。どの土地に何人の罪人を向かわせるかは、王族とダンケルフェルガーが中心になって話し合い、新たなツェントになるエグランティーヌ様が最終的に判断してください」

王族がどのような処罰を下すのか、監視《かんし》にダンケルフェルガーを付けることで、これから先のダンケルフェルガーの発言力を強化し、クラッセンブルクの横槍《よこやり》を防げるとフェルディナンドは考えているらしい。筋書き通りの言葉だが、わたしが述べるとトラオクヴァールが粛々と受け入れた。

「確かに承《うけたまわ》りました」

罪人の処罰という面倒な仕事を王族に丸投げできたことで、わたしがアウブとして行わなければならない仕事はメダルの破棄と、実際にアーレンスバッハで暴れていたランツェナーヴェの兵士達の処罰だけになった。気が重い仕事の大半が減ったことに安堵の息が漏れる。

「エグランティーヌ様がツェントになった後の領地の境界線とトラオクヴァール様やジギスヴァルト王子が新しくアウブになる土地などについてのお話もしなければなりませんね」

わたしがそう言うと、フェルディナンドがシュタープを出して魔力で地図を描き始めた。

「本来のツェントが治めなければならないのは、中央の中でも貴族院のある中心の部分だけです。ツェントの魔力負担を少しでも減らすために、長い歴史の中で、中央の離宮で王族が生活できるように拡大されていった辺り一帯を削ります。そして、アーレンスバッハが管理していた旧ベルケシュトックと旧シャルファー領と中央の一部を一つの領地にまとめてトラオクヴァール様に、旧トロストヴェークと中央の一部をジギスヴァルト王子に治めていただきます」

わたしがフェルディナンドの描いた地図を指差しながら境界線の変更について話をすると、説明に合わせて彼は新しい境界線を引き直していく。旧ベルケシュトックの北側にある旧シャルファーがまとめられた。

「先の政変で勝ち組に与えられた領地も境界線を引き直し、それぞれのアウブが自分の土地として治められるようにしなければなりませんね。旧ベルケシュトックの半分はダンケルフェルガーが治めてきました。境界線を引き直して治めることもできますし、もっと土地が必要であれば広げることも、不要な土地であれば手放すことも可能ですけれど？」

今回の功労者であるダンケルフェルガーに意見を問うと、領主夫妻は境界線を引き直し、そのまま治めることを選択した。クラッセンブルクもそのまま旧ザウスガースを治めていくことになるだろうとエグランティーヌが発言したことで、クラッセンブルクとまとめることで決定した。

「わたくし、新しいツェントとして、今回の功績に褒賞を与えなければならないと考えています。ダンケルフェルガーは何を望みますか？　新たな土地を望むのであれば、この地図を変更しなくてはなりません」

エグランティーヌが地図を示しながら問いかけると、アウブではなくジークリンデが少し考えて口を開いた。

「ダンケルフェルガーにこれ以上の土地は必要ございません。代わりにエグランティーヌ様がツェントに立たれた後、クラッセンブルク以上の発言力をいただきたいと思います。エグランティーヌ様の治世の間、クラッセンブルクの順位をダンケルフェルガーの下位に置くことを望みます」

今回の件で全く功績を挙げていないにもかかわらず、エグランティーヌがツェントに立てば後ろ盾《だて》としてクラッセンブルクの発言力が強まってしまう。それを抑えることを望むと言う。

「わたくしにグルトリスハイトを与えてくださり、ツェントに押し上げてくださるのはローゼマイン様が率いる新しいアーレンスバッハ、ダンケルフェルガー、エーレンフェストですもの。クラッセンブルクよりダンケルフェルガーを優遇《ゆうぐう》するのは当然です。わたくし、アウブ・クラッセンブルクから自分を引き立ててくれる者への心配りを忘れてはならないと教えられて育ちましたから、問題ないでしょう」

エグランティーヌがおっとりと微笑んで了承した。エーレンフェストにも望みを問いかける。

「エーレンフェストは順位を上げるのも、土地を広げるのも望んでいないと耳にしていますけれど、褒賞として望むものがございますか？」

「女神の化身としてグルトリスハイトをもたらすローゼマインと、これからアウブになるトラオクヴァール様の養子縁組の取り消しをお願いします。その承認とローゼマインが養子縁組をした場合に与えられるはずだったエーレンフェストの利を全ていただきたく存じます」

養子縁組はしないが、もらい受けた子供用魔術具は返却しないし、結婚時の貴族の移動制限などをそのままにしてほしい、とジルヴェスターが望む。

「女神の化身との養子縁組など、恐れ多いことはできません」

トラオクヴァールもわたしとの養子縁組を行うつもりはないことを宣言し、エグランティーヌがコクリと頷いた。

「ローゼマイン様は何か望みがございますか？」

「わたくしは図書館都市計画にぜひ協力していただきたいです。具体的に言うと、わたくしがユルゲンシュミットで印刷業を広げた時には納本制度を全ての領地で適用するように命じてください」

「……それでよろしいのでしょうか？」

エグランティーヌが不安そうにフェルディナンドに視線を向けた。わたしに望みを尋ねているのに、何故フェルディナンドに可否を問うのか。解《げ》せぬ。

「ローゼマインの望みはそれで良いでしょう。各領地に図書館を建設させ、人を移動させるツェントの転移陣を設置して行き来を自由にできるようにしたいと言い出さなかっただけ、少しは分別が残っているようです」

最終的には自由に行き来できるようになってほしいけれど、今の段階で難しいことはわかっている。色々と怒られた記憶があるし、わたしだって女神の化身として要求しても良いことと悪いことを少しは弁えているつもりだ。

「私としては領主会議でローゼマインのアウブ就任式に合わせ、アーレンスバッハの改名と新しい領地の色の承認を行ってほしいと思っています」

「お二人の望みは理解いたしました。エーレンフェストを二つ作るわけにはまいりませんから、どのような名を付けるのか考えておいてくださいませ」

礎を奪った場合は領主の家名を新しい領地に付けることがほとんどだが、養女であるわたしの場合、エーレンフェストが二つになってしまう。わたしが新しい名前を考えても良いらしい。

……どんな名前がいいかな？　何だか楽しくなってきた！

アドルフィーネの相談

図書館都市に相応しい名前を考えてわたしが内心わくわくしていると、アドルフィーネがそっと手を挙げた。

「皆様への褒賞のお話が一段落したようですから、わたくしが発言してもよろしいでしょうか？」

「えぇ、もちろんです」

アドルフィーネは琥珀色の瞳でトラオクヴァールとジギスヴァルトを見てから、わたしに微笑みかけた。

「本来は王族内で話し合う事柄であることは重々承知しています。けれど、わたくしは次期ツェントとドレヴァンヒェルを繋ぐためにジギスヴァルト王子に嫁ぎました。ジギスヴァルト王子が次期ツェントの立場を失うことで、契約違反になる可能性が出てまいりました」

「契約違反、ですか？」

「はい。ジギスヴァルト王子がアウブになるのであれば、ドレヴァンヒェルとわたくしの利が消え、婚姻時の契約に反します。ジギスヴァルト王子だけの責任ではございませんが、契約違反は契約違反です。光の女神に罰されることがないように、英知の女神に少しお知恵を貸していただきたく存じます」

アドルフィーネの望むことがいまいちよくわからなくて、わたしは首を傾げた。理解できてないことを察したフェルディナンドがこめかみを叩きながら通訳してくれる。

「ジギスヴァルト王子をアウブにするのであれば、次期ツェントにアドルフィーネ様が嫁がれることでドレヴァンヒェルが得るはずだった利益を保証してほしいということですか？」

「えぇ、もしくはわたくしとジギスヴァルト王子の星結びを行ったローゼマイン様に離婚を認めていただきたいのです」

アドルフィーネがニコリと笑った。共同研究を推し進めてくる時のグンドルフとよく似た目だと思った。

「ジギスヴァルト王子とアドルフィーネ様の婚姻に伴うドレヴァンヒェルの利益をローゼマインが保証する義務はありません。それに関しては王族内で話し合ってください」

フェルディナンドが断ると、アドルフィーネは「存じています」と微笑んだ。

「けれど、話し合いの前提にはローゼマイン様も関係がございます。先の政変の後、クラッセンブルクとダンケルフェルガーは褒美としてそれぞれ隣の土地を得ました。隣接する場所に得られる土地がなかったドレヴァンヒェルは、上級貴族を中央へ多く送り込むことで影響力を増すことになったのです」

境界線で区切られている土地を管理するクラッセンブルクやダンケルフェルガーも大変だったが、減った中央貴族の穴を埋めるために大人数の上級貴族を差し出したドレヴァンヒェルも内情は大変なことになっていたらしい。

「今、クラッセンブルクとダンケルフェルガーは境界線の引き直しを行い、管理してきた土地を自領とすることが決まりました。では、中央の土地を削り、中央神殿を貴族院へ移動した後の中央貴族の扱いはどのような形になるのでしょうか？」

ドレヴァンヒェルが勝ち組として得た利益は、クラッセンブルクやダンケルフェルガーと同じように保証されるのかと尋ねるアドルフィーネに、フェルディナンドが少し難しい顔になった。

「ツェントの貴族院移動や王族のアウブ就任に伴って、王族の側近達以外の中央貴族は一旦それぞれの領地に戻す予定です。その後、各領地から中央に貴族が派遣されるのは同じですが、中央貴族として採用するか否かはエグランティーヌ様とアナスタージウス王子に決定権が委《ゆだ》ねられます。また、これから先、中央貴族には各領地の寮を住まいとして使っていただきます」

フェルディナンドの説明を聞いたアドルフィーネは、その展開を予想していたようで「青色神官達を戻すのですから、中央貴族も各領地に一度戻すのではないかと考えたのです」とゆっくりと頷く。

「新しいツェントが新しく自分達の周囲に置く者を選択することにも、負担を減らすために中央貴族を各領地の寮に住まわせることにもわたくしは反対しません。けれど、それではクラッセンブルクやダンケルフェルガーと違って、ドレヴァンヒェルはわたくしの婚姻によってもたらされるはずだった利益だけではなく、政変の時に得たはずの利益も失うということです」

それらの情報を基にドレヴァンヒェルと話をする、とアドルフィーネが何度か頷く。その様子を見て、わたしは思わず口を開いた。

「……アドルフィーネ様の状況は理解いたしました。エグランティーヌ様、トラオクヴァール様、ジギスヴァルト王子。どうかドレヴァンヒェルの利益についてもご考慮くださいませ」

「ローゼマイン、君が口を出すことではない」

今のわたしが口添《くちぞ》えをすれば命令に等しくなる、とフェルディナンドに軽く睨まれたけれど、全く後悔はしていない。

「差し出がましいことは存じています。けれど、アドルフィーネ様の焦りや必死さには共感します。口添えくらいは許してくださいませ。今のアドルフィーネ様の状況は、わたくしがトラオクヴァール様と養子縁組をしたのに、エーレンフェストへ与えられるはずだった利益が全てご破算になったようなものではありませんか」

ツェントの養女になったはずなのに廃領地を寄せ集めたアウブの養女に格下げされて、自領へ与えられるはずだった利益が消えれば、わたしだって絶対に「そんなの契約違反だ」と怒る。そのうえ自領へ利益をもたらすどころか、新領地を整えるためにこの先も自領に協力を頼んで負担をかけなければならない状況になるのだ。養子離縁も考えるだろう。

……まぁ、養子離縁と違って離婚の場合は女性の名誉にも大きく関わるから事情が変わるだろうけどね……。

「アドルフィーネ様は政略結婚ですし、状況は理解しました。けれど、ここで今すぐに離婚を決めるのはどうでしょう？　領地の思惑やご自身の将来に大きく関わるのですから早急に決めることではないと思いますが……」

ジギスヴァルトとアドルフィーネの婚姻は、ドレヴァンヒェルと王族、ユルゲンシュミットにおける領地の力関係を考えた結果だったはずだ。アドルフィーネの意見だけを呑んで、離婚を決めるわけにはいかないと思う。

「もちろんこの場で今すぐに決めるわけではございません。ドレヴァンヒェルの両親や王族の皆様と話し合い、トラオクヴァール様やジギスヴァルト王子がアウブに就任する領主会議までに結論を出すつもりでございます。……ただ、わたくしの星結びは古の儀式として行われました。ならば、離婚にも古の儀式が必要ではないかと考えたのです」

普通に離婚できるのであれば問題ないけれど、今まで誰も見たことがないような古の儀式によって結ばれた夫婦が今までと同じ方法で離婚できるかどうかをアドルフィーネが質問する。一応結婚一年目の新婚夫婦のはずだが、どう聞いても離婚が前提である。

……うーん、こんなものなのかなぁ……。

政略結婚は前提が崩れればそれまでなのだろうか。せっかく夫婦になったのだから、もうちょっと助け合うなり何なりしても良いのではないだろうか。そう思う気持ちもあるけれど、どのような契約で結婚に至ったのか知らない他人のわたしが口を出すことではない。

「少々お待ちくださいませ。調べてみます。……グルトリスハイト」

わたしはメスティオノーラの書を出して、離婚について調べてみることにした。検索している間、ジギスヴァルトが離婚を切り出したアドルフィーネに話しかける声が聞こえる。どうやら彼は離婚したくないらしい。

「アドルフィーネ、私は貴女《あなた》がそれほど王族としての立場に執着しているとは思いませんでした。一年近く夫婦として過ごしてきたではありませんか」

地位が目当てで情が薄いと詰《なじ》る響きを含んだジギスヴァルトの言葉に、アドルフィーネが不思議そうに琥珀色の目を瞬かせた。

「わたくしが了承したのは次期王との政略結婚なのですから、王族としての立場を得ることが前提ではありませんか。そもそもわたくし達が夫婦だったことがございますか？」

「私達は最高神の祝福を得た夫婦ではありませんか。それに、まだ成人したばかりの貴女が離婚ということになれば将来はどうなりますか？　今後再婚もできず、ドレヴァンヒェルにいることになります」

ジギスヴァルトにそう言われて、アドルフィーネはとても困った表情になった。多分話がずれているのだと思う。けれど、夫婦の事情や状況はこのような公の場で話すようなことではない。

何かを言いかけて口を開いたアドルフィーネだったが、言葉にはせずにジギスヴァルトに対する説明を諦めたような笑顔を浮かべる。それでも彼女は離婚の意思を翻《ひるがえ》そうとはしなかった。

「ジギスヴァルト王子、時の女神ドレッファングーアの糸が見えた時にそれを手に取らぬ者はいません。リーベスクヒルフェさえ、その誘惑には抗えないのです」

離婚できそうな貴重な機会を逃す気はないという宣言からもアドルフィーネの意志が固いことは伝わってくる。

……「夫婦だったことがございますか？」ってどういう状況だったんだろうね。

気になるけれど、両家の話し合いで決めるならばわたしが口を出すようなことではない。わたしはメスティオノーラの書から顔を上げて、アドルフィーネとジギスヴァルトを見た。

「アドルフィーネ様、調べたところ、これまでの離婚手続きと同じようにすれば離婚はできるようです。……ただし、これから先、ジギスヴァルト王子もアドルフィーネ様も最高神の祝福を得にくくなるようです」

普通にお祈りした場合に比べて半分くらいしか得られなくなるらしい。

「恐れ入ります、ローゼマイン様。助かりました。わたくしのためにお時間を割《さ》いてくださってありがとう存じます」

アドルフィーネはホッとしたように微笑んだ。最高神の祝福が減ることを告げても、アドルフィーネの琥珀色の瞳に変化はない。彼女はすぐさまエグランティーヌやトラオクヴァールにドレヴァンヒェルとの話し合いの場を設ける約束を即座に取り付ける。優秀だ。

アドルフィーネが質問を終えて引っ込んだのを見て、フェルディナンドが口を開く。

「では、三日もあれば名捧げの石はできるので、余裕を見て四日後にグルトリスハイトの継承の儀式と新しいツェントのお披露目《ひろめ》を行うということでよろしいですか？　他の儀式同様に三の鐘で開

始します」

「四日後ですか⁉」

エグランティーヌが驚いた声を上げたけれど、わたしはフェルディナンドの言葉に同意する。かなり余裕のあるスケジュールだ。フェルディナンドにしてはずいぶん優しいと思う。

「素材さえあれば名捧げの石を作るのは、王族であるエグランティーヌ様にとってそれほど大変ではありませんもの。採集場所を癒す祝詞や方法は前の領主会議で教えていますから、素材採集もそれほど難しくはありませんし、二日もあれば十分ですよ」

「名捧げの石を作るだけならば二日で十分だが、それでは儀式の準備の方が間に合わぬ。エグランティーヌ様にも奉納舞の稽古は必要であろうし……」

「あぁ、確かにエグランティーヌ様と比較されるのでしたら、三、四日のお稽古では足りませんね、わたくし」

ようやく転ばずに舞えるようになってきたが、まだところどころぐらつくことがあるくらいだ。エグランティーヌと比較されるのは結構辛い。もうちょっと練習時間を取ってくれてもいいですよ、とおねだりしてみたけれど、それは却下《きゃっか》された。

「練習時間が足りなくても何とかしなさい。可能な限り早く終わらせてアーレンスバッハへ戻らなければ祈念式に間に合わぬ。今年の収穫が壊滅的になるぞ」

「わかりました。……あ、フェルディナンド様。衣装はどうすれば良いですか？」

わたしがフェルディナンドに問いかけると、フェルディナンドが軽く眉を上げる。「何でも良い」という声が聞こえた気がした。けれど、きちんと聞いておかなければ今のわたしには着られる服が少ないのだ。

「成人しているエグランティーヌ様は成人式や星結びでまとった晴れ着があるので問題ない。君は新しいツェントにグルトリスハイトを与えるのだから、神殿長の儀式用の衣装をまとえば良いのではないか？」

神殿長の儀式服ならば着慣れているし、間に合うのかとドキドキしなくて良いので安心だ。リーゼレータ達に頼んで、アーレンスバッハから取ってきてもらわなければならないだろう。

「儀式の当日、エグランティーヌ様は魔石の靴《くつ》で奉納舞をお願いします。魔力が伝わらなくては光の柱が立ちませんから」

「わたくしも魔石の靴ですか？」

「君は完全に女神の御力を垂れ流している状態なので、靴の素材が何であろうと結果は変わらぬ。好きにしなさい」

……え？　そんなにひどい垂れ流し状態なんだ、わたし。

全く自覚がないけれど、靴に何もしなくても柱が立ちそうという状態は普通ではない。

「それから、儀式の補佐としてハルトムートを神官長の立場に置く予定です。明日から当日までの間、アナスタージウス王子の教育係として貸し出しましょうか？」

「待て、フェルディナンド！　ハルトムートをアナスタージウス王子の教育係にするだと⁉」

エーレンフェスト籍《せき》の上級貴族を王族の教育係にするという言葉にジルヴェスターが驚きの声を

上げた。ジルヴェスターをちらりと見てからフェルディナンドはアナスタージウスへ視線を向ける。

「こちらから貸し出せる人材の中で最も神事に詳しい者がハルトムートです」

「神事に最も詳しいのはフェルディナンド、其方ではないのか？」

他領の上級貴族に教えを請うよりは、領主候補生から教えを請う方がやりやすいと思ったのか、アナスタージウスはフェルディナンドを指名する。だが、間髪《かんはつ》をいれず、フェルディナンドはその申し出を断った。

「確かに私の方が詳しいですが、ローゼマインの代わりにアーレンスバッハの貴族達に指示を出さなければならない私にそのような余裕はございません。ハルトムートに教えを請うことが気に入らない、もしくは教育係などいなくても四日後に決まったエグランティーヌ様の継承式の準備ができる自信があるとアナスタージウス王子がおっしゃるならば、貸し出しはいたしません。中央神殿の者達と準備し、当日をお迎えください」

中央神殿長のイマヌエルは「死なせてはない」状況だとフェルディナンドが言っていた。そんな神殿の状態で青色神官達を率いたとして、アナスタージウスに何ができるというのか。どう考えてもハルトムートの協力は必要だろう。

……完全に退路を断ちつつ王族に恩を売るフェルディナンド様、マジ魔王。

だが、フェルディナンドの魔王っぷりに負けているわけにはいかない。ここでやり取りされているのは、わたしの側近の貸し出しである。ハルトムートの主であるわたしの頭越しに行うことではないはずだ。

「アナスタージウス王子、わたくしの側近を四日も拘束《こうそく》するのですから有料ですよ。出張費は王族持ちでお願いします」

何を言い出すのかと周囲にいるジルヴェスター達が目を剥《む》いているが、ここは譲れない。わたしが魔王に勝てるとすれば商売っ気くらいなのだから。

「あと、わたくし、新しいツェントにグルトリスハイトを与える場にはハンネローレ様をご招待するとお約束したのです。アウブ・ダンケルフェルガー、ハンネローレ様も儀式の場に呼んでくださいませ」

「必ず連れてまいります」

ダンケルフェルガーの領主夫妻が快く承知してくれたことにわたしが満足していると、トラオクヴァールが少し考え込んだ後、ゆっくりと挙手して発言の許可を求めた。

「ローゼマイン様、一つ提案がございます」

「何でしょう、トラオクヴァール様？」

「貴族院へ在学している各地の領主候補生を招くのはいかがでしょうか？　神事の重要性、グルトリスハイトの神秘性、それらを次期ツェント候補に最も近い者達が知る良い機会だと考えます」

これから先は神々に祈りを捧げ、自分の属性を増やしていくようになる。その先にあるツェントへの道を見せることも神殿改革の一歩になるのではないか、とトラオクヴァールが言った。

少し考えていたジルヴェスターが「私は賛成します」とトラオクヴァールに同意する。

「ですが、招待する範囲は貴族院に入学した者ではなく、洗礼式を終えた者にしていただきたいと存じます。できるならば、私は領地で神殿長の役職に就いたメルヒオールにもローゼマインが行う神事を見せたいと考えていますから」

ジルヴェスターの言葉にわたしは小さく笑った。そう言われてしまうと、メルヒオールのお手本になれるように頑張らなくてはならないだろう。

「貴族院へ向かうために必要なブローチなどの準備もあるので、貴族院入学前の子供を参加させるか否かは各アウブの判断に任せましょう。でも、幼い頃から神事に触れあうのはとても良いことではありませんか？　わたくしは賛成します」

「ローゼマイン、幼い者を参加させることで何か問題が起こった場合はどうするつもりだ？」

じろりとフェルディナンドに睨まれたが、わたしは軽く肩を竦《すく》めた。

「エーレンフェストの神殿では洗礼式を終えたばかりの年頃の青色神官見習い達が神事の見学をしましたけれど、神事に対して真剣になった以外は特に何も起こっていません。よく教育されているはずの領主候補生が問題を起こすでしょうか？　それに、起こした場合は親の責任で良いではありませんか。参加させるかどうか決めるのはアウブですもの」

もし子供が原因で何か問題が起これば、よほど教育が行き届いていない子供だと皆の前で知れることになる。外に出しても恥ずかしくない子供しかアウブ達も連れてこないはずだ。結果として、問題が起こるはずがない。

「今回行う継承の儀式は、領主会議で例年行う星結びなどと違って突発的な神事です。次代のツェントが自力でメスティオノーラの書を得れば必要のない儀式です。恒例《こうれい》にはならないのですから、今回だけ特別に洗礼式を終えた子ならば参加できるようにしても良いと思います」

わたしが胸を張ってそう言うと、フェルディナンドが「君のことだ。偉そうなことを言っているが、どうせ弟妹に良いところを見せたいだけであろう」とこめかみを叩く。

……さすがフェルディナンド様。よくぞ見抜いた。

洗礼式を終えた領主候補生にも参加の許可が出て、儀式の流れを一通り確認し合い、話し合いは終わった。

エグランティーヌの名捧げ

王族との話し合いを終えると、領主夫妻もフェルディナンドもわたしも寮の多目的ホールへ移動し、自分の側近達に指示を出し始めた。わたしの周囲にはわたしの側近達が集まっている。

「ハルトムートには四日後に行われるグルトリスハイトの継承式の準備と、当日の神官長役をお願いします。エーレンフェストの神殿へ急いで向かい、神官長の儀式服などを整えてください。明日からはアナスタージウス王子に神事の指導をしてもらう予定です」

ハルトムートに今後の予定を話すと、やる気に満ちた顔で請け負ってくれる。

「女神の化身によるグルトリスハイト継承の儀式、必ずや完璧に仕上げてみせましょう」

今までの貴族院の儀式で青色神官や巫女に扮《ふん》して護衛してくれていた成人の護衛騎士達にも準備を整えるように命じる。レオノーレが「儀式中の護衛は構いませんが、ローゼマイン様がグルトリスハイトを与える新しいツェントはどなたですか？」と尋ねた。

「エグランティーヌ様です。本当はこれから中央神殿の神殿長に就任するエグランティーヌ様がハルトムートから指導を受けた方が良いのですけれど、今回は他の準備が最優先ですからアナスタージウス王子が神事の準備を行うことになりました」

わたしが簡単に会議の流れを説明していると、近くにいたフェルディナンドがメモ書きをハルトムートに渡しに来た。

「ハルトムート、これが今回の儀式の詳細だ。それからエーレンフェストや中央神殿を行き来し、アナスタージウス王子と行動を共にするのであれば、例の鍵はローゼマインに預けておくように」

「かしこまりました」

ハルトムートは首に下げていた聖典の鍵をわたしの首にかける。その後メモ書きを見ながらフェルディナンドに質問をいくつか行った後、すぐに踵《きびす》を返して動き始めた。

「我々もエーレンフェストへ戻ります。ユーディット、マティアス、ラウレンツ。後を任せる」

「はっ！」

コルネリウス、レオノーレ、アンゲリカ、ダームエルがハルトムートに続いて多目的ホールを出て行く。それを見送り、わたしはリーゼレータとグレーティアを呼んだ。

「何度も行き来させることになって悪いけれど、二人はアーレンスバッハへ持ち込んだわたくしの神殿長の儀式服や髪飾りなどの準備をお願いします。靴は魔石なので問題ありません」

「かしこまりました」

寮にはリヒャルダ達がいるので、わたしの世話をする側仕えは問題ない。二人はすぐに離宮へ向かって動き出した。フェルディナンドから何か指示を受けたらしいユストクスも、リーゼレータ達を追いかけるようにして多目的ホールを出ていく。

「フィリーネ、こちらの原稿を神殿へ持ち帰って印刷するようにローゼマイン工房へお願いしてください。アウブの許可は出ています。お母様にも話を通しておいてください」

わたしは王族から新しいツェントが立った時に配る予定で準備していた原稿をフィリーネに託す。

「印刷部数は余裕を見て二十五部です。領主会議で配布するので、急ぎの仕事になります。お母様やミュリエラと手分けしてハッセの小神殿にも仕事の振り分けをするようにお願いしてください」

「かしこまりました」

フィリーネが原稿を抱えて出ていくと、ローデリヒが不安そうにわたしを見た。

「ローゼマイン様、私が書いているダンケルフェルガーの物語はどうなるのでしょうか？」

「アウブ・ダンケルフェルガーがツェントにならないので〆切《しめきり》はなくなりました。けれど、アウブが買い占めようと考えるほど楽しみにしていますから書き続けてくださいませ」

五日で書いてほしい、という〆切に悲鳴を上げていたローデリヒがあからさまに胸を撫で下ろす。

無茶を言って悪かったとは思っているけれど、ローデリヒにしか書けないのだから仕方がなかったのだ。

「心を落ち着けて続きを書いてきます」

「焦る気持ちで書いた方が、臨場感が出てよかったかもしれませんよ？」

原稿を依頼されたローデリヒの焦り具合を見たり、ディッターについて質問を受けたりしていたユーディットがクスクスと笑った。泣き言を口にしつつ必死に書いていたローデリヒの姿を知っているようで、ラウレンツも笑いながら「せっかく協力したのだ。仕上げてくれよ」と言っている。

わたしが急ぎの指示を終えるのを待っていたのか、フェルディナンドがやってきて、わたしの隣の椅子に座った。

「ローゼマイン、君はレティーツィアの扱いをどうするつもりだ？　アーレンスバッハの慣例に従えば君がアウブに就任すると同時に彼女は上級貴族へ下がることになる。親のいない彼女は孤児院で過ごすことになるわけだが……」

この先の扱いによって継承の儀式に出席させるかどうか考えなければならない、とフェルディナンドが言った。

「養子離縁してドレヴァンヒェルのご両親の元へ帰すことはできないのですか？　個人的にはアーレンスバッハにいるよりも両親のところで育つ方が良いと思いますけれど……」

「レティーツィアの養親は二人共はるか高みへ上がっている。契約の解除が少々難しい。それから、君には考えが及ばないのかもしれぬが、他領で問題を起こして戻ってくる領主候補生をドレヴァンヒェルが迎え入れるかどうかわからぬ」

「……実の娘ですよ？」

まさか迎え入れないということがあるだろうか。わたしの言葉にフェルディナンドは「やはりわからぬか」と呟き、腕を組んだ。

「レティーツィアはアーレンスバッハの領主候補生として洗礼式を受けている。両親が引き取りを希望しても、両親の意思だけではなくアウブ・ドレヴァンヒェルの判断も大きく関わってくるのだ。騒動を起こしたアーレンスバッハの前領主一族が諸手《もろて》を挙げて歓迎されるとは思えぬし、君との繋がりを求めて引き取られた場合は我々にとって厄介事の芽になる可能性もある」

面倒臭い貴族の柵《しがらみ》について説明しながらフェルディナンドがわたしを見る。その目が何となくレティーツィアを気遣っているようにも見えて、わたしは首を傾げた。

「フェルディナンド様はわたくし達の新領地の領主候補生として残した方が良いとお考えですか？　あまり近付けたくないのであれば、それ相応の処遇にいたしますよ。……わたくし、レティーツィア様に関してはフェルディナンド様の意見を最優先にするつもりですから」

意図はともかく、殺されかけたのだから被害者であるフェルディナンドの意見を最優先にするつもりだ。レティーツィアは可愛いけれど、五体満足で命が助かっている以上、わたしの中でフェルディナンドより優先順位は下だ。

「一つ確認しておきたいが、君はランツェナーヴェによる蹂躙の中で寄《よ》る辺《べ》を失った子供達を神殿の孤児院でまた育てるつもりで間違いないか？　アルステーデの娘も含めて……」

「はい。子供に罪はありませんから」

エーレンフェストで行ったのと同じように、被害者の子供も加害者の子供もまとめて孤児達は孤児院で育てて、アウブになるわたしが彼等の後ろ盾になるつもりだ。フラン達をエーレンフェストから移動させて前に行った時と同じようにするつもりであることを述べると、フェルディナンドはゆっくりと頷いた。

「ならば、レティーツィアの件は私に任せてもらう。……そのように不安そうな顔をしなくとも、君が心の底から忌避するようなことはせぬ。私が何かした場合は私に禁止だと命じればよかろう」

フェルディナンドがそう言いながら立ち上がって健康診断を行う。首筋に手を当てていたフェルディナンドが眉を寄せた。

「少し熱が出てきたが、魔力を溜《た》めすぎではないか？」

「そうかもしれません。先程ちょっと感情的にもなりましたし……」

「あれでちょっとか？」

皮肉気に唇の端を上げながらフェルディナンドがブリュンヒルデに指示を出して、もう一枚銀色の布を用意させる。それでわたしを包み込み始めた。

「フェルディナンド様、一体何をするのですか？」

「これからまだ四日ほど部屋に籠もっていなければならないのだ。ある程度魔力を抜いておいた方がよかろう。魔力を使ったら女神の御力が減るのかどうかも確認しておきたい」

頭から銀色の布で包まれると、視界が真っ暗になる。誰かに抱き上げられる感覚に驚いて思わずわたしが小さく悲鳴を上げるのと、「ローゼマインに名を捧げた護衛騎士だけついて来い」とフェルディナンドが命じる声が響くのは同時だった。

「フェルディナンド様、名を捧げている護衛騎士は殿方《とのがた》ばかりです。わたくしもお供させてくださいませ！」

立候補するクラリッサの声と、「クラリッサは文官ではありませんか！」と制止しようとするユーディットの声が聞こえてくる。

「……名を捧げた者であれば文官でも護衛騎士でも構わぬ」

「うぅ～、護衛騎士なのにこんなに置いて行かれてばかりなんて、わたくしも名を捧げたくなってきました」

ユーディットの嘆《なげ》く声が聞こえてきたけれど、早まらないでほしい。フェルディナンドが名捧げした者を指名するのは、決して口外してはならない物を見せたり、他の者が知ってはならない場所へ向かったりする時だと決まっている。口外法度《こうがいはっと》の秘密が増えるのは精神衛生上良いことではないのだ。わたしはユーディットには朗《ほが》らかな笑顔を浮かべていてほしい。

視界が真っ暗のまま、どこかへ移動させられた。「ひめさま、きた」「ひめさま、ほんよむ？」というシュバルツ達の声がしたので図書館だと思う。ソランジュに人払いを頼んだフェルディナンドが階段を上がっていく。

「ローゼマイン、到着した。これで立てるか？」

「大丈夫です」

体が傾き、足が床についた。わたしが自力で立つと、頭から被らされていた銀色の布が取られていく。クラリッサとフェルディナンドが銀色の布を完全に払ってくれた。場所は予想通り図書館で、わたしはメスティオノーラ像の前にいた。図書館のメスティオノーラ像から向かう場所なんて一つしかない。

「フェルディナンド様、まさか……」

護衛騎士達に回れ右を命じると、フェルディナンドはわたしに盗聴防止の魔術具を手渡しながら頷いた。

「当初は私が染めるつもりだったのだが、君の魔力に大きな変化があったせいで、今は私がアウブ・アーレンスバッハと認識されているようだ。国の礎の魔術に弾《はじ》かれた。仕方がないので女神の御力である程度満たしてもらおうと思う。国の礎は大容量なので、君の魔力を抜くためにもちょうど良いであろう?」

エアヴェルミーンが文句を言わない程度に国の礎を満たしておくついでに、わたしの余分な魔力を出すこともできて一石二鳥だそうだ。

「そのためにハルトムートから聖典の鍵を取り上げたのですね?」

「鍵を身につけたままアナスタージウス王子の前へ向かわせる気がなかったのも理由の一つだ。継承の儀式で君が女神の化身であること、王族よりも上位の者であることを周知させなければ、後々が危険だからな」

そう言いながらフェルディナンドはわたしに鍵を使って礎に魔力を流し込んでくるように促す。フェルディナンドがメスティオノーラ像の抱える聖典の背表紙を開けて、鍵穴を露出させた。

「気分が悪くならない程度で良い。あまり女神の御力を流し込みすぎると、エグランティーヌ様が染め替えに苦労するかもしれぬからな」

わたしが鍵を差し込むと、メスティオノーラ像が音もなく動いて下へ向かう階段が現れた。わたしはフェルディナンドに見送られて階段を下りていく。階段の下には虹色の油膜《ゆまく》のような壁があり、それを越えるとアーレンスバッハの礎と同じような物があるところへ出た。

「さすが国の礎。大きいね。……でも、ホントにちょっとしか残ってない。エアヴェルミーン様が焦るはずだよ」

領地の礎の何倍もある大きな礎を感心しながら眺めた後、わたしはどんどんと魔力を注いでいく。ここで倒れたら困るので、魔力を注ぎすぎないように気を付けなければならない。

アーレンスバッハの礎を染めるためにも回復薬を使ったのだ。わたしがある程度スッキリするように魔力を流したところで六分の一も満たせていない。それでも枯渇状態からは脱却《だっきゃく》できたようだ。

礎の上を回っている七つの貴色《きしょく》の魔石を見ると、その動きが少し速くなった。

「こんなもんでしょ」

わたしは自分の中の魔力量が半分以下になっているのを感じて魔力供給を止めた。

「お待たせしました」

外へ出て鍵を閉めたらメスティオノーラ像が勝手に元の位置に戻っていく。それを確認してからフェルディナンドが名捧げ側近達に指示を出した。わたしは再び銀色の布でグルグル巻きにされて寮へ連れ帰られる。これから四日も余裕があるのに、図書館での読書はお預けだ。切ない。

魔力が減ってスッキリしたわたしは奉納舞の練習をしたり、休息を取ったり、儀式の打ち合わせをしたりして四日間を過ごした。

……奉納舞もフェルディナンド様から「まぁ、良いのではないか」って評価ももらったし、何とかなるはず！

継承式の当日、神殿長の衣装を着せられたわたしを見ながら、女性側近達が口々に「神々しい」と感嘆の言葉を漏らす。けれど、女神の御力が自分ではわからないので、わたしにとってはいつも通りの恰好《かっこう》でしかない。

「ローゼマイン様、こちらをつけるので手を出してくださいませ」

お守りや宝飾品《ほうしょくひん》が入った箱を持ってきたベルティルデにそう言われ、わたしは手を差し出した。リーゼレータがわたしの様子を確認しながら、それを一つ一つつけていく。

「それにしても、今日はずいぶんとたくさんの魔石をつけるのですね。これも、これも見たことがありませんけれど……」

「フェルディナンド様が舞の邪魔にならないお守りを新しく作られたそうですよ」

細い鎖を緩く大きな目で編んでいる手袋のような形で、長さは手の甲から二の腕くらいまである。ところどころにまるでビーズのように加工された虹色魔石が輝いていて、その一つ一つにお守りの魔法陣が刻み込まれていた。

「休みを取ると約束したのに、フェルディナンド様は何をしているのでしょうね？　これは三、四日で作れるような物ではないでしょうに……」

継承式が終わったらシュラートラウムの祝福で強制的に休息を取らせなければならない案件ではないだろうか。フェルディナンドの不摂生《ふせっせい》にわたしが唇を尖らせると、クラリッサが「フェルディナンド様は万全を期していらっしゃるのですよ」とクスクス笑った。

「ローゼマイン様の奉納舞で女神が再び降臨しないようにしておきたいそうです。わたくしは女神を降臨させたローゼマイン様をぜひ見てみたいのですけれど……女神が降臨する時にはローゼマイン様の記憶が奪われると伺ったので我慢《がまん》いたしますね」

……奉納舞で女神が再降臨するなんて考えてもみなかったな。

わたしは失った記憶のことを考えながら、そっと自分の腕を包む細い鎖を撫でていく。これがあれば、たとえ女神が再び降臨しても記憶を失わずに済むだろうか。

「マティアス、レオノーレです。安全確保はできましたか？」

レオノーレのオルドナンツにマティアスから「問題ありません」と返事が来た。今日は他領の目に触れないようにお茶会室から出て、王族の通路を使って講堂の近くにある控え室に行くらしい。その控え室は今まで王族が使用していた部屋だと聞いている。仰々しいことだ。道中の見張りにマティアス、ラウレンツ、ユーディットがすでに駆り出されている。

「ローゼマイン様、準備ができたので控え室へ移動しましょう」

他の者達に見つからないようにバサリと銀色の布で包まれて、青色巫女の恰好をしたアンゲリカに抱き上げられる。

「ハルトムートがとても張り切っていました。アナスタージウス王子や中央貴族、中央神殿の者達を総動員して儀式の舞台を整えたそうですよ」

クラリッサの誇らしそうな声が聞こえて、わたしは逆に張り切るハルトムートに付き合わされた中央の人達が心配になってしまった。


ハルトムートが待機している控え室に到着すると、エグランティーヌやアナスタージウスもすぐにやって来た。わたしを見て息を呑んだ後、二人は身分の違いを明らかにするために跪いて挨拶をする。エグランティーヌ達がまとっているのは、卒業式の時の衣装だった。

「……わたくしが卒業式で入場した時にローゼマイン様から祝福をいただいたでしょう？　あの時の衣装です。今日再びローゼマイン様の祝福をいただけるように、そして、誕生季の貴色をまとうことで神々の祝福を得られるように、と」

懐かしさを覚える衣装を見ていると、ハルトムートが歩み寄ってきた。

「コルネリウス、マティアスとラウレンツを残して講堂へ行ってくれ。護衛騎士としての最終確認を頼む」

王族は問題ないと言ったが、中央騎士団にまだラオブルートの手先が残っているかもしれない。少なくともわたしの護衛騎士達は王族の言葉を完全に信用していない。フェルディナンドがお守りや護衛に念を入れているせいもあるだろう。青色神官の衣装をまとったコルネリウスは厳しい表情で頷き、護衛騎士達を連れて講堂へ向かった。それを見て、アナスタージウスも自分達の護衛騎士に命じる。

「其方等も最低人数を残して確認に行け。グルトリスハイトの継承を恙《つつが》なく終えねばならぬ」

エーレンフェストの領主候補生に英知の女神が降臨し、新しいツェントにグルトリスハイトを授けるという今回の儀式は異例だ。何故トラオクヴァールに与えられないのか、エグランティーヌよりもっと相応しい者がいるのではないかなど、事情をほとんど伝えられないまま継承式に招待された他領の貴族達からは訝《いぶか》る声も出ているらしい。

「儀式に直接関係のある者だけ、奥に移動します」

グルトリスハイトを授けるわたし、それを受け取るエグランティーヌ、エグランティーヌをエスコートするアナスタージウス、神官長として舞台に立つハルトムート。その四人だけが奥の部屋に移動する。手前の部屋は王族の側近達の待機場所で、奥が王族の休憩室になっているらしい。

「継承式の前に名捧げを行いましょう。立会人は私とアナスタージウス王子です」

「かしこまりました」

ハルトムートとアナスタージウスが見守る中、エグランティーヌが小さな白い箱を取り出して、わたしに向かって捧げ持った。彼女の金髪が自分の目線より下にあるのを不思議な気分で見下ろし、わたしはエグランティーヌの石を見つめる。白い箱の中に全属性の複雑な色合いをした魔石があり、その魔石には金色の文字でエグランティーヌの名が刻み込まれていた。

……あんまり気は進まないんだけど。

他人の命を抱え込むのは怖い。その意識は変わっていない。本来の名捧げを離れた使い方に懸念《けねん》を抱いたボニファティウスの言葉が脳裏に浮かぶ。

けれど、儀式の最中にエグランティーヌが女神の御力に当てられないためにも、様々なことを知る立場になる彼女を黙らせておくためにも名捧げは必須だとフェルディナンドは言った。それに、わたしはもうこれ以上王族からフェルディナンドへ王命が下されることを許せない。絶対にエグランティーヌはそんなことをしないという確信なんて持てない。彼女はユルゲンシュミットの平穏を守るためならば何でもする人だ。

……特に命令をする気はないけど、何かあった時のために名を奪っておきます。

アナスタージウスが何とも言えない表情でエグランティーヌとわたしを見ている。名捧げを止めたいけれど、止められないという心境がよくわかった。おそらく彼女が名捧げの石を作っている間、名捧げを止めたくて色々と言ったに違いない。

……まぁ、アナスタージウス王子はエグランティーヌ様にわたしの魔力なんてまとってほしくないよね？

儀式の後で女神の御力が消えたら、エーヴィリーベの印を持つ子であるわたしは多分フェルディナンドの魔力に戻る。アナスタージウスは不愉快極まりないだろう。それでも呑み込んでもらうしかない。

……エーヴィリーベの印を持つ子は女神様の御力に染め替えられたら元の魔力に戻れないなんてことはないよね？

怖い想像をしてしまった。フェルディナンドが「女神の御力が消える前に」と言っていたのだから消えるはずだ。そう信じたい。

「あの、始めてもよろしいでしょうか、ローゼマイン様？」

「はい」

わたしと目を合わせた後、エグランティーヌが一度ゆっくりと大きく呼吸して首《こうべ》を垂れた。

「わたくし、エグランティーヌは英知の女神メスティオノーラの化身でいらっしゃるローゼマイン様の忠実なる臣下として、ユルゲンシュミットの新たなツェントとして、一生尽くすことをここに誓い、その証《あか》しとして名を捧げます。わたくしの名が常にローゼマイン様と共にあることをお許しください。そして、わたくしにどうかグルトリスハイトを授け、ユルゲンシュミットを良き方向へ導くための道標《みちしるべ》を示してくださいませ」

エグランティーヌは丁寧な手つきで名捧げの石をゆっくりと上げていく。わたしは捧げられた石を箱ごと手に取って魔力を注ぎ込んだ。

「ん……」

魔力の反発に合ったエグランティーヌが胸元を押さえて、苦しそうに小さく呻く。

「エグランティーヌ！」

即座に反応してエグランティーヌに手を伸ばそうとしたアナスタージウスの手をハルトムートが押さえた。

「アナスタージウス王子、邪魔をしてはいけません。ローゼマイン様の御力で包み込まれなければ終わらないのです。……これまでの経験から魔力がかけ離れていればかけ離れているほど苦しいようですから、ローゼマイン様に名捧げをした者の中では一番苦しみが少ないと思われます」

わたしは一気に魔力を流し込んで名捧げを終わらせる。エグランティーヌが苦しそうな息を吐いた。

「大丈夫ですか、エグランティーヌ様？」

「えぇ、もう大丈夫です。お気遣いありがとう存じます、ローゼマイン様」

ふわりと花が開くような微笑みを浮かべてエグランティーヌが顔を上げた。わたしは彼女の名捧げ石を腰の籠《かご》に入れると、椅子に座って皆にも椅子を勧める。

今日の儀式の流れを確認する内に三の鐘が鳴った。

神々の祝福

「皆の入場が終わった。それぞれ扉前へ移動を」

様々な指示を出していたフェルディナンドが控え室に入ってきて、わたしに手を差し出した。彼は今日はわたしのエスコートをすることになっている。

「では、お先に失礼します」

神官長として儀式の進行を行うハルトムートは講義の時に先生方が使う扉から講堂に入る。舞台前に出られるのだ。

わたし達は講堂の扉から入る。扉の前に立つのは、先に入場するエグランティーヌとアナスタージウス達だけだ。二人の護衛騎士がいつでも扉を開けられるように準備している。わたしとフェルディナンドは扉が開いても見えない位置に立った。

「メスティオノーラの化身に選ばれしツェント候補、エグランティーヌ様のご入場です」

扉が開いた。二人がちらりとわたしに視線を向ける。目が合って、わたしは小さく一つ頷いた。新しいツェントに神々からの祝福があると見せかけるために、二人の卒業式の祝福を再現するのだ。フェルディナンドには「魔術具のグルトリスハイトを与えるだけで十分ではないか」と嫌な顔をされたが、一応許可を得られた。

「エグランティーヌ様が新ツェントとして貴族達にすんなり受け入れられなければ、わたくしが図書館都市計画に没頭できなくなるでしょう?」

「君の最優先は図書館都市か」

「他に何かありますか?」

「……ないわけではないと思うが、これ以上王族に深入りする気がないならば祝福の一つくらいは構わぬ」

実際の会話はそんな流れだったが、許可は許可だ。講堂の扉が一旦閉められるのと同時に、わたしは指輪へ魔力を流し込んだ。

……エグランティーヌ様もアナスタージウス王子もとても大変だと思うけど、ツェントのお仕事を頑張ってね！　わたし、応援だけはするから！

そんな気持ちを込めて心持ち多めにぽわっとさせるだけで、わたしの気分的には挨拶と同じような祝福である。これでよし、と頷いていると、フェルディナンドがこめかみを押さえて眉間に皺をくっきりと刻み込んだ。

「……最悪だ」

「何ですか？」

「君には自覚がないのか？　君を取り巻く女神の御力が増えている」

「へ？」

わたしは自分の手を見てみるが、全くわからない。自分ではわからなくても、フェルディナンドはとても困った顔になっている。講堂とわたしと天井を見て腕を組んだ。眉間の皺が深まっていく。こめかみを指先でトントンし始めた。多分かなりよろしくない状況だ。

「フェルディナンド様、どうしたら良いですか？」

「どうしようもない。すでにあの二人が入場して儀式は始まった。このまま進めるしかあるまい」

「……進めて大丈夫でしょうか？　魔石、光り始めましたけれど……」

女神の御力が増えた自覚はないけれど、腕の装飾品についている魔石が少しずつ光を帯び始めているのを見れば、大変なことになっているのは嫌でも理解できた。

「儀式の途中で想定外のことが起こることは予想済みだが、まさか講堂に入る前から想定外の事態が起こるとは……。相変わらず君は私の予想を裏切ってくれる」

舌打ちしながらフェルディナンドが自分の手持ちの回復薬や魔術具などを確認し始める。色々なところにいくつも物騒な物を隠しているのがちらちらと見えた。

「儀式の場に赴くというよりは、戦場に赴くような装備ですね」

「君が起こす想定外の事態にはこれでも対応できるかどうかわからぬ」

「わたくし、神事の場で回復薬を使ったことはありますけれど、攻撃用の魔術具が必要だったことなんてございませんよ」

わたしが唇を尖らせると、フェルディナンドはフンと鼻を鳴らした。

「万が一のための用心だ。それよりも少しは女神の化身らしくしなさい。そろそろ呼ばれるぞ」

女神の化身らしさを出すことの重要性についてフェルディナンドがつらつらと並べ立てていると、講堂の扉が開いた。向こうからはハルトムートの声が聞こえてくる。

「英知の女神メスティオノーラの化身でいらっしゃるローゼマイン様のご入場です」

……女神の化身らしく見えればいいんだけどね。

フェルディナンドとハルトムートがあれこれ考えたらしいので、よほど大きな失敗をしなければそれらしく見えるはずだ。それでも緊張はする。わたしはできるだけゆっくりと息を吸ってから、差し出されたフェルディナンドの手に自分の手を重ねた。

……おおぅ、すごく光ってるよ。

お小言を聞いている間にもじわじわと女神の御力が増えていたようだ。いつの間にか自分の腕を覆《おお》う魔石やお守りの数々がものすごく存在を誇示している。ちょっと目に刺激が強いので、視界にしてておく。

魔石が入らないように少し顎《あご》を上げる感じで視線を外した。フェルディナンドの社交的な笑顔に

「余計な祝福を贈ったせいだ」と責められているような気がして、彼の横顔からも少し視線を逸らしておく。

……そりゃ、祝福は贈ったけど、こんな状態になってるのはわたしのせいじゃないからね。女神様が悪いんだから。

フェルディナンドによると、礎の魔術に女神の御力を供給したことで少し御力が薄れたそうだ。ならば、今日の儀式の奉納舞で魔力を大量消費すればこのピカピカ状態も収まるだろう。

……もうちょっとの辛抱《しんぼう》だよ。頑張れ、わたし。

「詳しいお話は領主会議で行います。今日はグルトリスハイトを失ったわたくし達に再びグルトリスハイトを授けてくださるそうです」

エグランティーヌが喋るのを聞きながら、わたしはフェルディナンドと奉納舞の舞台に上がる。それだけで足元に選別の魔法陣が浮かび上がった。

……のおおおぉぉぉ！　何これ？

本来は魔力を放出しながら奉納舞をすることで魔法陣が浮かび上がるのに、舞台に立っただけでこの状態だ。女神の御力の垂れ流し状態がかなりひどいことが視認できた。フェルディナンドがこめかみトントンして嫌な顔になるわけである。自分でもビックリするレベルの垂れ流しだ。

……でも、「これから奉納舞を始めると、舞台に浮かび上がる魔法陣がありますが……」って説明が不要になったよ、フェルディナンド様。

そんなことを考えながら、フェルディナンドの神事や魔法陣についての説明を聞く。当初の予定ではわたしが喋ることになっていたが、「神秘性が薄れる」という理由で口を開くのを禁じられたのである。正しい選択だと思うけれど、ちょっとひどい。

「奉納舞で女神の御力をできるだけ放出しなさい」

皆への説明を終えたフェルディナンドがわたしに小声で注意しながら舞台から下りた。舞台の下にいる楽師達がピィン、ボゥンと調弦《ちょうげん》している音が聞こえ始めた。次は奉納舞だ。わたしは舞台の上で跪いた。

実は、フェルディナンドも音楽と歌を奉納することになっている。隠蔽の神フェアベルッケンのお守りを使って祭壇を一緒に上がる予定なので、神々へ音楽を奉納するらしい。今まで散々無礼なことをしてきたくせに、妙なところで真面目というか律儀《りちぎ》だ。わたしがそう指摘したら「神としての力を失っているエアヴェルミーン様はともかく、御加護を得ている他の神々を蔑《ないがし》ろにするわけにはいかぬ」と言っていた。

……あ、音合わせ、終わったかな？

楽器の音が聞こえなくなったので、準備ができたのだろう。わたしはすぅっと一度ゆっくり息を吸い込んだ。

「我は世界を創り給《たま》いし神々に祈りと感謝を捧げる者なり」

あのエグランティーヌが後から同じ奉納舞を行うのだ。観覧席にいる皆に「女神の化身って割にはいまいち……」と思われないように、なるべく上手に見えるように、気合いを入れなければならない。

……光の柱の高さだけでも負けないようにガンガン魔力を注がなくっちゃ！

舞の技術で勝てるとは思えないので、女神の化身らしいエフェクトだけでも派手にしておきたい。垂れ流れている女神の御力に加えて自分の魔力も流していく。どんどんと光の柱が伸びてきた。

……うんうん、いい調子。

くるりと回る時に祭壇の神像が動き、道が開いているのが見えた。わたしは道を開いた後、祭壇前で待機してエグランティーヌの舞を見ることになっている。この順番ならば、エグランティーヌの奉納舞で光の柱が足りなくても観覧席の貴族達にはわからないからだ。

道が開いたことを確認したことで安堵して奉納舞に集中したため、それから、自分が身につけている魔石が輝いていたためだろう。わたしは舞台から溢れた魔力が光の波となって祭壇を上がっていったことにも、神像の神具が光ったことにも気付かないまま、奉納舞を終えて舞台に再び跪いた。

「神に感謝を」

そう口にした途端、急に眩《まぶ》しい光に包まれた。思わずぎゅっと目を閉じる。体が軽くなったような浮遊感に包まれた直後、「よく戻った。其方が一位だ、マイン」という声が聞こえた。

……はい？

わたしは恐る恐る目を開けて、ぐぐっとゆっくり顔を上げた。エグランティーヌの奉納舞が終わった後、エグランティーヌとフェアベルッケンのお守りを使ったフェルディナンドと三人で祭壇を上がってここへ来るはずだったのに、何故かわたしだけがすでに始まりの庭にいてエアヴェルミー

ンと向き合っている。

……ちょっと待って。予定、狂いすぎなんだけど。

すぅっと血の気が引いた。急いで周囲を見回したが、出入り口は見当たらず、誰かが入ってこられるようなところはない。せっかくわたしが奉納舞で開いた道は何故か閉じられている。

……え？　エグランティーヌ様、大丈夫⁉　一人で道を開けられる⁉　フェルディナンド様、こういう時はどうしたらいいの⁉

奉納舞を終えると同時にわたしだけが始まりの庭へ移動させられるという想定はフェルディナンドもしていなかったはずだ。

「聞こえているか、マイン？」

「……いきなりここに移動させられたことに驚きすぎて聞いていませんでした。何でしょう？」

「ツェントの争いは其方が二位だと言ったのだ」

……え？　二位？

「エアヴェルミーン様、わたくしが二位ということはジェルヴァージオが戻ったのですか⁉」

メダルを破棄して国境門に閉じ込めたと言っていたのに、あれは何かの間違いだったのだろうか。

わたしが目を見開くと、エアヴェルミーンはゆっくりと首を横に振った。

「いや。テルツァが戻れば良かったが、アレは行方をくらました。今はどこにいるのかわからぬ」

もしかしたらメダルを破棄されたせいでエアヴェルミーンにはジェルヴァージオの魔力がつかめなくなっているのだろうか。それとも、本当にどこかへ移動したのだろうか。

「ジェルヴァージオが戻っていないということは、フェルディナンド様が一位で戻ったということですか？」

「うむ。テルツァの妨害をしていたあの卑怯者《ひきょうもの》は其方よりも早く戻ってきた」

……え？　いつの間に？　聞いてないよ。

わたしがエーレンフェストの寮に籠もらされている間、フェルディナンドはあちらこちらへ行っていたはずだ。どのルートを使ってここへやって来たのか知らないけれど、いくらでも時間があったと言えなくはない。

「そこを見るが良い。戻ってきたかと思えば、勝利宣言をして礎に至る道も聞かずに何やら置いて行きおった。クインタはここを物置か何かと思っているのではあるまいな」

エアヴェルミーンが視線で示した先には、他の魔力の影響を受けないように銀色の布で包まれ、他の者が勝手に触れないように魔術具の紐《ひも》と魔石で縛られた物が置かれている。それが何か、わたしは知っていた。

……エグランティーヌ様に授ける予定のグルトリスハイトの魔術具だよ！

先に見せてほしいとねだったが、「君が近付くことで常に垂れ流されている女神の御力が登録されてしまうと、また一から作り直しになる」と言われて封印されてしまった物である。予め始まりの庭へ持ってきて、ついでに勝利宣言もしていったらしい。

……まぁ、フェルディナンド様らしいといえばフェルディナンド様らしいんだけど。

「其方が戻ってきたのはクインタより遅かったが、其方はあの無礼者より先に礎へたどり着いた。

少なすぎて礎を染めるにも及ばぬが、魔力が増えていることは間違いない。よくぞ、あの卑怯者を出し抜いた」

……えーと、礎に魔力を流せって指示を出したのはフェルディナンド様なんですけど。

褒められているっぽい雰囲気なので敢《あ》えて口には出さないが、別にわたしはフェルディナンドを出し抜いたわけではない。わたしの余剰《よじょう》魔力を減らしたり、魔力の増減で女神の御力に変化があるのか調べたりしたがったフェルディナンドに言われるまま魔力を流していただけだ。

「そして、国境門のほとんどは其方の魔力で染められている。これらの功績を認め、我はクインタではなく、其方を新たなツェントとする」

「はい？」

ちょっと理解が追いつかない。勝手に任命されても困る。わたしは今メスティオノーラの化身としてエグランティーヌにグルトリスハイトの魔術具を継承させる儀式の最中だ。わたし自身がツェントになる予定は全くない。それに、勝手に予定を狂わせられたらフェルディナンドに怒られる。

「クインタより早く礎を魔力で満たせ、マイン」

「そんなことをおっしゃられても、一位はフェルディナンド様ですよね？　わたくしがツェントになるのは筋違いです。わたくしはアウブ・アーレンスバッハになるのですし……」

何のための競争ですかとわたしが訴えると、エアヴェルミーンは素知らぬ顔で「だが、其方は礎に魔力を注いだではないか」と言う。

「それはそうですけれど、あれはフェルディナンド様が……」

「何より、我はあの無礼者が好かぬ。ツェントはクインタ以外の者が良いと思っている」

好き嫌いという感情で語られると、説得するのは無理だ。色々とやらかしているフェルディナンドが嫌われていることには何の不思議もない。

「これまでにフェルディナンド様が行ってきた数々の無礼を考えたら、確かにお気持ちはわかります。でも、フェルディナンド様が勝ったらフェルディナンド様の望んだ通りにするとおっしゃったではありませんか」

そういう約束の競争だったはずだ。好き嫌いではなく、結果を見てほしい。それに、フェルディナンド自身がツェントになるわけではないのだ。エアヴェルミーンの望みにも沿っていると思う。

「クインタが自由にするのは、クインタが礎を満たした時の話ではないか。アレはまだ礎を満たせておらぬ。今しかない。クインタに礎を奪われる前に其方が染めるのだ」

……いや、そんなことを決定事項のように言われても……。

わたしが女神の御力で完全に礎を染めてしまうとエグランティーヌが染め直すのが大変になる。それに、自分の魔力はアーレンスバッハの祈念式やエントヴィッケルンのために残しておきたい。ツェントになれと言われても、わたしはツェントにならない予定はない。エグランティーヌをツェントにするために、すでに皆が動き出している。

わたしは必死にエアヴェルミーンを説得する言葉を探した。けれど、神の理で動く存在を説得するための言葉がすぐには見つからない。

「其方の魔力では心許《こころもと》ない。無尽蔵《むじんぞう》に力を振るうことが可能なメスティオノーラが協力してくれるそうだ。メスティオノーラの力で礎を染め終わるまで少しの間体を借りるぞ」

そんなエアヴェルミーンの勝手な言葉と共に上から光が降ってきた。直後、わたしの腕を包んでいる魔石の数々がメスティオノーラの降臨に歯向かうようにバチバチと音を立てる。

「ひゃっ⁉」

わたしが許可を出すより先にフェルディナンドが作ったお守りが発動した。わたしの意見などお構いなしで体を奪われるところだったことに気付き、神々の強引さに鳥肌が立った。

……また記憶を失う⁉

「ダメです！　貸しません！」

わたしは叫ぶように宣言して自分の体に入り込もうとする存在に抗った。ぎゅっと自分の両腕を交差してつかみ、魔石に魔力を流す。

わたしにだって譲れないことはある。これ以上、記憶を失うわけにはいかないし、考えなしに貸さないとフェルディナンドと約束した。自分の意識がない間に周囲の状況が変わっているのも嫌だ。メスティオノーラに体を貸している間、一体何があったのか、フェルディナンドは全てを教えてはくれなかった。

……フェルディナンド様に心配かけるのも、傷つけるのも嫌なんだよ！

絶対に貸すもんか、と強く思ったところで降り注いでいた光が消えた。同時に、エアヴェルミーンが威圧的な力を放ち始める。

「マイン、我等にたてつくか？」

「たてつくつもりはありません！　けれど、前回女神様に体を貸したことでわたくしは大事な記憶を奪われたのです。まだ記憶は戻っていません。これ以上、わたくしは自分にとって大事なものを失いたくないのです」

ツェントになったエグランティーヌが大変になるし、この先アーレンスバッハの土地を満たすことが難しくなるけれど、国の礎を染めるだけならば一旦染めても構わない。けれど、女神に体を貸すのはお断りだ。

「記憶を失わねば良いのだな？　ならば、他の神々にも協力してもらうとしよう」

「え？　他の神々に何を……？」

「其方に祝福を。礎を満たす力を授けよう」

エアヴェルミーンはゆっくりと手を動かす。何色もの光が一斉に降り注いできた。メスティオノーラの御力で満たされていた自分の中に、全く違う属性の御力が次々に入ってくる。

「うひゃっ！」

最初に感じたのは、目には見えないほど細かな異物が自分の毛穴という毛穴から侵入してくるような不快感だった。全身がぞわぞわとして鳥肌が立つ。様々な神々によって体内に侵入してきた異物同士はわたしの体に全く馴染まず、それぞれが自己主張して体内で反発し合う。これまでに受けていた祝福と全く違い、反発が痛みをもたらした。

体内で静電気がバチッとするような痛みから、肘を机にぶつけた時に電気が走るような痛み、関節を砕かれるような痛みまで様々だけれど、そんな痛みが頭で、首で、背中で、お腹で、腕で、足で、わたしの全身の至るところで間断なく続く。止まらない苦痛にわたしは悲鳴を上げた。

「では、疾《と》く礎を染めるが良い。……どうした、マイン？」

悲鳴を上げて、その場に崩れるように座り込んだわたしにエアヴェルミーンが本当に不思議そうに尋ねてくる。

「い、痛い。……無理っ！　あぐぅっ……」

わたしは座っていることもできず、その場に寝転がってできるだけ体を縮めるようにして苦痛に耐えていた。メスティオノーラの御力だけならば完全に馴染《なじ》んで自覚もないままに垂れ流すことができたけれど、複数の神々から流し込まれた御力は互いに反発し合っている。わたしの中でそれぞれが存在を主張して領域を拡大しようと暴れているのに、身食《みぐ》いの熱と違って自分の意志で動かせない。体がバラバラにちぎれそうな痛みに呻く以外に何もできなかった。

「……ふむ。どうやら神々にも少々想定外の事態のようだ。ずいぶんと慌てている。メスティオノーラが降臨して神々の御力を整えたいそうだが、その腕の飾りを外せるか？」

「うぅっ……。んぐっ……」

上を見ながらそう呟くエアヴェルミーンに、わたしは首を横に振る。今のようにまともに立つことさえできない状態で袖を肩まで捲《めく》り上げて留め具を探し、片手で外すような器用な真似ができるわけがない。

エアヴェルミーンがその場にしゃがみ込み、わたしに手を伸ばすが届かない。どうやら人の形になってもその場から動けないようだ。

……人型が全く役に立ってないよ！　エアヴェルミーン様のバカバカ！

「さて、困ったな……」

本当に困っているのかいないのかわからないような声で言いながらエアヴェルミーンが立ち上がる。ゆっくりと周囲を見回しているのが、苦痛の涙で歪んだわたしの視界に映った。

「……む？　誰かがここへ至る道を開こうとしているな。少々魔力が心許ないが、それを外せる者ならば招いた方が良いか？」

道を開こうとしているのはエグランティーヌに間違いない。わたしは必死で頷いた。体の内にある神々の御力が反発し合ってどんどんと膨れ上がっている今、誰かに助けてもらわなければ本気でまずい。

すいっとエアヴェルミーンが腕を動かすと、白一色だった始まりの庭に出入り口が開く。ほんの一瞬、出入り口の虹色の幕が揺らめいた気がした。直後、エアヴェルミーンの周囲で小爆発がいくつも起こる。

……あ、フェルディナンド様だ。

隠蔽の神フェアベルッケンのお守りを身につけて始まりの庭に忍び込み、エアヴェルミーンに攻撃を食らわすような人が他にいるはずがない。けれど、その攻撃はほとんど効果がなかったようで、エアヴェルミーンは面倒臭そうに顔を顰めただけだった。

「奉納された魔力はクインタの物ではなかったはずだが、其方、また卑怯な手を使ったな。まぁ、良い。マインの腕の飾りを外せ」

「何のために、だ？」

「メスティオノーラを降臨させるためだ」

「断る」

……待って。断らないで！

隠蔽のお守りを外したようでフェルディナンドの姿が見えるようになった。魔術具をいくつか手にしてわたしとエアヴェルミーンの距離を視線で測っているフェルディナンドは完全に戦闘態勢になっている。だが、ここで断られたら神々の御力にわたしが耐えられない。わたしは死に物狂いで震える手を伸ばす。けれど、フェルディナンドはエアヴェルミーンと睨み合ったまま、こちらを向いてくれない。

……助けて、フェルディナンド様。

「なるほど。マインをこのまま死に追いやり、其方がメスティオノーラの書を完成させて礎を得ようというのか。確かに自分の手を汚さず、効率的ではある。実に其方らしいやり方だ。……非常に無念だが、其方がツェントになることを認めるより他仕方があるまい。マイン、残念ながら其方を支援してツェントにするには時間が足りなかったようだ」

完全に諦めた口調でものすごく残念そうにエアヴェルミーンが首を横に振った。

「クインタ、あまりマインを苦しめるのも可哀想だ。少しでも慈悲の心があるならば、死ぬまで待たずにさっさと止めを刺してやれ。そして、さっさと礎を染めに行くが良い」

フェルディナンドがひどく困惑した顔になって、わたしとエアヴェルミーンを見比べる。助けてほしいと訴えるわたしの視線に気付いたのか、フェルディナンドがエアヴェルミーンの動きを警戒したまま、わたしの側に跪いた。

「……メスティオノーラを降臨させればローゼマインは助かるのか？」

「体内にある神々の力を動かせるのは神だけだ。人にも我にもできぬ」

ギリッとフェルディナンドが奥歯を噛みしめたのがわかった。

「君はメスティオノーラを降臨させることに異論はないのか、ローゼマイン？」

「ん……。たす、け……痛っ！」

わたしが何とか頷くと、フェルディナンドは手にしていた魔術具を片付け、代わりの物を取り出し始めた。「口に含んでおけ」と食いしばっていたわたしの口をこじ開けて何か固形状の物を入れて、自分の口にも何か入れる。それから、わたしに背を向けて立ち上がるとエアヴェルミーンに向けて何か撃った。大きく広がるフェルディナンドのマントの向こうでパンと軽い破裂音が響く。

「効力は少し弱めてある。ローゼマインが助かるまでの間、これ以上余計なことができぬようにしばらく固まっているが良い」

「あ……ぐ……」

エアヴェルミーンが苦痛の声を上げ始めた。最初の攻撃は効かなかったようなのに、今度は一体何をしたのだろうか。そう思った直後、フェルディナンドは銀色の筒を放り出した。どうやら即死毒をエアヴェルミーンに向けて放ったらしい。

……口の中の物ってもしかして解毒剤？　結構苦いんだけど。

エアヴェルミーンを動けないようにすると、フェルディナンドはすぐにわたしの袖を捲って腕の飾りを外し始めた。

「痛いですっ……。うぐぅっ……」

「苦痛かもしれぬが、暴れるな」

そんな難しいことを言われても困る。少し体勢を変えるだけでも苦しいのだ。わたしの苦痛の呻き声や勝手に暴れる体なんて、いつも通り無視して構わないのでさっさと終わらせてほしい。

「……あの、フェルディナンド様、ローゼマイン様。継承の儀式の途中で一体何をなさっているのでしょう?」

ものすごく困惑したエグランティーヌの声が響いた。そういえば道を開いたのは彼女だ。すっかり忘れていたが、本当ならばフェルディナンドではなくエグランティーヌが来るはずだった。

「ローゼマインにメスティオノーラを降臨させるため、お守りの一部を外しているところです。ぼんやりしていないで早くこちらへ来て手伝ってください。ローゼマインに何かあれば貴女もはるか高みに向かうことになるのですが、理解していますか?」

フェルディナンドの焦りを含んだ声にエグランティーヌがわたしのところへやってくる。苦痛に呻くわたしの姿を見て、一瞬で顔色を変えた。

「フェルディナンド様、ローゼマイン様に一体何が起こったのですか?」

「存じません。一つ確実なのは、メスティオノーラを降臨させねばローゼマインが死ぬということだけです」

苛立たしそうにフェルディナンドがそう言った時、片方の腕のお守りが外れた。

「フェルディナンド様、ローゼマイン様を抱き上げて押さえていてくださいませ。留め金が見えません」

エグランティーヌにそう言われて、フェルディナンドはわたしが暴れないようにがっちりと固める勢いで抱きしめる。その間にエグランティーヌが手早くもう片方の袖を捲っていく。二人が分担して協力すると、すぐにもう片方のお守りも外れた。

お守りが外れた直後、英知の女神メスティオノーラの声が脳裏に響いた。

「少しの間、退《しりぞ》いていなさい。今回は貴女を図書館へ入れません」

わたしの意識はひょいっと退けられて、何もない白い空間に置きざりにされた。

……女神の図書館への出入りを禁止されたってこと⁉　のおおおぉぉぉ！


死後の楽しみがなくなったことに打ちひしがれていると、「終わりました。お戻りなさい」という英知の女神の声が響いた。

「あの、何が起こったのですか？　わたくしの体に何をしたのですか？」

わたしは急いで質問する。前回フェルディナンドからは全てを教えてもらえなかった。今回も同じことになりそうなので、英知の女神から正しい情報が欲しい。

「前回わたくしが貴女の体に降りたことで完全にわたくしの力に染まりました。そのため、複数の神々の力が反発し合うことになったのです。時間が経って影響が薄れていればこれほどの苦痛はなかったでしょうけれど、今回はほとんど時間が経っていなかったことで、貴女は不必要に苦しむことになったようです」

英知の女神メスティオノーラは「それが苦痛の原因の一つ」と言う。つまり、他にも理由があるということだ。わたしは「二つ目は何ですか？」と先を促した。

「クインタの魔術具によってわたくしの降臨が防がれたでしょう？　そのためエアヴェルミーン様に協力を頼まれた神々は妨害に負けない勢いで祝福の力を注ぎ込んだのです。それが原因の二つ目でしょう」

……ちょ、ちょっと、神様達……。

フェルディナンドが作ったお守りは神の降臨を防ぐ物だ。神々の祝福を防ぐような物ではない。そのため、他の神々の御力が防がれることはなく、そのまま受け入れる結果となったそうだ。魔術具に防がれることを前提として放たれた神々の御力は、人の体には過ぎた祝福になった。

「神々に悪気があったわけではないのですけれど、エアヴェルミーンに抗うクインタへの意趣返しではあったようですね」

その結果として、わたしが苦しむことになったのならば、ひどいとばっちりである。

「巻き込んでしまった貴女には済まないことをしたと思っていますよ。……でも、お話はここまでにした方が良さそうですね。辛抱の足りないクインタが暴れ出す前にお戻りなさい」

暴れ出すなんてまるで猛獣のような言い方をされている。けれど、フェルディナンドは効率的で手段を選ばないところがあるだけで、基本的には辛抱強い方だ。

「辛抱が足りないということはないと思うのですけれど……」

「そうかしら？　クインタはエーヴィリーベの影響が強くて、彼のゲドゥルリーヒが関連すると辛抱強さは消し飛ぶようです。できることであれば、もう貴女達はエアヴェルミーンに近付かないでくださいませ」

英知の女神は真剣にエアヴェルミーンのことを案じている。命の恩人としてメスティオノーラがエアヴェルミーンに色々と融通《ゆうずう》する話を読んだことがあるけれど、あの神話は本当のお話なのだろうか。メスティオノーラにとってエアヴェルミーンは大事な存在なのかもしれない。始まりの庭に飛び込んでくると同時に攻撃するフェルディナンドを近付けたくないのは理解できた。

……まぁ、フェルディナンド様が始まりの庭でした行為だけを箇条書きにしたら、本当に猛獣っぽいかも。

「わかりました。戻ったらできるだけ早くフェルディナンド様を連れて、始まりの庭を離れます」

「えぇ。そして、ユルゲンシュミットの礎を染めてちょうだい。それをエアヴェルミーンが望み、神々は御力を貸したのですから」

大変な事態にはなったけれど、神々はユルゲンシュミットの存続を願ってくれているらしい。影響力を少しでも薄れさせるために御力を使う必要があるし、今回も助けてくれたし、これまでにたくさんの祝福をいただいているのだ。神々の望みを叶えることに否やはない。

「お世話になりました、女神様。神に祈りを！」

祝福の影響

意識が戻ると、フェルディナンドの顔がまた間近にあった。前回と同じように心配そうな顔をしている。

「ローゼマインだな？　体の調子はどうだ？　女神が降臨して何やらしていたが、君がまとっている神々の御力に何の変化もない。本当に大丈夫か？　君の大事なものを失っていないか？」

わたしが複数の神々の御力をまとった時にはすぐに判別できたけれど、メスティオノーラが降臨しても何の変化もないため、フェルディナンドは不信感でいっぱいのようだ。

わたしは自分の手を少し動かしてみる。指先がピリピリしたり肩に違和感があったりするけれど、先程のように身動き一つできない状態ではない。

「体に違和感が残っているけれど、苦痛は少なくなっています」

「ならば良い。私が説明を受けた限りでは他の神々の御力を分けて固めているだけらしい。時間が経てば魔力が回復するように神々の御力も増えるので、なるべく早く授けられた力を使わなければならないそうだ」

「使うだけで良いのですか？」

礎を染める約束をしているし、この後はアーレンスバッハの祈念式もある。神々の御力を使うだけならば、それほど難しいことではないと思う。

「魔力を回復させれば、少し薄れるとはいえ神々の御力も回復するらしい。……影響力が完全になくなるまで苦しみが続くと聞いている」

「ちょっと待ってくださいませ。影響力がなくなるまでというのは一体どれくらいの期間なのですか？　長い期間、苦しみ続けるなんて嫌ですよ。何か方法はないのですか？」

「……ないわけではない」

フェルディナンドが少し目を逸らしてそう言いながら、わたしを立ち上がらせる。

「まぁ、フェルディナンド様。そのような言い方ではローゼマイン様も不安に思われますよ。女神様のおっしゃった通りに教えて差し上げなければ……」

エグランティーヌが瞳を瞬かせてフェルディナンドに注意した。その意見には全面的に賛成だ。隠し事は良くない。特に、わたしに関することならば尚更だ。わたしがじとっとした目で見上げると、フェルディナンドは嫌そうな顔をしながら教えてくれた。

「今のように神々の御力が溢れそうになっている状態では、人の魔力で神々の御力を打ち消すのは難しいが、枯渇直前まで魔力を使った直後ならば可能だそうだ」

「つまり、枯渇するくらいに魔力を使った後にフェルディナンド様に染めてもらえば良いだけなのでしょうか？　それならば、これから魔力を使わなければならないところはたくさんあるので何とかなりそうですね」

意外と簡単な方法だったことに安堵していると、エグランティーヌが少し困ったように眉尻《まゆじり》を下げた笑みを浮かべる。

「ローゼマイン様は秋を待たずに冬の到来を早めることになりますけれど、命には代えられませんもの。仕方がありません。仕方がありませんけれど……」

「冬の到来を早めるということは、またアーレンスバッハに冬を呼ぶのですか？　確かにエーヴィリーべの剣を使うと魔力を極限まで使いますけれど、ちょっと魔力の無駄遣いですよね？」

何より春の終わりが近付いている今の時期に神々の御力を全て使って冬を呼ぶと、影響力が大きくなりすぎないだろうか。季節が逆戻りしそうで怖い。

「違う、ローゼマイン。そうではない」

フェルディナンドが軽く手を振りながら深い溜息を吐いて、「余計なことを言うな」と言わんばかりの厳しい視線をエグランティーヌに向ける。

「ローゼマインへの説明は後で私が行います。エグランティーヌ様はグルトリスハイトの登録を終えたのでしょうか？」

「えぇ。終わりました」

そう言いながら、エグランティーヌは大きめの魔石が付いたブレスレットを見せてくれる。あれがグルトリスハイトらしい。シュタープが変形したように見せるために、普段は装飾品として身につけられるようになっているそうだ。自分の愛する息子をツェントにするためにグルトリスハイトの魔術具を最初に作ったツェント・アルプゼンティの技術は、フェルディナンドも感心するレベルらしい。母の愛が深すぎる。

「それは一代限りのグルトリスハイトです。エグランティーヌ様以外には使えません」

「わかっています。わたくしに、そして王族にグルトリスハイトを授けてくださったこと、誠にありがとう存じます」

エグランティーヌがわたしとフェルディナンドの前に跪いた。

声がした方を振り返ればエアヴェルミーンが嫌な顔をしながら腕を振った。出入り口を作り出すと、ゆっくりと白い大木に戻っていく。

「其方等、マインが元に戻ったならば疾く去れ」

フェルディナンドに攻撃されたのだから、エアヴェルミーンはある意味で非常に可哀想な存在だ。ユルゲンシュミットの存続を願い、神々に助力を願ったら
「エアヴェルミーン様、わたくし、英知の女神メスティオノーラとお約束したので礎を染めてきます。ご安心くださいませ」

完全に木に戻る直前、エアヴェルミーンがわずかに頷いたのが見えた。

「ローゼマイン、君がユルゲンシュミットの礎を染めるのは……」

フェルディナンドが止めようとしたが、わたしはゆるく首を左右に振る。

「そのためにいただいた神々の御力ですし、人の身には過ぎた御力を賜ったようですから、どんどん使う必要があるのです。実は、こうしてお話ししている今も、女神様が整えてくださった神々の御力は少しずつ膨れ上がっています」

苦痛を感じずにいられる時間は決して長くはない。女神の化身扱いされているわたしが貴族達の集まる場で倒れ、神々の御力で苦痛に呻く姿を見せるわけにはいかないのだ。

「予想以上に時間がないのか。礎を染める準備は整えておく。なるべく早く儀式を終えるぞ」

フェルディナンドはそう言いながら白い大木の周囲に落ちている枝を拾い始めた。

「何ですか、それ？」

「エアヴェルミーンの髪を切り落とした後に出たのだから、この木の枝であろう」

「え？　髪を切り落としたとはどういうことですか!?　そういうことをするからフェルディナンド様は英知の女神メスティオノーラにまで警戒されるのですよ！」

エアヴェルミーンの髪を切り落とすなんて何ということをしているのか。そんなことを女神の前でしていたのならば、猛獣扱いされても仕方がないと思う。

「君がいらないならば置いて行くことも吝《やぶさ》かではないが、せっかく落ちている素材だ。これで魔紙の研究をしてみたいと思わないか？」

「落ちている物は有効活用した方が良いと思います」

フェルディナンドがニヤリと笑った。神々の御力が体の中で膨れ上がった気がする。

……これから先フェルディナンド様を始まりの庭に近付けないようにしますから！　今回だけは見逃してください、神様！

フェアベルッケンのお守りを手にしたフェルディナンドが先に行き、違和感と苦痛が完全には消えていないわたしはエグランティーヌに手を引かれて祭壇を一段、一段ゆっくりと下りていく。

「何だか色々なことがありすぎて、まだ儀式をしていたのかという気分になりますね」

「ええ、本当に。短時間に色々なことが起こりすぎました。全てに対応しようとするフェルディナンド様には感嘆いたします」

祭壇をゆっくりと下りながらエグランティーヌが小声で教えてくれる。

わたしが忽然《こつぜん》と姿を消したことにエグランティーヌは真っ青になったこと。フェルディナンドから予め言われていた通り、自分の魔力を込めた魔石を最初に舞台へ押し付けて魔法陣を浮かび上がらせたこと。祭壇を上がって始まりの庭にたどり着いたら、わたしが苦痛に呻いていて驚いたこと。お守りを外すと女神が降臨し、フェルディナンドと喧嘩《けんか》を始めたこと。白い大木があったはずの場所にエアヴェルミーンが立っていて、そんな尊《とうと》い存在に対して躊躇なくフェルディナンドが攻撃したこと。

「女神様とフェルディナンド様が喧嘩をしたのですか?」

「ええ。エアヴェルミーン様に対する言動に英知の女神が、ローゼマイン様に対する仕打ちに関してフェルディナンド様が怒っていらっしゃいました。英知の女神はエアヴェルミーン様を、フェルディナンド様はローゼマイン様をとても大事にしていらっしゃるようでしたよ」

「神話が真実ならば命の恩人ですから、わたくしにとってのフェルディナンド様のような存在かもしれないとは考えました」

図書館で本を読むより大事な存在なのだろう、とわたしが言うと、エグランティーヌが困った子を見るような目でわたしを見た。

「冬の到来を早めることをフェルディナンド様が躊躇《ためら》うお気持ちがよくわかりますね」

突然エグランティーヌの口から「冬の到来」についての話が出て、わたしは首を傾げる。どう考えても会話の流れがおかしい。とりあえず今までわたしが考えていた「冬の到来」とは意味が違うことはわかった。

……後でフェルディナンド様に聞いてみなきゃ。

「エグランティーヌ様、始まりの庭で見聞きしたことは他言無用です。あまり命令はしたくありませんが、これは命令せざるを得ません」

「心得ています。とても他言できるようなことではありませんでしたから。それより、一刻も早く儀式を終わらせましょう、ローゼマイン様」

じわじわと神々の御力が膨らんできている。そのせいで少し震え始めたわたしの手を、エグランティーヌが一度強く握って王族らしい社交的な笑みを浮かべる。わたしも頷いて、できるだけ女神の化身らしく見えるように微笑んだ。

祭壇を下りると、ハルトムートが「痛々しくも何と神々しい……」と陶酔《とうすい》した表情で呟いた。おそらく先に下りたフェルディナンドが事情を説明したのだろう。

「では、新たなツェントと光の女神との契約を……。ローゼマイン様、魔術具の位置はこの辺りでよろしいでしょうか？」

ハルトムートが隣に立ち、マイクのように声量を増幅《ぞうふく》する魔術具を口元へ近付けてくる。わたしは大丈夫だと示すために頷き、エグランティーヌに向き直った。

「神々より祝福を受けし新たなツェントよ、契約を司《つかさど》る光の女神とその眷属へ宣誓を。……ベロイヒクローネ」

シュタープを光の女神の神具である冠に変化させる。それを跪くエグランティーヌの頭にそっと被せた。エグランティーヌが立ち上がっても落ちないように、傾いていないように綺麗に被せるのは意外と難しい。わかっていたことだが、冠一つに困るわたしに側仕えの適性はないようだ。

一歩下がるわたしに代わって前に出たハルトムートが、エグランティーヌに声量を増幅する魔術具を差し出した。

「長い歴史の中で少しずつ歪んできたユルゲンシュミットとツェントの在り方を見つめ直し、中央神殿の神殿長として古の儀式を復活させ、女神の化身であるローゼマイン様とお約束した通りにユルゲンシュミットを導いていくことを、わたくし、エグランティーヌは今この場で光の女神と側に仕える眷属たる十二の女神に誓います」

誓いの言葉と共に、光の冠が一際《ひときわ》眩しく輝く。その瞬間、わたしの中にある神々の祝福の一部が反応した。神々の御力の中には光の眷属の御力も含まれていたようだ。

……これで全属性の祝福をしたらどうなるんだろう？

不安でじわりと神々の御力が増えてくる。手が震えてきた。この後、わたしは全属性の祝福を贈り、エグランティーヌはその祝福でグルトリスハイトを得た振りをすることになっている。ハルトムートやエグランティーヌと何の打ち合わせもなく取り止めはできないし、他の神々しいグルトリスハイトの授け方が咄嗟《とっさ》には思い浮かばない。

声量を増幅する魔術具の位置を調整しているハルトムートと目が合った。その途端、何かに気付いたようにハルトムートが目を瞬き、わずかに動揺した表情になる。すぐさまフェアベルッケンのお守りを持っているフェルディナンドを探すように視線がさまよう。

……ダメ！　大事な儀式をこんなところで止められないよ。

「始まりの庭においてエグランティーヌ様は神々より新たなツェントとして認められました。光の女神への誓いも済ませたツェントに、これよりグルトリスハイトの授与を行います」

わたしはハルトムートが動こうとするのを制して宣言すると、シュタープを出して「スティロ」と唱え、決められていた通りに全属性の派手な祝福を行った。

「高く亭亭《ていてい》たる大空を司る……」

祈りの言葉と共に大神の記号が光る。その度に体の中にある神々の御力が蠢《うごめ》いて膨れていく。全属性の祝福がエグランティーヌに降り注ぐ間に、わたしの体は発熱したように熱くなってきた。

「エグランティーヌ様、皆様にツェントの証しを」

わたしはエグランティーヌに場を譲って後ろに下がった。ハルトムートがわたしのやや後ろに付き、「大丈夫ですか？」と小声で尋ねてくる。わたしが返事をするより先に、どこにいるのか知らないけれど、フェルディナンドの声が聞こえてきた。

「礎に向かう準備はある程度整えてきたが……熱が出ている顔になっているぞ」

「祝福に神々の御力が反応して膨れ上がるのです」

「女神に言われた通り、礎へ向かう必要があるな。他者に礎の所在を知られぬように、全員を講堂に留めねばならぬ。時間稼ぎは任せるぞ、ハルトムート」

突然のフェルディナンドからの無茶振りにハルトムートが「は？」と声を上げる。けれど、その声はグルトリスハイトを掲げるエグランティーヌに向けられた歓声に打ち消された。

「この後、新ツェントからアウブに向けてする予定だった話をトラオクヴァール様に任せよ。それでも、時間が足りなければ領主会議に関する部分を話して引き延ばすように」

「……かしこまりました」

かなり大雑把《おおざっぱ》な打ち合わせが手短に行われているうちに少しずつ歓声が収まっていく。どうやらグルトリスハイトの存在は信用してもらえたらしい。わたしは自分に課せられていた「女神の化身」の役目をきちんと果たせたことに安堵の息を吐いた。

……後は、意識を失わずに退場するだけ。

「では、皆様」

儀式予定の変更や時間稼ぎを丸投げされたハルトムートがやや緊張を感じさせる声で、閉めの挨拶をする。

「神に祈りを！」

挨拶だから、ここで祈りを捧げるのは避けようがない。けれど、ふわりと指輪から祝福の光が漏れ、熱が上がったことには頭を抱えたくなった。

……のおおおぉぉぉ……。わたしのバカバカ。

「ローゼマイン様、エグランティーヌ様が退場されます。シュタープを掲げて送ってください！」

儀式の進行が変わったことを関係者に伝え、主役の退場を促すハルトムートの声が響く。フェアベルッケンのお守りを外したフェルディナンドと驚きを必死に呑み込んでいるアナスタージウスがエスコートのために祭壇前にやって来た。

「この非常時に君は本当に馬鹿ではないか？」

「……フェルディナンド様こそ、この非常時に今更わかりきったことを言わないでくださいませ」

社交的な微笑みを浮かべて小声で文句を言い合いつつ、できるだけ急いで退場する。どれだけ急いでも足取りがやや覚束《おぼつか》ない感じになってきて、フェルディナンドの腕をつかむ自分の手が震えてくるのを止めることはできなかった。

「ハルトムート達が時間稼ぎをしているうちに全て終わらせるぞ」

講堂の扉が完全に閉まった瞬間、社交用のにこやかな笑顔をかなぐり捨てたフェルディナンドはわたしを、正確にはわたしを取り巻く神々の御力を睨んだ。

「大丈夫か、ローゼマイン？」

「あんまり大丈夫じゃありません。行儀が悪いと言われようが、女神の化身らしい立ち居振る舞いについてお説教されようが、このまま座り込みたいくらいです」

気持ちが悪くて吐きそうだ。吐き出したいのは、次々と流し込まれた神々の御力なのだけれど。

「ローゼマイン様、こちらをどうぞ」

講堂の外には何故かグレーティアやクラリッサが銀色の布を持って構えていて、すぐにわたしに被せてくれる。布を被せられた瞬間、周囲の皆がふっと体の力を抜いたことからも、この体に流し込まれた御力の影響がとても強いことは察せられた。

「グレーティア、クラリッサ。どうしてここに……？」

「儀式の途中でフェルディナンド様から、名捧げ組は銀色の布を準備してここで待機するように命じられました」

マント状になっている銀色の布の裾などを整えながらクラリッサがそう言うと、わたしにフードを被せて整えていたグレーティアが呆れた顔になる。

「クラリッサはどうしてもローゼマイン様の儀式を見たいと言って、一度講堂に戻ったではありませんか」

「ローゼマイン様より早くここへ戻ってきて待機していたのですから許してくださいませ」

軽口を交わしているけれど、二人の表情はわたしを気遣うものだ。二人がわたしの準備を整えている間にもフェルディナンドは次々と指示を出していく。

「同行する護衛騎士はエックハルト、マティアス、ラウレンツの三人。今のローゼマインに近付けぬ者は護衛騎士としても不要だ。それに、これから国家規模の機密を扱う以上、同行者の言動を縛る必要がある。ローゼマイン、私、エグランティーヌ様に名捧げをした者以外の同行を禁じる」

同行したければ名を捧げよ、とエグランティーヌの側近達を黙らせたフェルディナンドがそのままアナスタージウスにも視線を向けた。

「もちろんアナスタージウス様も同じです」

「何だと!?」

「これから向かう先はツェントではなく、名捧げもしていなくて言動を縛ることもできない貴方を向かわせることができる場所ではありません」

青色神官に扮するわたしの側近達と一緒に待機しているように言われたアナスタージウスがひくりと頬を引きつらせた。その反応に構わず、フェルディナンドは銀色のマントをまとったわたしを横抱きに抱き上げる。自力で立っている必要がなくなっただけでもかなり楽になった。

「ならば、フェルディナンド。其方は……」

「アナスタージウス様」

食ってかかろうとするアナスタージウスの腕をエグランティーヌが軽く叩いて注意すると、優雅な動きでするりと彼の隣を離れてフェルディナンドの半歩後ろに付く。

「わたくし達がどこへ向かうのか、そして、今のローゼマイン様の体調がおわかりになりませんか？　今は本当に時間がないのです。ローゼマイン様にもしものことがあった場合をお考えくださいませ」

わたしとフェルディナンドを悔しそうに見たアナスタージウスが、「時間を稼げば良いのだな？」と一歩下がる。フェルディナンドは首を横に振った。

「事が終わり次第、エグランティーヌ様は新ツェントの役目として国境門の犯罪者を捕らえに行くことになっています。アナスタージウス様と護衛騎士達にはそちらの準備をお願いします」

役目を得たアナスタージウスと側近達がマントを翻して動き始める。その場に名を捧げた者しかいなくなった。周囲を見回したエグランティーヌがフェルディナンドを見上げる。

「急ぎましょう、フェルディナンド様。どんどん神々の御力が強くなっているように思えます」

「……同行中に起こったことを他に知らせてはならぬと命じられるか、ローゼマイン？」

「同行中に、起こった……ことを他に知らせてはなりません」

わたしが同行者に他言無用を命じると、フェルディナンドが大股《おおまた》で歩き始めた。歩みに合わせた揺れで、体の中の熱が暴れ始める。少しでも揺れを軽減したくて、わたしはすぐ目の前にあるフェルディナンドの服をつかんだ。フェルディナンドが更に足を速めた。


フェルディナンドはエグランティーヌを置きざりにしそうな速さで図書館へ向かうと、出迎えに来ているソランジュに話しかける。

「ソランジュ先生、先程オルドナンツで告げた通りです。しばらくの間、執務室で待機してください。他の何者も図書館へ立ち入らせぬようにお願いします」

「えぇ。春の訪れに対する立ち居振る舞いは存じています。お任せくださいませ」

ソランジュはそう言って一歩下がり、わたし達が通りやすいように少し下がって跪く。

「……エグランティーヌ様、新しいツェントのご誕生、心よりお祝い申し上げます。これからどうぞよろしくお願いいたします」

「こちらこそご指導よろしくお願いします、ソランジュ先生」

図書館がツェントの誕生に深く関わることを知れば、軽率《けいそつ》な扱いなどできるわけがない。エグランティーヌはまた今度ソランジュと話し合うことを約束して歩き出す。

「ローデリヒはハルトムートに退場許可の連絡を。ユストクスとエックハルトは図書館に近付く者の警戒を。それ以外の護衛騎士は背を向けた状態でこの場の警護を」

「はっ！」

二階まで同行した護衛騎士達に次々と指示を出し、グレーティアとクラリッサにはわたしから銀色の布を外し、首から下げて身につけている鍵を出すように命じる。

「ローゼマイン様、失礼いたしますね」

グレーティアが断りを入れてきたけれど、それに頷くくらいしかできない。フェルディナンドに抱き上げられたままの状態でフードが外され、ずるりと首元から鍵が引っ張り出される。クラリッサに手伝ってもらいながら鍵を手にしたグレーティアが丁寧な手つきで、手早く鍵を取った。

「鍵をエグランティーヌ様に手渡し、其方等も背を向けよ」

二人が背を向けるのを確認してから、フェルディナンドはエグランティーヌに鍵の使い方を教える。エグランティーヌがメスティオノーラ像のグルトリスハイトの背表紙部分を開けて鍵を差し込めば、女神像が動いて礎に至る階段が現れた。

「まぁ……」

目を丸くするエグランティーヌを先に向かわせ、フェルディナンドはわたしを抱えて下りていく。虹色の幕を潜《くぐ》り抜けると、そこにあるのはユルゲンシュミットの礎である。

フェルディナンドに降ろされたわたしは、べたっと礎に触れて早速魔力供給を始めた。ずわっと吸い出されていく魔力と共に神々の御力も礎に流れ込んでいく。呼吸が楽になり、苦痛が軽減し、熱が引いていくのが自分でわかった。

……あぁ、生き返る。

「中央神殿長の聖典の鍵はユルゲンシュミットの礎に、各領地の神殿長が持つ聖典の鍵は領地の礎に至るための鍵になっています。はるか昔のツェントやアウブが神殿長であったことの証明であり、これから先、王族や領主一族が神殿長を務めなければならない理由でもあります」

詳しくはグルトリスハイトをご覧ください、と言いながらフェルディナンドがエグランティーヌに鍵や礎の説明をしていく。

「こちらの礎はエアヴェルミーン様や英知の女神が望んだ通り、一度ローゼマインの魔力で染めます。それでおそらく礎の魔力の枯渇とユルゲンシュミットの崩壊の回避を強く望んでいた神々も気が済むでしょう」

これまでの歴史を振り返れば、一度礎が満たされた後の染め替えには寛容《かんよう》だとフェルディナンドが言う。

「神々の御力を染め替えることがどのくらい大変かわかりませんが、王族の無知の結果なのでエグランティーヌ様とアナスタージウス様に頑張っていただくしかありません」

「はい」

今しか話をする時間はないという理由で、フェルディナンドはこれから先の予定について一方的に話を進め、エグランティーヌはそれを必死に聞いている。

「領主会議までに境界線の引き直しと新領地の造成を行わなければ、トラオクヴァール様とジギスヴァルト様をアウブに任命できません。エグランティーヌ様の急務です。新しく領地を造成する前に旧領地の神具を回収できれば、新しく神具を作製する負担がなくなります」

……神々の御力がどんどん出ていくのはいいんだけど……。

わたしがアーレンスバッハの礎を染めた時は途中で回復薬が必要だった。今は領地の礎よりずっと大きな国の礎を満たしているのに、魔力が枯渇する気配が微塵《みじん》もない。

「フェルディナンド様、大変です。いくら供給しても魔力が減っている気がしません。流れていくのはわかるのに、自分の中の魔力があまり減らないのです。本当に礎を満たせば魔力が枯渇するのでしょうか？　仮に枯渇しなかった場合、どうすれば良いですか？」

神々の御加護を得る儀式の後、魔力消費量に変化があった時の感覚をもっと極端にしたような感じだと説明すると、フェルディナンドが「この礎に魔力供給する以上に魔力を使う必要があるのか」と考え込んだ。

「声に力が戻ったが、君の体調はどうだ？」

「神々の御力を流したら熱が下がってきたので、体調はまだまだ大丈夫ですよ。魔力が減らない方が困ります」

「そうか。ならば、境界線の引き直しも併《あわ》せて行うことにしよう。新領地の礎や神殿の創造は新しいアウブと相談する必要がある上に、エグランティーヌ様がツェントであることを見せる場になるため、君が手を出すことはできぬが、境界線の引き直しに関してはすでに話し合いも終えている。

問題なかろう」

わたしの体調を最優先に考えるフェルディナンドの言葉にエグランティーヌがコクリと頷いた。

「境界線の引き直しをお願いできると、わたくしも助かります。ですが、境界線の引き直しに関しては少し訂正がございます。アウブ・ドレヴァンヒェルやアドルフィーネ様とのお話し合いの結果、ジギスヴァルト様の新領地になるはずだった土地の一部がドレヴァンヒェルに与えられることになりました」

政略結婚であったにもかかわらず契約の条項が満たせないため、ジギスヴァルトとアドルフィーネは離婚することが正式に決定したそうだ。ジギスヴァルトは違約金として、自分の領地になるはずだった中央の土地の一部をドレヴァンヒェルに譲渡《じょうと》することになったらしい。

「どこでしょう？」

「リンデンタールの北側からドレヴァンヒェルに隣接するこの辺り一帯です」

エグランティーヌの指示に合わせてフェルディナンドが地図をかき換えていく。小領地くらいの大きさがあるので、ドレヴァンヒェルがぐっと大きくなってジギスヴァルトの領地予定地がぐっと減った。

「ジギスヴァルト様は中領地のアウブになりますね」

「初年度は王族出身のアウブの領地ということで順位も優遇されますが、ナーエラッヒェ様の出身地であるハウフレッツェも遠いので、それほどの援助は見込めないでしょう。来年からは厳しいことになると思います」

エグランティーヌの言葉にわたしは肩を竦めた。

「マグダレーナ様経由でダンケルフェルガーの支援が得られるとはいえ、反乱を起こす貴族を多く抱える旧ベルケシュトックの一部を治めるトラオクヴァール様に比べれば厳しくはないと思います。ジギスヴァルト様が得るのは中央が管理していた土地ばかりですし、それほど苦労することはないでしょう」

貴族院の奉納式で皆から掻き集めた魔力は、全て中央や中央が管理していた土地に使われていたのだから荒れているとは思えない。真面目にアウブをすれば、それほどの苦労はないだろう。

「ドレヴァンヒェルに戻られたアドルフィーネ様は、この辺りのギーべになる予定だそうです。ローゼマイン様の図書館都市に触発され、研究都市にしたいとおっしゃっていました」

一度王族へ嫁いでいたアドルフィーネが領地外で再婚相手を探すのは難しい。そのため、離婚後の彼女はドレヴァンヒェルに戻り、ギーべとなるそうだ。ドレヴァンヒェルは領主一族も多いし、中央へ出ていた貴族も一度は領地へ戻されるため、領地内であれば再婚も難しくはないらしい。離婚したとしてもどうなるのかわからなくて心配だったが、彼女は自分で自分の進む道を作ったようで何よりである。

「ローゼマイン、礎を満たせたのであれば、境界線を引き直しなさい。アウブがギーべの境界を引き直すのと同じだ。線の引き方は私の地図を参考にするように。……あぁ、エグランティーヌ様、大変申し訳ございませんが、ローゼマインの採点をお願いします」

「採点、ですか？」

フェルディナンドの依頼にエグランティーヌが目を丸くした。

「エグランティーヌ様は領主候補生コースの教師ではありませんか。ローゼマインは冬に行方不明となって貴族院の講義を終えていないと聞いています。これから行う境界線の引き直しと、アーレンスバッハへ戻ってから行うメダルの破棄で領主候補生コースの採点を行ってください」

ついでに、奉納舞は今日の儀式で採点してもらうように奉納舞の教師と話をつけてほしい、とエグランティーヌに頼んでいる。いくら何でも強引過ぎると思う。突然の無茶振りに驚いているエグランティーヌのためにも、わたしは断固として反対したい。

「強引すぎです、フェルディナンド様。抜き打ち試験なんてひどいと思います。少しくらいはエグランティーヌ様にも心の準備が必要ですよ」

わたしの訴えをフェルディナンドは鼻で笑った後、ジロリと睨んできた。

「私が教えたことを覚えていれば問題なく合格できるはずだ。まさかあの忙しい中で教えたことを忘れたと言うのではあるまいな？」

「お、覚えていますよ！」

多分、と心の中で付け加える。

「ならば、問題あるまい。大体、貴族院の再試験に時間を取られて困るのは誰だと思っている？」

フェルディナンドに冷たく見下ろされながらわたしは少し考える。再試験に時間を取られた場合、困るのは誰だろうか。

「一番大変になるのはフェルディナンド様ですね。次点でわたくしとフェルディナンド様の側近でしょうか」

「その通りだ。故に、君の再試験に関する予定は私が決め、先生方との交渉も領主会議中に私が行う。君は全ての試験を一発で合格すれば良いのだ。……さぁ、境界線の引き直しをしなさい」

フェルディナンドに言われてわたしはシュタープを取り出す。

教材ではなく、本物のユルゲンシュミットの礎を使って行われた境界線の変更の再試験において、数多《あまた》の神々の祝福を受けた女神の化身は無事合格を得た。

魔力枯渇計画

「フェルディナンド様、合格は嬉しいですけれど、わたくしの魔力は枯渇しませんでした。どうしたら良いでしょうか？」

礎を染めた上に境界線の引き直しまで行ったにもかかわらず、魔力が、正確には数種類の神々の御力が残っている。図書館を出る前に、手当たり次第魔術具に魔力を供給してきたけれど、それでもまだ四分の一くらい残っている。どう考えても異常事態だ。これほど魔力供給したのに残っているならば、どうすれば枯渇寸前まで魔力を使い切れるのかわからない。

「ひとまず今後アーレンスバッハを治める際に必要な場所へ魔力を供給していくのがよかろう」

そういうわけで、現在はアーレンスバッハの採集場所へ移動中だ。国境門にいるジェルヴァージオの回収へエグランティーヌとアナスタージウス達を送り出した後、わたしは中央棟にある転移扉からアダルジーザの離宮へ移動し、フェルディナンドの騎獣に同乗させてもらっている。

「騎獣用の魔石に登録されている魔力と今の神々の御力に差がありすぎて、レッサー君が使えないのが残念ですね。騎獣を使えば少しずつでも魔力を使えたのに……」

わたしが自分の騎獣を使いたいと言うと、フェルディナンドは「できれば記憶が戻るまではなるべく止めておきなさい」と言う。消えた記憶の中に何か理由があるらしい。

「君の今日の活動量や体調を考慮すると、寝る前に回復薬を使いたいところだが、魔力を枯渇させねば使えそうもない。できるだけ早く魔力を使い切らねば君の体力が先に尽きる。いざという時には魔力を使って外傷と体力を完全に回復させる薬もあるが、あれは君向きではないからな」

「わたくし向きではない、とは？」

……激マズ回復薬よりひどい味とか？

「外傷が前提条件の薬だ。君の魔力を枯渇させようと思うと、かなり大きくて深い傷が必要になる。どうしてもと言うならば、死なない程度に君の手足を切りつけるか、撃ち抜いて……」

「ひっ⁉　絶対に嫌です！　何があっても使わないでください！　わたくし、痛いのも血が出るのも嫌いです！」

わたしは即座に首をブルブルと高速で左右に振って拒否した。フェルディナンドがマッドサイエンティストのような実験動物を見る真顔になっている。「どの程度の外傷ならば死なないか」なんて考えないでほしい。

「その外傷を一気に魔力で回復させるので、回復中の苦痛もひどいものだ。だから、君向きの薬ではないと最初に言ったであろう?」

「……フェルディナンド様は使ったことがあるのですか?」

「当然ある。他者に渡したこともあるが、その者が実際に使用したかどうかは知らぬ」

きっと薬の効果を調べるための実験だと思うけれど、しれっとした顔で言わないでほしいし、他人にそんな怖い薬を渡さないでほしいものだ。もらった人も困惑しただろう。

「痛みや血に弱い君向きのやり方を探すためにも次々と試していくしかあるまい。祝詞を唱えずに魔力供給をするだけならば問題ないのか、神事に加わること自体が危険なのか、検証が必要だ」

祝詞さえ唱えなければ問題ないのであれば、解決はかなり楽になる。その検証を行うために、わたし達はアーレンスバッハの採集場所へやってきた。離宮にいた貴族達も素材採集のために同行させている。

「エーレンフェストの採集場所と違ってひどい状態ですね」

全く管理されていなくて放置されているせいか、貧相《ひんそう》な素材しか見当たらないアーレンスバッハの採集場所に、わたしは目を丸くした。これでは学生達が講義で使う素材を採集するのも大変だろうし、碌な調合ができないと思う。

「領主会議で祝詞を教えたのですから、他の領地のほとんどは土地の癒しを行えるようになっていると思うのですけれど……」

「祝詞を知っていても、実際に採集場所を癒せたのは上位領地だけであろう。負け組の中小領地は癒し方を知っても人数や魔力が足りず、実行が難しいと思われる。アーレンスバッハはディートリンデの王族や君への敵対心と怠慢《たいまん》の結果だ」

フンと鼻を鳴らしてフェルディナンドは側近以外のアーレンスバッハの騎士や文官達に上空で待機するように命じると、採集場所へ降り立った。

魔獣もほとんど出ないくらいに荒れた採集場所だ。ここを回復させるのは結構魔力を使うだろう。初めてエーレンフェストの採集場所を癒した時には回復薬を使ったことを思い出し、魔力の減り具合へ期待をかける。

「ローゼマイン、やるぞ」

「はい」

グレーティアとクラリッサに銀色の布を外してもらい、わたしは地面に跪いて両手を付けた。採集場所に埋め込まれている魔法陣に魔力が流れ込み、魔法陣が緑に光りながら浮かび上がる。

「神々の御力に変化は？」

「特にありません。でも、このままでは魔法陣が浮かび上がるだけで土地が癒されませんね。祝詞は必要そうです」

「祝詞は私が唱える。そのまま魔力を流していなさい」

フェルディナンドはそう言って、フリュートレーネに祈りを捧げ始めた。魔法陣が起動し、緑の光を放ちながらゆっくりと上へ、上へ上がっていく。魔力がどんどんと流れ込んでいくにつれて土地に魔力が満ち、草木が伸び始めて青い葉が茂り、蕾《つぼみ》が顔を出して花が綻《ほころ》び始める。

エーレンフェストでは見慣れた光景だが、これまで採集場所の癒しを行ってこなかったアーレンスバッハの貴族達にとっては奇跡のような光景に見えるらしい。

「おおおぉぉぉ！　素晴らしい！　女神の化身の御力だ！」

「ほんの一瞬でこれほど採集場所が豊かになるなど信じられぬ」

女神の化身の御力に盛り上がる貴族達の声を遠くに聞きながら、わたしは自分の中にある神々の御力がじわりと膨れるのを感じていた。

「どうだ、ローゼマイン？」

「……少し反応があります。でも、光の女神の神具を使った時よりは反応が小さいですね。ここは荒れていて魔力が大量に必要だったので、癒しを行う前より増えているということはありません」

「そうか。ならば、荒れた土地の多いアーレンスバッハに君の魔力を注ぐことはできそうだな」

フェルディナンドが少しだけ表情を緩めた。他の人にはわからないくらいに少しだけ。わたしの魔力を枯渇させる手段が全くないわけではないとわかってホッとしたのだと思う。

「アーレンスバッハの土地を満たす時に祝詞を唱えて祈念式《きねんしき》を行うのではなく、シュタープで聖杯を出して魔力を垂れ流していくのはどうでしょう？」

「試してみる価値はあるが、先程の儀式で光の女神の神具を使った時はどうであった？」

フェルディナンドの指摘で光の女神の神具を使った時を思い返す。エグランティーヌが誓って神具が光った瞬間、神々の御力が増えた。あまり良くはなさそうだ。

「その表情ではあまり期待しない方が良さそうだな」

「神殿にある神具に魔力を流していくのはどうでしょう？　昔のツェントが作った神具ならばそう簡単に壊れないと思います。ゲドゥルリーヒの聖杯に魔力を流しながらアーレンスバッハの上空を騎獣で駆けてダパダパ降らせていくとか……」

わたしの思い付きを吟味《ぎんみ》するようにフェルディナンドが顎に手を当てて視線を落とす。

「ふむ。脳裏に思い浮かぶ絵面《えづら》は良くないが、それができれば祈念式が楽に終わりそうだ。調合で魔力を使うのも有効かもしれぬ。ちょうど新しい素材が手に入ったところだからな」

「魔石や魔術具は金粉化の可能性が高いですけれどね」

返却しようとしただけでジギスヴァルトの許可証が金粉になってしまったことを思い出し、わたしは少し肩を竦める。魔石はまだしも魔術具に触るのは怖い。下手に触ると壊してしまう。

「魔石が金粉になるのは、君の図書館都市計画に使用するのだから全く困らぬ。金粉作りはこれからここで採集された素材で行うことになっている。エントヴィッケルンはできるだけ早く行う必要があるからな」

できるだけ早くランツェナーヴェの者達に荒らされた街を整えたり、これからエグランティーヌ達が使うことになっている離宮と繋がるランツェナーヴェの館を取り壊したりしなければならないそうだ。

「エントヴィッケルンが最高神のお名前を使う神事でなかったら、今すぐに図書館都市を造りますよ、わたくしは。……使いたい時に自分のためには使えないのに、枯渇をさせなければ命の危機だなんて」

わたしが唇を尖らせて文句を言うと、フェルディナンドが宥めるように軽くわたしの頭を叩く。

「文句を言ったところで何も変わらぬ。解決方法がないわけではないのだから、一つ一つ試してみるより他あるまい」

「……そうですね。今回はフェルディナンド様が一緒なので心強いです」

わたしがへらりと笑ってみせると、フェルディナンドは眉間に皺を刻んで視線を上に向けた。

「其方等、騒いでいないで直ちに採集を行え！」

上空で神の奇跡だと騒いでいる貴族達に向かってフェルディナンドから叱責《しっせき》が飛ぶ。

「これから其方等が採集する素材は、ランツェナーヴェの者達に荒らされたアーレンスバッハでエントヴィッケルンを行うための金粉に利用する。自分達の屋敷になることを念頭におき、できるだけ属性値の高い物を採集するように」

表情を引き締めて採集を始めた貴族達に向かって、儀式の後片付けを中央貴族に押し付けて同行していた神官長服のハルトムートが祭壇にいる時と同じような調子で口を開く。

「今回はあまりにも荒れていたためローゼマイン様の御力をお借りしましたが、エントヴィッケルン用の素材採集が終われば、学生達や領主会議に出席する貴族達が自分達の魔力で満たすことになります。貴族院で神事の復活が見直され、貴族が神々の御加護を得るために他の領地ではすでにお祈りを始めていることをご存じですか？」

アーレンスバッハは貴族院で行われた神事に参加したことがありませんが、とハルトムートが微笑めば、ダンケルフェルガーの青のマントをまとうクラリッサが「ダンケルフェルガーではもう神事が盛んに行われています」と何度も頷いた。

……ダンケルフェルガーでしてるのって、神事っていうよりディッターじゃない？

前後の儀式を研究するためにはディッターをしなければならない、とディッターの回数が以前より増え、それで御加護が増えたために大人達もディッターの回数が増えたことをハンネローレから聞いた気がする。いつのことだったか覚えていないけれど。

「アーレンスバッハでも早く貴族が神事を行うようにしなければ、ローゼマイン様がいらっしゃる領地だというのに最も御加護を得られないという結果になってしまいます。罪人となったディートリンデがこれまで拒否していたため、アーレンスバッハは神事やお祈りに関して他領に比べて出遅れていることを忘れないようにしてください」

「混沌の女神カーオサイファに魅入られた土地を清めるために女神の化身をアウブとして戴《いただ》くことになったというのに、領地の貴族が神事を厭うようではそれほど遠くない未来に女神も愛想を尽かすかもしれませんもの」

アーレンスバッハの貴族達を洗脳していたハルトムートとクラリッサの言葉に、貴族達が顔色を変えて採集を始めた。

「シュトラール、こちらの統率は頼む。素材の採集が終わったらエーレンフェスト寮へ運んでくれ。ローゼマインに金粉を作らせる。ローゼマインの側近達は一度エーレンフェスト寮へ戻るぞ。リーゼレータ達が準備を整えているはずだ」

「はっ！」

エーレンフェスト寮へ戻ると、ジルヴェスター達が駆け寄ってきた。神々の御力が増したことは観覧席にいた者達にもわかったのに、儀式が終わっても先に退場したわたし達が一向に戻ってこないことを心配してくれていたらしい。

「知らせがあった通り、話ができるように部屋の準備は整っている。フェルディナンドが儀式中にこそこそと動き回っていたようだが、ローゼマインは大丈夫なのか？」

「それについても説明する」

話の中心はわたしのことだと匂わせて、フェルディナンドは案内を促した。ジルヴェスター、フロレンツィア、フェルディナンド、わたし以外は部屋から出され、範囲指定の魔術具を作動させる。

「……込み入った事情は全て省くが、ローゼマインは再びメスティオノーラを降臨させた上に、他の神々からの御力も賜った。全てはユルゲンシュミットの礎を満たすためだ」

「満たせたのか？」

「あぁ。だが、まだローゼマインの体内には神々の御力が残っている。人の身には過ぎた力なので早急に一度魔力を枯渇させ、人の魔力で上書きする必要があるそうだ」

さすがに勢いに任せた神々の失敗とは言わずに、フェルディナンドが言葉を濁《にご》す。そう簡単には気付かなそうなフェルディナンドの物言いの違いに耳聡《みみざと》く気付いたのはジルヴェスターだった。

「……つまり、神々の命令で冬の到来を早めると言いたいのか？」

「しつこいぞ、ジルヴェスター。ローゼマインは特殊な身の上だから、冬の到来を早めなくても色は移るし、美しく染め上げることも難しくない。故に、そのようなことはせぬ。基本的に薬で行うし、以前と同じように記憶を見る魔術具を使うだけだ。本題はそれではない」

フェルディナンドが嫌な顔をしてジルヴェスターを睨んだ。刺々《とげとげ》しい雰囲気になった二人を見ながら、わたしは首を傾げる。

「あの、冬の到来を早めるというのはどういう意味ですか？　最近よく聞くのですが、わたくし、よくわからなくて……。あ、冬を呼ぶ魔法陣を使うのと違うことはわかっています」

その瞬間、会議室内の空気が凍った。ジルヴェスターもフロレンツィアも笑顔のままで固まっている。思い切り爆弾を落とした後の空気だ。やっちゃった、ということが肌でわかった。

「申し訳ありません。もしかして聞いてはいけないことでしたか？　でも、わたくしに関係がないことではありませんよね？　どなたに質問すれば良いのか教えてくださいませ」

「……寮にいる者ならば、リヒャルダ辺りに頼むのが一番かもしれぬ。だが、今回の質問をリヒャルダにすれば、後で其方が大変なことになるぞ」

ジルヴェスターにちらりと見られたフェルディナンドが面倒臭そうに溜息を吐いた。フェルディナンドにも関係があるのだろうか。リヒャルダに質問して良いのかどうか悩んでいると、フロレンツィアがそっと頬に手を当てた。

「ローゼマインにはわたくしから説明します。さすがに殿方では難しいでしょう。秋の訪れを待たずに冬の到来を早めるという言葉の意味を知るためには、秋に込められた意味を知らなければなりません」

わたしは神様表現で用いられる秋の意味についてフロレンツィアに問われ、それに対して答えていく。

「秋は実りと収穫ですよね？　シュツェーリアの神具から防御や守り、芸術関係の眷属が多いことから芸事そのものを指したり、時間や速さ、情報を示したりすることもあります。他には……別れでしょうか？」

恋物語でやたらと多い表現を思い出して、わたしは述べていく。

「最近の恋物語で失恋や別れを意味することが多いユーゲライゼですけれど、わたくしが知っている聖典の知識ではユーゲライゼは失恋よりも巣立ちの時に出てくる方が多いのです。成人した男性の領主候補生が城から出る時や、女性が婚姻によって領地を出る時に昔はユーゲライゼに御加護を祈っていました」

そういう知識があるから恋物語で余計に混乱するんだけど、と思っているとフェルディナンドは「そこまで詳しく知っているのに何故繋がらぬ？」とこめかみを押さえた。

「今回はそちらの解釈で良いのです、ローゼマイン。秋には収穫の他に成熟や成人という意味があります。冬がどのような季節なのか、こちらは大神の行動を基に考えてくださいませ。聖典の通りの解釈で大丈夫です」

フロレンツィアがニコリと微笑んでそう言った。

「えーと、聖典通りに解釈すると、つまり、成人を待たずに……うひゃあああぁぁぁ！」

繋がった瞬間、わたしはとんでもない羞恥《しゅうち》に襲われた。周囲が気まずくなるはずだ。同時に、わたしは自分の言葉を思い出す。「魔力を使った後にフェルディナンド様に染めてもらえば良いだけ」とエグランティーヌに向かって口にした。どう考えても明け透けすぎる誘い言葉ではないか。

……いやあああぁぁぁ！　誰か、時間を戻して！　お願いだから！

エグランティーヌが何とも複雑な顔をしていた意味を知って泣きたくなった。恥ずかしくて堪らない。この場で穴を掘って埋まれるものならば埋まりたい。わたしは椅子から滑り落ちるようにしてしゃがみこんで床をとりあえず叩いてみたけれど、厚みのあるカーペットに覆われた床は掘れそうもなかった。

「ようやく意味が繋がったかと思えば、何をしている？」

「最悪ですよ。だ、だって、養父様《とうさま》。秋を待たずに冬の到来って、魔力を染めるって、その……あの……」

しゃがみこんだまま、ジルヴェスターを見上げ、何と言えば良いのかわからずに口をパクパクさせると、ジルヴェスターと同じように見下ろしてきたフェルディナンドが「そのような行為はせぬ。だから、落ち着きなさい」と全てを悟ったような顔で言う。

以前「貴方の色に染めてください」がかなり直接的なお誘いだって教えてもらったのに、どうして魔力を染め替えるという話が出た時に閨事《ねやごと》と繋がらなかったのか。自分がフェルディナンドに染められた経験が薬と魔術具を使ったものだったからだ。

「全部フェルディナンド様のせいだと思います！」

「君の特殊な生《お》い立《た》ちのせいであろう。私のせいではない。ついでに、遠回しな貴族言葉が理解で

きておらず、察しが悪いのは君のせいだ」

「ローゼマインの特殊な生い立ち、ですか？」

フロレンツィアが目を瞬き、わたし達を見回す。フロレンツィアはおそらくわたしが平民出身の身食いであることも、エーヴィリーベの印を持つ子であることも知らない。ここで知らせるのだろうか。わたしが様子を窺うと、フェルディナンドとジルヴェスターは視線を交わし合い、首を横に振った。

「詳しくは話せませんが、ローゼマインは普通の貴族とは体質が全く違います。そのためジルヴェスターの養女になるより以前から私の魔力の影響下にあったようです。今、私が染め直したところで、名捧げをしていた者達も以前の魔力に戻ったとしか思わないでしょう」

魔力量ならばまだしも魔力の色は外から見てわかるようなものではない。魔力に変化があったとしても、主の魔力をうっすらとまとう名捧げをした者ならば感じ取れるが、それ以外の者にはわからないだろう。

「グルトリスハイトをエグランティーヌ様に授与したことで、神々の御力が消えたように周知するので、他の者のことは気にしなくて良い」

「気にしなくて良いとおっしゃいますが、それでは女神の御力をまとってから名捧げをしたエグランティーヌ様の誤解は解けないではありませんか！　養父様達も同じように誤解したのですよ？　お薬を使うだけなのに……その、魔力を染めると言っても、決して……ほ、星結びが必要になるようなことをするのではなくて……。うぅ、誤解なのに……」

別に破廉恥《はれんち》なことなんてしないのに、と涙目で頭を抱えていると、フェルディナンドが至極《しごく》冷静な顔で注意してくる。

「あまり感情を揺らすな、ローゼマイン。魔力だけではなく、神々の御力まで不安定になる」

「落ち着いていられませんよ。だって、わたくし……」

自分がそんな話題の中心になることなんてこれまで全くなかったのだ。恋愛関係はからっきしで、婚約者から「兄妹《きょうだい》ならば良いが、婚約者としての其方といるのは苦痛」だと言われるような女である。そんな話が出るとは思わないではないか。恥ずかしさで死にそうだ。

「誤解が解けても恥ずかしいものは恥ずかしいであろうが、そのような女心をフェルディナンドが理解してくれるはずもない。そのくらいはローゼマインもいい加減に悟れ」

「もう悟っています」

わたしがジルヴェスターを睨むと、フェルディナンドが嫌な顔をした。

「……ならば、そろそろみっともない体勢は止めなさい。今の君は魔力を枯渇させるまで回復薬を使うこともできないのだ。できるだけ体力を消耗《しょうもう》させないように気を付けなければならぬ」

席に着くように促されて、わたしはゆっくりと立ち上がって席に座り直す。

「本題だが、神々の御力の影響を消すためにはローゼマインの魔力を一度枯渇させなければならぬ。しかし、これがなかなかの難問だ」

神々の御力がなかなか減らない上に、魔力が回復すれば神々の御力が反発し合って死にかけることをフェルディナンドが伝えるとジルヴェスターとフロレンツィアが揃って目を見開いた。

「アーレンスバッハでは早急にエントヴィッケルンを行う必要があるため、ローゼマインの状態を利用して金粉を作製する予定だ。ゲルラッハの戦いによってローゼマインが破壊したギーベの館の再建に必要な金粉も作って返そうと思う。必要な金粉の分の素材は今日中にローゼマインの部屋まで運んでくれ」

アーレンスバッハの採集場所で採れる素材だけでは大して魔力が減らないので、エーレンフェストにも協力するように、とフェルディナンドが言う。

「あぁ、エントヴィッケルンを行う時には移住するグーテンベルク達の住まいも作ることになる。グレッシェルで行ったエントヴィッケルンの設計図の写しを見せてほしい」

プランタン商会やギルベルタ商会は自分達の店を設計していたはずだ、とフェルディナンドが言う。移転予定がなかった工房はアーレンスバッハの建物を参考にするらしい。

「ついでに、グーテンベルクへ移住命令を出してくれないか？　領主会議の後、一部の者には移住し、ローゼマインの専属として動いてほしいと思っている。その一部の者は中央へ移動する準備をしていたはずなので問題なかろう」

決して平民達への無茶振りではないことをフェルディナンドが強調した。わたしが移動した時に一緒に移動しなければ、新しい土地で専属として動くのは難しくなるらしい。ならば、移住を命じても問題はないと思う。

「……移住命令を出すのは別に構わぬが、自分と共に移動させる下町の商人達に其方が直接会わなくて良いのか？」

そう言いながらジルヴェスターがわたしを見た。ベンノ達グーテンベルクの顔がいくつも思い浮かぶ。懐かしいし、会える機会があるならば会いたいと思う。でも、今のわたしには下町の記憶がぽっかりとないのだ。わたしはフェルディナンドに視線を向ける。

「わたくし、女神の降臨によって一部の記憶を失っているのです。……その会合には髪飾り職人も同席しますか？」

「おそらく。だからこそ、今は止めておいた方がよかろう。顔を合わせた結果、記憶が繋がっても繋がらなくても君は間違いなく取り乱すと予測できる。神々の御力が暴れた場合は自分だけではなく、周囲も危険だ。せめて、神々の御力を消してから、側近を排して会える場を整えなければならないと思う」

フェルディナンドの懸念がどうにも実感できなくて首を傾げる。記憶にない者との面会がどのようなものになるのか、わたしにはさっぱり予想できないせいだ。首を傾げる様子を見たフェルディナンドが少し目を伏せた。

「ジルヴェスター、今夜はこの寮で金粉を作らせるが、それでも魔力が減らなければ明日にはアーレンスバッハへ戻る。これだけ魔力を減らせた今のうちに神々の御力を消し去ることができなければ、回復した魔力とそれに伴って増加する神々の御力に耐えられず、ローゼマインははるか高みに向かうことになるであろう。名を捧げた者全員を供《とも》として……」

新しくツェントになったエグランティーヌまではるか高みに向かうことを示唆《しさ》されてジルヴェスターがきつく目を閉じた。

「今のままではローゼマインがユルゲンシュミットの命運を握っているも同然ではないか。おまけに記憶まで失っただと？　どこまで重荷が付きまとうのだ」

「大丈夫ですよ、養父様。よく意識しなければ記憶がないことが認識できないので、あまり不便はありません」

わたしがジルヴェスターを慰めようとしてそう言えば、フェルディナンドは緩く首を横に振った。

「不便がなくとも不安がないわけがなかろう。さっさと魔力を枯渇させるぞ。今のままでは記憶を取り戻すこともできぬ」

フェルディナンドがそう言いながらわたしを抱き上げて部屋の出入り口を目指して歩き出す。

「できる限りの協力はする。ローゼマインを頼んだぞ、フェルディナンド」

ジルヴェスターがオルドナンツを飛ばして話し合いの終了を知らせると、扉が開いてそれぞれの側近達が入ってこようとする。

「フェルディナンド様、自分の部屋に戻るだけですから歩けます。降ろしてくださいませ」

秋の訪れを待たずに冬の到来を早めるとか、魔力で染めてほしいと言っていた意味を今更ながら理解したところなのに、こうして抱き上げるのは勘弁してほしい。

「君に歩かせたら魔力より先に体力が尽きるではないか。今夜中に魔力が減らなければ、君は回復薬を使えぬ状態でアーレンスバッハを満たす旅に出ることになるのだぞ。事の重大さを理解しているのか？　今はおとなしくしていなさい」

……おとなしくするから離れてほしいって言ってるのに！　フェルディナンド様のバカバカ！

鈍感！

金粉作りと帰還

「退室するので、其方等は一旦下がれ。邪魔だ」

入ってこようとするジルヴェスター達の側近達を押し退《の》けるようにしてフェルディナンドはわたしを抱きかかえたまま部屋を出た。部屋の外にはわたしやフェルディナンドの側近達もいて、抱きかかえられて出てきたわたしの姿に目を剥いた。

「フェルディナンド様⁉　ローゼマイン様に何か異変があったのですか⁉」

一番に駆け寄ってきたのはハルトムートだが、わたしが想像していたような破廉恥を咎めたり、からかったりするような響きは全くなく、もっと切実で切羽詰《せっぱつ》まった感じの焦りを帯びた声に思えた。コルネリウスも質問したそうな顔をしているけれど、それは決して今の状況を咎める顔ではない。

……あれ？　もしかして、この状態を妙に意識しちゃってるの、わたしだけ？

「少しでもローゼマインの体力の消耗を抑えることを念頭に置き、一人で歩き回らせないように気を付けてほしい。場合によっては、今後回復薬が使えぬ可能性がある」

「薬が全く使えないのですか？　体力を大幅に回復させるお薬も、ですか？」

ハルトムートの質問に側近達が食い入るような目でフェルディナンドを見た。

「あれは体力を回復させる効果が強いが、全く魔力が回復しないわけではないのだ。今はほんの少し魔力が回復しただけでも神々の御力が大きく膨れ上がって、ローゼマインにとっては体の負担になるようだ。私はできる限り使いたくないと思っている」

フェルディナンドは腹立たしそうに「魔力が全く回復しない回復薬を研究する時間もない」と言いながら、アンゲリカにわたしを渡す。

「ローゼマイン様は大変なことになっているようですね」

わかっているのかわかっていないのか微妙な口調でアンゲリカに慰められて、わたしは少し視線を逸らした。皆が考えている「大変」と、わたしが考えている「大変」に結構ズレがあるようだ。

……エグランティーヌ様に破廉恥なことを口走っちゃってどうしよう!?　なんて考えている場合じゃないみたい。

フェルディナンドだけでなく周囲の側近達は、わたしが誰に抱えられていても別に気にしていないようだ。あまりにも皆が普通の顔をしているので、逆に恥ずかしいと思う自分が恥ずかしくなってきた。よくよく考えれば、わたしは麗乃《うらの》時代からずっと色恋沙汰《ざた》には縁遠かったのだ。今になっていきなり色恋沙汰が起こるわけがないし、起こりもしないことで動揺する方がおかしいだろう。

……わたしなんて本と恋愛していたらいいし、中身が変わらなきゃ妖怪本スキーがまともな恋愛なんてできるわけないし、そもそもフェルディナンド様が恋愛なんてあり得ないし、変に意識するなんて自意識過剰にも程があるよ。うんうん。

前世からよく周囲に言われていた言葉を自分に言い聞かせ、わたしはゆっくり深呼吸する。エグランティーヌに対する失敗は痛かったが、わたしが気にするほど周囲はフェルディナンドとの接触を咎めていないようだ。

……あれ？　でも、ほんの少し前までは距離感を大事にって言われてたのに、なんでだろう？　非常事態だから？　いや、でも、あの頃も非常事態だったよね？

何だか不思議に思ってわたしが質問しようと顔を上げた時、フェルディナンドは側近達をぐるりと見回して口を開いた。

「本日の金粉作製で今夜中に魔力枯渇まで魔力を使うことができれば良いが、今までの消費率を考えると楽観視はできぬ。また、一晩寝れば魔力が多少とはいえ回復してしまう。どの程度ローゼマインの魔力が回復するのか調べる必要はあるが、全く回復しないということはなかろう。そのため、明日中にアーレンスバッハを魔力で満たす旅へ出発できるように準備を整えておきたい」

急すぎる予定に反論する側近はおらず、むしろ、「そこまで時間がないのか」と焦りを含んだ顔になった。

「アーレンスバッハへの同行許可を得ている側近達はこれから寮内の荷物をまとめ、アーレンスバッハへ戻って祈念式の出発準備をするように。アーレンスバッハ領内は不作だったため、料理人と食材の手配には特に配慮が必要になる。いざという時には体力を大幅に回復させる薬を使えるように、ローゼマインが使う薬の類は私が準備する。ハルトムート、其方は神官長の衣装のまま神殿へ赴き、神具を借りてくるように。貴族が祈念式を行うと言えば、文句は言われまい」

せっかくなので全ての神具を神々の御力で満たしてしまえ、とフェルディナンドが言った。祈念式で聖杯の魔力を使ってしまうので、残っている青色神官達の魔力の受け皿は問題ないらしい。

「リヒャルダ、後でアーレンスバッハの騎士達が金粉にするための素材を運んでくるはずだ。エーレンフェスト側の側仕えか文官を玄関口に待機させておいてほしい。それから、今日の儀式を行ったことでローゼマインに直接オルドナンツが飛ぶことも考えられる。他領のアウブや王族との面会依頼などは全て断ってほしい」

神々の御力を使い切る以上に緊急の用件などないので、領主会議の場で話し合えば十分だそうだ。フェルディナンドの言葉に、リヒャルダは「かしこまりました」と了承する。

「ローゼマイン、私はこれからなるべく大きさを揃えた騎獣用の魔石を虹色魔石で準備するので、君の魔力で染めて全ての石をくっつけて大きくし、今の魔力で使える騎獣を作りなさい」

「わたくしが騎獣を作るのは、あまり良くないのでは？」

「……正直なところ、記憶の観点から考えると魔石の加工などはあまり好ましくない。だが、今の魔力の回復と君の体力を考えると、背に腹は代えられぬ」

苦渋《くじゅう》の決断をしたらしいフェルディナンドには悪いが、わたしには記憶の欠如と騎獣の魔石にどのような関係があるのかわからない。自分の騎獣があった方が行動に自由が利くし、魔力も使えるのだから、フェルディナンドが良しとするならば構わない。

「……ただ、神々の御力が消えたら使えなくなるでしょう？　虹色魔石をたくさん使うのは勿体《もったい》ないと思いますよ？」

貴重な虹色魔石をいくつもくっつけて騎獣を作ったところで、魔力を染め替えたら使えなくなる。フェルディナンドならば何かの調合に使えるのかもしれないが、金粉にもなっていない神々の御力で染まった騎獣用魔石の使い道がすぐには思い浮かばない。

「勿体ないかもしれぬが、何日も続くことが予想できる旅で、君や旅慣れない側近に休める場所がないと困るではないか。ギーベの館に出入りすれば無駄に体力を消耗するので立ち入る予定はないのだ。騎士ならばまだしも、側仕えは農村の冬の館で過ごしたり、野営をしたりしたことがないであろう。少しでも安全で快適に休める場所は確保しておくべきだ」

わたしはポンと手を打った。確かにギーベの館を借りると、長ったらしい挨拶から始まって食事も共に摂らなければならない。そもそもフェルディナンドから回復薬の使用を可能な限り避けるように言われたわたしには、見知らぬ土地の見知らぬ貴族との社交を連日行える体力などない。

それに、騎士でもない普通の貴族女性に野営の経験者はいないと思う。同行する側近達のためにも巨大化できるレッサーバスは重宝するはずだ。

……レッサー君のすごさがやっとフェルディナンド様にもわかってもらえたよ！

「君は騎獣の魔石作りをした後、部屋に運び込まれる素材を次々と金粉化して少しでも魔力を消費しておきなさい。一晩寝ることでどの程度魔力が回復したか、明日の朝に尋ねるので魔力量を常に意識しておくように。それから、絶対に余計な体力を使うようなことや大きく感情を揺らすような言動は慎み、おとなしく届けられる素材を金粉にしていなさい」

わたしの命の危機はわたしに名を捧げた者全員にとっても危機である、とフェルディナンドは厳しい顔で何度も念を押した。ゴクリと息を呑む音が周囲から聞こえてくる。命の重みがずっしりと圧《お》し掛かってくる。

「離宮の貴族達はこれから順次アーレンスバッハへ帰していく。其方等も準備が整い次第、離宮へ移動するように。リヒャルダ、ローゼマインを頼む」

「かしこまりました」

指示を出すだけ出すと、フェルディナンドはユストクスとエックハルトを連れて早足に去っていく。その様子を見送るでもなく、ハルトムートが踵を返して階段を上がり始めた。

「我々も準備を急ぎましょう」


アーレンスバッハへ一足先に戻る側近達が多く、皆が忙《せわ》しなさそうに室内をバタバタと動き回る中、シャルロッテとその側近達がエーレンフェストの採集場所で騎士達が採集してきた素材を運び込んできた。

「神々の御力の影響が体の負担になるため、少しでも早くその影響を消し去らなければならないとお母様から簡単な事情説明を受けました。こちらの素材があれば、少しは負担が減るでしょうか？今はお姉様のためにカルステッドが採集場所へ騎士を率いていきましたよ」

シャルロッテは自分の側近に素材の入った袋を運ばせながら、忙しなく立ち働く側近達の動きに目を留めた。来客を迎えるよりも出発準備を優先している側近が多い部屋の様子を見回し、わたしはリヒャルダに視線を向ける。素材を運び込んでくるのは文官や側仕えだと思っていたので、シャルロッテを迎える準備は全くしていなかったのだ。

「リヒャルダ……」

「このような有様ですから、シャルロッテ様の入室はご遠慮いただきたいと申し上げたのですけれど、どうしても姫様にお話をしたいと押し切られたのでございます」

リヒャルダにそう言われ、わたしはシャルロッテに視線を移す。断られたのに無理を言うなんて何があったのだろうか。シャルロッテは困ったように眉尻を下げた。

「リヒャルダに無理を言ったのですけれど、わたくしがお話しする前から出発の準備が始まっているのですね。少し安心いたしました。お母様から説明を受けた時に、お姉様はできるだけ早く貴族院を離れた方が良いと思ったので、それを進言するために来たのです」

シャルロッテは安心したと言いながらも、気遣わしそうに藍色《あいいろ》の瞳を揺らしてわたしを見つめる。何かわたしが気付いていないことに気付いているように思えてならない。

「ねぇ、シャルロッテ。できるだけ早く、とはどういうことでしょう?」

「お姉様がお言葉や行動で示してくださったではありませんか。神事を行えば光の柱が立つ貴族院はユルゲンシュミットで神々に最も近い場所だと……。その分、神々の影響が大きい可能性が高いと思われます。神々の影響を抑えるならば少しでも早く離れた方がお姉様のお体には負担が少なくなるのではないでしょうか」

シャルロッテの説明にわたしは目を瞬いた。言われてみればその通りだ。わかっていたけれど、わかっていなかった。わたしはできるだけ早く貴族院を離れた方が良い。

「叔父《おじ》様が準備を整えてくださっているならば安心です。お姉様は他者の命をとても大事にするのに、ご自分の命を軽んじるところがございますから」

「……そのようなことはありませんよ。わたくしはこれから図書館都市を造って、本に囲まれて過ごすのですから」

少し答えを躊躇ってしまったのは、「女神の図書館へ行けるんだったら死ぬのも怖くない」と考えたことがあるからだ。出入りを禁止されてしまったので、今はメスティオノーラからお許しが出るまで死ねないと思っている。

だが、シャルロッテはわたしの一瞬の沈黙に気付いて眉を寄せた。わたしに向かって伸ばしかけた手を押さえるように自分の胸の前で組み、何か言いたそうに一度開いた口を閉ざす。

「シャルロッテ？」

「お姉様の図書館都市へわたくしも遊びに行きたいと思っています。ですから、必ず神々の御力を消してくださいませ。……わたくしはこれで失礼しますね」

側近達の邪魔になるから、とシャルロッテはすぐに退室していく。もう少し話をしたかったが、今はゆっくりともてなす余裕もないのだ。仕方がない。

持ち込まれた袋の中に手を突っ込んで、わたしは中の素材を次々と金粉にし始めた。袋をぐりぐり掻き回して、固形物がなくなったら次の袋に手を突っ込む感じだ。神々の御力がなくても金粉にするのは苦労しなかったくらいなので、神々の御力がある今はいくら金粉を作っても魔力を使っている気がしない。

……うーん、エーレンフェストと自分の図書館都市のためだから金粉作りは頑張るけど、いつまで経っても魔力は減らなそう。

エーレンフェストの素材を金粉にしているうちにアーレンスバッハの騎士からも素材が届けられた。わたしは文官や側仕えが自室に運び込んでくる素材を次々と金粉にしていく。

夕食の時にはフェルディナンドから革の袋にいっぱいの虹色魔石が届けられた。わたしは夕食後それに魔力を注いで染めると、「まるまれ。くっつけ」と念じながら騎獣用の魔石を作製していく。

神々の御力のせいだろう。いつもの見慣れた淡い黄色のような色合いではなく、虹色のレッサー君ができあがった。

……おおぅ、あまり望んでいない方向にレッサー君が進化したよ。虹色って微妙過ぎる。

だが、大量の虹色魔石を扱ったことで少し魔力が減った気がする。ちょっと嬉しくなって、わたしは就寝《しゅうしん》時間までせっせと金粉作りをしていた。


次の日、朝食を終えると、わたしは神殿長の儀式服に着替えさせられて多目的ホールへ運び込まれた。そこでギリギリまで金粉作りをしながらフェルディナンドがやって来るのを待つ。

「ローゼマイン、一晩でどの程度の魔力が回復した？」

「それが……虹色魔石で騎獣を作った分と金粉作製に使った分は完全に回復してしまいました」

騎獣作製で魔力枯渇まで一歩進んだのに、寝て起きたら二歩下がっていたくらいの気分なのだ。

寝る前の方が体調は良かったと唇を尖らせると、できあがっている金粉の量を見ていたフェルディナンドがこめかみを押さえた。

「一晩寝るだけでそこまで回復するのか。神々の御力による苦痛や影響などは？」

「やはり魔力が回復した分だけ大変になりますね。けれど、今は魔力自体が四分の一くらいですからまだ大丈夫です」

立っていられないとか、呻く以外に何もできないような苦痛はない。精々ちょっと発熱して頭がぼうっとするとか、体が少し重いような感じがするだけだ。わたしの発言にフェルディナンドは表情を険しくした。

「回復薬を飲んでいないのにそれだけ回復したのか。……本当に時間はなさそうだな」

そう言いながらフェルディナンドがわたしの護衛騎士に視線を向ける。この寮にいる護衛騎士はダームエルとユーディットだけだ。二人以外はすでにアーレンスバッハで準備している。

「ローゼマインは我々が連れていく。其方等は領主会議後にローゼマインの関係者が速やかにエーレンフェストから新しい領地へ移動できるように尽力せよ」

「はっ！」

フェルディナンドは当たり前の顔でわたしを抱き上げて歩き出す。寮を出たところにはアーレンスバッハの騎士達だけではなく、他領の貴族達もいた。わたしの姿を見て、貴族達が道を塞《ふさ》ぐようにしてザッと跪く。

「女神の化身よ。どうかアーレンスバッハだけではなく、我等の領地にも英知と祝福をお恵みくださいい」

見せかけの祝福さえ躊躇ってしまう状況で、一体どのように返事をすれば良いのかわからなくて、わたしはフェルディナンドの服をつかんだ。フェルディナンドは厳しい表情で首を横に振った。

「今回の騒動の原因であるアーレンスバッハより先に政変の負け組を救済してほしいという訴えだ。新しいツェントより女神の化身の方が有力だと考えて取り入ろうとしている者達なので、神々の御力が消えればすぐに手のひらを返すであろう。無視して構わぬ」

フェルディナンドが小声で現状を教えてくれ、アーレンスバッハの騎士達に目配せする。

「政変のいざこざは王族が何とかすることだ。女神の化身が思い煩《わずら》うことではない。我々は急がねばならぬ。下がれ」

フェルディナンドの言葉に、アーレンスバッハの騎士達が「道を塞ぐのではない。ローゼマイン様が通れぬ」と他領の貴族達を押し退けて道を作り始めた。彼等にしても、女神の化身が自領に赴くかどうかで今後の立場が変わるので必死だ。

中央棟の転移扉が並ぶ廊下をフェルディナンドが早足で歩き、王族の離宮に繋がる扉より更に奥にある扉に手をかけた。アダルジーザの離宮には二つの建物があり、片方が女性と洗礼式前の子供のいる本館、もう片方が洗礼式を終えた傍系《ぼうけい》王族の住む離れだ。アーレンスバッハにあるランツェナーヴェの館と繋がる転移陣があるのは傍系王族の離れなので、フェルディナンドはそちらへ向かう。離宮の中も、ただ通り抜けるだけだ。足を止めようともせずにずんずん進んでいく。

「ここにいた騎士達のほとんどはもうアーレンスバッハへ戻ったのですか？　離宮の中がガランと

していて人の気配がないのですけれど」

「そうだ。転移陣が使用できるようになり、捕虜の引き渡しや継承式が終われば貴族院に用はない。何よりこの離宮は領主会議後に新しいツェントの住まいになる。早々に引き上げた方がよかろう」

「そうですね。側仕えを入れて清掃させますか？」

「改めて行う必要はない。それより、新しいツェントの住居に今後アーレンスバッハの者が出入りできないように封鎖《ふうさ》する方が重要だ」

長い廊下を歩いた後、騎士達がバタバタと動き回る音がして、扉の開けられる音が続いた。銀色の布を被っていて、ただでさえ狭い視界が急に暗くなった。窓がない、転移陣のある部屋に到着したようだ。

「先に我々が行く」

転移陣に乗れるのは三人までだ。わたし、フェルディナンド、エックハルトの三人で転移すると、その先ではわたしの側近達が待ち構えていた。フェルディナンドはわたしをアンゲリカに押し付けるようにして渡すと、すぐに身を翻して転移陣を光らせ、再び離宮へ戻っていく。

「フェルディナンド様が最終確認をして完全に離宮とこの館を閉ざすのだそうです。何かの間違いで離宮からこちらへ侵入されると困りますから」

レオノーレがそう教えてくれた。わたしは「アーレンスバッハの者達が出入りできないように」と聞いていたが、アーレンスバッハ側には「他領の者の侵入を防ぐため」という名目で閉ざすことになっているらしい。

「出発準備は整っています、ローゼマイン様。先に城へ戻るように命じられているので、騎獣で向かいましょう。少しでも魔力を消費した方が良いならば、ローゼマイン様も騎獣を使われますか？　新しい騎獣を神々の御力で作られたと聞いています」

　わくわくとした様子を全く隠せていないハルトムートに問われ、わたしはコクリと頷いた。アンゲリカに降ろしてもらい、側近達に虹色レッサー君をお披露目する。

「造形は今までと変わらないのですけれど、色が虹色になって、ちょっと可愛らしさがなくなってしまったのです」

　しょんぼりへにょんという気分で、わたしが一人乗りサイズにした虹色レッサー君に乗り込むと、「そんなことはありませんよ」と皆が慰めてくれる。

　……うぅ……。皆、優しい。

「可愛らしくはありませんが、非常に神々しいです。女神の化身に相応しい乗り物だと思います」

「えぇ。このような全属性に輝く騎獣は初めて見ました！　素晴らしいです」

　慰めてくれるなんて優しいと思っていたが、どうやら本気で皆は虹色の騎獣を神々しいと思っているようだ。わたしとしては前の薄い黄色の方が絶対に可愛いと思うのだが、グリュンのようだとドン引きしていた皆が今は全属性の輝きに歓喜している。

　……ごめん。わたし、こっちの感覚はやっぱり理解できないみたい。

　女神の化身らしい色合いだと称賛されながら騎獣で城へ戻った。虹色を微妙だと思うのはわたしだけらしい。城にいるアーレンスバッハの貴族達も全属性の輝きに目を見張っているし、出迎えてくれたレティーツィアやその側近も目を輝かせている。

「とても美しい騎獣だと思います、ローゼマイン様」

「新しいアウブの騎獣からは全ての神々からの御力を感じます。なんと尊い……」

……形は一緒なのに！　美しいって！

どうにも納得できないわたしに、騎獣を片付けたハルトムートが声をかける。

「ローゼマイン様、騎獣を片付けて、こちらへお座りくださいませ」

アーレンスバッハの城には騎獣で乗りつけられる大きなバルコニーがあり、そこから入ると海の見えるホールがある。客人が望めばここで昼食を摂ることもあるそうだ。今はホールの半分くらいに荷物がたくさん積み上げられている。おそらく側近達の荷物だろう。一角にわたしが休息を取るためのテーブルがある。そのテーブルに神具が次々と並べられていく。

「アーレンスバッハの神殿から持ってまいりました。こちらの神具へ魔力を込めてください。それから、こちらの聖杯を魔力消費に使えるのかどうか試しておくように、と言われています」

わたしは並んでいる神具に魔力をどんどん込めていく。何人もの青色神官達が長時間かけて魔力を満たす神具だが、結構すぐに魔力が満ちた。わたしの体内の魔力は少し減ったが、それでも枯渇には程遠い。期待していたほど減らなくてわたしはがっかりしたが、周囲で見ていた貴族達は大喜びだ。

「まぁ、神具はこれほど簡単に魔力が満ちるものではございませんよね？」

「なんと豊富な魔力でしょう」

魔力の満ちた聖杯をつかんで傾けると虹色の液体が流れてきた。水の女神に祈る祝詞を唱えなければ自分の魔力の色がそのまま流れてくるようだ。祈念式で緑の液体が流れてくるのを見ていたので、聖杯から虹色の液体が出てくると妙な気分になる。

「ローゼマイン様、魔力の様子はいかがですか？」

わたしの様子を注意深く見ているハルトムートの声に、わたしは体内の魔力に集中する。

「祝詞を唱えていないからでしょうね。神々の御力が増すことも暴れることもありません」

「では、ローゼマイン様の魔力を神具に直接流す分には問題ないようですね」

それはよかった、と安堵の表情を見せるハルトムートに、わたしは聖杯から零れ出した虹色の液体を指差す。

「祈念式の時は祝詞でフリュートレーネの貴色の液体になるでしょう？　この虹色の液体でも土地が満たせるかしら？」

「試してみましょう」

ハルトムートが聖杯を手に取って、無造作に城の庭へ撒《ま》き散らした。わたしは勝手に動かないように言われているので椅子に座ったままだが、貴族達は庭の様子を見下ろして感嘆の声を上げる。

「見てくださいませ。花が開きましたよ」

「少し緑が濃くなっているのでは？」

聖杯から零れた虹色の液体に周囲の貴族達が「さすが女神の化身だ」と驚きと称賛の声を上げて

いる。何だかその称賛が少し耳障《みみざわ》りに思えてきた。わたしは早くこの御力を消したいのだ。神々の御力を詰め込まれただけで、わたし自身は別にすごくも素晴らしくもない。神々の御力が消えたら元に戻ることを、一体どれだけの人が理解しているのだろうか。

……神々の御力が消えても、この人達はわたしをここのアウブとして認めてくれるのかな？

そんな不安の方がじわりと胸に広がってきた。早く消したいのに、何だか神々の御力を手放すのが少し怖くなってくる。このまま神々の御力を抱えたままいる方が周囲の者達にとっては良いのではないかとさえ感じた。

「ローゼマイン様がこの御力でアーレンスバッハの全てを浄化し、満たしてくださるのですね」

感極まって喜びの表情を見せている貴族達を見回して、ハルトムートがフッと冷たく笑った。

「貴方達は何か勘違いしているのではありませんか？　ローゼマイン様は貴方達のために罪に塗《まみ》れたアーレンスバッハを清め、満たすのではありません。図書館都市を造るために相応しくない土地を整えるだけです」

「今のままでは、とてもローゼマイン様のお住まいには相応しくありませんもの。貴方達はアーレンスバッハの貴族だと主張して罪人になるか、ローゼマイン様を崇《あが》めて新たな領地の臣民となるか、どちらかの道しか残されていないことを自覚するべきでしょう。少し教育が行き届いていないかもしれませんね」

クラリッサが当然の顔でハルトムートの主張に大きく頷いた。わたしが感じていた不安は消えたけれど、わたしの図書館都市がそんな狂信者っぽい人ばかりいる領地になるのも正直嫌だ。領民は本好きであってほしいけれど、もっと普通でいい。

「ハルトムート、クラリッサ……」

「ローゼマイン様、実は新しいツェントから文書が届いているのです。領主会議の場で発表するために、新しい領地の名前、色、紋章に希望があれば伝えてほしい、と。フェルディナンド様は祈念式の後で決めれば良いとおっしゃいましたが、これからアーレンスバッハは消え、図書館都市になるのだと皆に自覚を持たせるためにも、早く新領地の名を決めませんか？　図書館都市に相応しい希望の名前がございますか？」

そう問われて、わたしは少し考える。

新しい領地の名前。本がいっぱいの図書館都市に相応しい名前。

考えるだけで何だかわくわくしてきた。アーレンスバッハの貴族達が何と言っても、わたしはここで自分のための図書館都市を造るのだという気分がもこもこと芽吹いてくる。芽吹きの女神ブルーアンファに祈りを捧げかけて、思い止まった。

……祈っちゃダメだ。我慢、我慢。

それでも名前を考えたり、紋章を考えたりするだけで図書館都市に一歩近付いたような気分になる。頭の中には貴族院の講義中に提出した都市計画が展開中だ。

……薬草園を併設する図書館があった古代都市アレキサンドリアと、印刷が発達した後で書店数が世界一位になるくらいに本が集まる交易都市になったベネツィアのどっちがいいかな？　それとも、世界一の図書館の名前を取る？　あぁぁ、悩む。

わたしが楽しく悩んでいると、フェルディナンド達が騎獣で戻ってきた。

「待たせた。すぐ祈念式に出発するぞ」

「フェルディナンド様はアレキサンドリアとベネツィアのどちらが新しい領地の名前に相応しいと思いますか？」

うきうきとした気分で尋ねたらフェルディナンドにものすごく冷たい目で見られた。

「この緊急時にそれは今すぐ必要なことか？」

「緊急時こそ楽しいことを考えれば前向きな気分になれると思ったのですけれど、確かに今すぐに必要ではありませんし、フェルディナンド様を煩わせるような話題ではありませんでしたね。神様にでも尋ねて、わたくしの独断で決めましょう」

……ど・ち・ら・に・し・よ・う・か・な。か・み・さ・ま・の・い・う・と・お・り……。

右がアレキサンドリア、左がベネツィアと脳内で想定して指を動かしていると、フェルディナンドにガシッと手をつかまれた。

「待ちなさい。今は神々に祈るのではない。君は一体何を考えているのだ？　前向きになるのは悪くないが、君の名付けには注意が必要だ。耳慣れない響きを提案することが多い。その名前を選択肢に挙げた由来や思い入れを聞いた上で判断すべきではないか？」

フェルディナンドの言葉にわたしの側近達が何度か頷いた。

「そうですね。領地の名前はとても大事ですから、ローゼマイン様の独断ではなく、皆からも意見を募《つの》ってじっくりと吟味した方がよろしいでしょう」

「領地の名前はローゼマイン様だけではなく、代々アウブが使うことになりますから」

図書館の魔術具に「ケンサク」と「オパック」の名前候補を挙げたら却下されて、いつの間にか「アドレット」になっていた時と同じような雰囲気だ。

……ん？　もしかして、またそれとなく却下されちゃう？

図書館の魔術具の名前ならば、また作れば自分の付けたい名前を付けられるので構わないが、図書館都市の名前を付けられるのは一度だけだ。この命名権を譲る気はない。

「アレキサンドリアというのは……」

「緊急時だと言ったであろう。夜には話をする時間が取れるので、夜にしなさい。君の図書館都市計画についても話をしたいと思っていたところだ。設計図がなければエントヴィッケルンもできぬからな。新しい領地の名前を決めるのはその時でよかろう。それよりも、なるべく荒れ地から癒していきたいので転移陣を使って移動するぞ」

フェルディナンドにパタパタと手を振って流されてしまったが、夜に話ができるならば構わない。わたしは「グルトリスハイト」と唱えてメスティオノーラの書を出し、コピペで転移陣を出した。あっという間にホールに転移陣が完成する。

おぉ、と感嘆の声が上がる中、すぐ近くまで近寄ってきたフェルディナンドがぼそりと尋ねた。

「神具を使って大丈夫なのか？」

「……ちょっと迂闊《うかつ》でしたが、転移させるために魔力を使えば多分大丈夫だと思います」

「この馬鹿者」

転移陣に荷物が次々と運び込まれ、祈念式に同行する者達が乗り込む。わたしとフェルディナンドの側近達に加えて専属料理人や食材なども移動させるので結構人数が多い。

転移陣を準備して魔力を注ぎ込むのはわたしだが、転移陣を作動させるのはアーレンスバッハの礎にアウブ認定されているフェルディナンドだ。フェルディナンドはやや大きめの魔石を手にしてシュタープを出した。元のわたしの魔力がフェルディナンドに染められていることを知らない者達に、魔石を使ってアウブの代行をしていると見せかけるためである。

「ネンリュッセル　ビンデバルト」

転移で予想していた以上に魔力が減った。残っている魔力量から考えると微々たる量だけれど。

魔力散布祈念式

「人の気配がなくてガランとしていますね」

以前ビンデバルトへやって来た時は「んまぁ！」の大合唱や、宴会とディッターで盛り上がるダンケルフェルガーの騎士達の姿があったが、今は荒れて緑が少ない土地しか見えない。

「館を完全に封鎖して、下働きの者達も近隣の町へ移動させたからな。君が新しいギーべを任命するまではこのままだ」

領主会議で正式にわたしがアウブになるまでは新しいギーべを任命できないので、ビンデバルトの館は閉ざされたままだ。正確には、任命できるけれど新しいツェントを蔑ろにしているように見えるため、しない方が無難だそうだ。

「早く任命しなければ、この土地で暮らす平民も大変でしょう」

祈念式や収穫祭を行い、徴税《ちょうぜい》する貴族がいなければ平民達は税を納められない。まとめてくれる貴族がいなくても、税金を払っていなかったら罰を受けるのは平民になるのだ。

「できるだけ早く任命できるよう領主会議までに何人か候補を見繕っておくので、君の騎獣を出して側仕えや料理人が動けるようにしなさい」

「はい」

わたしは虹色レッサー君を出し、キャンピングカーのような内装をイメージしながらどんどんと大きくしていく。わたしだけが寝られる場所ではなく、皆が寝られるようにするのだ。

「どうですか？　これで皆が安全に寝られます」

二階建てバスのような大きさになったレッサー君を見せると、フェルディナンドはこめかみをトントンと叩きながら更に要求を重ねてくる。男女で階を分けられるようにしなさいとか、下働きの者が休む場所は別に作れとか、狭すぎるとか、天井が低すぎるとか、キャンピングカーに求められる以上の広さが求められ、最終的に二階建ての家のような代物になってしまった。

「フェルディナンド様。もうレッサー君が『車』に見えないのですけれど……」

騎獣とは一体何なのか、わたしが問いたくなったところでフェルディナンドは「相変わらず君の騎獣は非常識の塊《かたまり》だが、これでよかろう」と満足そうに何度か頷いた。

……フェルディナンド様にだけは非常識だと言われたくないですよっ！　ふんぬぅ！

「ここの井戸を使って構わないので、食事や寝床の準備をするように。ローゼマインと私は護衛騎士を連れて土地を癒してくる」

騎獣が消えないようにするための魔石を置いて、側仕えや料理人達を残し、わたしは聖杯を抱えてフェルディナンドの騎獣に同乗させてもらう。ビンデバルトの夏の館を中心に、午前中は北東を癒し、午後は南へ向かうのだそうだ。

「では、早速農村へ行きましょう」

空へ駆け上がった白いライオンの上でわたしがフェルディナンドにそう言うと、フェルディナンドは首を横に振りながら農村の上空を通り過ぎていく。

「いや。先に人里から離れた場所へ魔力を注ぐ予定だ」

「どうしてですか？　祈念式なのですから農村へ行けば良いのではありませんか？」

収穫量を増やすためには農村へ向かうのが一番だ。これだけ魔力が薄くなっている土地なのだから、農村を優先しなければならないと思う。

「駄目だ。これだけ領地内の魔力が枯れた状態で農村だけに魔力を注ぐと、魔獣が農村へ押し寄せる確率が高い。先に魔獣が多く生息する辺りに魔力を流した上で農村に魔力を配らなければ農民が襲われる」

領地の魔力が乏《とぼ》しくて魔力に飢えているのは魔獣も同じで、魔獣が魔力豊富になった農村を襲うことがないように山や森を癒しておく必要があるそうだ。

「では、山や森まで早く移動しなければなりませんね。聖杯から魔力が零れ始めました」

わたしが抱えている聖杯から虹色の液体が溢れ始めたのを見て、フェルディナンドの騎獣がグッとスピードを上げた。

聖杯から流れ出す虹色の液体が降り注ぐと、土地の色が黒みを帯びたり、突然緑の部分が増えたりして、景色が本来の色を取り戻したように鮮やかになっていくのが目に見えてわかる。

わたしの本来の魔力ではお祈りをしなければこんなふうに土地自体を癒すことはできない。せいぜい魔力目当ての魔獣や魔木が巨大化するくらいだ。

……神々の御力って本当にすごいな。

しかし、わたしが感嘆しながら山や森の様子を見下ろしていられたのはそれほど長い時間のことではなかった。すぐに腕がプルプルしてきた。

「フェルディナンド様、大変です。聖杯を抱えている腕が疲れてきたのですけれど……」

「四の鐘までもう少しの間我慢しなさい」

「できる限り我慢はしますけれど、聖杯を落としそうです」

神具の聖杯は結構大きい。八十センチほどの高さがあり、ワイングラスのような形をしている。

神具を自分の魔力で染めると、重さをほとんど感じないので重くはないけれど、これをずっと抱えているのは大変である。

フェルディナンドに聖杯を抱えるのも手伝ってもらって四の鐘が鳴るまで頑張ったけれど、正直なところ、「もう無理！」と声を大にして言いたい。手がプルプルしている。ただでさえない握力がなくなっている気がする。魔力はちょっとずつ減っているし、土地は癒されているけれど、散布方法は考え直さなければならない。

昼食のためにレッサーバスへ戻ると、わたし達より先に戻ったハルトムートが留守番をしていた側仕え達に滔々《とうとう》と語っている姿が見えた。

「女神降臨と言われても納得できるほど非常に神秘的で美しい光景でした。神々の御力を得て光り輝く女神の化身が、そのたおやかな手の内にある聖杯から全属性の輝きを注げば、ゲドゥルリーヒは癒されて潤《うるお》い、ブルーアンファの訪れと共に若葉が次々と芽生え、アーンヴァックスの導きにより葉は青さを増して……」

「ハルトムート、それは今すぐに伺わなければならないことでしょうか？　今でなくてもよろしいのでしたら、ローゼマイン様がお休みになった後で聞かせてくださいませ」

「主の活躍ですから非常に気になるお話ですけれど、わたくし、ローゼマイン様の給仕を優先しなければなりませんから失礼いたしますね」

リーゼレータやグレーティアは慣れた調子でハルトムートの賛美を聞き流し、軽くあしらいながら自分の仕事を優先している。けれど、フェルディナンドの側仕えのゼルギウスは、目を白黒させつつ頑張って相槌《あいづち》を打っていた。

「フェルディナンド様、ゼルギウスを助けてあげなくても良いのですか？」

「ユストクスが向かった。問題ない」

ところが、ゼルギウスのところへ向かったユストクスは彼の手からフェルディナンドに給仕する予定だったお皿などを取ると、こちらへ歩いてくる。

「……あれは助けたと言わずに、生贄《いけにえ》にしたというのですよ」

「側仕えにとって最優先すべきは主の世話だ。問題ない」

……頑張って、ゼルギウス。

心の中で応援を送って、わたしはリーゼレータが並べてくれるお皿へ視線を向ける。ふわりと温かそうな湯気が出ているお皿を見ていると、リーゼレータが少し体を傾けてわたしの顔を覗き込んできた。

「ローゼマイン様、何だかお疲れの顔になっていらっしゃいませんか？」

「聖杯を抱えているのも結構大変なのです。午後からは紐か何かでお腹《なか》の辺りに括りつけておいて、わたくしは手を添えておくだけにした方が良いかもしれません」

「紐でお腹に……ですか？」

少し想像するようにリーゼレータが視線を上に向けた後、微妙な表情になってフェルディナンドを見た。わたしは何やら考え込んでいるフェルディナンドに訴える。

「たとえ女神の化身らしくないと言われても、自分で優雅に抱えているなんて無理なのですよ」

「それは午前中に理解している。だが、魔力の減り具合はどうだ？　腹に括りつけるような美しくない行動をする価値があるのか？」

図書館都市の名付けが後回しにされるような非常時に美しさなんてどうでも良いと思うのはわた

しだけだろうか。

「魔力の減り方はイイ感じですよ。この調子で一日魔力を撒いていたら、一晩寝て回復する分を考えても……五日くらいで枯渇すると思います」

「五日か……。午前中で疲れを感じている君の体力が全く考慮に入っていないようだが？」

「わたくしの体力を考慮するのはフェルディナンド様の役目ではありませんか」

そんなに苛立たしそうに睨まれても困る。このやり方が最も効率的だと主治医であるフェルディナンドが判断したから、わたしはそれに従っただけなのだ。

「……つまり、もっと効率の良い方法が必要だということか」

フェルディナンドは考え込みながら昼食を摂っていたが、結局午後からはお腹に聖杯を括りつけて同じように魔力を撒き散らすことになった。


「疲れました……」

午後からビンデバルト全域と南にあるカンナヴィッツを満たしたわたしは、レッサーバスに戻る頃には騎獣の上でかなりぐったりしていた。自分で背筋を伸ばして座っていられず、フェルディナンドに体を支えられている状態だ。

「カンナヴィッツではしゃいで無駄に体力を消耗した君が悪い」

「仕方がないではありませんか。ビンデバルトにはなかった海がカンナヴィッツには広がっていたのですもの」

「海くらいはアーレンスバッハに来てから何度も見たではないか」

「お城から景色としての海は何度か見ましたよ。でも、神々の御力によってカンナヴィッツの暗く濁った色合いの海が青く透き通っていき、最終的には魚がキラキラと光りながら跳ねるようになる光景は全く別ではありませんか」

漁に出ていた漁師達がどんどんと変わっていく海に歓声を上げながら舟から手を振ってくれた。わたしはそんな彼等に手を振り返したり、サービスでちょっと多めに魔力を注いだりしていたので、非常に疲れたのだ。余計な体力を使ったと言われれば反論の余地はないが、お魚パラダイスができあがる瞬間に少し興奮するくらいは仕方がないと思う。

虹色レッサー君にたどり着いたら夕食だ。同行した側近達がフーゴとエラにお魚を渡しているのが見える。お土産は必須なので漁師達から買ってきたのだ。食材の保存に使われている時を止める魔術具の中に入れて、道中でゆっくりと食べたいものである。

「ローゼマイン様はこちらへどうぞ。フェルディナンド様はこちらへ」

領主一族であるわたしとフェルディナンドが先に夕食を摂る。食後の護衛をする騎士の一部が別室で摂るが、それ以外の側近達は給仕や護衛をしながら下げ渡しを待つ。わたしはできる限り早く側近達が食事を摂れるように頑張った。

食後はお茶を飲みながら側近達が食事を終えるのをのんびりと待つ。その間の護衛騎士は先に食事を終えたエックハルトとラウレンツだ。側仕え達はわたしにお茶を淹れると食事をするために下がっていった。

わたしはレッサーバスの中にあるソファに座ってお茶を飲む。隣に座っているフェルディナンドがお茶を飲むのを待って、話しかけた。

「さぁ、フェルディナンド様。図書館都市の計画についてお話をしましょう」

「君は先程疲れたと言っていなかったか？　今日はもう興奮しそうな話題は避けた方がよかろう」

「エラが急いで作って加えてくれた魚の塩焼きがあったので、元気が回復したのです。それに、夜になったらお話をするとおっしゃったではありませんか。わたくし、図書館都市についてお話をするのを楽しみにしていたのですよ」

フェルディナンドはわたしの額や手首に触れて診察をした後、仕方がなさそうに座り直して盗聴防止の魔術具を出した。

「候補はアレキサンドリアとベネツィアだったか？　君の命名にしては比較的まともな響きだが、由来は？　夢の世界が関係あるのであろう？」

「まともな響きとはずいぶんと失敬な物言いではありませんか」

「自分の名前でさえ碌な候補を挙げられなかった君が何を言うのだ？」

フンと笑われて、わたしはつーんと顔を逸らした。貴族になるためマインから改名する時、強くなって新登場というイメージで名前の候補を挙げて「残念すぎるにも程がある」とフェルディナンドに言われたことを思い出す。けれど、その前後や細かい部分があまり思い出せない。

……何かあったような気がするんだけど……。そもそもなんで貴族になったんだっけ？

デリア、ディルク、ビンデバルト伯爵、前神殿長の顔が浮かぶ。誰かに庇《かば》われた記憶があるのに、誰に庇われたのかわからなくて歯痒い気分になる。

……神殿へ行くことになったのはどうしてだっけ？　そうそう。聖典を読んだり、神殿図書室へ入ったりするためだったね。

神殿へ行く前のことを思い出そうとしても、穴だらけでよく思い出せない。麗乃時代と違って本がない生活の中で、必死に本を求めていたことしか思い出せない。

「ローゼマイン？」

フェルディナンドの声にハッとした。消えている記憶に関しては後回しだ。神々の御力に翻弄《ほんろう》されている今は、不安になることを考えない方が良い。

「あ、由来でしたね。アレキサンドリアは巨大図書館に薬草園を併設していた古代都市の名前です。世界中から本を集める図書館都市でした。ベネツィアはグーテンベルクによる印刷が始まった後、世界一本屋が多かった交易都市の名前です。わたくし、ベネツィアのように本がたくさんあって、交易によって本がたくさん集まる街にしたいのです」

わたしの説明を聞いていたフェルディナンドが少し考え込んだ後、言い難《にく》そうに口を開いた。

「ベネツィアは止めた方がよかろう。ランツェナーヴェの言葉に響きが似ている。神々の世界から取ったことにしても、あまり良くない勘繰《かんぐ》りをされそうだ」

「ランツェナーヴェを連想させる響きが良くないことはわかりました。では、アレキサンドリアならば構いませんか？」

「アレキサンドリア、か。どちらかというとエーレンフェストとの繋がりがわかるような名が良いエーレンフェストの領主一族が礎を得たとわかるような名を付けた方が良いとフェルディナンドに言われて、一瞬だけ「エーレンドリア」が思い浮かんだ。何だか食べ物の名前っぽく感じて急いで打ち消す。

……組み合わせたらダメだ！

「アレキサンドリアが良いと思います。グーテンベルク達の印刷による本作りとフェルディナンド様の研究所とわたくしの図書館を内包する図書館都市にはぴったりだと思うのです。アレキサンドリアの薬草園には大量の標本とか、研究資料がありましたし、図書館も大きくて旅人が……」

わたしが必死に言い募っていると、フェルディナンドは少し呆れた顔になった。

「私に意見を求めている割に、全く譲る気がないであろう？　まぁ、君が手に入れた領地だ。よほど不都合のある名前でなければ構わぬ」

「ありがとう存じます。では、このままアレキサンドリアの計画を立てましょう」

わたしが喜んでいると、フェルディナンドが少しばかり複雑な顔になった。

「それにしても、今の君はずいぶんと夢の世界への執着が色濃く思えるが……」

「うーん、多分記憶が繋がっていないせいでしょうね。商人に片足を突っ込んでいた時や神殿で過ごしていた時のことがちらほらと飛び飛びに思い浮かぶだけで平民時代のことがほとんど思い出せません。昔のことを思い出そうとしたら、読書が何よりも大事だった麗乃時代に記憶が飛んでしまうので、どうしてもあちらの印象が濃くなるみたいです」

今のわたしにはマインの頃の記憶がかなり足りない。逆にローゼマインになった後に関しては、ほとんど違和感を覚えない。読書より大事な記憶を断たれたというフェルディナンドの言葉を信じるならば、わたしはマイン時代に大事なものをたくさん得ていたことになる。髪飾り職人や染色職人の記憶が消えているだろうとフェルディナンドは言っていたけれど、彼女達はわたしにとってどういう存在だったのだろうか。

「……日常生活に不都合はないのですけれどね」

「いや、君にとって根幹《こんかん》となる存在の記憶を取り払われたせいであろう。私が知っている君の言動と差異を感じることが何度もあった。不都合は起こり得る」

どういうところが違うのですか？　とは何となく質問できなかった。フェルディナンドの口からどちらかの自分を否定されるような言葉を聞きたくないと思ってしまったからだ。わたしはニコリと微笑んで話題を変える。

「記憶を取り戻すにも神々の御力を消さなければならないのですよね？　だったら、今考えてもどうにもなりません。それより領地の色はどうしましょう？　昔は国境門の貴色に合わせていたのですよね？　でしたら、アレキサンドリアは黒に近い色合いが良いと思うのですけれど」

完全な黒はまだ王族の印象が強いから、周囲の貴族達の反応を考えると黒は避けた方がいいかもしれない。わたしがそう言うと、フェルディナンドはわたしの様子をじっと観察しながら口を動かした。

「こちらの色を昔のように国境門に合わせるならば、中央も貴族院への移動に伴い、白のマントに変えるように進言した方がよかろう。ツェントは本来白をまとっていたからな」

「本来の由来を公表すれば、わたくし達も白をまとうことになりますよ」

メスティオノーラの書を賜ったツェント候補がメスティオノーラと間違われてエーヴィリーベに襲われないように白をまとっていた。昔のツェントやアウブの色が白だったのだ。それが神殿長服の始まりである。

「完全に本来の由来に合わせれば、白をまとえるのは君だけだ。エグランティーヌ様が得たのはメスティオノーラの書ではないし、私は所持していないことになっている」

「中央を白にすれば十分ですね」

ユルゲンシュミットの中でわたしだけ白だなんて、仲間外れっぽくて嫌だ。わたしは周囲の皆に埋没《まいぼつ》して読書をして過ごしたいのだ。

「黒に近い色を望むならば、アレキサンドリアの色は君の髪の色で良いのではないか？　闇の神からメスティオノーラが賜った髪の色だ。女神の化身が治める新しい領地の色に相応しいであろう。君の髪の色には映えぬが……」

残念そうに言いながらフェルディナンドが手を伸ばしてわたしの髪に触れる。当たり前のように伸ばされた指に何となく、あれ？　と思った。

……フェルディナンド様って、こんなふうに髪を触る人だったっけ？

「どうした、ローゼマイン？」

「いいえ、何でもありません。領地の色は領内の貴族全員が身に付ける色ですから、自分の髪の色合いに合う人も合わない人もいるでしょう？　わたくしの髪に合うか合わないかはこの際どうでも良いと思います」

正直なところ、わたしは領地の色は何色でも構わないのだ。わたしは自分の髪に触れているフェルディナンドの指先を視界の端に留めながら、「紋章はレッサー君が良いです」と主張した。

その途端、フェルディナンドの指がパッと離された。

「却下だ。これから先のアウブ・アレキサンドリアが代々使う紋章だぞ。君の好みでグリュンに決めてはならぬ。名前に繋がりがないのだから、エーレンフェストと関係があることを示して獅子《しし》の紋章を継承するか、グリュンよりは君の図書館で多く稼働《かどう》することになる図書館の魔術具からシュミルにする方が良い」

とてもわたしの領地らしい紋章だと思ったのだが、即座に却下された上に代案が出されていく。何が何でもレッサー君を受け付ける気がないことがその態度でわかった。

「シュミルは弱すぎて紋章にする領地はないとおっしゃったではありませんか」

「その辺りにいるシュミルは弱いが、図書館の魔術具は強い。額の魔石を必ず意匠《いしょう》に入れて、ただのシュミルと区別すれば良かろう」

シュミルなんて紋章としてはあり得ないと言っていた人が、シュミルを紋章の候補に挙げるとは思わなかった。

「そこまでレッサー君がお嫌いですか!?」

「珍妙《ちんみょう》なグリュンの紋章を持たねばならないのは君だけではないのだぞ。そこまで頑ならば周囲の意見を聞いてみればよかろう。賛同者などいるはずがない」

わたしは盗聴防止の魔術具を置いて、護衛として立っているエックハルトとラウレンツに視線を向けた。ちょうど食事を終えたリーゼレータ達も様子を見に来たのが見える。

「皆は新領地アレキサンドリアの紋章の意匠にわたくしの騎獣と図書館の魔術具、どちらが相応しいと思いますか?」

顔を見合わせた皆が「図書館の魔術具でしょう」と声を揃えて言った。

「シュミルの紋章はとても可愛らしいと思います」

「紋章の意匠には強さが大事だとフェルディナンド様は以前おっしゃったのですよ」

わたしがリーゼレータにそう言うと、話を聞いていたグレーティアがニコリと微笑んだ。

「ユーディットによると、大鎌《おおがま》を持った魔術具は大変強かったそうです。シュミルの意匠に鎌を加えればいかがでしょう?」

……そんなの嫌!

「鎌を持たせるくらいならば本を持たせます!」

「さすがローゼマイン様。良い案です。本を持つ図書館の魔術具を意匠にするのであれば、ローゼマイン様の図書館都市を象徴する紋章になると思います」

ラウレンツが爽《さわ》やかな笑顔でポンと手を打った。

「図書館の魔術具に本……。女神の化身に相応しく、本はグルトリスハイトにいたしますか?」

グレーティアの提案をエックハルトやラウレンツが却下する。

「あまり細かすぎるのは後々面倒ではないか？」

「さすがにツェントではない一領地の紋章にグルトリスハイトを使うのは……」

「ローゼマイン工房の紋章が本とインクと植物からできているので、そちらを絡めても良いかもしれませんね」

頬に手を当てたリーゼレータの言葉にフェルディナンドが軽く頷く。

「ふむ。それは悪くないな」

あれ？　あれ？　と思っているうちに、側近達とフェルディナンドの間で紋章がどんどんと決められていく。その中にレッサー君の姿はない。「……レッサー君はそんなにダメですか？」というわたしの言葉は完全に聞き流された。

減らない魔力

寝て起きたら魔力が回復していることにこれほど絶望的な気分になるとは思わなかった。せっかく減らしたのに、また増えているのだ。積んでも積んでも鬼にぶち壊される賽《さい》の河原《かわら》の絶望感に似ている気がする。魔力が増えると苦痛も増えるのだから、地獄の責め苦よりひどいのかもしれない。

……だるい。頭がぼーっとする。

昨日一日外にいて、魔力を垂れ流しながら海や魚に興奮していたのが良くなかったのだろう。朝から体が重い。しかし、ここで寝ていたらまた魔力が回復してしまう。とりあえず起きて魔力の使い道を考えるしかなさそうだ。

朝食を摂るためにのっそりと食堂へ向かうと、フェルディナンドが先に朝食を摂っていた。いくら広めに作っているとはいえ、わたしやフェルディナンドの部屋も寝台と着替えスペースくらいしかないので、食事は必然的に食堂ですることになる。

わたしは席に着いて、差し出された野菜と果物のジュースをちびちびと飲み始める。回復薬が使えない今、体力を回復させるために食事は大事なので食べなければならない。頭ではわかっていても全然食が進まない。

食事を終えたフェルディナンドが立ち上がり、わたしの隣に立つ。これ幸いとわたしは食事の手を止めた。

「一日で不調が伝わってくるが、体調はどのような感じだ？」

「……お魚の罪深さに震えています」

「カンナヴィッツではしゃぎすぎて熱を出し、寒気がしていると正しく報告しなさい」

この馬鹿者、と叱られながらフェルディナンドが額や首筋に触れるのを受け入れる。熱がある時はひやりとした手の感触がとても心地良い。

「魔力と体力の均衡《きんこう》を見定めながら領地に魔力を効率良く注ぐ計画が、早くも頓挫《とんざ》するとは思わなかったな。今日はどうするべきか……」

「申し訳ございません。でも、午前中くらいなら……」

「この状態で外出するつもりか？　それとも、回復薬を使うのか？」

ものすごい目で睨まれて、わたしは即座に首を横に振った。普通に寝ただけの回復量で絶望的な気分になっているのに、今の状態で回復薬を飲んで魔力が回復したら、それこそ魔力枯渇への道が遠のきすぎて人目も憚《はばか》らず泣きたくなるだろう。

「……わたくしが外出するのではなく、レッサー君を移動させるくらいはできると言いたかったのです」

「移動してどうするつもりだ？　騎獣を動かすくらいでは今の君の魔力は減らぬであろう？　魔力を使うためには君が動かねばなるまい」

わたしは必死で頭を動かす。自分が動かなくても魔力を使う方法が必要だ。自分でできない時にはどうすれば良いか。答えは簡単だ。自分の代わりに誰かにしてもらえば良い。

「わたくしが神々の御力を込めた神具があるでしょう？　祝詞さえ唱えれば神具を使うことは誰にでもできることですから、あれを皆に使ってもらうのはどうでしょう？」

「神具を？」

フェルディナンドが片方の眉を上げてわたしを見下ろしている。わたしはゆっくりと頷いた。

「皆には悪いのですが、フリュートレーネの杖で周囲の土地を癒し、ライデンシャフトの槍で魔獣を倒し、シュツェーリアの盾でレッサー君の周囲を守り、ゲドゥルリーヒの杯を使ってギーベのいないビンデバルトで祈念式を行ってもらうのです。神具の御力が空になればわたくしがまた神々の御力を注ぎます。癒しと魔獣狩りをまとめて行えるような場所に心当たりはございませんか？」

そうすれば、ギリギリ寝たままでも何とか神々の御力を使えると思う。わたしは体力を回復させたくても、今は何もせずに寝ていることさえできないのだ。

「他には……フェルディナンド様やハルトムートは採集場所の癒しの魔法陣を描けますよね？　それをあちらこちらに描いていただいて、わたくしが魔力を注ぐというのはどうでしょう？　午前中に寝ていれば、午後は魔法陣に魔力を注ぐだけならばできると思うのですけれど……」

「少々自分の体力を過信していると思わなくもないが、騎獣に同乗して一日外で魔力を撒くよりは体力の消耗も少ないであろう。……だが、それだけ色々な方法を思いつくということは、君の状況はかなり良くないな」

「どういう意味ですか？」

フェルディナンドが難しい顔になって、腰に下げている薬入れに手を伸ばす。試験管のような細長い筒を手に取って、朝食のために並べられているスプーンにほんの一滴垂らした。

「君の癖だが、直そうとしたり隠されたりすると面倒なので、君が自覚する必要はない。それより、これを……」

わたしの癖なのに教えてくれず、フェルディナンドはスプーンを差し出した。ほんのりと赤い液体が見える。わたしはスプーンを手に取って、一滴だけ落とされた薬を舐《な》めてみた。苦みが強くて、舌の先にピリピリとした刺激を感じる。ほんの一滴でこれほど苦みと刺激が強いのだ。薬として出されても、とても飲めない。

「ものすごく苦いですけれど、これは何ですか？　魔力が回復する薬ですか？　舌が痺《しび》れそうな味なら、先にそう言ってくださいませ。全く心の準備ができませんでしたよ」

わたしが不満たっぷりに文句を言いながら見上げると、フェルディナンドの方が苦い薬を飲まされたように眉間に深い皺を刻み込んでいた。

「これくらいならばほぼ影響はない。ハルトムート、聖杯以外の神具はどこにある？　神殿へ返したのか？」

「いいえ。ローゼマイン様の神事に神具は不可欠ですから私の荷物として持参し、聖杯と共に保管しています」

得意顔でハルトムートが胸を張る。さすがハルトムート、と感心したところでコルネリウスがわざとらしく肩を竦めるのが見えた。

「神殿へ神具を返しに行っていたら置いて行かれるから仕方がなく持参した、と私は聞いた気がするのですが？」

「おや、私がローゼマイン様の御力が籠もった神具を他人に託すと？」

ハルトムートがコルネリウスに圧力のある笑顔を向けていると、フェルディナンドが「裏事情はどうでも良いから黙りなさい」と手を振る。

「神具に魔力を流すのは効率的なのか？」

「少なくとも壊れる確率が低いですし、全ての神具に注いだ時は少し減った実感がありました。全ての神具の魔力を何度か使っていただくのが理想ですが、ただ寝ているだけという状態よりは魔力が増えない分、安心できます」

わたしの言葉にフェルディナンドが「そうか」と頷き、何度かこめかみを軽く叩く。何を考えているのか知らないけれど、色々なことをまとめて考えている時の癖だ。

「よろしい。朝食後は君の提案通りに動くとしよう。側近達には朝食が終わり次第、神具を使って土地の癒し、魔獣狩り、祈念式を手分けして行ってもらう。私は一度転移陣で城へ戻り、いくつか用件を終わらせてくる。午後からは癒しと魔獣狩りをまとめて行えるザイツェンの西側かヴルカタークへこの騎獣ごと移動してもらうので、転移陣を稼働させた後はお昼まで君は休んでいなさい」

フェルディナンドはそれだけ言うと踵を返して食堂を出て行く。ユストクスがゼルギウスの手に片付け途中のお皿を置き、その背中を追う。わたしも一緒に出て行こうとして立ち上がろうとした途端、リーゼレータにそっと肩を押さえられた。

「ローゼマイン様のお食事はまだ終わっていらっしゃいませんよ」

リーゼレータに見張られながらの朝食を終えると、わたしはフェルディナンドが城へ戻るために使う転移陣をメスティオノーラの書からコピペで出して送り出した。その時にフェルディナンドが連れて戻ったのはエックハルトとユストクスと護衛騎士の数人だけだ。片付けや昼食の準備のために必要な側仕えのゼルギウスや、レッサー君の周囲の警戒やわたしの側近達に同行する騎士達は残されている。

「ローゼマイン様、私達はどうすれば良いですか？」

わたしはまず自分の側近達に指示を出していく。

「わたくしの部屋を守る護衛騎士はアンゲリカにお願いします。扉の外に待機してください。レオノーレはレッサー君を守るためにシュツェーリアの盾を外で展開してください。それ以外の護衛騎士達は神具を使う魔獣狩りと、農村へ祈念式に赴くハルトムートの護衛に分かれてもらいます」

「コルネリウスとマティアスを魔獣狩り、ラウレンツとクラリッサを私の護衛として神事に同行させるのが良いと思います」

ハルトムートの意見に、わたしはクラリッサへ視線を向ける。ダンケルフェルガーから預かっている彼女を神事に連れていって良いのだろうか。

「クラリッサを神事に連れ出すよりは、魔獣狩りの方が良いのではありませんか？」

「わたくしは絶好の機会ですからハルトムートの祈念式に同行したいです。ツェントへのグルトリスハイト授与で、いやでも神事に対する見方が変わりました。これからも貴族達の意識をどんどんと変えていくのですから、ローゼマイン様の臣下であるわたくしが神事に参加するのは当然だと思うのです。祝詞も完全に覚えました！」

そう主張しながらクラリッサは一瞬だけアーレンスバッハの騎士達へ視線を向けた。神事に参加したい気持ちも本物だが、それに加えて神殿や神事にまだ忌避感の残る彼等に対するパフォーマンスでもあるらしい。

「神殿への出入りは世間体を盾に禁じられました。けれど、貴族院での神事はダンケルフェルガーでも行っています。神殿に立ち入らない、外での神事ならば問題ないと思いませんか？」

確かに聖典の鍵と礎の関係を暴露《ばくろ》するので、領主会議以降は他領でも領主一族が神殿へ出入りすることになる。外で行う神事に参加するのは、特に問題ないだろう。

……もう完全に祝詞を覚えてるくらい張り切ってるし……。

ちょっとぶっ飛んだ言動に惑わされがちだが、クラリッサはとても優秀な文官だ。優秀だからこそ尚更残念な感じが拭えないが、ハルトムートとはお似合いだと思う。

「コルネリウスとマティアスはアーレンスバッハの騎士達と魔獣狩りですか……」

体を動かすのが好きなアンゲリカは、お留守番より魔獣狩りが魅力的に思えるのだろう。羨ましそうにコルネリウス達を見ている。

「今回はただの魔獣狩りではありませんから、アンゲリカには向かないと思います。目的は魔獣を狩ることではなく、神具を使用して魔力を空にすることですから」

空の状態から全ての魔力を込めた本人が使う場合、神殿の神具は祝詞を口にしなくても使用できる。だが、別人の魔力も混じっている場合は祝詞がなければ使えない。神事のために祝詞を正確に覚えなければならないのは、神殿では複数の青色神官や青色巫女が魔力を奉納するせいだ。シュタープで出した神具や自分の魔力で完全に染まっている魔石を使った場合は祝詞を簡略化できるが、今は正確な祝詞を唱えられる者でなければ神具を持たせられない。

「アンゲリカがすぐに祝詞を覚えられるならば、魔獣狩りに行っても構いませんよ」

「祝詞……。わたくしには向きませんね。さすがローゼマイン様。素晴らしい采配です」

あっさりとアンゲリカは祝詞を覚えるより部屋の護衛を選んだ。予想通りだ。むしろ、「頑張って覚えます」と言われた方が驚く。

わたしの護衛騎士達が神具を使うための祝詞を確認して何度か唱えて練習している間に、シュトラールに頼んでアーレンスバッハの騎士達も班分けをしてもらい、魔獣狩り、祈念式、レッサー君の警備に就いてもらう。

「では、いってまいります。ローゼマイン様はお休みください」

ハルトムートが管理していた神具をそれぞれが抱えて出発した。


布団《ふとん》の中でうつらうつらしている間に四の鐘が鳴った。熱っぽさは少しマシになったけれど、魔力回復で神々の御力が膨れていて気持ち悪い。我慢できない程ではないけれど、手足にピリピリとした痛みを感じる。

……うぅ、寝るのが嫌いになりそうだよ。

どんよりとした気分で起き上がると、リーゼレータが心配そうにわたしを覗き込んでいて、昼食のために皆が戻ってきたことを教えてくれた。

「神具の魔力は全て空にしたそうです。……先にお持ちいたしましょうか?」

「お願いしても良いかしら?」

リーゼレータとクラリッサが神具を持ってきてくれたので、わたしは神具に次々と魔力を込めていく。魔力量が眠る前くらいに戻って体内の不快感が減り、ホッと安堵の息を吐いた。

「少しお顔の色が良くなりましたね。グレーティアが準備をしていますから昼食にいたしましょうか？　寝台の上でお食事していただくことになるので恐縮ですけれど、時間を短縮するためにお部屋で昼食を摂ってほしいそうです」

「フェルディナンド様もお戻りになったのですね」

効率重視の指示が誰から出されたものか、すぐにわかる。わたし達が食堂で食べれば側近達は順番を待たなければならないが、わたし達が部屋で食べれば目に触れないところで大半の側近が昼食を摂れる。優雅ではないので、普段は使わない裏技だ。

リーゼレータが出ていくと、お盆の上に食事を載せたグレーティアが入って来る。寝台の上で食べられるように準備がされ、グレーティアが給仕してくれた。

「フェルディナンド様の昼食を準備するユストクスから伺いましたが、ザイツェンとヴルカタークのギーベに通達を出したり、エーレンフェストと連絡を取ったり、ツェント・エグランティーヌとのやり取りを行ったり、午前中は非常に忙しかったようですよ」

グレーティアが午前中に別行動をしていたフェルディナンドの情報を流してくれる。城で精力的に動いていたらしいフェルディナンドは大量の仕事道具と一緒に戻ってきたそうだ。

「ヴルカタークのギーベからの報告によると、旧ベルケシュトック方面から魔獣がアレキサンドリア側へ移動しているそうです。こちらが神々の御力に満たされ始めたので、魔力を求めて移動しているのではないか、ということでした」

貴族院の採集場所でも癒しの魔術をかけると、魔力の豊富な素材を求めて強い魔獣が寄ってくるようになった。同じことだろう。

「その際に魔力に飢えた魔獣に狙われるのは、最も神々の御力に満ちているわたくしですよね？」

神々の御力に満ちている人なんて、魔獣からすれば最高のごちそうに見えるはずだ。

「ローゼマイン様の周囲には厳重な警戒をしつつ、せっかく癒した土地を荒らされないように、なるべく早くザイツェンやヴルカタークの方面へ向かうと聞きました」

ザイツェンはエーレンフェストとの境界門があるグリーベルやガルドゥーンの南側にあり、ヴルカタークはザイツェンの西隣の土地で、グリーベルの南西とイルクナーの南側に隣接している。わたし達がゲルラッハで戦っていた時に、ボニファティウスが戦っていた辺りだ。魔獣狩りのために早急にそこへ向かうのは、境界線付近のエーレンフェストを守ることにも繋がる。

「なるべくアレキサンドリア側に魔獣を引きつけて、討伐しておきたいですね。イルクナーやグリーベルはまだ戦闘力が回復していないでしょうから」

人口の少ない田舎《いなか》だったイルクナーを思い出す。先日の戦いにはギーベの妹であるブリギッテも参加していたし、重要な知らせを送ってくれた。少しでもブリギッテ達の負担を減らしたい。

……それに、イルクナーと隣接してるってことは、似たような魔木も多いと思うんだよね。

ザイツェンの西からヴルカタークの辺りは、わたしがユレーヴェの素材としてリーズファルケの卵を得たローエンベルクの山がある山岳地帯と繋がっている。簡単に言うと、火属性の魔力が豊富な山岳地帯ということだ。山が多くて木が多いので、アレキサンドリアで製紙業をするならば、この辺りが適していると言える。

……ゲオルギーネの策略に乗せられてエーレンフェストと実際に戦っていた地域だから、わたしやフェルディナンド様に対する心証は良くないだろうし……。

「未来の製紙業のためにも土地を癒して魔獣を狩っておきたいし、できるだけギーベに恩を売っておきたいですね」

「やりすぎ注意ではあるが、ライデンシャフトの槍を何度も使う好機……だそうです。神々の御力を蓄《たくわ》えたライデンシャフトの槍を使った後は、フリュートレーネの杖がなければ土地が大変なことになるので、きっとローゼマイン様の魔力を大幅に減らせるでしょう」

……うん、本当にそうだったらいいんだけどね。

神具に魔力を奉納しても、寝ている間に回復した程度の量しか減らないのが現状だ。魔獣狩りではあまり効果を期待できないと思ってしまう。しかし、わたしを励まそうとしているグレーティアには言えず、わたしは曖昧に微笑んだ。

「ギーベへの通達は済んだ。これからザイツェンとヴルカタークの境界付近へ移動する。さすがに何の連絡もせず、魔力を振り撒き、魔獣狩りを行うわけにはいかぬからな」

海の様子が一変することからもわかるように、神々の御力は強力すぎる。これまでの魔力が乏しい土地には影響が強すぎるので、ギーベとのやり取りが必要不可欠になるらしい。

……ただ土地を癒せばいいってものじゃないところが面倒だよね。

わたしはフェルディナンドから説明を受けた後、レッサー君を運転してフェルディナンドとその護衛騎士達の先導について行く。

「周囲の見回り、完了しました」

レオノーレの声にわたしは助手席側の出入り口をうみょんと開く。レオノーレは助手席に乗り込むと、後部座席に置いてある神具の盾を手に取り、次の合図で外へ出られるように待機している。

「レオノーレ、周辺の様子はどうでしたか？」

「やはり魔獣が増えていますね。この盾の出番は間近だと思われます。それより……ふふっ」

何か言いかけてレオノーレが笑いを零す。

「眼下で作業している農民達が唖然《あぜん》とした面持ちでこの騎獣を指差し、騒いでいる様子が面白いです。次から次へと出てきて、追いかけようと走る者も見えました」

虹色レッサー君は騎獣と思えない形をしているし、めちゃくちゃ大きい。二階建ての家が飛んでいるような今の状況は、外から見ると非常にシュールで平民達の見世物になっているようだ。

「やっぱり虹色は目立ちますよね？」

「色の問題ではないと思いますよ」

そこに「魔獣です、レオノーレ！」とアンゲリカの声がかかった。助手席側をうみょんと開けると、レオノーレが「守りを司る風の女神シュツェーリアよ　側に仕える眷属たる十二の女神よ……」と祝詞を唱えながらシュツェーリアの盾を持って飛び出していき、外を警戒しながらアンゲリカが代わりに中へ入ってくる。

「この辺りは強い魔獣が多いです。土地の魔力がないので魔獣同士が共食いをしていたせいだろう、と誰かが言っていました」

アンゲリカのキリッとした報告にわたしは頷きながら一度空中でレッサー君を停止させる。戦いが終わるまでは勝手に動かないように言われているのだ。

昼食時に報告された通り、魔力が乏しい場所で神々の御力を垂れ流して光りながら移動しているレッサー君は絶好の獲物に見えるようで、すでに何度か強い魔獣に襲われていた。普段ならば強そうな魔獣が出たら恐怖でギャーギャー騒いでいるわたしだが、今日ばかりは「よし、カモン！」と大歓迎の姿勢で魔獣を迎えてあげられる。

「またライデンシャフトの槍とフリュートレーネの杖を使用できそうですね」

わたしに対する敵の接近を封じるためにレオノーレがシュツェーリアの盾を展開してレッサー君を守り、コルネリウスやマティアスが交代でライデンシャフトの槍を使って攻撃する。魔獣を倒した後、クレーターのように抉《えぐ》られた跡はフリュートレーネの杖で癒すのだ。わたしが魔力を込めた神具が大活躍である。

……一度使ったら魔力が完全になくなるところが素晴らしく思えるなんて初めてだよ。ライデンシャフト、ありがとう！

「ローゼマイン様、魔力の補充をお願いします」

神具に込められた魔力がなくなると、護衛騎士達は神具を持ってレッサー君の中へ戻ってくる。魔獣に一度襲われると土地の癒しが終わるまでその場に止まるので移動速度はゆっくりしたものだが、体内の魔力が減ると神々の御力による苦痛が減るのでホッとする。予想以上に魔力が減っていて嬉しい。

……これで今夜は落ち着いて眠れそうだよ。

魔獣を狩りながら移動し、ザイツェンとヴルカタークの境界付近にレッサー君を着地させる。その途端、フェルディナンドから「レオノーレ、すぐにシュツェーリアの盾を展開せよ」と指示が飛ぶ。

「守りを司る風の女神シュツェーリアよ　側に仕える眷属たる十二の女神よ……」

レオノーレがシュツェーリアの盾を使って周囲の守りを固めると、一旦休憩だ。もう夕食の時間が近付いている。わたしは運転席から後ろ側の大きな家の方へ移動する。外から見ると、今のレッサー君はレッサーパンダの顔が付いた巨大なゾウガメっぽい。大きな家が甲羅《こうら》のように見える。

……やっぱり何か可愛くない。居心地は良いんだけど。

一階の食堂の隣にある居間のようなスペースに向かうと、フェルディナンドがこれから先の指示を出しているのが見えた。

「ローゼマイン、体調はどうだ？」

「神具に何度も魔力を奉納したので不快感は結構薄れましたし、午前中寝ていられたので体調も結構良いですよ。何だかお腹が空《す》きました」

「少しお元気になられたのですね。朝も昼も量が少なかったので心配していましたが、夕食は多めに準備させましょう」

嬉しそうにクスクスと笑いながらリーゼレータが料理人に伝えるために身を翻していく。

「ローゼマイン様はこちらへ」

グレーティアに示されたソファに座ると、フェルディナンドが近付いてきて健康診断を始める。

「……午前よりは良くなっているが、決して体調が良いとは言えぬな」

魔力が減って苦痛が減ったことで自分ではかなり良くなったと思っていたけれど、ひやりとした手が心地良いので熱が完全に下がっていないことはフェルディナンドに言われなくてもわかった。

「フェルディナンド様がそこまで難しい顔をするほど悪くはありません。食欲が出たのですから、体調は良好で構わないと思います」

「……少し食欲が出たからといって、暴飲暴食は避けるように」

わたしの主張にフェルディナンドが少し考え込むようにこめかみを軽く叩く。また淑女《しゅくじょ》らしくないとか、食欲で体調を決めるなとか考えているのだろうか。主治医らしい無表情で淡々と注意をすると、フェルディナンドは居間を出ていった。

「しませんよ。失礼な……」

注意されなくても暴飲暴食はできなかった。お腹が空いているはずなのに体が受け付けず、どうしても少量しか食べられないまま、わたしは夕食を終えたからだ。

……お腹が空いているのに、食べられないなんて！

側近達が食事を摂る間、食後のお茶を飲むために居間へ向かおうとしたが、フェルディナンドに止められた。

「やはり体調が良くないのであろう。君は食後のお茶を飲むより休んだ方が良い。明日は聖杯で魔力を撒きたいからな」

「どうしても戻らなければなりませんか？　わたくしは昨夜と同じように図書館都市計画のお話を

したいのですけれど……。フェルディナンド様が城から設計図を持ってきたと聞いたので楽しみにしていたのですよ」

少しだけでも……と粘ってみたが、フェルディナンドは「駄目だ」と言い切った。

「今は自室へ戻りなさい。君が自分で思っているほど体調は良くない。回復薬を飲めないのだから睡眠時間だけでも増やすべきだ」

……寝るの嫌だよ。起きたらまた魔力が増えてるもん。

思ったように減らない魔力に苛立ちを感じつつ、空いたお腹を押さえながら、わたしは寝台に横になった。

大規模魔術

「……待って、行かないで！」

わたしは自分の声で夜中に目が覚めた。夢を見ながら泣いていたのか枕が濡《ぬ》れていて、冷たい汗で背中がじっとりとしている。ひどく嫌な目覚めだった。しかも、何か夢を見ていたはずなのに、思い出せない。

……何の夢？　わたし、誰を追いかけてたの？

消えている記憶が繋がりそうで繋がらない苛立ちに顔を顰めていると、声と物音で目覚めに気付いたらしい不寝番のレオノーレが天蓋《てんがい》を開けて顔を覗かせた。

「ローゼマイン様、お顔の色が良くありませんね。神具をお持ちしましょうか？　お目覚めの時に神具へ魔力を流すと不快感が軽減するらしいとリーゼレータから聞き、神具の魔力は全て使っていますから」

夕食の後にわざわざ護衛騎士達が魔獣狩りに出て神具の魔力を空にしてくれたそうだ。その心遣いが嬉しくて、わたしは神具を持ってきてもらうことにする。

……お腹は空いているし、寝起きは最悪だし、体はだるいし、また魔力が増えてるし……。

わたしは重たい頭を支えるように手で押さえて寝台の端に座り、レオノーレが持ってきてくれた神具に魔力を流し込んでいく。

そこにグレーティアが緩く髪を束ねただけの状態で慌ただしく入室してきた。多分レオノーレにオルドナンツで起こされたのだろう。今は名捧げ側近でなければ、銀色の布を外したわたしに触れられない。そのため、お風呂《ふろ》や着替えなど肌に触れることが多い側仕えの仕事ではグレーティアの負担が大きくなる。

「起こしてしまってごめんなさい、グレーティア」

「わたくしは日中に休息時間をいただけますからお気になさらず。それより寝汗がひどいですね。お風呂を使いますか？」

「今はヴァッシェンで十分です。その辺りにある魔石を利用してくださいませ」

わたしが魔力を込めた魔石は大量にある。グレーティアに使用許可を出し、ヴァッシェンをしてもらってすっきりとした気分になった。

わたしはレオノーレが差し出す神具に再度魔力を流し込んでいく。このシュツェーリアの盾が最後の神具だ。それに魔力を注いでいく中で不意に何かの気配を感じた。盾に手を触れたまま、わたしは周囲を見回す。

「どうかなさいましたか、ローゼマイン様？」

「下の方……。方角的には食堂か居間の辺りに何かがいる気配がします。ジェルヴァージオが祭壇の奥から出てきた時に似ていて、何かが近くにいるような感じなのです。あ、まさかジェルヴァージオが侵入してきたのではありませんよね？　そういえば、わたくし、あの後彼がどうしたのか報告を受けていないのですけれど……」

わたしが気配のある方向を探りながらそう言うと、レオノーレは何か合点がいったように頷く。少し考えるように視線を上に向けた後、クスと小さく微笑んだ。

「ここはローゼマイン様の騎獣の中ですから、許可もない何者かが侵入できるとは思えません。おそらく居間でお仕事をするとおっしゃったフェルディナンド様でしょう。お気になるのでしたら、確認に向かいますか？　神具に魔力供給をしても顔色がまだ優《すぐ》れませんから、少し診察していただいた方が良いかもしれません」

レオノーレがそう言いながらグレーティアを振り返る。

「グレーティア。悪いけれど、ローゼマイン様のお召し替えを。そのままでも横になれる締め付けの緩い部屋着がいいでしょう。こちらに戻った後はローゼマイン様にそのままお休みいただくので、貴女は部屋に下がっても大丈夫ですよ」

「恐れ入ります」

部屋着に着替えさせられ、かっちりではないけれど髪をまとめられた。銀色のマントを羽織らされ、レオノーレと一緒に部屋を出ると、アンゲリカが「遅くなりました」と駆け寄ってきてスッとわたしを抱き上げた。

「ローゼマイン様、わたくしがお部屋に到着するまでお待ちくださいませ。極力歩かせるな、と命じられています」

キリッとした顔で注意されて、わたしは小さく笑いながらおとなしくアンゲリカに身を委ねた。


一階の居間から明かりが漏れている。近付くと、エックハルトが顔を出した。

「入りなさい、とフェルディナンド様がおっしゃっている」

「わたくしが来ていることがわかったのですか？」

「それだけ神々の御力を放っている者が移動してわからぬはずがなかろう」

……神々の御力って猫の鈴みたい？

居間に入ると、普段は食後のお茶を飲んでいるスペースが完全に執務室のような状態になっていた。自室には寝台と着替えなどの荷物を置ける程度の広さしかないので、城から持ってきた仕事をフェルディナンドは居間で行っているようだ。

「どうした？　眠れないのか？」

「もう覚えていないのですけれど、嫌な夢を見て目が覚めたようです。神具に魔力を注いでいたら何かいる気配がして……」

ジェルヴァージオが祭壇の奥から出てきた時のように、姿が見えていないのに何かがいるような気配を感じたのだ、と答える。

「一体何かと思ったのですけれど、今回感じたのはフェルディナンド様だったようです」

「ほぉ……」

フェルディナンドが自分の隣に座るように、ソファの空いている部分を指差した。アンゲリカが指示された場所にわたしを降ろす。今までは感じなかった妙な気配がフェルディナンドからしているせいか、ちょっと落ち着かない。

「フェルディナンド様、ジェルヴァージオはどうなったのですか？」

「国境門へ赴いたエグランティーヌ様達が捕らえ、記憶を覗いたそうだ。領主会議で正式な処罰について発表があろう」

捕まっているという報告にわたしはホッと安堵の息を吐いた。

「逃亡《とうぼう》していたらどうしようかと思ったので、無事に捕らえられたのであれば一安心ですね」

「エグランティーヌ様やアナスタージウス様は共に向かった護衛騎士の半数を失ったそうなので、無事に、とは言えぬと思うが……」

「え⁉　半数とはどういうことですか？」

わたしは目を瞬いたが、フェルディナンドは興味なさそうな顔で積み上がった資料の中から紙をいくつも取り出し始める。

「新ツェントと彼女を支える夫が乗り越えるべき問題だ。君が余計なことを考える必要はない。それよりも、早急に行わなければならないアレキサンドリアの設計について話をしたい」

並べられた紙類が新しいアレキサンドリアの設計図だと気付いた瞬間、ジェルヴァージオのことはわたしの脳内から飛んでいった。

「君が語っていた理想の街をなるべく取り込もうと思ったが、あまりにも図書館が中心すぎる」

「そのようなことをおっしゃられても、図書館を中心にしなければ何を中心にするのですか？」

わたしが造る街並みの中心に図書館がなくてどうするのか。わたしが文句を言うと、フェルディナンドが嫌な顔になった。

「貴族街の中心は城と図書館と研究施設で問題ないと思われる。君が頻繁《ひんぱん》に出入りし、自室の確保まで狙っている図書館だ。城と離れた場所に作ると不用意な危険を招くことになりかねないからな。ただ、君は城と図書館の自室を転移陣で繋ぎたいと考えているようだが、それは許可できぬ」

わたしは図書館への移動時間を大幅に減らしたくてそう考えたが、人の転移が可能な転移陣はアウブでなければ基本的には使えない。もし護衛騎士が転移陣に乗せてもらえなかった場合、護衛騎士は護衛対象を見失うことで処罰対象になるし、図書館へ追いかけるにしても距離が離れすぎるとわたしの危険が増すだけだと言われた。

「個人的に使う転移陣を自室に敷くのは諦めなさい。……その代わり、貴族達にも広く利用できる工夫はなるべく盛り込んだ」

南北で地位に差が出るエーレンフェストと違って、アレキサンドリアでは街の中心部へ向かうほど地位が高くなるようにすることで各家庭と図書館の距離をなるべく近くしたり、城の図書室と図書館を別に作ることで見習いや洗礼式を終えた子供の立ち入りが簡単になるようにしたり、工夫してくれているらしい。

「……貴族だけですか？」

「城の間近にあり、君が頻繁に利用する図書館には利用者の制限がある程度は必要だ。あまりにも不特定多数の者が出入りするのは警備の関係上、難しい」

「でも、わたくしは誰にでも利用できる図書館が欲しいです。……だって、わたくしの領地なのですよ。アレキサンドリアでは誰でも本が読めることが大事ではありませんか」

「領地の将来の方向性としては間違っていないが、平民の識字率を考えると時期尚早《しょうそう》だと言わざるを得ない。貴族の反発も大きかろう」

しかし、それではわたしの理想の街から外れている気がする。わたしの訴えにフェルディナンドが「他人の話は最後まで聞きなさい」と手を振った。

「アレキサンドリアは女神の化身の新領地なので、平民を含んだ街全体を考えた場合は神殿を中心にすべきだと思う。せっかく一から作り直すのだから、エーレンフェストの神殿の良いところを取り入れれば良い」

工房、孤児院、青色神官達の生活の場、神々に祈りを捧げて儀式を行う礼拝室を設置した神殿を下町と貴族街の間に置くのだそうだ。

「その上で、いつだったか君が話をしていた神殿教室を平民の富裕層を相手に行えば、最初は神殿教室の利用者だけという形になるが、平民も立ち入ることが可能な図書室を設置できよう。平民の読書が当然になり、本の扱いを覚える者が増えれば、城付近の図書館にも平民の出入りを解禁できるようになる。急ぐ必要はない。むしろ、急ぎすぎてはならない。最初の一歩をいかに受け入れてもらうかが大事なのだ」

貴族院図書館と同じで、本の盗難などを防ぐためには保証金の制度などが必要になる。そうすると、保証金の払えない者は利用できない。しばらくの間は会員制の図書館になるとフェルディナンドは言った。

……急ぎすぎてはならない、か。

確かに麗乃時代の図書館の歴史を振り返っても同じことがあった。わたしはもっと時代を進めたいので少し歯痒い気持ちになるけれど、印刷業が盛んになって本の値段が下がらなければ難しいこともわかっているし、急ぐことでできる歪みは無視できない。平民にも立ち入ることができる図書室を作るのが第一歩だ。

「富裕層相手の神殿教室や神殿図書室の開放はとても良いと思います。貴族相手に商売をしている商人の子供が立ち居振る舞いなどを身につける場として神殿教室を開くと喜ばれますよ。平民の中には教師自体が少ないと聞きましたから」

「プランタン商会からか？」

フェルディナンドの目がわたしの記憶の切れ目を探るようにじっと見ている。わたしはどうにも朧気《おぼろげ》で頼りない中から必死に関連する記憶を引っ張り出した。

「当時はまだギルベルタ商会でしたね。わたくしの側仕え達が孤児院長室で……あら？　えーと、イタリアンレストランの給仕を教育した記憶があります」

当時は見習いだったレオンの顔が浮かんだ。他にもいたはずなのに思い出せない。そういえば、レオンにはよく嫌な顔をされていたのだが、何故だったのだろうか。

「……なるほど。貴族との繋がりを求める家の子供が神殿教室に通う理由はあるのか」

思考を打ち切るようなフェルディナンドの言葉にハッと我に返った。

「はい。貴族と関係のある商人達が神殿教室に出入りすることが当たり前になれば、何とか伸《の》し上がろうとする商人や貴族のパトロンを探す職人も入ろうとするでしょう。それらの動きはグーテンベルク達を見れば明らかです」

ふむと頷きながら、フェルディナンドが手元の紙に何やら書き足していく。

「それから、君が言っていた区画整理という視点は実に面白いが、君が整理すると街の機能が図書館と印刷業に偏《かたよ》りすぎる。もう少し現実に合わせた整理が必要だ。まずランツェナーヴェの被害を受けた港、貴族街、神殿、商業ギルドや各協会など、平民にとって中心的な建物を先に作り、彼等の意見を聞きながら区画整理を行うのはどうであろうか？」

今まで命令しかしていない文官達を鍛える場にすればちょうど良い、とフェルディナンドが微笑む。平民と協力しながら仕事を進められる文官の教育は必須なので文句はない。

「街全体で大掛かりなエントヴィッケルンを一気に行うと平民の負担になりますから、平民と話をする場を設け、順次建て替えていく形で良いと思います。文官達の教育には、平民とのやり取りに慣れているユストクスやハルトムートを派遣するのが一番ですね。ただ、建物の様式はアーレンスバッハの物を参考にしましょう。気候一つとってもエーレンフェストと違いますから」

それぞれの土地に合わせた生活の工夫が詰まっている建築様式を利用するのが一番良いと思う。エーレンフェストの建築様式ではこちらの夏に耐えられない可能性もある。

「プランタン商会とギルベルタ商会についてはは店の間取りをグレッシェルのエントヴィッケルン時に提出されていた物を採用する予定だったが？」

「こちらの様式や間取りを伝え、彼等の判断に委ねてください」

建築様式は気候に合わせた方が良いけれど、使い勝手の良い間取りは個人個人で全く違う。何を重視するのかは本人達が選べば良いと思う。

「住まいや店がなければ彼等を移動させられないので、商業ギルドなどが立ち並ぶ下町の中心部にグーテンベルク達の店や工房もエントヴィッケルンで新しく作るつもりだ」

「これだけ細かく気を配っていただいているのですから問題はないでしょうけれど、職人達の家族が住む部分も確保できていますか？」

「……ああ、もちろんだ」

フェルディナンドが少し目を伏せた後、広げていた紙を手早く片付け始めた。

「あ、もうちょっと見ていたかったのにひどいですよ。もう一度広げてくださいませ」

「君が興奮しすぎて大変なことになりそうなので、今日はここまでで良かろう。……そろそろ一の鐘が鳴るぞ。もう一度眠った方が良さそうだ。少しは気が済んだであろう？　眠れそうか？」

フェルディナンドに問われて、わたしは首を横に振った。

「……眠ると魔力が増えるので、今はあまり眠りたくありません。どうしても眠りたくなった時に眠ります」

「空腹感はどうだ？　空腹を訴えていた割には夕食があまり食べられなかったようだが、まだ空腹感が続いているのではないか？　むしろ、もっとひどくなっているということは？」

フェルディナンドに問われて、わたしはコクリと頷いた。夕食の後も空腹感は続いているし、今はもっとお腹が空いている。

「……フェルディナンド様のおっしゃる通りです。何か心当たりがあるのですか？」

「全くないわけではない」

そう言った後、フェルディナンドは周囲を見回す。何か探しているような表情を見せた後、自分の手をヴァッシェンで清めた。それから、自分の指先にほんのりと赤い薬を少し垂らす。

「フェルディナンド様？」

何をするつもりなのかわからなくて、わたしは目を瞬かせながらフェルディナンドの動きを注視した。赤い薬の付いた指先が自分に近付いてくる。わたしの唇に押し当てられ、すぐに離れた指先がハンカチで拭われるのを見ていると、「苦いか？」と問われた。

わたしは苦くて刺激的な味を想像しながら唇を少し舐めてみる。予想していた味に比べると苦みはほとんどない。舌はまだピリピリするけれど。

「いえ……。それほどではありません」

「ならば、良い。君が感じている空腹感は、魔力が減りすぎていることに起因すると考えられる。魔力が減りすぎたことにより、体が命の危機を訴えているのだ。確実に魔力枯渇に近付いていると言えよう」

普通は魔力が減った時点で回復薬を使う。長期間魔力が減り続け、眠って回復したはずなのにすぐさま魔力を使って回復させないという事態が長期化することはまずないため、空腹感と魔力枯渇の危機感が繋がらなかったのだろうと言った。

「私はアーレンスバッハの供給の間で飢餓感《きがかん》を覚えた。一気に魔力を使うのではなく、少しずつ少しずつ削り取られていく時に感じるのだと思われる。……だが、ここから時間をかけると非常に苦しくなる。この後はできるだけ一気に減らしたいところだ」

「これ以上、苦しくなるのですか？」

もう嫌だよと思ったわたしは、思わずフェルディナンドから少し離れようとした。

「一気に枯渇状態へ持っていきたい。神々の御力が減少すれば、君の魔力を染め直す際の苦痛が少なくなることも確認できたからな」

「……そうですか」

フェルディナンドは何やらやる気になっているけれど、この苦痛がまだ続くことを考えると、わたし自身はどうしても及び腰になってしまう。

「君は私に癒しの魔法陣をいくつも描くように言ったであろう？　あの魔法陣をコピペとやらで、

いくつも同時に行うことはできないか？」

コピペには神々の名前を唱える必要がないではないか、とフェルディナンドが言った。わたしは少し考えて首を傾げる。

「確かに神々の名前は必要ありませんし、癒しの魔法陣を写すだけでしたら、ヴァッシェンなどと違って力加減ができずに津波のような天災規模の失敗が起こる可能性は低いと思います。でも、それほど大きな魔紙がありませんよ。コピペは魔力があるところにしか写せないのです」

「魔力が満ちているところに写せるならば、少々乏しいとはいえ魔力を含んだ土地を魔紙に見立てられないか？」

フェルディナンドの言う通り、地面は確かに魔力を含んでいる。貴族院の採集場所でも地面に魔法陣が埋め込まれているのだから、できないわけではないだろう。

「外で実験したことがありませんけれど、できないことはないと思います。でも、仮に地面にコピペができたとしても魔法陣の拡大がどれほどできるのかわかりません。拡大や縮小の研究は時間がなくて行えていませんから」

時間がないから拡大や縮小の実験は後回しにしろと言ったのは、他ならぬフェルディナンドである。それを思い出したのか、少し眉を寄せた。

「そうか……。貴族院全体を覆っていた魔法陣のように巨大な魔法陣でアレキサンドリア全体を癒しの魔法陣で覆えるのではないかと思ったのだが、君の非常識なコピペでも無理そうだな」

……え？　フェルディナンド様に非常識なんて言われたくないけど？

「わたくしを非常識だと言う前に、ご自分の発想の非常識さを自覚してくださいませ。あれは古代の、現在よりずっと神々が身近だった頃にエアヴェルミーン様と神々が協力して作り上げた大規模魔術ではありませんか」

それをアレキサンドリアで行うなんてどう考えても無理だ。古代のツェントがエアヴェルミーンを通じて神々の協力を取り付け、エアヴェルミーンの魔石を基点としていくつもの魔法陣を組み合わせて貴族院を成立させている魔法陣である。

「あのような規模のことを今の時代に行えるわけが……」

わたしはそこで言葉を止めた。何かが今頭の中で閃《ひらめ》いたのだ。

「ある、かもしれません」

「待ちなさい！　エアヴェルミーン様や神々の協力を取り付けに行くのは却下だ。他の方法を考えよう。君がこの騎獣の魔石をでき得る限り大きく広げ、そこに癒しの魔法陣を写し、クラリッサの広域魔術の補助魔術でできる限り範囲を広げた方がよほど確実ではないか」

自分で言い出したくせに、フェルディナンドはすぐさま却下を出した。わたしはうーん、と考え込んだ後、「グルトリスハイト」とメスティオノーラの書を出して検索する。

「……いいえ。エアヴェルミーン様や神々に協力をお願いしに行く必要はございません。だって、エアヴェルミーン様の欠片《かけら》ならばフェルディナンド様がもう持っています」

思い当たったようで、フェルディナンドが「アレか」と片方の眉を上げた。

「持て余している神々の御力もここにありますよね？」

わたしは自分の両手を開いて、見せる。

「これだけ苦しい思いをしているのですから、ちょっとくらい神々の御力を自分勝手に利用しても良いと思いませんか？　それに、古代の大規模魔術の復元自体にフェルディナンド様は興味があるでしょう？」

わたしがふふっと笑うと、フェルディナンドは「悠長に研究する時間などないぞ」と嫌な顔をした。けれど、何やらブツブツ言いながら新しい紙を取り出すのだから興味は非常にあるようだ。

「貴族院の魔法陣のように複数の属性でいくつもの効果がある魔法陣を重ねて設置するのではなく、土地を癒す魔法陣だけを広げていくならばそれほど難しくないと思うのです。ほら、フェルディナンド様も見てくださいませ」

わたしは古代の大規模魔術について書かれている自分のメスティオノーラの書をフェルディナンドに見せた。側近達がいるこの場でフェルディナンドが自分のメスティオノーラの書を出すことはできないからだ。フェルディナンドが少し頭を寄せて覗き込み、複雑な魔法陣を睨むように見つめて解析《かいせき》を始める。

「ふむ。これで範囲を決めているならば、礎に起点を置き、全ての境界門を終点として魔法陣を設置すればアレキサンドリア全体を覆えそうだな。基点に設置するエアヴェルミーンの魔石の代わりはアレで大丈夫なのか？」

「恒常性というか耐久性は落ちるでしょうけれど、神々の御力で魔石化させれば効力は問題ないと思いますよ」

「いや、一度きりで良いならば別の神々の御力を注ぐより、あのまま利用した方がここに書かれたやり方に沿うはずだ。実験を繰り返す時間も素材もない以上、できる限り元の魔法陣に忠実な形で再現した方がよかろう。失敗はできぬ」

フェルディナンドが手元の紙にものすごい勢いで何やら書き始めた。単語がダーッと並んでいるので覚書に近いものだと思う。書く手を止めずにフェルディナンドは口を動かす。

「ローゼマイン、朝食終了後には騎獣を片付けて城へ戻る。城の隠し部屋で基点にするエアヴェルミーンの欠片に魔法陣のコピペを行ってほしい。それ以外の時間は体力の温存だ。私の文官に命じて全てのギーベに通達を、それからハルトムートに神具を神殿へ戻させなさい。クラリッサやローデリヒに命じて貴族街の貴族達へ周知をさせよ」

「わかりました」

「レオノーレ、エックハルト。護衛騎士から各境界門へ見張りを出すことになる。その人選を行い、仕事の割り振りを考えるように。それから、側近達へ朝食後に城へ戻る旨《むね》の周知と準備を頼む」

「はっ！」

次々と指示を出していくフェルディナンドの声が一瞬遠くなった。熱の広がりを感じて、わたしは急いでメスティオノーラの書を閉じる。長時間使いすぎたようだ。

フェルディナンドが心配そうにわたしの顔を覗き込み、額や手首に触れて顔を顰めた。

「実際に境界門へ赴いて魔法陣の設置を行う部分は私が行うつもりだが、神々の御力を持ち、コピペで時間短縮が可能な君でなければ魔法陣の準備に非常に時間がかかる。どれだけ急いでも魔法陣を起動できるのは夜になるであろう。……あと一日、耐えられるか？」

「いつまでこの状態が続くのかわからなかった時に比べれば、ずっと気が楽ですよ」

へらりと笑ってみせると、フェルディナンドが「妙な強がりは止めなさい」と眉間に深い皺を刻み込む。だが、あと一日くらいならば何とかなると思うのだ。

「せめて、朝食後の移動や調合に備えて部屋で休みなさい。私も少し休みたい」

フェルディナンドは手早く資料類を片付け始めた。エックハルトがそれを手伝い始める。わたしは夕食後から寝ていて眠気があまりないので意識になかったけれど、フェルディナンドはほぼ徹夜状態だ。これで朝食後にまた動き回るつもりだろうか。

……「できるだけ急いでも夜」って言ってたから、休憩するつもりなんてないんだろうけど心配だな。


寝台でうつらうつらとしたけれど、あまり眠れないまま朝が来た。やはり魔力が回復していて、何とも言えない不快感と苦痛が増えていて、身食いの熱に翻弄されていた昔を思い出した。魔力がどんどんと増えて一人でベッドの中で苦しんでいたことは覚えているのに、他人と関わっているはずの記憶が思い出せない。

……記憶を取り戻せるのっていつになるんだろうね。

フェルディナンドは新しいツェントの継承式が終わったらと言っていたが、その継承式で神々の御力を得てしまった。眠れないし、苦痛だし、命に関わる事態なので、神々の御力を消す方が大事なことはわかっている。それでも、神々の御力が消せないし、なかなか魔力が減らなくて、苦痛と飢餓感に苛《さいな》まれていると、大事な人の記憶がない状態で死にたくないな、とも思ってしまうのだ。

……ダメダメ。今日こそは大規模魔術でこの神々の御力を全部使い切るんだから！

できるだけ不安に振り回されないように、わたしは意識して気持ちを切り替える。貴族が感情を抑えなければならないと教育されるのは、神々との距離が今より近かった頃に確立された対処法の名残《なごり》かもしれない。

朝食を終えると、わたし達は城へ戻った。側近達はそれぞれ指示のあった通りに動き始める。わたしはフェルディナンドの隠し部屋にいた。フェルディナンドにエアヴェルミーンの白い枝をランツェナーヴェのナイフで少し削って平らにしてもらい、そこに癒しの魔法陣をコピペで刻み込んでいくのだ。

「うーん、これは結構縮小しなければ枝に魔法陣が入りきらないので、最初は縮小の研究から始めなければなりませんね」

細かい魔法陣を描きたくなくて魔紙の上で縮小と拡大の実験をしようとしたら、フェルディナンドに冷たい目で睨まれた。

「君は馬鹿ではないか？　そのような時間はない。諦めて魔法陣を小さく描きなさい」

……小さく細かく描くのが苦手だから、縮小したいの！　そういうのが得意なフェルディナンド様が手伝ってよ！

喉元まで出かかったが、フェルディナンドは調合鍋に大量の魔石やら金粉やら貴重そうな素材を次々と投入しながら何かを作っている。「代わりに描いてください」とはとても言えない雰囲気だ。自力で何とかするしかないと覚悟を決めたところに魔紙が一枚飛んできた。

「この魔法陣を写せるか試してみなさい」

「わぁい！　さすがフェルディナンド様！」

大喜びでわたしは渡された魔法陣をいそいそとコピペしていく。癒しの魔法陣やエアヴェルミーンの枝を基点とするための魔法陣などを言われた通りに準備した。今の状態ではほとんど魔力も減らないので、魔法陣のコピペはすぐに終わる。

「終わりました、フェルディナンド様」

「では、神々の御力を込めた魔石の準備をしなさい。この魔石が神々の御力を受ける受け皿になる。魔術にはエアヴェルミーン様の欠片と魔石を接触させなければならない」

……ふむふむ。だったら、枝と魔石がくっついている方が良いかも？　持ち運びも便利だよね。

わたしは境界門用に全属性の魔石ばかりを集めて神々の御力を注ぎながら丸めてくっつけて円柱状に捏《こ》ねると、エアヴェルミーンの枝をガスッと刺した。枝が安定する形を模索した結果だが、意外と安定感があるし、枝と魔石が離れることもない。大成功ではないだろうか。

魔術の始点として礎の間に大きな物を、終点となる各境界門に小さい物を置くことになる。虹色レッサー君だった騎獣の魔石はすでに潰されてしまった。それを礎の間に置くために大きめのお盆のような形にして、エアヴェルミーンの枝を突き刺す。この底に魔法陣を刻み込んだら完成だ。

「できました。神々の御力の魔石に枝を刺して固定してみたのですが、いかがでしょう？」

「とても古代の大規模魔術を再現しようとしているとは思えぬ気軽さと、君らしい非常識なやり方だ。私ではとても思いつかぬ」

「お褒めに与《あずか》り恐縮です」

褒められたことにしておく。それが精神衛生上一番だ。

「準備が終わったのであれば、そこの長椅子で少し休んでいなさい。自覚があるのか無いのかわからぬが、顔色は良くない。できれば君の自室へ戻らせて寝台で休ませたいところだが、今は側近が足りぬであろう？」

わたしがフェルディナンドの隠し部屋に籠もって作業をすることで、側近達には少しの間休憩を与えているのである。二人がまとまって隠し部屋にいれば、扉の前を守る最低限の護衛騎士以外は休憩できる。

「フェルディナンド様こそ休憩が必要だと思いますよ」

「君の魔力が枯渇した後の準備を整えなければならないので、今は休めぬ。このまま問題なく準備が進めば、魔法陣を起動させる前に鐘一つ分は休めることになっている。問題ない」

……問題ないわけがないと思うんだけど。

真剣な表情で次々と調合をしているフェルディナンドをじーっと見つめる。顔に疲労の色が濃い。明らかに睡眠不足だ。それなのに、他の側近達が交代で休んでいる間も一人だけずっと動いている。あれだけ王族を自分の思う方向に転がせられるのだから、わたしを放っておいてエーレンフェストに帰ることもできたはずだ。それなのに、フェルディナンドは自分が苦労する道を選んだ。

「フェルディナンド様はどうしてわたくしのためにそこまでしてくださるのですか？」

「……どうして、とはどういう意味だ？」

不可解そうに問い返されて、何となく疑問を口にしただけだったわたしは急いで説明するための言葉を探す。

「フェルディナンド様はハルトムート達と違って、主としてのわたしに心酔しているわけでもありませんし、マティアス達のように処刑から逃れるために主を選んだわけでもないでしょう？　このような状況ですもの。名を返せと言われればすぐに返すのに、一度もわたくしに名を返すように言わないではありませんか。正直なところ、フェルディナンド様にこれだけのことをしていただける意味がわからないのですよ」

フェルディナンドは「意味か……」と少し考え込む。

「意味を問われると困る。私は君の家族同然なのだから当然ではないか。それ以上の理由が必要か？」

当然ではないかと言われて驚いた。家族同然とはそこまでする対象なのだろうか。

「本当の家族でもそこまでしないと思いますよ。騎士団長であるお父様は養父様のため、エックハルト兄様はフェルディナンド様のためならば何でもしそうですけれど、わたくしのためにはそこまで奔走《ほんそう》しないでしょう。コルネリウス兄様やお母様も親身にはなってくれますけれど、貴族の立場ではできないことの方が多いでしょう？」

貴族の家族はそういうものだ。いくら家族であっても個人より家や領地を大事にする。だから、普通は神々の御力で触れられないのが困るからという理由で名を捧げたり、神々に喧嘩を売ったりしない。

「フェルディナンド様は後見人ですから、家族同然といっても家族からかなり遠いのでは？」

わたしが首を傾げると、フェルディナンドはひどく苦い顔になった。

「ローゼマイン、君の家族は……」

「何ですか？」

「……いや、今は良い」

何かを言いかけたフェルディナンドが言葉を呑み込んで首を横に振った。その横顔がひどく傷ついているように見える。

「あの、フェルディナンド様？」

「私はここ二、三日の間、君の魔力消費量と回復量を確認してきたが、アレキサンドリア全体を覆う規模の魔法陣を起動すれば間違いなく枯渇する。今はあまり眠ることを恐れる必要はない。自室で休みなさい」

フェルディナンドは魔術具で扉の前にいる護衛騎士と連絡を取り、アンゲリカを呼んでもらう。わたしを隠し部屋から出して、自室で休ませるように命じた。

……追い出された⁉

何が彼の癇《かん》に障ったのかわからない。表情はいつも通りに見えるけれど、明確な拒絶を感じる。

怒らせたというよりは傷つけてしまったように思える。けれど、どうしてフェルディナンドが傷ついたのだろうか。何が悪かったのだろうか。フェルディナンドの記憶は失っていないはずなのに、大事な部分が繋がっていないみたいで据わりが悪い。隠し部屋へ戻っていくフェルディナンドに手を伸ばしたくなったけれど、何がいけなかったのかがわからなくて手を伸ばせないまま、わたしはアンゲリカに抱えられて目を閉じた。

起きると苦痛に苛まれることが嫌で仕方ない。体の内で膨れ上がっている神々の御力に辟易《へきえき》としながら、わたしはグレーティアに着替えさせてもらった。夕食を摂ったらすぐに大規模な癒しの魔術を行うことになっている。

わたしが今いるのはアレキサンドリアの礎の間だ。アウブの自室からアウブが持つ鍵で入れる小部屋を経由してやってきた。フェルディナンドに抱き上げられた状態で。

「礎の間って、本来はアウブ以外入ってはならないのですよね？」

「……まぁ、そうだが、魔力が枯渇することがわかりきっている今の君を一人にするわけにはいかぬし、ディートリンデからこの鍵を取り上げたのは私だ。それに、今の礎は魔力的に私をアウブと認定していると言ったであろう」

そのせいで、神々の御力に染まったわたしではアウブとしての仕事ができない。今回は礎の間を起点とする大規模魔術を行うことで魔力枯渇と、魔力の染め替えを行う予定だ。

「フェルディナンド様自身がアウブ・アレキサンドリアになることは考えないのですか？　自分の

求める研究施設を好き放題に作れますよ？」

すでに設置されている白い枝の前に跪きながらそう言うと、フェルディナンドはわたしのすぐ隣に座って薬品類を準備しながら鼻で笑った。

「自分で作らずとも君が作ってくれるのであろう？　私がアウブになる必要はない」

「アウブになれば図書館都市ではなく研究都市にできるのに、フェルディナンド様って本当に欲がないですよね？　欲深さだけ見れば、わたしの方がよほど魔王っぽいですよ」

「そうか？　我ながら最近はかなり欲が深くなっていると思うぞ」

クッと魔王のような笑みを浮かべて言っているが、とてもそうは思えない。

「フェルディナンド様は、図書館都市を建設して印刷される全ての本を自分の図書館に納め、いずれは全領地の図書館の蔵書を写して印刷し、全部わたくしの本にしてくれるわ。ほほほほ……って野望もないでしょう？」

「そのような野望を抱くのは君くらいであろう」

……えぇ？　全図書館制覇《せいは》は人類の夢だと思うけど。

わたしは自分の野望を諦めるつもりがないので、手始めにツェントの移動と共に王宮図書館から貴族院の図書館へ移される書籍の写本をさせてほしいとエグランティーヌに頼み込むつもりだ。

「君が己の野望を手にするためにも、その神々の御力を消し去らねばならぬ。始めよう」

野望の話をしている内にフェルディナンドの準備は整ったらしい。始めるように言われ、わたしは虹色に光っている盆状の魔石に手を触れる。魔力を注いでいくと、盆状の魔石の中に水が溜まっていき、水鏡のようになった。水は溢れる寸前で止まり、今度は真っ白だったエアヴェルミーンの枝が虹色に染まり始める。枝が完全に虹色に染まったと思ったところで、全属性の光が真っ直ぐに天井へ上がっていった。

……この光が領地を覆う魔法陣になるはずなんだけど……。

残念ながら、礎の間にいるわたしからは外の様子が見えない。そう思っていたが、全属性の光が

建物を突き抜けのか、水鏡に外の様子が浮かび始めた。

「フェルディナンド様、これ……」

「そのまま魔力を注ぎなさい。まだ魔法陣は完成していない」

「はい」

水鏡に映る光景は城にいる大勢の貴族達がシュタープを光らせて振っているところから、明かり

が多い貴族街を経て、平民達の下町へ移動し、真っ暗な海を映すようになった。真っ暗とはいって

も虹色の光に照らされて水面が揺れているのはわかる。どこまで行くのかと思えば、国境門の前に

ある境界門が映し出された。警備に就いているシュトラール、その他の騎士達の姿が映った。彼等

が驚きの表情で見上げている。

「夜空に魔法陣が描かれていく様子を見ているのであろう。間抜けな表情だ」

「わたくしがその場にいたら、もっと間抜けな顔だと思いますよ」

「さもありなん」

……そこは否定してほしかったよ。

水鏡に映る光景は騎士達の驚き顔から境界門にあるエアヴェルミーンの枝になった。その後はまた上空へ向かっていく。大きく広がっていく魔法陣に合わせて魔力がどんどんと魔法陣に吸い取られていくことで、少し熱が引いてきた気がした。

「今度はどこでしょう？」

「ダンケルフェルガーとの境界門であろう。陸地が近い」

その境界門へ枝を持って向かったのは、エックハルトと何人かの騎士だ。もしかするとエックハルトが呆然と空を見上げる間抜けな顔が見られるだろうか。少し期待したけれど、領地の境界門は二つの領地の騎士が詰めている場所である。何故か青いマントのダンケルフェルガーの騎士達が、アーレンスバッハのマントを着けている騎士達を押し退けて興奮の眼差しで空を見上げて騒いでいた。エックハルトは彼等がエアヴェルミーンの枝に触れないように必死に守っている。

……あぁ、ここの守りが一番大変かも。エックハルト兄様、頑張って。

フフッと笑っている間にまた次の境界門へ向かっていく。それと同時に魔力がぐんぐんと吸い取られていき、空腹状態が飢餓状態になってきた気がする。少し頭がくらくらとし始めた。

「次は旧ベルケシュトックとの境界門でしょうか」

少しでも自分の飢餓状態から気を逸らしたくて、わたしはフェルディナンドに問いかけた。

「おそらく。だが、そこにいるのは枝を守るラウレンツ達だけだ。別に面白い光景は見えぬぞ」

「旧ベルケシュトックの土地を守る騎士はいないのですか？」

「エアヴェルミーン様の枝を置きに行く時に、境界門は私が一旦閉ざした。領主会議の後、トラオクヴァール様がアウブとして赴任してから両方のアウブの力で開けることになる」

旧ベルケシュトック出身の貴族にはエーレンフェストに攻め込んだ者もいるし、ゲオルギーネやディートリンデに加担してフェルディナンドの執務の邪魔をしたり、不快な噂《うわさ》を嬉々として流したりする者も多かったらしい。

……あ、ラウレンツだ。

明かりもほとんどない暗い境界門でラウレンツと数人の騎士がエアヴェルミーンの枝を囲んで上を見ている。だが、彼等の表情は驚きのポカンではなく、感嘆の表情だった。

「間抜けな顔ではありませんね」

「おそらく空に広がっていく魔法陣がよく見えるのであろう。この境界門がある土地はあまり遮る物がなく、視界が広いからな」

「あ！　一人、空を見上げて神に祈りを捧げている騎士がいますよ。ちょっとハルトムートの教育が行き届きすぎではありませんか？」

「残念ながら大して行き届いておらぬ」

……いやいや、十分だよ。

心の中でツッコミを入れた途端、エアヴェルミーンの枝が映り、水鏡に映る光景が再び空に切り替わった。同時に魔力がグッと引き出され、急に寒くなってきた。もしかすると熱が下がってきたのではなく、魔力枯渇が近付いて自分の体内で熱が作れなくて体が冷たくなってきているのかもしれない。

……でも、ここで止められないよ。

そう思った時にフレーベルタークとの境界門に到着した。ここにいるのはマティアスと騎士達だ。フレーベルタークの騎士達もいるが、ダンケルフェルガーのようなお祭り騒ぎにはなっておらず、ただただ圧倒されたような表情で上空を見上げているだけだった。

「マティアスの珍しい表情が見えました」

最近は父親との一件があり、苦悩している顔や厳しい顔が多かったので、誇らしそうな笑みを浮かべているマティアスは珍しい。

「いつもそういう顔をしていてほしいならば、彼にとって君が誇れる主でありなさい」

「うーん、彼を苦しめる主になるつもりはありませんけれど、誇れる主は難しいですね。わたくし、最低限の義務以外は図書館と本に全力を尽くしたいので」

「……まったく君は」

苦笑いを浮かべたフェルディナンドが、わたしを見て軽く息を呑んだ。軽口を叩いて気を逸らしていても誤魔化せないほど顔色が悪くなってきているらしい。

「もう少しですから」

わたしの言葉に、フェルディナンドが伸ばしかけた手を止める。そう、もう少しなのだ。フレーベルタークとの境界門と、エーレンフェストとの境界門はかなり近い。あっという間に水鏡にはエーレンフェストの境界門との光景が映るようになった。そこにいるのはコルネリウスのはずだ。

「……おじい様？」

何故かボニファティウスが境界門にいて、コルネリウスを担いで振り回している様子が見えた。コルネリウスは成人男性で騎士だ。簡単に担げる大きさではない。

「昼間にジルヴェスターへ連絡したところ、貴族院の継承式を見に行けなかったのだから、境界門へは絶対に行くと言い張って飛び出したらしい。間に合うとは思わなかったが、コルネリウスを向かわせて正解だったな。他の者ではボニファティウス様の相手などできまい。いくら何でも興奮しすぎであろう」

フェルディナンドの呆れたような声にわたしは小さく笑ったつもりだった。しかし、声が掠れて笑い声にならなかった。少し眩暈《めまい》がして、意識してゆっくりと呼吸しなければならないほど、呼吸が浅くなっている。手足の先が痺れてきた。

「もう少しだ、ローゼマイン」

すぐ隣にいるはずのフェルディナンドの声が少し遠く聞こえる。目が霞《かす》んできた。暗い海を通って水鏡に映る風景がこの城に戻ってくるまで耐えきらなければならないのだ。何度も「大丈夫」と答えているつもりだけれど、声に力が入らず、盆状になっている魔石をつかんでいた手から力が抜けてくる。

「ローゼマイン、体の力を抜いて私にもたれかかっても構わぬから手は離すな」

隣に座っていたフェルディナンドがわたしの手を上から押さえ、力が抜けてきた体を抱え込む。普段は冷たく感じるフェルディナンドの手が熱いくらいだった。意識はあるけれど、もうわたしには瞼《まぶた》を上げる力がない。

「癒しと変化をもたらす水の女神フリュートレーネよ　側に仕える眷属たる十二の女神よ　我の祈りを聞き届け　聖なる力を与え給え……」

フェルディナンドが早口で祝詞を唱え始めたことで、魔法陣が無事に完成したことを知る。その祝詞を聞いても、体内にあったはずの神々の御力が動かない。魔力がほぼ枯渇したのだろう。体が冷たくなって動かないのに、わたしの心には「やっと終わった」という安心感が広がっていく。

……フェルディナンド様、後はよろしくお願いします。

祝詞を聞きながら、わたしは完全に意識を手放した。

エピローグ

城にある領主の部屋に「アウブとフェルディナンド様の夕食を昇降台で送ります」とオルドナンツが届く。グレーティア、リーゼレータ、ユストクスの三人は即座に隣の側近部屋へ移動した。

グレーティアは昇降台の作動音が止まるまで待って扉を開けると、昇降台に載せられているワゴンをグッと引いて取り出した。

「では、毒見を」

厳しい目をしたユストクスにそう言われ、グレーティアはリーゼレータと一緒に主の食事の毒見を始めた。二人とも食器や皿を検出用の薬品が付いた布で拭ったり、食事を一口分だけ取り出して薬品で検査したりと、側仕えコースの講義で教えられた通りならばできる。だが、ユストクスに教えられる毒見は通り一遍ではなく、もっと細かい。

「アルスピウムが入っているスープには注意が必要です。そのままならば無害ですが、ドルヒュが皿に塗られているとアルスピウムと反応し、有毒化することがあります。スプーンで少しだけすくって布に落とし、こうして皿の縁につけて確認してください」

ユストクスは貴族院の講義で習わなかった様々な種類の毒について教えてくれる。特にアーレンスバッハ特有の動植物やランツェナーヴェから持ち込まれた物に関する知識は、今後アウブになるローゼマインの側仕えとして、グレーティアやリーゼレータも覚えなければならない。

……フェルディナンド様の側近は毒に詳しすぎるのです。

グレーティアの脳裏には、エーレンフェストに残されているラザファムの顔が浮かんだ。彼は物腰が穏やかで、柔和《にゅうわ》な笑みを浮かべて図書館に平民を受け入れられる貴族だ。だが、食事の準備をする時はローゼマインの専属料理人さえ完全には信用していない。避難中に手伝いを申し出た平民女性達が作った料理も当然調べていたし、作業が終わった後の厨房《ちゅうぼう》や食器に毒になり得る物が残されていないか徹底的に調べていたことを思い出す。

その時にエーレンフェストの食材では何に気を付けるのか、グレーティアとリーゼレータはラザファムから教えられ、今後の移動先では一層気を付けるように忠告された。城の料理人が作るし、その場にいる全員が同じものを食べるからといって、毒見の手を抜いてはならないし、余所の特殊な食材の知識を早急に得るように、と。

……あの時はまだ中央へ移動する予定でしたから、少々大袈裟に思えたものですけれど……。

今はその忠告が骨身に染みている。それはここがアーレンスバッハだからだ。ここにはディートリンデに味方していた貴族、エーレンフェスト籍のローゼマインが自領の礎の魔術を奪ったことを苦々しく思っている貴族がいる。

レティーツィア本人とその周囲はともかく、彼女の意思に反してレティーツィアを次期アウブとして持ち上げるためにローゼマインを排斥《はいせき》しようと考える貴族などもいるそうだ。彼等の目的はばらばらだが、領主会議でツェントから正式に認められ、ローゼマインがアウブに就任する前に排除したいと考えている点では結束していると聞いた。

……それらの情報もフェルディナンド様の側近から教えられたのですけれど。

先に移動して一年半、この土地特有の動植物や毒物について調べてきたフェルディナンドやユストクスがいたことは、未成年の女性アウブとして侮《あなど》られがちなローゼマインとその側近にとって幸いだったとグレーティアは心から感謝している。

「これは少しだけ口に入れ、布に吐き出してください。皿にアーズィレッセの果汁を塗られていた場合、唾液《だえき》と反応して体内に入ってから有毒化する場合があります」

細かい毒見を終えると、ようやく主のところへ食事を運べる。普段ならば食堂でレティーツィアも含めて夕食を摂ろうとするローゼマインだが、今日は食堂ではなく領主の自室でフェルディナンドと二人だけで食べることになっている。夕食を終えたらすぐに始める大規模魔術の準備で二人の護衛騎士達が出払っているため、出入りする者を制限できる領主の居住区域に籠もっているからだ。

現在そこに入れるのは、エーレンフェストの貴族だけである。たとえフェルディナンドの側近であっても、アーレンスバッハ出身の者達は排除されている。婚約式さえ終えておらず、正式な婚約者ではないフェルディナンドを領主の居住区域へ入れることに苦言を呈《てい》する貴族もいるが、彼等は完全に無視されている。まだ信用できるアーレンスバッハの貴族を判別できていないし、これから大規模魔術を行うためにはフェルディナンドの存在が必要不可欠だからだ。

「名を捧げた者以外は下がれ」

夕食を終えると、フェルディナンドから名捧げ側近以外は退室を命じられた。リーゼレータが食器を載せたワゴンを押しながら退室していき、レオノーレやアンゲリカは扉の内側から外側へ移動していく。

「グレーティア、ローゼマイン様が礎の間から戻られたらオルドナンツで呼んでくださいませ」

本来ならばアウブが礎の間へ向かう際、領主の部屋へ立ち入りが許されるのは領主一族傍系の上級側近だけだ。しかし、ここには領主一族の傍系から程遠いグレーティアが残されている。他の名捧げ側近達は大規模魔術の準備のために出払っているからだ。

「フェルディナンド様が礎の間に入るのも、本当はダメなのでしょう?」

退室していく側近達の背中を見ていたローゼマインが不安そうな顔になった。領主一族の傍系の上級側近は入室を許されるが、礎の間に繋がる扉を開ける時にはアウブ以外は側近部屋に隔離されたり衝立《ついたて》で目隠しされたりして、アウブが一人で入るものらしい。けれど、今回はフェルディナンドが礎の間まで同行する。例外だらけだ。

「どうせアレキサンドリアとして城ごと全て作り直すのだ。君が口外を禁じられる相手であれば、今は問題ない。だが、城を作り直した後は不可だ。私は自分にも、名捧げ側近にも、今回のような例外を許すつもりはない」

必要があると判断すれば例外を押し通すことに躊躇いのないフェルディナンドは平然とした顔でそう言い、彼が持っている名捧げ石を一つ手にした。

「ユストクス、アーレンスバッハの礎の間に関する全ての情報の流出を禁じる。……ローゼマイン、君も私とグレーティアに命じなさい」

　名捧げ石を使って命令を下すように迫られたローゼマインは、ものすごく嫌そうに顔を顰めた後で腰に下げている籠の石に触れた。彼女は何人もの側近から名を受けているが、基本的に名捧げ石を使った命令を嫌っている。それとは逆に、フェルディナンドは多用しているようにグレーティアの目には見えた。

「フェルディナンド様とグレーティアにアーレンスバッハの礎の間に関する全ての情報の流出を禁じます」

「かしこまりました」

　フェルディナンドは魔石と鍵を持って、礎の間に繋がる扉を開けた。アウブの代わりをする時、彼はいつもローゼマインの魔力で満たされた魔石を手にしている。貴族院の教師が王族の魔石を預かる時と同じようなものだとグレーティア達は説明を受けた。それが本当に正しいのかどうか、領主候補生コースの講義を受けていないグレーティア達にはわからない。

「ローゼマイン、手を」

　フェルディナンドの差し出した手にローゼマインは自分の手を乗せ、ゆっくりと足を踏み出す。

「いってらっしゃいませ、ローゼマイン様。お休みできるように準備して、お戻りをお待ちしております」

　少し振り返ったローゼマインが了承するようにニコリと微笑む。その微笑みは神々の御力に翻弄されるようになった二、三日で急激にやつれていた。疲労を隠せていない。最も近くで仕えているグレーティアにはとても痛々しく思えてならない。

……何故ローゼマイン様がこのような大変な目に遭わなければならないのですか⁉

神々の理不尽に怒りを覚える。それらの感情を押し隠し、グレーティアは主に普段通りの姿を見せるために微笑んだ。


二人が入ると同時に、扉は勝手に閉まっていく。主の姿が完全に見えなくなると、グレーティアの視界が不自然に歪んだ。青緑の目に溜まった涙を軽く押さえ、ゆっくりと目を閉じてから深く呼吸をし、乱れた感情を抑える。

「ユストクス様、わたくしはいつも通りに笑えていたでしょうか？」

「問題ないと思いますよ」

ローゼマインの魔力を大規模魔術で意図的に枯渇させ、限りなく神々の御力が少なくなったところで、魔力を以前のものに染め直すと聞いている。限りなく死に近付ける以外に神々の御力を薄めることはできないそうだ。特に今のローゼマインは複数の神々の御力を込められている状態で、それぞれが膨れ上がると御力同士が反発し合って耐え難《がた》い苦痛をもたらし、人の体には過ぎた御力で死ぬらしい。

……神々は本当に何ということをしてくださったのでしょう。

生きるために自ら死に近付かなければならない辛さを思うと、グレーティアは堪らない気持ちになる。同時に、ローゼマインを生かすための道筋を必死に探し、実行してくれるフェルディナンドの存在は非常に心強い。

「ローゼマイン様の魔力で完全に染められた魔石や金粉から作った液状魔力を使うとフェルディナンド様はおっしゃいましたが、そのようなことが本当に可能なのですね」

液状魔力を作るには、水から雑多な魔力を抜いて自分の魔力を溶かし込んでいかなければならない。作製する過程で絶対に作製者の魔力が入るため、液状魔力は自分以外に作れない物だとグレーティアは思っていた。それなのに、フェルディナンドはローゼマインの液状魔力を作り上げた。

「上級貴族ならばできるのですか？」

「私にもできません。フェルディナンド様ですから」

どうしたらできるのか他の文官達も訝っていたが、実際にフェルディナンドが作製した液状魔力と以前のローゼマインが染めた魔石に含まれる魔力は同じだった。もちろんほんの少しの違いはあるが、普段も行動によって魔力には多少の揺らぎがある。その程度の誤差なので、ローゼマインの魔力と判断して魔力の染め直しに使っても問題ないとユストクスやハルトムートが判断していた。

「ローゼマイン様のためにできることの少ない自分が腹立たしく思えます」

「フッ……。フェルディナンド様と比べれば誰でも同じでしょう。リーゼレータとハルトムートも二人いれば多少は医者の真似事ができるようになってきたけれど、フェルディナンド様に対処方法を教えられた範囲のことしか上手くできないと嘆いていましたよ」

それはグレーティアも知っている。新しい事態の予防や急な状況の変化に対応できず、主に負担をかけ、フェルディナンドに敵《かな》わないことを歯痒く思っている側近はグレーティアだけではない。

「ローゼマイン様が一番信頼していらっしゃるのはフェルディナンド様ですよね。一年半も不在でしたのに……」

グレーティアはフェルディナンドがアーレンスバッハへ移動してから側近入りしたせいか、彼が常にローゼマインの側にいて様子を見ている今の状況に馴染みがない。それに、あれだけ気を配ったり対処したりしていたハルトムートでさえ代わりになれなかったのが信じられない。

だが、ユストクスは「たった一年半ではありませんか」と笑った。ユレーヴェに浸《つ》かっていた期間にも満たない短い時間だ、と。

「フェルディナンド様は神殿にいた頃から脆弱《ぜいじゃく》だった姫様の立場と健康を守り、領主の養女として生きていけるように教育して導いていましたからね。そう簡単には誰も代わりになれませんよ。もしかすると伴侶ならば越えられたかもしれませんが、フェルディナンド様が婚約者になるのです。この先、フェルディナンド様に代われる者は出てこないでしょう」

わかっているけれど、どうにも面白くない。そんなグレーティアの不満が顔に出たようだ。ユストクスが軽く片方の眉を上げた。

「不満そうですが、グレーティアはフェルディナンド様の何が気に入らないのですか？」

「フェルディナンド様が気に入らないのではございません」

グレーティアは即座に否定した。フェルディナンドを最優先に考えている名捧げ側近の前で不満を漏らすほど愚かではないし、そもそもフェルディナンドに不満などない。何に巻き込まれるかわからない主の面倒を見る上で、彼より上手く対処できる者はいないと思っている。

「わたくしはローゼマイン様に人生を救われ、名を捧げました。その恩返しができない己の無力さが不満なのです」

そっとグレーティアは目を伏せた。今の自分では神々の御力に翻弄されている主を助けられない。

「貴女の人生を救ったのは貴女自身です。よくあれだけの扱いを受けていて、逃げ出そうと決意し、実行できたと思います。貴女は自分の選択と実行力を誇って良い」

ユストクスの言葉に、グレーティアは息を呑んだ。

「……ユストクス様はわたくしの事情をご存じなのですか？　どなたからお聞きに……？」

グレーティアはローゼマインにも側近仲間にも全てを語ったわけではない。どこまで何を知っているのか警戒するグレーティアを見ながらユストクスは軽く肩を竦めた。

「フェルディナンド様が領地の貴族について調べないと思いますか？　特に子供部屋の中は大人の目が届かない場所になります。姫様が子供部屋に出入りする前に、全員の詳細を調べていますし、名を捧げようとする貴族は更に詳しく調べました。だから、知っていますよ。貴女の魔力感知の発現がいつだったのかも、貴女の就職先も……」

◆

グレーティアは中級貴族出身の青色巫女と青色神官の間に生まれ、母親の実家の離れで洗礼式まで育った。神殿から実家へ連れ戻された母親は、花捧げの灰色巫女と同じような扱いを受けていて、「神殿の子」である自分も同じ生き方を求められるのだろうとグレーティアは漠然《ばくぜん》と思っていたのである。

しかし、彼女は離れから出され、生母の兄とその第一夫人を両親として洗礼式が行われた。理由はいくつもある。粛清と中央への移動によって貴族が不足したこと、下働きにする予定の子供達の中で魔力量が一番多かったこと、政略結婚に使える娘を必要としていたことなどだ。

グレーティアは貴族になったものの、その生活は洗礼式前より厳しくなった。基本的に放置されていた離れの生活と違って、本館の兄弟達には「神殿の子」と言われ、些細なことで難癖を付けられ、成長し始めてからは早熟な体をからかわれ、ずっといじめられることになったのである。

それでも、政略結婚の駒《こま》として育てられていたグレーティアには、いずれ家を出られるという希望があった。外に出れば普通の貴族の娘として扱われる。親子ほどの年の差があっても構わない。グレーティアはそう思っていた。

けれど、希望は叶わなかった。魔力感知の発現したグレーティアの前に集められたのは、愛妾《あいしょう》を求める男達だった。彼等の妻や娘の側仕えとして雇われる、彼等の愛妾。それがこれから先のグレーティアの立場になるのだ。「神殿の子にピッタリの仕事だ」と父親は言い、高値を付けたギーベ・ヴィルトルに売り飛ばされた。

ギーベ・ヴィルトルとその長子は粛清によって処刑されたが、あの二人に蹂躙されたグレーティアに明るい未来などない。実家にいたところで更にひどい扱いになると判断し、ローゼマインに名を捧げ、庇護《ひご》を求めたのである。

「ギーベ・ヴィルトル達が処刑された以上、貴女の過去を完全に知っているのはフェルディナンド様と名捧げ側近である私達三人、それから、貴女の家族だった者達くらいでしょう」

それはグレーティアが思っていたよりもずいぶんと少ない人数だった。

「コルネリウスやハルトムートも名捧げ側近の背景を調べていたようですが、彼等が入手したのはまだまだ表面的な部分だけでしたね。派閥《はばつ》の壁を越えられるほどの情報収集力が当時はまだなかったからだと思います。今ならばもっと深掘りできたでしょう」

ローゼマインと他の側近達は、ハルトムートが入手した情報とグレーティアの言葉にあまり差異がなかったことで、それ以上の深掘りはしていないと言われ、彼女は胸を撫で下ろした。

「わたくし、ローゼマイン様に名を捧げてお仕えしていても、全くお役に立てている気がしません。フェルディナンド様がいれば他の者は必要ないように思えるのです。それがわたくしにはどうにも歯痒くて、ローゼマイン様に頼られるフェルディナンド様が羨ましくて、何かしら勝てる部分が自分にも欲しいと思ってしまいます」

尊敬しているけれど、悔しいのだと愚痴《ぐち》を零すグレーティアに、ユストクスが「その気持ちは少しわかります」と頷いた。まさか側仕えとしても文官としても優秀で、騎士達と行動を共にすることも許される有能な彼に同意されると思わず、グレーティアはぽかんと彼を見上げた。

「私も名を捧げてフェルディナンド様にお仕えしていますが、自分の主を救うことに関しては姫様に負けっぱなしですから。主の平穏と健康が向上するのは嬉しいですが、少々悔しいです」

戯《おど》けた言い方に、グレーティアの口から「ふっ……」と思わず笑みが漏れた。有能で完璧に仕えているように見えるユストクスでも自分と同じような思いをしながらお仕えしているのだとわかって、気持ちが楽になった。


「あぁ、始まりましたね」

ユストクスの声に、グレーティアも窓へ視線を向ける。外が緑の光で夜とは思えないほど明るくなったのがわかった。同時に、興奮した歓声が外から響いてくる。だが、窓の方向が悪くて何が起こっているのかグレーティアからは見えない。ユストクスと「どうなっているのでしょうね？」と言っている中にオルドナンツが飛び込んできた。グレーティアの腕に停《と》まって嘴《くちばし》を開く。

「ハルトムートです。城から一条の緑色の光が空へ向かって高く、高く伸びていきます。貴族達にローゼマイン様の素晴らしさを知らしめる絶好の機会ですが、一目で素晴らしさがわかるせいで、私の出番はあまりないかもしれません。しかし、ローゼマイン様の奇跡の全容を見られないユストクス様とグレーティアに代わり、私が全てを見届けたいと思います。あぁ、国境門に向かって光が飛び始めました！　ローゼマイン様に祈りを！」

興奮を隠す気もないハルトムートの声と一緒に、驚嘆《きょうたん》の声や歓声を上げる周囲のざわめきも聞こえてくる。外はずいぶんとお祭り騒ぎになっているようだ。

「大規模魔術の全容を見られるとは腹立たしい。この部屋からでは空に広がり始めたであろう魔法陣がまだ見えないではありませんか」

ユストクスがそう言いながら、窓にベッタリと貼り付いて少しでも大規模魔術の様子を見ようとしている。先程までと違って有能な側近とは思えない様子に、グレーティアはどのように声をかければ良いのか一瞬悩んだ。

「あの、外の様子はハルトムートやクラリッサが映像の魔術具で撮ってくれるはずです」

「神話時代の再現とも言える大規模魔術ですよ。自分の目で見たいではありませんか！」

そのように力強く主張されても、グレーティアは礎の間にいる主の様子の方が気にかかる。確かに大規模魔術を見たい気持ちも多少はあるが、窓に貼り付くような情熱はない。

グレーティアがユストクスの奇行に驚いている内に次のオルドナンツが飛んできた。今回、領主の部屋で待機を命じられているグレーティアが全てのオルドナンツを受け取ることになっている。ユストクスも領主の部屋で待機しているが、彼は何か起こった時に部屋から出て動くため、オルドナンツ係ではない。

「シュトラールだ。境界門に光が飛んできて、巨大な魔法陣が上空に広がり始めた。方向を考えると、次はダンケルフェルガーとの境界門だろう」

簡潔《かんけつ》なオルドナンツだったが、その声は驚きに満ちていた。白い枝の刺さった虹色魔石の円柱を渡され、境界門へ持っていくように命じられたシュトラールは、今回の大規模魔術が本当に成功するのか懐疑《かいぎ》的だった。彼が驚くような光景が広がっているらしい。グレーティアも少し外を見てみたくなった。窓に貼り付いたままのユストクスを見た途端、その気持ちは消えたが……。

「あ、オルドナンツ」

それほどの時間をおかず、ダンケルフェルガーとの境界門にいるエックハルトからオルドナンツが飛んできた。

「エックハルトだ。こちらに緑色の光が到着し、上空には魔法陣がどんどん広がっている。それにしても、ダンケルフェルガーの騎士が……だから、近寄るなと言っているではないか！　もっと離れろ！」

エックハルトのオルドナンツからは騎士達が大騒ぎしている声が聞こえてくる。ダンケルフェルガーの騎士達を蹴散《けち》らすエックハルトの姿が見えるような気がして、今更ながらエックハルトがダンケルフェルガーとの境界門へ向かわされた理由がグレーティアにもわかった。

……マティアスやコルネリウスには荷が重いとフェルディナンド様が却下するはずですね。

「おおぉぉ！」

ユストクスの大声に、グレーティアはビクッとした。

「魔法陣がここからでも見え始めましたよ、グレーティア！　北から東へ向かって進んでいきます」

ユストクスは「見ますか？」と誘ってくれたが、ハァハァと荒い息を吐きながら嬉しそうに窓に貼り付いている彼の隣に立つ気にはなれなくて辞退する。正直に言うならば、怖いのだ。

「わたくしはこちらでオルドナンツを待ちます」

それほどの時間を置かず、旧ベルケシュトックとの境界門にいるラウレンツからのオルドナンツがやって来た。

「ラウレンツだ。こちらの枝に光が到着し、広がっていく。次はエーレンフェストとの境界門かな？　本当に素晴らしい光景だよ。この大規模魔術の恩恵《おんけい》から外された旧ベルケシュトックの貴族達が可哀想だという声もある」

グレーティアは思わず顔を顰めた。アーレンスバッハの貴族から旧ベルケシュトックの貴族が可哀想という声が上がるのはわかる。だが、旧ベルケシュトックの貴族達はエーレンフェストに攻め入った者達だ。ローゼマインが彼等を救う必要などないと思う。

……救ったところで、逆恨《さかうら》みしてきそうですもの。

グレーティアは王族との話し合いの前に側近達と意見交換をした時のことを思い出す。それまでアーレンスバッハが管理してきた旧ベルケシュトックの半分をアレキサンドリアにするかどうか、フェルディナンドに意見を求められたのである。

彼の側近でアーレンスバッハ出身の者は「領地を広げられる時に広げておいた方が良い」とか「この十数年で親族も増えているので……」という意見も出たが、エーレンフェストの側近達は全員が不要とした。

……ローゼマイン様が命を削っている大規模魔術を敵に与える必要なんてありません。

グレーティアは窓に貼り付くほど近付かなくても見えるようになった上空の魔法陣に眉を寄せた。とてもローゼマイン一人で展開しているとは思えない規模の魔法陣である。領地の全てを一度に癒す大規模魔術はとても美しいけれど、命が削られていると思うと恐ろしい。広がっていく魔法陣が怖くて、グレーティアは窓から礎の間に繋がる扉へ視線を向けた。

扉を見つめるグレーティアのところにオルドナンツが飛んでくる。

「マティアスだ。無事に光は届いた。素晴らしい光景だ。ハルトムートのようにローゼマイン様に祈りを捧げたくなる」

……我慢せずに捧げれば良いのでは？

グレーティアはコテリと首を傾げた。ローゼマインが神の御力に染められてからというもの、名捧げ側近達は忠誠心を掻き立てられ、時々跪きたい衝動に駆られる。コルネリウスは「名捧げ側近がハルトムート化した」と言うが、まさにその通りの現象がグレーティアにも起こっている。名を捧げ、己の全てをかけてお仕えできることを誇りに思っているし、以前よりずっと心酔している自覚があるのだ。

……今だからこそ、最悪の場合は道連れと言われても怖くないのかしら？

グレーティアが考え込んでいる間にオルドナンツが飛んできた。

「コルネリウスだ。光はエーレンフェストとの境界門に届いた」

内容は簡潔だが、コルネリウスの声は不自然に揺れて途切れ途切れだし、「うおおおぉぉぉ！ローゼマイン！」と叫んでいるボニファティウスの声が非常に近い。

……ボニファティウス様の記憶はローゼマイン様に残っていらっしゃるのかしら？

グレーティアはローゼマインに様々な記憶が欠けていることを知っている。女神が降臨した代償だと聞かされた。それを取り戻すことが簡単ではないと、フェルディナンドの態度から察した。

……ローゼマイン様は断たれた記憶を取り戻したがっていらっしゃるけれど。

記憶が断たれたことは残念だが、今のところ生活に不都合はないように見える。それに忘れていることがあっても、これから再び積み上げていくことはできる。記憶を繋ぎ直すことに苦労したり、辛い思いをしたり、危険な目に遭ったりするならば、無理して取り戻さなくても良いとグレーティアは思っている。主が主であることに変わりはない。

「あぁ、見えない！　これ以上は変化が見えない！　先程エーレンフェストとの境界門からオルドナンツが来ていましたね？　ならば、そろそろ終わるのでしょうか？　完成した魔法陣をこの目で見たいです。はるか上空から見たらどのようになっているのでしょう」

ユストクスの声でハッとして、グレーティアは窓から空に広がる魔法陣を見つめる。こちらからはもう変化が見えないけれど、まだ大規模魔術が完成したわけではないはずだ。祈るような気持ちでクラリッサからのオルドナンツを待つ。

グレーティアはローゼマインの体が心配でならなかった。窓の外より、礎の間の中が気になるのだ。魔力は足りるのだろうか。途中で尽きたり、逆に余って魔力枯渇に持ち込むのを失敗したりしないのだろうか。

そんな嫌な想像ばかりしてしまうせいか、フェルディナンドの言葉が脳裏に蘇ってくる。

「魔力をギリギリまで枯渇させるのだ。死の危険もある。その際は名捧げ側近も共にはるか高みに続く階段を上がることになる。最悪の事態を覚悟しておくように」

それは大規模魔術の前に、主が死ねば共に逝《ゆ》くことになる名捧げ側近だけに知らされたことだ。

コルネリウスやレオノーレは薄々察しているだろうが、面と向かって言われたのは名捧げ側近だけである。

「死なば諸共。私も、名を捧げた其方等も、新しいツェントも、ユルゲンシュミットも、全て道連れだ」

グレーティアの一部はユルゲンシュミットを道連れにするなど狂気の沙汰だとフェルディナンドを批判するけれど、別の一部はフェルディナンドの狂気に賛同する。

……ユルゲンシュミットの滅亡を神々が本気で厭うならば、神々がローゼマイン様を生かせば良いだけですものね。

いくらたくさんの祈りと魔力を捧げるローゼマインを特別に気に入っているからといって、神々は干渉しすぎなのだ。子供の体を急成長させたり、限度も考えずに神々の御力を注いだりするものではない。

……ユルゲンシュミットの危機に、愚行を犯した神々は少し反省なさいませ。そして、ローゼマイン様が死なないように力を尽くせば良いのです。

グレーティアは主の命とユルゲンシュミットを秤《はかり》にかけられた場合、迷わず主の命を選択する。自分を救ってくれなかった神々より、救ってくれたローゼマインに感謝しているからだ。

……わたくしはきっとローゼマイン様の側近以外にまともに生きられる道がありませんから。

未成年のグレーティアはローゼマインが死んだ時に残されると、実家へ戻される。それに比べれば、主と共に死ねる方がよほど良い。そんなことを考えていたグレーティアのところに待望のオルドナンツが飛んできた。

「クラリッサです。グレーティア、完成しました！　大成功です！　完全に領地の空を覆っています！　緑色の光が降り注ぎ始めました。神秘的で非常に素晴らしいです！　さすがローゼマイン様！　わたくし達の女神の化身！」

クラリッサのオルドナンツからは大規模魔術の成功に興奮する周囲の様子が伝わってくる。グレーティアはその成功に安堵した。

「ユストクス様、成功したそうです」

「あぁ、どのような様子なのか気になります。ちょっとだけ外に……いえ、魔術が成功したのでしたら、すぐにでも出てくるでしょう。我々は動けませんね」

残念そうにそう言った後、ユストクスは礎の間に繋がる扉に視線を向けた。グレーティアもつられてそちらを向く。

だが、扉は全く動かない。

喜びの感情は束の間のこと。成功の喜びを、二人が出てこないことに対する不安が塗り替えていく。グレーティアはじりじりとした気分で扉を見つめていた。

「……ローゼマイン様は大丈夫でしょうか？」

「大丈夫ですよ。私の主が付いているのですから」

そう言うユストクスの横顔からは先程までの興奮が完全に消えている。あまり良くない兆候《ちょうこう》だと感じて、グレーティアの喉がゴクリと鳴った。

……何か、何か、今の内にできること……。

じっと扉を見つめるだけの時間に耐えられず、グレーティアは忙しなく周囲を見回した。体を動かしていれば少しは気が紛れるかもしれない。けれど、いつローゼマインが出てきても良いように準備は万端だ。テーブルには全種類の回復薬が並んでいるし、寝間着や寝台の準備も終わっている。何もすることがない。

「グレーティア、扉は私が見ているのでお茶を淹れてくれませんか？」

「はい、すぐに」

グレーティアは側近部屋に飛び込んだ。じっと待っていられない彼女のために、ユストクスがくれた仕事だ。カップとポットを温め、お茶の葉を取り出し、ポットに淹れてお湯を注ぐ。いつも通りの仕事なのに、何故か難しく感じてしまう。手が震えるせいで上手くいかない。温まったカップを手に取ったところで、オルドナンツが飛んできた。

「リーゼレータです。大規模魔術は成功しましたが、ローゼマイン様は礎の間からまだお戻りになりませんか？」

グレーティアはビクリとした。別室で待っているリーゼレータや扉の外で待機しているレオノーレ達も、きっと何の連絡もないことに焦りと不安を感じているはずだ。けれど、何と返せば良いのかわからなかった。自分の抱えている不安を全てぶちまけたいけれど、心配しなくて良いと言ってあげたい。

……早く戻ってきてくださいませ、ローゼマイン様。皆が待っているのです。

不意にローゼマインの言葉がグレーティアの頭を過った。

「自分のためではなく、他人のために祈るのですよ。それが祈りの基本なのです」

かつて、グレーティアは自分を救ってほしいと神に祈った。けれど、いくら祈ってもそれが叶うことはなかった。それは自分のための祈りだったからだろうか。限度を知らない困った神々だが、ローゼマインが遭った現象によって実在することはグレーティアも理解した。

……誰かのために、ローゼマイン様のために祈るならば、もしかすると神々に伝わるかもしれません。

何でも良い、何かに縋りたかったグレーティアはカップを握ったまま神に祈る。

講義のためでもなく、御加護を得るためでもなく、誰かに言われたからでもない。ただひたすら他者のために、心から、自発的に、本来の意味で行う、グレーティアにとっての初めての祈り。

「ローゼマイン様がご無事で戻りますように」

閑話　継承の儀式

今日は新しいツェントにグルトリスハイトの授与が行われます。本来ならばツェントやアウブの就任式は領主会議で行われるため、未成年は入れません。けれど、今回は女神の化身が新しいツェントにグルトリスハイトを授与する継承の儀式で、過去にも事例がありません。また、現在は神事の重要性が見直されています。神殿や神事への忌避感を改革するため、今回に限っては洗礼式を終えた子供であれば参加が許可されました。

「予想したほど、貴族院入学前の方はいらっしゃいませんね」

わたくしはダンケルフェルガーの領主一族が座る観覧席から講堂の中をできるだけゆっくりと見回しながら言いました。

わたくし自身は女神の化身となったローゼマイン様から直接ご招待をいただきました。王族とのお話し合いの中で、お願いしてくださったそうです。わたくし、間が悪いので絶対に無理だろうと諦めていました。これはきっと時の女神ドレッファングーアのお導きでしょう。

……わたくしの間の悪さが少しずつ改善しているようです。ドレッファングーアに祈りを捧げましょう。

側仕えのコルドゥラが作ってくれたお守りを握って祈りを捧げていると、お兄様がダンケルフェルガーの領主一族の席に並んで座っている第二夫人の娘を見下ろし、フンと鼻を鳴らしました。

「子供の姿は少なくて当然ではないか。領主会議に子供を出席させるようなものだからな。貴族院にさえ入学していない洗礼式直後の子供を、王族が集《つど》うような場へ連れてこられるアウブなど早々いまい。ダンケルフェルガーでもアレを連れてくるかどうか散々話し合ったくらいだぞ」

お父様の第二夫人には洗礼式を終えた子供が二人います。その二人のうち妹であるルングターゼは参加がすんなりと決まりましたが、兄であるラオフェレーグは他の方々に失礼がないように参加を見送ることになりました。

ちなみに、お兄様は「私は次期アウブだからこそ、新しいツェントや女神の化身と交流を持つためにもグルトリスハイトを継承する場には同席しなければならない」と言い張り、伯父《おじ》様や叔父様に留守をお願いしてこの場に来ています。

エグランティーヌ様とローゼマイン様の奉納舞があると両親から聞かされた時から、目の色を変えて主張し始めたので、本当の目的は誰の目にも明らかです。筆記具を講堂へ持ち込まないという約束をお母様がさせ、今朝は何度も持ち物の確認をされていました。

……成人している次期アウブがこのような状態ですもの。この場に連れてこられる子供達は少ないでしょうね。

「だが、提案者であるエーレンフェストはしっかり連れてきているな。この場で神殿長の衣装を着ているなど、ずいぶんと目立つではないか」

神殿長の儀式服を着て座っている幼い領主候補生メルヒオール様の姿が見えました。わたくしはエーレンフェストの祝勝会へお招きを受けたので面識があります。

「メルヒオール様はローゼマイン様の後任として神殿長に就任されたそうですよ」

誇らしそうな笑顔で「ローゼマイン姉上のような神殿長になりたい」と語っていたメルヒオール様を見れば、ローゼマイン様が養女だから冷遇されて神殿に入れられていたわけではなく、エーレンフェストでは領主一族の誰かが神殿長になることが当然なのだとわかりました。

「ふん。これから神事や神殿の重要性を押し出していく時に神殿長か。つまり、あの者がエーレンフェストの次期アウブになるのではないか？　婚約者を奪われ、弟に次期アウブの座を奪われかけているというのにヴィルフリートは呑気そうに笑っている場合ではなかろう」

お兄様はエーレンフェストの領主一族が座る場を見ながら毒づきます。

「婚約者を奪われたとおっしゃいますけれど、エーレンフェスト内では領主会議を終えたらローゼマイン様が王の養女となり、次期ツェントに嫁ぐというお話が周知されていて、すでに婚約解消が内々では決まっている状態だったのですよ」

エーレンフェストの祝勝会でわたくしが見聞きしたことを伝えます。婚約の解消自体は王とアウブが決めたことなので、ヴィルフリート様にはどうしようもありません。

「それに、エーレンフェストでは神殿長に就任しても次期アウブとは限りませんよ。ローゼマイン様が神殿長だったのに、アウブはヴィルフリート様を次期アウブとしたのですもの」

嫁盗《よめと》りディッターをお兄様が申し込んだ時に、ヴィルフリート様は「次期アウブとして」戦うとおっしゃいました。そのディッターに勝ってローゼマイン様を守ったというのに、領地として避けられない婚約解消を理由に次期アウブの座から降ろされることはないでしょう。

「だから、不甲斐《ふがい》ないと言っているのだ。守るの何のと言っていたくせに、私が嫁盗りディッターの時に言った通りの結果になったではないか」

その点に関してはお兄様のおっしゃる通りです。いくらヴィルフリート様と婚約していてもエーレンフェストではローゼマイン様を守り切れませんでしたし、今となっては王族が嫁盗りディッターに横槍を入れた理由がローゼマイン様を得るためだったと言われても仕方ないと思います。

「お兄様の言い分に間違いはございませんけれど、ローゼマイン様はダンケルフェルガーの第一夫人におさまる器ではございませんよ。ローゼマイン様はどなたかの手綱になるのではなく、ご自身に手綱が必要な方です。残念ながらお兄様ではローゼマイン様を上手く導いていくことはできないと思いますよ」

何というか、ローゼマイン様は考え方の根本が違うのです。わたくしは髪飾りを注文した場で、ローゼマイン様が嬉々として語っていた内容を思い出して軽く頭を左右に振ります。お兄様のように上に立つために育てられた者ではなく、他者の補佐に長《た》けた者でなければローゼマイン様の隣に立てないでしょう。

「それがフェルディナンドか？」

「えぇ。わたくしはエーレンフェストでそれを強く実感いたしましたから、フェルディナンド様がローゼマイン様の婚約者になられると聞いてとても安堵いたしました」

先日、両親から話を聞いてわたくしはとても驚いたのですけれど、わたくし達が何もしなくてもフェルディナンド様はローゼマイン様の婚約者になるそうです。

それというのも、トラオクヴァール様から「執務経験のない次期アウブ・アーレンスバッハに婿入りして執務を全面的に補佐すること。それから、星結びと同時にレティーツィア様を養女とし、次期アウブとするために教育すること」とフェルディナンド様は王命を下されました。それに応じてアーレンスバッハへ移動し、婚約期間中から大領地の執務を担っていたと聞いています。

ところが、次期アウブとされていたディートリンデは自分で礎を染めませんでした。姉であり、婚姻で上級貴族となっていたアルステーデに染めさせたのです。アルステーデは既婚女性です。夫のブラージウスは政変の煽りを受けて上級貴族に落とされましたが、元領主候補生なので執務をする上で何の問題もありません。もしアルステーデが礎の魔術を染めた次期アウブとして領主会議で承認されたら、フェルディナンド様に下された王命は自動的に取り消されたでしょう。

けれど、アルステーデがアウブとして正式に就任するより先にローゼマイン様がアーレンスバッハの礎の魔術を奪いました。ローゼマイン様は執務経験のない未婚女性のアウブなので、再び王命が効力を発揮します。政略結婚でも良いのでフェルディナンド様とローゼマイン様を何とか結婚させなければ、と意気込んでいたわたくしは肩透かしを食らった気分です。

「ヴィルフリート様とローゼマイン様の婚約はほぼ解消状態でしたし、婚約は王の承認でしたから、王命の方が優先されるのは当然ですもの。道理でフェルディナンド様が婚約者のような態度でローゼマイン様に接し、アーレンスバッハの騎士達を率いていたわけです」

「だが、トラオクヴァール王の王命を忠実に実行するとなれば、ローゼマインは星結びと同時に養女を取ることになるし、その養女を次期アウブにしなければならなくなる。王命の片方は受け入れるが、もう片方は受け入れないなど都合の良い真似は周囲が許さぬぞ」

お兄様はそう言いながら青と黄色の×印が入った藤色のマントをまとう集団を指差しました。アーレンスバッハの領主一族の席に座っているのはレティーツィア様だけです。貴族院へ入学していないレティーツィア様がこちらにいらっしゃるのですから、まだ彼女は領主一族として扱われているようです。

「フェルディナンド様はレティーツィア様に関しても王命を貫くおつもりなのでしょうか？」

「さて、どうするつもりか……。古い王命を排しなければ養女が新しい領地の騒乱の種になるが、古い王命を排すればフェルディナンドは婚約者ではいられなくなる。今は王命に従っているように見せかけておくのが一番無難だとは思うが……」

女神の化身として新しいツェントに大きな影響力を持つローゼマイン様の夫に収まりたい者は大勢いるし、ローゼマイン様とフェルディナンド様の星結びによって新しい領地にエーレンフェストの影響が非常に強くなることを懸念するアーレンスバッハの貴族は多いだろうし、エーレンフェストの意向を窺う大領地が誕生することを不安に思う他領からの横槍も多くなるだろうと、お兄様が不安事項を並べていきます。

「心配は心配ですけれど、お兄様が考える程度のことをフェルディナンド様が考えていらっしゃらないはずがございません。あの方は本当にあらゆる想定を行い、対策を講じるのですよ。わたくし、間近で拝見して身震いしましたもの」

アーレンスバッハとエーレンフェストで行われた本物のディッターに参加した時のことを述べようとすると、お兄様が「それは方々から何度も聞いた」とわたくしの言葉を止めました。

「ハンネローレの言う通りです、レスティラウト」

そう言った後、お母様は周囲のざわめきに紛れる程度まで声量を落とします。

「おそらくフェルディナンド様の筋書きでしょうけれど、エグランティーヌ様はグルトリスハイトを得るためにローゼマイン様に名捧げを行うことになっています。エグランティーヌ様から新しい王命を得ることは容易ですし、ローゼマイン様がお困りになることはありません」

お母様の言葉にお兄様が嫌そうに顔を顰めました。

「グルトリスハイトを盾に、新たなツェントに名捧げを強要したのか。……ダンケルフェルガーで魔王と呼ばれる男はやることが相変わらず悪辣《あくらつ》でえげつない」

……その感想には心の底から同意いたします。

カラーン、カラーン……。

澄んだ鐘の音が鳴り響きました。儀式の開始を知らせる三の鐘です。講堂の扉が大きく開かれると、観覧席が一気に静かになりました。

貴族院の成人式や卒業式と同じように祭壇と舞台が整えられた講堂へ、今日は楽器を持った楽師達がしずしずと入場してきます。卒業式の時は卒業生が音楽と歌を奉納しますが、今日は楽師達が演奏するようです。よく目を凝《こ》らすと、お茶会の時に同行していたローゼマイン様の専属楽師の姿も見えます。

一度扉が閉められました。次に入場してきたのは青色神官達です。彼等は講義の際に教師が出入りする扉から入ってきました。同じような青色の衣装をまとう者達を先頭で率いている人物は見慣れた顔をしています。

「先頭はハルトムートですね」

「あぁ、クラリッサの婚約者だな。エーレンフェストの神官長なのに貴族院の儀式で見慣れた顔になっているのが妙な気分だ」

領主会議や貴族院の奉納式などで中央神殿の者達よりよほど接する回数が多いせいでしょうか。わたくしの中では貴族院で神事を行う時にはハルトムートが取り仕切っている姿しか思い浮かびません。

青い神官服をまとったハルトムートが奉納舞の舞台を通り過ぎ、祭壇の手前で立ち止まりました。青色神官達がそれぞれ別の場所に向かいます。彼等が配置についたことを確認したハルトムートはゆっくりと観覧席の貴族達を見回し、音量を増幅する魔術具を手にしました。

「メスティオノーラの化身に選ばれしツェント候補、エグランティーヌ様のご入場です」

その声と共に皆の注目が扉に向かいます。閉められていた扉が開くと、アナスタージウス王子にエスコートされたエグランティーヌ様が優雅な微笑みを浮かべて入ってきます。入場の瞬間にどこからともなく祝福の光が降り注いできました。

「まぁ！　祝福が！」

「卒業式の時と同じ、神からの祝福ではないか！」

お二人の衣装が卒業式の時と同じだったせいもあるでしょう。エグランティーヌ様にキラキラとした祝福の光が降り注ぐ様子は、卒業式とそっくり同じに見えました。当時の中央神殿長の「神からの祝福だ」という言葉が耳元に蘇ります。あの頃から神々は新しいツェントの候補としてエグランティーヌ様をお選びだったのだとすんなりと思える光景でした。

柔らかに金髪を結い上げたエグランティーヌ様が、祝福の光を浴びながら優雅に足を進めます。これから新しいツェントというお役目に就くからでしょうか、以前より柔らかな雰囲気が減って、凛《りん》とした横顔を見せるようになっていらっしゃいました。アナスタージウス王子の厳しい表情からもツェントの重みが伝わってくるようです。お兄様の指先がテーブルの上で動いています。きっと絵に残したい美しさなのでしょう。

「メスティオノーラの化身でいらっしゃるローゼマイン様のご入場です」

エグランティーヌ様が奉納舞の舞台の前で足を止めると、ハルトムートが扉を示しました。わたくしはぐるりと振り向いて再び扉へ目を向け、じっと見つめます。女神の御力を得たローゼマイン様についてはお父様やお母様から伺いました。

……でも、神々しく近付き難い威光を全身から放っているとおっしゃられても、どのような状態なのか全く想像できませんよね？

女神の御力は時間が経てば消えるらしいので、この目で見られるのがとても楽しみだったのです。

「ほぅ、あれが女神の化身か……」

「なんて美しいのでしょう」

フェルディナンド様のエスコートでローゼマイン様が入ってきました。先のエグランティーヌ様は祝福の光を浴びていましたが、ローゼマイン様からは女神の御力が緩やかに放たれていて、常に淡い光を帯びています。それは観覧席にいても感じられるほどの御力で、人が持つ魔力とは違って畏怖せざるを得ないような波動があります。

……よくフェルディナンド様はローゼマイン様のエスコートができるものです。

姿形がローゼマイン様でも、あまりお傍《そば》に寄りすぎるとわたくしは跪かずにいられないでしょう。

両親もそうだったと聞いています。やはりフェルディナンド様も普通ではありません。

「私が知っているローゼマイン様とはずいぶんとお姿が違うのですが……」

「成長期という言葉だけでは誤魔化しきれないと思いません？」

周囲のざわめきに、わたくしは心の中で何度も頷きます。

……わたくしも初めて成長したお姿を見た時には愕然としましたもの。身長で負けることはないと思っていた相手に突然追い抜かれてしまった衝撃！　お兄様には「其方が身長で負けるのは珍しくなかろう」とわかっていただけませんでしたが、どなたかわかってくださいませ！

「今日のローゼマイン様はご自身だけではなく、魔石も光っているように見えませんこと？」

お母様の声にハッとしてよくよく見てみると、ローゼマイン様が光を帯びているのは女神の御力のせいだけではありませんでした。身につけている魔石の飾りが全て光っているのです。

歩みに合わせて夜空の色合いの髪がさらりと揺れる度に、いくつもの虹色魔石がシャラリシャラリと細い音を響かせ、星のような輝きを作り出しています。白い衣装の内側にいくつの飾りがあるのかわかりませんが、長い袖の中に様々な色合いの光があり、腕の形がほんのりと透けています。

宝飾品だけでも新しくツェントとなるエグランティーヌ様と、グルトリスハイトを与える女神の化身であるローゼマイン様のどちらの格が高いのか一目でわかりました。

闇の神の祝福をいただいた夜空の髪も、光の女神の祝福を受けた月のような金色の瞳も伝承に残るメスティオノーラと同じ色合いです。育成の神アーンヴァックスの御力によって年相応のお姿に成長された今のローゼマイン様は本当に女神の化身と呼ばれても何の違和感もございません。

……わたくしがエーレンフェストでの戦いの後、ローゼマイン様とお別れしてから十日くらいしか経っていないのですよ。

たった十日くらいでここまで変化があるとは思いませんでした。同性の友人で、接する時間が多く、成長したお姿を間近で拝見したことがあるわたくしが思わず見惚れてしまう程の変化です。見慣れていない方々は唖然とするしかないでしょう。

わたくしは一言も発しないお兄様の様子をちらりと見ました。大きく目を見開き、わずかに唇を開いて完全に固まっています。よほど衝撃が大きかったようで、描くように指先が動くこともありません。しっかりと脳裏に刻み込まなければならないというように、瞬きもせずローゼマイン様に見入っています。

「先日、ローゼマイン様に英知の女神メスティオノーラが降臨されました。女神の御力を感じ取れない者はいないでしょう」

音量を増幅する魔術具を受け取ったエグランティーヌ様が講堂にいる貴族達に語りかけました。神々の言葉が伝えられ、ランツェナーヴェの者達との戦いについても少し触れられます。

「詳しいお話は領主会議で行います。今日はグルトリスハイトを失ったわたくし達に、メスティオノーラの化身が再びグルトリスハイトを授けてくださるそうです」

エグランティーヌ様から音量増幅の魔術具を受け取ったフェルディナンド様がローゼマイン様をエスコートしながら奉納舞の舞台へ上がります。ローゼマイン様が舞台に上がっただけで、奉納舞の舞台には魔法陣がくっきりと浮かび上がりました。ディートリンデ様がほんのりと浮かび上がらせた魔法陣と全く同じ物です。

「今は忘れられてしまった古い魔法陣ですが、これはツェント候補を選別するための魔法陣です。奉納舞によって自分一人の力で神々の元へ向かう道を開けない者はツェント候補として失格になります。これから先、メスティオノーラより英知を授かる可能性のある子供達にはよく見て、神事の大切さや神々に祈るということを感じていただきたいと存じます」

そうおっしゃってフェルディナンド様がローゼマイン様の手を離し、奉納舞の舞台を下ります。それから、楽師達に交じってフェシュピールを手に取りました。

「まぁ、フェルディナンド様が演奏されるのでしょうか？」

「あの場にいるのだ。演奏することは間違いないであろう」

ピィン、ボロン、といくつかの音を確認したフェルディナンド様と共に楽師達が音を合わせます。

音の調整が終わると、フェシュピールを構え直しました。

楽師達の音合わせが済んだことは舞台の上に残されたローゼマイン様にもわかったのでしょう。

円状の舞台に跪いて祝詞を口にしました。

「我は世界を創り給いし神々に祈りと感謝を捧げる者なり」

音楽が鳴り響き、音を増幅する魔術具を近くに置いているフェルディナンド様の歌声が講堂内に響き始めます。同時に静かに俯いていたローゼマイン様が顔を上げ、体重を感じさせない軽い柔らかな動きで立ち上がります。ふわりと体が動き始め、高く亭々たる大空に向かってしなやかな両腕が伸ばされました。手の甲から手首にかけて何かまとっているのか、小さな虹色魔石が輝いて舞の軌跡を描き出します。

「神に祈りを」

それは誰も見たことがない、女神の舞の始まりでした。

しんと静まった講堂内に響くのは、楽師達が奏《かな》でる音楽とフェルディナンド様の歌声だけ。皆の視線がただ真っ直ぐにローゼマイン様に向かっています。

……光の柱が……。

ローゼマイン様が舞い始めると、舞台の魔法陣が光り始め、それぞれの大神の記号から貴色の柱がゆっくりと伸び始めました。ゆるりと上がる腕の動きに合わせるように、くるりと翻る裾の動きに合わせるように、七色の光の柱が少しずつ高さを増していきます。

「祭壇の神像が動いているぞ」

お父様の呟きにわたくしは祭壇の神像をよく見つめました。お父様の言う通り、神々の像が勝手に動き始め、最上部への道を開きます。

……これが神々の元へ向かう道でしょうか？

貴族院で神事を行うと光の柱が立つことは周知の事実ですが、このように祭壇の神像が動くのを見たのは初めてです。

「このようなこと、今までの貴族院の神事では起こりませんでした」

「ローゼマイン様によると、貴族院の講義で行う御加護を得る儀式でも道が開かれたそうだ。おそらくツェント候補一人の魔力で満たすことが必要なのであろう」

小声でお父様と話をしているうちに、光の柱が伸びなくなりました。舞台が女神の御力で満たされたのでしょうか。上に伸びなくなった代わりに、今度は淡い光がゆっくりと下へ流れ落ちていきます。その光はキラキラとした波となり、奉納式の時のように赤い布が敷かれた祭壇を駆け上がり始めました。光の動きに赤い布が波打つようにも見え、今度は祭壇の神像が持つ神具が次々と光を放ちます。

全ての神具が光った後、ローゼマイン様が跪いて動かなくなりました。それが奉納舞の終わりだと気付くのに少しかかってしまったくらいに、わたくしは夢心地で見つめていたのです。

「神に感謝を」

ローゼマイン様の声が響いた途端、全ての神具が一斉に強い光を放ち、奉納舞の舞台にいたローゼマイン様の姿が消えました。

「ローゼマイン様の姿が消えたぞ！」

「何事だ⁉」

観覧席から口々に驚きの声が上がる中、神々の像はまた動き、道を閉ざしていきます。舞台の上に立っていた光の柱が消え、魔法陣も消えました。全てが終わったことを示すように何もかもが元に戻ってしまいました。ローゼマイン様のお姿が消えたこと以外には奉納舞の前後で全く何も変わらないように見えます。

「……講堂での戦いの時と同じだな」

お父様の呟きに、講堂の戦いの最中に神像が光ってローゼマイン様やフェルディナンド様が消えたという報告を思い出します。それと同じ光景をこの目で見られるとは思いませんでした。

……あら？　でも、フェルディナンド様は今回一緒に消えていませんね。

フェルディナンド様は楽師達と同じところにまだいらっしゃいます。フェシュピールを置くと、立ち上がって祭壇を見つめました。

「ローゼマインは神々の招きを受け、始まりの庭へ行ったようです。エグランティーヌ様、どうぞ。あちらで神々がお待ちです」

フェルディナンド様の言葉に頷いて、エグランティーヌ様が青ざめた顔で奉納舞の舞台に上がります。ローゼマイン様の後で舞わなければならないなんて、何という仕打ちでしょうか。

「ローゼマイン様と比べられて舞うなんて、ツェント候補としての務めとはいえエグランティーヌ様は大変ですね」

思わず漏れた呟きにお兄様がフンと鼻を鳴らしました。

「他人事《ひとごと》ではないぞ、ハンネローレ。其方、卒業式ではローゼマインと並んで舞うではないか」

「あ……」

……わたくし、どうやら間が悪いのは全く直っていないようです。

エグランティーヌ様が舞台に上がっても、ローゼマイン様の時と違って魔法陣は浮かび上がっていません。けれど、跪いて手をつき、「我は世界を創り給いし神々に祈りと感謝を捧げる者なり」と唱え終わったところで、魔法陣がゆっくりと浮かび上がり始めました。

周囲から「ほぉ……」と感嘆の息が漏れるのがわかりました。女神の御力を放つローゼマイン様以外の者でも同じように儀式が行えるとわかったこと、女神の化身の選んだツェント候補が選別の魔法陣を光らせられたことに安堵したのでしょう。

……ローゼマイン様の時は息をすることさえ憚られるような雰囲気でしたからね。

奉納舞の音楽が鳴り始めます。ローゼマイン様の時と音量や歌声にずいぶんと違いがあることに気付いて、わたくしは楽師達に視線を向けました。一つ席が空いていて、フェシュピールが置かれたままになっています。

……あら？　フェルディナンド様がいらっしゃらないようですけれど……？

ローゼマイン様が舞っていらっしゃる時には素晴らしいお声を響かせていましたのに、今は楽師達のところにも舞台の周辺にもお姿が見えません。不思議に思ってお兄様に声をかけようとしましたが、お兄様はすでにエグランティーヌ様の舞に見入っています。

……今は声をかけても聞こえないでしょうね。

わたくしはフェルディナンド様の動向ではなく、エグランティーヌ様の舞に集中することにしました。ローゼマイン様のような神秘性はありませんけれど、素晴らしい舞です。技術だけを純粋に見ればエグランティーヌ様の方がまだ上だと思われます。

エグランティーヌ様の舞が進むにつれて魔法陣はくっきりと見えるようになり、少しずつ光の柱も伸びていきました。ただ、祭壇の神像が動き始めたのは舞が終わりに近付く頃で、エグランティーヌ様が本当にツェント候補の資格を得られるのか、冷や冷やしてしまいます。奉納舞が終わり、神々に感謝を捧げても神々からのお招きがなく、エグランティーヌ様のお姿が舞台の上にあるからです。

「神々のお招きはなかったようだが……失敗ではないのか？」

「いや、だが、祭壇の神々は招いているようにも見えるが……」

ローゼマイン様の時とは違う終わりの様子に、周囲の貴族達から不安そうな声が上がります。そんな中、祭壇の前に立っていたハルトムートが祭壇の上部を示しました。

「神々の元へ向かう道が開かれました。エグランティーヌ様、あちらで神々がお待ちです」

姿が消えることはありませんでしたが、祭壇の道が開かれているのでエグランティーヌ様も神々の元へ向かうことはできるようです。ハルトムートの言葉にホッと胸を撫で下ろしたのは、わたくし一人ではないでしょう。

エグランティーヌ様がゆっくりと顔を上げて立ち上がり、いつもよりも心持ちふんわりとした柔らかな動きで祭壇へ向き直ります。その手を取ったのは舞台に上がったアナスタージウス王子でした。自力で神々への道を開き、ツェント候補としての力量を示したエグランティーヌ様の横顔はとても美しく感じられます。

アナスタージウス王子は祭壇の上までエグランティーヌ様をエスコートしようとしましたが、透明の壁が存在するようで途中から進めず、祭壇へ上がれたのはエグランティーヌ様お一人でした。

「儀式を行った者でなければ祭壇には上がれないようですね」

「上がれるのはツェント候補になれる素質を持った者……だけだそうだ」

少し含みを持たせた言葉をお父様が呟きました。どういう意味なのか、わたくしにはわかりませんが、エグランティーヌ様にツェント候補としての素質があることは確定したようです。

向かい合う最高神の間を通り、エグランティーヌ様は祭壇の最上部にある入り口へ入っていきました。エグランティーヌ様のお姿が見えなくなると、神の像が元の位置に戻っていきます。

「おぉ……」

このような継承の儀式は大人達にとっても初めてなのでしょう。エグランティーヌ様のお姿が見えなくなると、あちらこちらから感嘆の声が上がり始めました。

「素晴らしい奉納舞でしたな。貴族院の卒業式で行われる奉納舞にこのような意味があったとは驚きです。貴族院で奉納式を行うようになった時は、何を考えて……と思っていましたが、神々からのお言葉があったのでしょう」

「古の継承式はこのように行っていたのですね。今日、この目で女神の化身を見、女神の御力を感じられた巡り合わせに感謝したくなります」

「女神の化身という言葉だけを耳にしてもすぐには信じられませんけれど、こうして実際に目にすると、それ以外の呼称が思い浮かびませんね」

人々の口に上るのは基本的にローゼマイン様のことで、エグランティーヌ様に関しては「女神の化身に選ばれたのだから大丈夫だろう」という意味のお言葉が多いように感じられます。

「女神の化身と新たなツェント、どちらの格が上であるかを周知させるのが目的なのであろうが、せめて奉納舞の順序が逆であったならば、と思わずにいられぬな」

お兄様の言葉には同意します。エグランティーヌ様の奉納舞はとてもお上手でしたし、魔法陣が浮かび上がり、光の柱が立ち、神像が動きました。これらを初めて見れば、新しいツェントの誕生に心から感動したでしょう。先にローゼマイン様が更に神秘的な儀式を行ったため、どうしても見劣りするように感じてしまうのです。

「フェルディナンド様によると、ローゼマイン様の行うことはなかなか予定通りに進まないそうです。わたくし達は打ち合わせに同席していましたが、懸念通りになりましたもの」

「え？　あの、もしかして、儀式は想定外の進み方になっているのでしょうか」

お母様が困ったような微笑みを浮かべました。不意にフェルディナンド様のお姿が見えなくなっていることを思い出し、わたくしはにわかに心配になってきました。辺りを見回しますが、フェルディナンド様のお姿は見当たりません。アーレンスバッハの者達と一緒に観覧席に座っていたローゼマイン様の側近達の数も減っています。

ローゼマイン様の忠臣であるハルトムートは祭壇の上で神に祈りを捧げていますが、儀式の進行が狂ったことに驚いているようにも、ローゼマイン様やフェルディナンド様の心配をしているようにも見えません。

祭壇を見つめても、元の位置に戻った神像はピクリとも動きません。神々の元へ向かったローゼマイン様とエグランティーヌ様は本当に戻ってくるのでしょうか。新たなツェントの誕生を喜んでいる講堂内で、わたくしはとても不安な気持ちになりました。

「静粛に！　新たなツェントと女神の化身であるローゼマイン様がお戻りになります！」

ハルトムートが講堂内に声を響かせました。目を瞬かせていると、神像が再び動き出したのが目に映りました。神々の元から戻ってくるための道が開かれていきます。祭壇の最上部に出入り口が見えるようになりました。

シンと静まり、皆が祭壇の最上部へ視線を集中させます。先に戻ってこられたのはエグランティーヌ様で、そのすぐ後にローゼマイン様のお姿が見えました。

奉納式の舞台から忽然と姿を消したので、本当にエグランティーヌ様と同じ場所へ移動したのかどうか、少しだけフェルディナンド様のお言葉を疑っていたのですけれど、神々の元へ移動していたことは間違いないようです。

エグランティーヌ様がローゼマイン様のエスコートをするように手を引いて、祭壇を下りてきます。ローゼマイン様から感じられる女神の御力が更に強くなっているような気がしました。

「クッ……。何故私は今筆記用具を持っていないのだ」

「神聖な儀式の最中に描き始めるからではないでしょうか？」

お兄様の描きたい欲求がかなり募ってきたようです。このままでは領主一族として少々恥ずかしい一面を公の場で晒《さら》すことになるかもしれません。

「今日の儀式の様子を描き残さないなど、女神の化身に対する冒涜《ぼうとく》ではないか？　今すぐに部屋へ戻って……」

「静かに戻るのであれば構いませんけれど、まだ継承の儀式が終わったわけではありませんよ、レスティラウト。まだ奉納舞を行って神々のところから戻っただけではありませんか」

席を立ちかけたお兄様にお母様がニコリと微笑みました。

「女神の化身によるグルトリスハイトの授与という今日の儀式の中で最も素晴らしい場面を見逃すのは冒涜にならないのかしら？　もちろんダンケルフェルガーの領主一族として相応しくない言動をした場合は、すぐさまわたくしが退場させますけれど……」

最後まで見たかったら黙っていなさい、とお母様の目が凄《すご》んでいます。お兄様はわずかに浮かした腰を下ろして座り直し、一度深呼吸をします。

「全てを脳裏に刻み込むしかないのか。仕方がない。全力で事に当たらせてもらおう」

くわっと目を見開いてエグランティーヌ様とローゼマイン様を凝視するお兄様に、わたくしは少しずつで良いので距離を取りたくなりました。

……お母様、お兄様は今すぐ退場させた方が良いと思います！

ゆったりとした優雅な動きでお二人が祭壇を下りてきます。先程よりも強くなったように感じられる女神の御力ですが、エグランティーヌ様は臆することなく微笑んでローゼマイン様の手を取っていらっしゃいます。

「女神の御力に平伏《へいふく》することもなく、手を引いて歩くことができるなんて、さすが次期ツェントに

選ばれる方ですね」

「……エグランティーヌ様は次期ツェントとなるために相当の覚悟をお持ちだ」

お父様の声が重々しく響き、わたくし達には知らされない裏側があることが察せられました。次期ツェントだからできるのではなく、そのために大きな犠牲を払ったのでしょう。

祭壇の前、ハルトムートやその他の青色神官達と並ぶ位置までお二人が下りてきました。ハルトムートがローゼマイン様の隣に立ち、音量を増幅する魔術具をローゼマイン様の口元へ近付けます。

「神々より祝福を受けし新たなツェントよ、契約を司る光の女神とその眷属へ宣誓を。……ベロイヒクローネ」

ローゼマイン様の手に光の女神の神具である冠が出現しました。エグランティーヌ様がローゼマイン様の前に跪きます。新たなツェントよりも女神の化身であるローゼマイン様の方が上位の存在であることが示されています。

ローゼマイン様が跪くエグランティーヌ様の頭にそっと冠を被せて一歩後ろに下がると、ハルトムートがエグランティーヌ様に音量を増幅する魔術具を差し出しました。エグランティーヌ様は魔術具を手に取ると、神々への誓いを口にされます。

「長い歴史の中で少しずつ歪んできたユルゲンシュミットとツェントの在り方を見つめ直し、中央神殿の神殿長として古の儀式を復活させ、女神の化身であるローゼマイン様とお約束した通りにユルゲンシュミットを導いていくことを、わたくし、エグランティーヌは今この場で光の女神と側に仕える眷属たる十二の女神に誓います」

エグランティーヌ様の誓いの言葉と共に、光の冠が一際眩しく輝きました。逃れようがない神々との契約にエグランティーヌ様が縛られていきます。光の女神達との契約が成立したことが一目でわかりました。

ローゼマイン様が神具を消すと、ハルトムートがエグランティーヌ様の手から魔術具を受け取り、ローゼマイン様の口元へ近付けます。

「エグランティーヌ様に音量増幅の魔術具を持たせるのであれば、ローゼマインにも持たせれば良いではないか。邪魔だ」

少々まどろっこしく見える祭壇上の動きにお兄様が顔を少し顰めました。神々しいお二人の様子を目に焼き付けたいのに、ハルトムートがずっと視界にいるのが気に入らないようです。

「彼はローゼマイン様が魔術具に触れないようにしているのだ。女神の御力は自分の魔力と同じように制御するのが難しいようで、不用意に触れると魔石部分が金粉化するからな」

お父様の言葉にわたくし達は思わずポカンと口を開けてしまいました。ローゼマイン様がそんなことになっているとは思いませんでした。

「それでは日常生活にも困りませんか？」

「余所見をするな。次はグルトリスハイトの授与だぞ」

お父様が少し指を動かして祭壇に注目するように言いました。わたくしもお兄様も急いで祭壇のお二人へ視線を向けます。ハルトムートが持つ魔術具に声が入るように少し位置を調整したローゼマイン様が口を開きました。

「始まりの庭においてエグランティーヌ様は神々より新たなツェントとして認められました。光の女神への誓いも済ませたツェントに、これよりグルトリスハイトの授与を行います」

お言葉が終わると、ハルトムートがすぐに下がりました。ローゼマイン様がスッと右手を高く上げ、シュタープを「スティロ」と変化させます。優美に手が動き、魔力で魔法陣が空中に描かれていきました。

「何の魔法陣でしょう？　見たことがありませんね……」

「全属性の魔法陣だぞ？　易々と使える者は多くあるまい」

ざわざわとし始めた講堂に、「高く亭亭たる大空を司る」とローゼマイン様の祈りが聞こえ始めました。魔術具を使っていないので、微《かす》かにしか聞こえません。祝詞を聞かせる必要はないのか、ハルトムートはローゼマイン様の描いた魔法陣を誇らしそうに見上げているだけで魔術具を持って動こうとはしません。

「最高神は闇と光の夫婦神《めおとがみ》」

祝詞と共に魔法陣が眩《まばゆ》く金色に光り、その光の縁を闇のような黒が取り巻き始めます。周囲がハッとしたように光を帯び始めた魔法陣に注目しました。自然とざわめきは消えていき、皆がローゼマイン様の祝詞へ耳を傾けます。

「広く浩浩《こうこう》たる大地を司る、五柱《いつはしら》の大神　水の女神フリュートレーネ　火の神ライデンシャフト　風の女神シュツェーリア　土の女神ゲドゥルリーヒ　命の神エーヴィリーベよ」

ローゼマイン様が神の名を唱えるごとにシュタープから魔力が流れていき、その神々を表す記号がそれぞれの貴色で光り始めます。

「我の祈りを聞き届け　御身《おんみ》の祝福を与え給え　御身に捧ぐは我が力　祈りと感謝を捧げて　聖なる御加護を賜らん　穢《けが》れを清める水の力を　何者にも切れぬ火の力を　災いを寄せぬ風の力を　全てを受け入れる土の力を　決して諦めぬ命の力を　新たなツェントへ」

全属性の光が跪くエグランティーヌ様に次々と注がれます。全属性の祝福など初めて見ました。あまりにも神々しい光景に息を呑む音が聞こえます。

祝福の光が止むと、ローゼマイン様が少しハルトムートを振り返りました。ハルトムートが音量を増幅する魔術具を持って、ローゼマイン様の口元へ近付けます。

「エグランティーヌ様、皆様にツェントの証しを」

先程の祝福がグルトリスハイトを授与する光だったのでしょうか。目を凝らしましたが、エグランティーヌ様は何も持っていないように見えます。

けれど、何も不安を感じていないような笑顔で立ち上がったエグランティーヌ様は、胸元を押さえるようにして「グルトリスハイト！」と唱えました。

次の瞬間、エグランティーヌ様の手にはグルトリスハイトらしき分厚い本がありました。それを高く掲げて、観覧席の皆に見えるように少し体の位置を変えます。

「おおおぉぉぉ！」

「本物のグルトリスハイトだ！」

「メスティオノーラの化身より賜ったぞ！」

ユルゲンシュミット中の貴族が待ち望んだ、本物のグルトリスハイトを得たツェントが誕生したのです。わたくしのお友達が、ユルゲンシュミットに新しいツェントをもたらしたのです。胸が熱くなり、目の前の光景が歪んで見えます。

「素晴らしいですね」

少し前に出てグルトリスハイトを掲げて見せるエグランティーヌ様の笑顔より、わたくしには控えめに少し下がって静かに微笑むローゼマイン様の笑顔の方が美しく見えました。

「では、皆様」

ハルトムートの感極まったような声が講堂に響きます。

「ユルゲンシュミットにグルトリスハイトをもたらした女神の化身であるローゼマイン様と新たなツェントの誕生を祝い、高く亭亭たる大空を司る最高神、広く浩浩たる大地を司る五柱の大神、水の女神フリュートレーネ、火の神ライデンシャフト、風の女神シュツェーリア、土の女神ゲドゥルリーヒ、命の神エーヴィリーベに祈りと感謝を捧げましょう」

ハルトムートの言葉の途中で誰かがカタリと席を立つ音がしました。そちらに目を向けると、神殿長の衣装をまとっているメルヒオール様が立ち上がっていました。それを皮切りに、アーレンスバッハとエーレンフェストの貴族の一部が次々と立ち上がり始めます。

「な、何でしょう？　わたくし達も立ち上がった方が良いのでしょうか？」

「よくわからぬ」

わたくし達にはよくわからないのですが、彼等は立ち上がるのが当然のような顔をしています。

「神に祈りを！」

祭壇上のローゼマイン様、ハルトムート、その他の青色神官達、観覧席で立ち上がっていた貴族達がバッと揃った動きで神に祈りを捧げました。祭壇のローゼマイン様からだけではなく、観覧席からもふわりふわりふわりと祝福の光が漂い始めます。

……エーレンフェストだけならばわかりますけれど、何故一部とはいえアーレンスバッハの貴族が揃ってお祈りを⁉

あまりにも揃った動きにわたくしは驚いてしまいました。

「ローゼマイン様、エグランティーヌ様が退場されます。シュタープを掲げて送ってください！」

ハルトムートの言葉にわたくし達はシュタープを掲げて光らせました。祭壇の手前へアナスタージウス王子とフェルディナンド様が向かい、エグランティーヌ様とローゼマイン様をそれぞれがエスコートすると、講堂を出ていきます。

数多の光が掲げられた中を、女神の化身と新たなツェントが優雅に歩いて退出していきました。

退出後、扉の前にいた青色神官達によって扉が閉ざされます。これからの神殿と神事に対する認識が大きく変わる、歴史的な継承の儀式が終わりました。

「神事の見直しを、とローゼマイン様が声を上げていたのも、今となっては当然のことのように思えますね」

儀式の終了を感じて席を立とうとしたところで、「もうしばらく着席をお願いします」というハルトムートの声が響きました。

「新たなツェントが立ったことで、領主会議では様々な案件がございます。トラオクヴァール様よりお話しいただきましょう」

ハルトムートの言葉にトラオクヴァール様が何度か目を瞬いた後、ゆっくりと立ち上がり、祭壇へ歩いていきます。ツェントという役職を奪われることになったせいでしょうか。顔色が悪いようにも見えました。

けれど、トラオクヴァール様は祭壇に立ってハルトムートから音量増幅の魔術具を受け取ると、ランツェナーヴェとアーレンスバッハの反乱についてアウブ達に話し始めました。

「今回、ユルゲンシュミットが待ち望んだグルトリスハイトの授与と、新たなツェントの誕生の陰には様々なことがありました……」

ランツェナーヴェの反乱についての公式見解を述べた後、領主会議について話題が移ります。今まで碌な情報が入らなかったせいでしょう。どのアウブの顔も真剣そのものでトラオクヴァール様のお言葉を聞いています。

……ずいぶん王族の行いを隠すのですね。

お父様やお母様から予め話を聞いていましたが、アーレンスバッハでランツェナーヴェの兵士達と戦ったわたくしには王族にとって都合が良いように改変されていて、ローゼマイン様達の活躍があまりにも隠されているような気がしてなりません。

……それがローゼマイン様のお望みだそうですけれど……。

ランツェナーヴェや反乱に加担したアーレンスバッハの貴族達に対する処分、領主会議までに領地の境界線の引き直しが新たなツェントによって行われること、それに伴って領地の順位に様々な変動があることが告げられます。

「このようなことは領主会議で報告すればよかろう。一体いつになったら部屋に戻れるのだ？」

「……お兄様は次期アウブなのですから、もっと真剣にトラオクヴァール様のお話を聞いた方が良いですよ」

それから、トラオクヴァール様とジギスヴァルト王子がアウブとなること、混沌の女神カーオサイファに魅入られたアーレンスバッハは女神の化身が清めるために新たな領地として色や名が与えられることなどの連絡が終わり、ようやく講堂から退出する許可が出ました。

その途端、お兄様は自分の側近を連れて早足で講堂を出ていきました。仕方のなさそうな顔でお母様がお兄様を見送り、わたくし達にも退出するように促します。

「ジークリンデ様、レスティラウト様は……」

領主会議でお兄様と結婚することが決まっていますが、今はまだ婚約者なので領主一族の席には座れず上級貴族の席にいたアインリーベがやって来て、早足で出て行くお兄様の背中へ視線を向けます。

「しばらくお部屋から出てこないでしょうね。困ったこと」

「確かに今までに見たことのない素晴らしい儀式でしたから、刺激を受けることはわかりますが、今度はどれだけ増えるでしょうね」

諦めが混ざったようなアインリーベの声に、わたくしは謝りたくなりました。婚約者が自分以外の女性の絵を描くことに没頭するなんて普通は嫌でしょう。

「あの、アインリーベ……」

「ハンネローレ様はお気になさらず。レスティラウト様をお部屋から引っ張り出す時期に関してはジークリンデ様と相談しますから。一枚二枚で済めばこちらも何も言わないのですけれど……絵にしたい素材を見つけると、次期アウブとしての自覚まで飛ぶのが困りものですね」

本当にお兄様には勿体ないほどしっかりした婚約者です。お兄様はアインリーベと、彼女を婚約者に決めたお母様に感謝するべきでしょう。


寮に戻ってもお兄様はすでに自室に籠もってしまったようで姿が見えません。わたくしは多目的ホールで側仕えにお茶を淹れてもらい、両親と今日の儀式について話をします。留守番をしていた者達に継承の儀式の荘厳《そうごん》さやローゼマイン様の神々しさについて語り、領主会議で出そうな話題について情報共有をするのが目的です。

「それにしても、領主会議中に話すと言っていた内容まで先に告げて、時間稼ぎをしなければならないなんて……何があったのかしら？」

「さて？　ツェントにならなかった私が知る必要はないことだ」

盛り上がる皆の声に掻き消されるような両親の会話が不意に耳に届きました。

始まりの庭と誓い

「エグランティーヌ、其方がツェントになるなど……本当に良いのか？　まだ他領の貴族達には周知されていない。止めるならば今しかないぞ」

エーレンフェスト寮での昼食会を終えて自分達の離宮へ戻ったわたくしの右手を取って、アナスタージウス様はおっしゃいました。声はまるで脅しているように低いのですが、目にはわたくしに対する心配が溢れています。ここでわたくしが「嫌です」と言えば、アナスタージウス様は全力でわたくしを守ろうとしてくださるでしょう。

「其方、ツェントになりたくないのであろう？　婚約する時も、ローゼマインに祠巡りを命じた時も、自分がなることをあれほど嫌がっていたではないか」

今までと主張を変えたように見えるのでしょうか。それとも、言動がひっくり返ったことで嘘を吐かれていたような気持ちになっているのでしょうか。

わたくしは自分の右手を握るアナスタージウス様の手に左手で触れました。

「今まではわたくしがツェントに関わらない方が争いを回避できましたもの」

もし祠に入れたわたくしがローゼマイン様達の示すままにツェントを目指せば、わたくし達の結婚が認められた際の「王座をジギスヴァルト王子に譲る」という約束を破ることに繋がります。ジギスヴァルト王子から恨みを買い、わたくしをツェントにしたいクラッセンブルクと次期王との婚姻だから了承したドレヴァンヒェルが対立しかねない状況に繋がるところでした。

「それに、わたくしがツェントに就かなくても争いを回避するための手段があったでしょう？　より良い手段があるならば、そちらを選択するのは当然ではありませんか」

グルトリスハイトに到達するだけならば、わたくしより先に進んでいるローゼマイン様がいたのです。王の養女となり、彼女にお願いしてグルトリスハイトを手にしていただく方が確実で穏便《おんびん》です。王の養女となった後で次期王と定められているジギスヴァルト王子に嫁いでいただけば、全てが丸く収まるはずでした。

「そういうことを言うから、交渉相手にとって大事な者を人質にして逃れられない選択を迫るのが王族のやり方だと、ローゼマインに言われるのだ」

「あら、王族だけではなく貴族の交渉なんてどれも似たようなものではございませんか。柵や大事なものを突きつけ、逃げ場を潰して交渉を迫るなんて珍しいことではないでしょう？　ローゼマイン様も王族に対して当然の交渉をしただけではありませんか」

「エグランティーヌ、其方……」

アナスタージウス様が苦々しい顔をしているのが不思議でなりません。わたくしの婚姻相手もアウブやおじい様の思惑を始め、ジギスヴァルト王子とアナスタージウス様の求婚で雁字搦《がんじがら》めになっていて、わたくしは他の殿方に目を向けることさえ許されませんでした。あの頃のわたくしにも逃げ場などなかったのです。

……けれど、ローゼマイン様は自力で逃げ道を作ったのですよね。本当に素晴らしいこと。

ローゼマイン様は王の養女になる前に自力でメスティオノーラの書を得て、フェルディナンド様を救うために他領のアウブになることでツェントの資格を放り投げました。それだけではなく、女神の化身として王族にグルトリスハイトを与える立場になったのです。

……受け取る覚悟のある王族があまりにも少なかったことが残念ですけれど……。

トラオクヴァール様は戦いの際の言動を根拠として拒否し、ジギスヴァルト王子はローゼマイン様への忠誠を誓うことを拒否し、アナスタージウス様は属性が足りずに引き受けられませんでした。

「王族を排除することもできたのにローゼマイン様もフェルディナンド様も私情に囚《とら》われず、王族の命を救い、ユルゲンシュミットが最も平穏に続けられる道を作ってくださいました。娘の待遇を含めて選択を迫られましたが、争いが起こる道でなければわたくしに不満などありません」

アナスタージウス様が軽く目を見張っています。それほど驚くようなことを言ったでしょうか。わたくしは少しだけ首を傾げました。

「わたくしではなく、取り巻く周囲の状況が変わっただけだと思います。わたくしの気持ちも、望みも、意見も、以前から変わっていません。わたくし自身は変わっているつもりはありません。今はわたくしがツェントになることが最も穏便に様々なことを収めることができると判断しただけなのですよ」

腑《ふ》に落ちたようにアナスタージウス様が「そうか」と小さく呟きました。同時に、わたくしを止められないとわかったのか、諦観《ていかん》の籠もった笑みを浮かべます。

「あの二人の作った道筋に沿って動くことになりますが、ツェントになることはわたくしの意思です。……もちろん不安はありますけれど」

わたくしはアナスタージウス様の手に触れていた左手を外しました。いくら彼に否定されても、わたくしは娘を守るために、ユルゲンシュミットにこれ以上の争いを起こさないためにツェントになるつもりです。それ以上の方法を見つけることが、わたくしにはできません。

「アナスタージウス様はどうなさいます？　その、わたくしが変わってしまったように見えるのでしょう？」

わたくしが「離婚するならば今しかございませんよ」と言うより先に、わたくしの右手を握るアナスタージウス様の手に力が籠もりました。

「私も変わっていない。其方の夫になるため、夫であり続けるために、いかなる努力も犠牲も厭わぬ。私も其方と共にあの二人の言うままに踊る覚悟はできている。……もちろん不満は大きいが」

戯けたように片方の眉を上げたアナスタージウス様を見て、笑いがこみ上げてきました。王族相手とは思えないほど次々と手伝いをさせるフェルディナンド様に文句を言っていたことを思い出したからです。

「わたくしがツェントになるのですもの。アナスタージウス様が大変な時期はしばらく続くでしょうね」

わたくし達は顔を見合わせて笑い合います。こうして一緒に進んでいけることに安堵しました。

「アナスタージウス様、わたくし、多くの人が亡くなって不幸になる争いをできるだけ防げるツェントになろうと思います」

……そう決意して臨んだ継承の儀式だったのですけれど、これは一体どういう状況なのでしょうか？

あまりにも想定外です。ローゼマイン様が奉納舞を終えると同時に消えました。本当に、スッと舞台の上から姿を消したのです。

姿を隠したフェルディナンド様からの指示で、わたくしも奉納舞を捧げました。祭壇の道が開くのか心配でしたが、神像は動き、始まりの庭への道を示してくださいました。わたくしは定められたことを行っているような顔で祭壇を上がり、始まりの庭にたどり着いたのです。

シュタープを得る時にも訪れた真っ白な石畳が広がる不思議な場所。そこでは何故か必死に暴れて抵抗しているローゼマイン様を、フェルディナンド様が力任せに押さえ込んでいました。身を捩《よじ》り、逃れようと足を動かしているローゼマイン様のスカートが捲れ上がり、膝上まで露出しています。

「痛いですっ……。うぐぅっ……」

「苦痛かもしれぬが、暴れるな」

まるでフェルディナンド様が落花狼藉《らっかろうぜき》に及んでいるようにしか見えません。奉納舞を終えた途端、姿を消したローゼマイン様が始まりの庭にいらっしゃったことに安堵するより先に、予想もしていなかった事態に頭がクラリとしました。

……何か、何か事情があるのですよね？

「……あの、フェルディナンド様、ローゼマイン様。継承の儀式の途中で一体何をなさっているのでしょう？」

恐る恐る声をかけると、切羽詰まった顔のフェルディナンド様にお守りを外すのを手伝うように言われました。英知の女神メスティオノーラを再度降臨させなければ、ローゼマイン様がはるか高みに続く階段を上がっていくそうです。

……待ってくださいませ。想定もできない事態ではありませんか！

フェルディナンド様が乱心したわけではないと胸を撫で下ろしたかったのに、始まりの庭でローゼマイン様が死にかけるなんて誰が予想できるでしょうか。先程ローゼマイン様に名を捧げた以上、わたくしもはるか高みへお伴することになります。

「痛っ！……うあっ！」

「ローゼマイン様、そのように手を動かしては……」

痛みに呻きながら暴れるローゼマイン様の腕から細かい装飾を外すことは簡単ではありません。袖を捲っても留め金に手をかけるより先にローゼマイン様が暴れて、袖がふわりと留め金を隠してしまいます。

「フェルディナンド様、ローゼマイン様を抱き上げて押さえていてくださいませ。留め金が見えません。こういう形で、こちらの手首をつかんでくださると……」

「これで良いか？」

フェルディナンド様に指示を出して苦痛に暴れるローゼマイン様の腕が動かないように押さえていただくと、わたくしは彼女の袖を捲って装飾品を外します。小さな虹色魔石がたくさん付いた美しい装飾品です。

カチッと留め金が外れ、装飾品が腕から離れました。その途端、上空から光が降り注いで光の繭を作るようにローゼマイン様の体を包んでいきます。ローゼマイン様から溢れていた女神の御力と全く同質の光です。女神の降臨が本当に何の誇張もなく、純然たる事実であったことにわたくしは驚きを隠せませんでした。

ローゼマイン様を包む光の繭がゆっくりと浮かんでいく光景はあまりにも神秘的です。わたくしが感嘆の溜息と共に見惚れていると、フェルディナンド様が一度立ち上がりました。

「エグランティーヌ様、少し距離を取って跪いてください。無礼だと女神に弾き飛ばされます」

……それは経験談でしょうか？

ジェルヴァージオが不在の今、フェルディナンド様以外に女神の降臨を目撃した者はいません。わたくしは忠告に従って彼の隣まで下がり、同じように跪きました。

「本来のツェントは神と人の仲立ちをする者でした。神の理に唯々《いい》諾々《だくだく》と従わず、神々に言質《げんち》を取られず、人の理を歪めない言動を心掛けてください」

フェルディナンド様の言葉に、わたくしは思わず息を呑みました。それはわたくしが今まで考えてきた王族の在り方とずいぶん違います。ツェントとはユルゲンシュミットをまとめる者。領地間の利益や言い分の調整をし、国全体に魔力を捧げる者と言われてきたのです。

……それもまた失われた知識の一端なのでしょうね。

グルトリスハイトを持たないツェントに、本来の役目を遂行することはできません。女神の化身によってグルトリスハイトを与えられ、次代からは自力でメスティオノーラの書を得なければならない新しい時代のツェントとして、わたくしが知っておかなければならないことでしょう。

……神の理と人の理。

わたくしにはわからないことばかりです。古語の勉強はしていますが、それでも神々に関する勉強は足りていないでしょう。いくら他者から口で言われても、簡単には信じられない光景です。この場で女神の降臨を目にできるのは、ツェントになる立場を考えると幸運なのかもしれません。

「クインタ、エアヴェルミーンに何をしたのです？」

ローゼマイン様に降臨した英知の女神メスティオノーラが最初に口にしたのは、そんな一言でした。

……エアヴェルミーン？　確かゲドゥルリーヒの眷属やメスティオノーラを守ったことによってエーヴィリーベの怒りを受けた命の神の眷属神で、ユルゲンシュミットの基礎となった元神様だったかしら？　クインタは……？

わたくしは自分の知識を引っ張り出しますが、講義や書物で見た名前が当然のように出てくる会話に驚きを隠せません。そのエアヴェルミーン様にフェルディナンド様が何かしたのでしょうか。英知の女神の声からは怒りが感じられます。わたくしは跪いたまま床の白い石だけを見つめて息を殺し、フェルディナンド様の返答を待ちました。

「神々はローゼマインに何をしたのでしょう？　女神が降臨しなければ死ぬなど、尋常ではないと思われますが……」

……フェルディナンド様、それは女神様の質問に対する答えではございません！

少しだけ顔を傾けて隣の様子を窺うと、フェルディナンド様は顔を上げて英知の女神と睨み合っていました。

「まぁ、相変わらず無礼な物言いですわね。テルツァが戻らなかったのが残念でなりません。あの者の方がよほどクインタやマインよりツェントに相応しかったというのに……」

とても残念そうな女神の口から出た耳慣れない名前にわたくしは眉を寄せました。会話の流れから考えると、フェルディナンド様やローゼマイン様、ジェルヴァージオの名前のようです。

……全員に別の呼称があるなんて、もしかするとメスティオノーラの書を授かる時に神々から与えられる名前が存在するのでしょうか？

わからないことばかりなので口を開かず、わたくしは英知の女神との会話をフェルディナンド様にお任せし、静かに控えるだけにしておきます。

「始まりの庭に来た途端にローゼマインが神々の御力によって殺されかけていると知らされ、魔術具を外すために奮闘しました。その原因について質問をすることを無礼と言われるとは思いませんでした」

フェルディナンド様は跪いたままですし、言葉こそ丁寧ですが、真っ向から英知の女神に反論しています。わたくしは不敬に当たらないのかと考えて軽い眩暈を覚えました。

「わたくしが其方を殺すくらい容易なのだとわかっていて、その態度なのかしら？」

「本当に容易でしょうか？　ローゼマインは私を救うことを願い、その代償として記憶を断たれ、英知の女神に体を貸しました。ローゼマインに降臨している貴女が私を殺すことは、神と人の約束を破ることに繋がると思われますが」

神話には神と人の契約を破った末路について語られている話もあります。契約や約束を破ると、破った者は人であれ、神であれ、罰を受けるのです。

フェルディナンド様の指摘に英知の女神がどのような反応を示すのか、わたくしは少し顔を上げて様子を窺います。ローゼマイン様のお姿ですが、ローゼマイン様でないことが一目でわかりました。ふわりと空中に静止していて、体の内側から光を放っています。ローゼマイン様より更に濃い色の目で睥睨《へいげい》するように見下ろしている姿を目にするだけで、抗い難い畏怖や敬意が胸を占めるのです。決して目を合わせてはならないと感じ、わたくしはすぐに目を伏せました。

「本当に腹立たしいこと。でも、命の天秤《てんびん》にかけられるのが其方ではなくマインであればどうかしら？　大事な存在なのでしょう？」

「ローゼマインは神々にとっても失えない存在です。現時点でユルゲンシュミットの礎に到達できる可能性がある全ての命をローゼマインは名捧げによって握っていますから」

女神を脅迫しながらフェルディナンド様が微笑みます。わたくしやフェルディナンド様ご自身の名捧げが、神々に対する牽制《けんせい》になるとは思いませんでした。

「それと、神々はジェルヴァージオをツェントに相応しいとお考えのようですが、私はあの者ほどユルゲンシュミットとエアヴェルミーン様にとって危険な存在はいないと思っています」

「あら、其方以上に危険な者などいないでしょう」

アナスタージウス様から聞いた戦いの様子や、王族との話し合いにおける言動を見れば、英知の女神の意見に納得できます。けれど、危険人物とされてもフェルディナンド様は全く動じませんでした。

「エアヴェルミーン様を動けなくした毒も、この銀色の武器も、ジェルヴァージオがユルゲンシュミット外から持ち込んだ物です。これによって数十人以上が殺されています。アレを排除しなければ、ユルゲンシュミットはどうなっていたか……」

「わたくしは人の命を奪うことを禁じたはずです」

「これらの道具自体には意思がないのです。他者が触れたら起動する形にすれば、事故や他殺の形に見せかけて傷つけたり殺したりすることは可能です」

メダルをアナスタージウス様に破棄させてジェルヴァージオのシュタープと未来を奪ったフェルディナンド様ならば容易でしょう。

「それに、エアヴェルミーン様を傷つけることも禁じられませんでした」

「エアヴェルミーンを傷つけるなど、人にできるはずが……」

「ジェルヴァージオが持ち込んだ武器さえあればできます」

そんな言葉と共にフェルディナンド様の手がスッと動き、銀色の短剣がシュッと空気を切るように放たれました。

わたくしは息を呑み、短剣が飛んでいく方向へ思わず顔を上げて見ました。それで初めて白い大きな人物が立っていることに気付いたのです。周囲を見回す余裕がなかったせいか、白い大木が人の姿を取っていることにさえ今まで視界に入っていませんでした。

「エアヴェルミーン！」

英知の女神が何やら御力を行使しました。指先から濃い黄色の光が放たれます。けれど、その光には短剣を弾くことも防ぐこともできませんでした。女神の御力にも止められないまま銀色の短剣はエアヴェルミーン様の髪を一房切り落とし、カツッと床に刺さりました。

短剣の動きに一瞬遅れてハラリと落ちる白い髪が空中で木の枝に変化し、カツンカツンと床に当たる音を響かせます。

……本当に大樹が人の形を取っているのですね。

わたくしは場違いな感想を抱きながら、落ちた枝を見つめました。英知の女神とフェルディナンド様の仲裁など、わたくしにできるわけがありません。息を殺し、できるだけ存在を消し、傍観者でいる以外に何ができるでしょう。

「クインタ！」

「神々がローゼマインに何をしたのか、神の御力の影響を完全に消すためにはどうすれば良いのか、魔力を流す以外に断たれた記憶を取り戻す方法があるのか教えてください。その代わりに私はエアヴェルミーン様に解毒薬を与えます」

フェルディナンド様は追及の手を緩めるつもりはないようです。英知の女神は仕方なさそうに頷きました。

「クインタにはこれ以上エアヴェルミーンに近付いてほしくありません。解毒薬を渡しなさい」

「ローゼマインに関する事情説明が先です」

しばらく睨み合った後、英知の女神は「ならば、事情説明をしている間に、エグランティーヌに解毒させなさい」とわたくしを指名しました。残念ながら完全に気配を消すことはできていなかったようです。名乗っていないのに、女神にわたくしの名前を知られているとは思いませんでした。

「エグランティーヌ様、こちらは解毒薬です。エアヴェルミーン様にかかっている即死毒に触れる可能性があるため、こちらを口に含んだ上で行動してください」

……何という危険な物をエアヴェルミーン様に使ったのですか⁉

今になって英知の女神の「其方以上に危険な者などいないでしょう」という言葉に深く共感を覚えます。エアヴェルミーン様はユルゲンシュミットの基礎とも言える存在です。そのように尊い存在に即死毒を使っているとは思いませんでした。

唖然としているわたくしに構わず、フェルディナンド様はわたくしに飴状《あめじょう》の解毒薬を与え、液状と飴状の薬の使い方を説明します。

「神々の御力に直接触れるとどのような影響があるかわかりません。まず、エアヴェルミーン様の手が動くように液状の薬をかけ、その後は当人に解毒薬を飲んでもらうようにした方が良いでしょう」

わたくしは緊張しながら解毒薬を手にすると、立ち上がりました。フェルディナンド様と英知の女神の会話に耳を澄ませながらエアヴェルミーン様の元へ進み出ます。

フェルディナンド様の作った魔術具によって英知の女神の降臨が防がれたため、複数の神々が妨害を前提として祝福を贈ったこと。魔術具が祝福を防ぐ物ではなかったため、人の身には過ぎた力になってしまったこと。先日の降臨で英知の女神の御力に染まっていたため、体内で神々の御力が反発し合っていること。その御力の影響を消すには、枯渇に近いところまで魔力を減らし、人の魔力で染めなければならないことなど、ローゼマイン様に関する話がされています。

……魔力枯渇をさせてフェルディナンド様の魔力で染めるようにおっしゃるなんて、秋を待たずに冬の到来を早めろということでしょうか？

命には代えられませんけれど、未婚で未成年の女性にとって非常に困る方法です。けれど、フェルディナンド様とローゼマイン様は政略結婚ではなく、誰の目にも明らかな熱愛関係です。関係者が口を嗣《つ》めば、少々冬を早めたところで特に困る者はいないかもしれません。

……でも、女神の降臨がこれほど深刻な影響を及ぼすなんて……。

畏怖を覚える神々しい見た目、ユルゲンシュミットで他にはいない神からの寵愛と、貴族達から羨ましがられていますが、その代償の大きさをわたくしは初めて知りました。

「エアヴェルミーン様、失礼いたします」

わたくしは一度エアヴェルミーン様を見上げました。以前、わたくしが自分のシュタープを得るためにこの場を訪れた時に白い大樹があった場に立っているのは、白くて長身の男性です。父方の祖父である先代のツェントに少し似ているように思えて、何となく親しみを持てる方に思えます。

「こちらの手にお薬をおかけいたしますね」

フェルディナンド様に言われた通り、液状の薬を手にかけました。少しずつ可動域が広がっていき、ゆっくりとエアヴェルミーン様の手が動くようになります。

「こちらを口に含んでくださいませ」

動くようになった手に飴状の薬を置くと、エアヴェルミーン様はそれを口に入れました。

「ふむ。全身が動くようになったか。クインタは何という危険な物を持ち込むのか」

「……持ち込んだのはジェルヴァージオで、アーレンスバッハや王宮の貴族が何人も犠牲になった毒です。エアヴェルミーン様は動けなくなっただけですが、貴族達はその場で魔石になったと報告を受けています」

王宮や貴族院の講堂でも即死毒が使われました。対策をしていても被害に遭った者はいます。貴族院での戦いにおいてフェルディナンド様はランツェナーヴェの道具を手に入れていましたが、それを使おうとはしませんでした。躊躇なく使用するランツェナーヴェの者達をユルゲンシュミットの貴族が危険視するのは当然だと思います。

「エアヴェルミーン様に即死毒を向けるフェルディナンド様の行動が危険であることは同意します。けれど、ジェルヴァージオをツェントにしてはならないという判断は間違っていないと思っています。ジェルヴァージオがツェントになれば、ユルゲンシュミットにかつてない混乱と争いが起こったでしょう」

「人の理ではそうなるのか」

エアヴェルミーン様はゆっくりと息を吐いた後、何かに気付いたように「エグランティーヌ、其方は何をするためにここへ来た？」と静かに問いました。

「ご挨拶が遅れました。ローゼマイン様からグルトリスハイトをいただき、新しいツェントに就任する予定です。よろしくお願いします」

「メスティオノーラの書を持たぬ其方がツェントを名乗れると思うのか？　其方はツェントたり得ぬ。魔力も祈りも足りぬ」

……ツェントを名乗れない？　ツェントたり得ぬ？

女神の化身であるローゼマイン様からグルトリスハイトを与えられた者が新たなツェントになると言われていましたが、神々の認識は違うようです。わたくしはフェルディナンド様に説明を求めて視線を向けました。

英知の女神とのお話を終えたのか、フェルディナンド様が「人の理には必要な中継ぎです」と言いながらこちらへ移動してきます。それに合わせて英知の女神もふわりと飛んで、エアヴェルミーン様の肩に座りました。

「先日、話したように彼女の次代からはメスティオノーラの書を自力で得るツェントが誕生します。エグランティーヌ様にはグルトリスハイトの魔術具を使ってユルゲンシュミットを治めていただきます」

「まぁ、グルトリスハイトの魔術具ですって？　アルプゼンティが作った物をまた使うと言うの？」

咎めるような響きの女神の声に、わたくしは体を竦めました。グルトリスハイトの魔術具を受け継いできた歴史を知った今、王族としてどうにも身の置き所がない心地になります。

「ツェント・アルプゼンティが作った物と違い、他者に譲渡できない物を作りました。次代は確実にメスティオノーラの書を自力で得ることになります。次代が育つまでの時間稼ぎに必要なのです」

「人の理は面倒ですこと」

フェルディナンド様はこの始まりの庭に置かれていた包みを手に取り、紐や封じの魔石を外して大きめの魔石が付いたブレスレットを取り出しました。

「エグランティーヌ様はこちらを腕にはめて魔力登録をしてください」

これに魔力登録をして「グルトリスハイト」と唱えればこの手にグルトリスハイトが現れるそうです。最初に考案したアルプゼンティはもちろん、新たに作り直すフェルディナンド様も信じられません。規格外にも程があります。

「……不思議ですね。グルトリスハイトの魔術具まで作れるのに、どうしてフェルディナンド様はツェントを目指さなかったのでしょう?」

「エグランティーヌ様が王族の中で唯一祠に入れたにもかかわらず、ツェントを目指さなかった理由と同じだと思います」

……自分の存在が争いの種になることを望まなかったから。

「腑に落ちました。それぞれの立場がありますものね。いくら突出していても、個人の力だけではどうしようもないことも理解できるつもりです」

「まぁ、エグランティーヌにはクインタが口にする人の理が理解できるのですか?」

わたくしがフェルディナンド様を擁護《ようご》すると思わなかったのでしょう。英知の女神が意外そうな声を出しました。わたくしは背筋を伸ばします。神の理と人の理は違うと、フェルディナンド様はおっしゃいました。おそらく英知の女神やエアヴェルミーン様には人の理がわからず、フェルディナンド様と対立するのでしょう。

「わたくし、過去の経験から平穏のためならば多少の犠牲を厭わない傾向がございます。わたくしがより争いの少ない未来を考えた時、フェルディナンド様の提案を最善だと思うことが多いように感じました。フェルディナンド様の言動や目的に到達するまでの過程には苛烈《かれつ》さが目立ちますが、目指す先は平穏な未来だと思います」

「人の理ではクインタの提案がマインより的確なのかしら？」

英知の女神の問いに、わたくしはローゼマイン様について少し考えます。接した時間はそれほど長くありませんが、ローゼマイン様の考え方が浮き彫りになる印象的な出来事はいくつもありました。

「ローゼマイン様は争いを好む方ではありませんが、我欲の強い方です。わたくしやフェルディナンド様はできるだけ少ない犠牲でより多くの者に平穏をもたらす方を選びますが、ローゼマイン様は他の多くの者が犠牲になったとしても、自分にとって大事なものを守る方を選びます」

おそらく普通の領主一族ならばフェルディナンド様を救出するためにアーレンスバッハへ攻め込んで礎の魔術を得る選択はしなかったでしょう。領地の力関係、共に攻め込む騎士の命、戦闘後の世間の声などを考えれば、フェルディナンド様を犠牲にしてアーレンスバッハから賠償を得たり、王族に貸しを作ったりする方が損害は少なく、利が大きいからです。

「貴族院での講義中もローゼマイン様は自分の望む図書館都市の計画を語りましたが、その都市に本を望まない民の居場所は考えられていませんでした。人の理や神の理より自分の望みを優先すると考えられるため、フェルディナンド様よりツェントに向かないとわたくしは思っています。ローゼマイン様が為政者になるならば、彼女の我欲を程良く満たしつつ彼女の望みに沿わない者をすくい上げられる調整役がいなければ破綻《はたん》するでしょう」

わたくしはフェルディナンド様に視線を向けました。トラオクヴァール様の出した王命を都合良く解釈し、ローゼマイン様の婚約者に収まったのです。自分の望みのままに突き進む彼女の調整役を頑張ってほしいものです。

……その時はローゼマイン様に名を捧げたわたくしも振り回されるのでしょうけれど。

「エグランティーヌ、其方は自分ならば人と神の仲立ちができるツェントになれると？」

エアヴェルミーン様の言葉に、わたくしは小さく首を横に振りました。神々の前で「できる」とは言えません。

「わたくしは不勉強で、神々の理について今まで考えたことがございませんでした。……けれど、ツェントの役割が人と神の間に争いを生まないために仲介することであれば、最善を尽くしたいと存じます」

「エグランティーヌ様、私の忠告を聞いていなかったのですか？」

フェルディナンド様に睨まれて、わたくしは小さく微笑みました。「神々に言質を取られるな」と言われたことは覚えていますし、今も心配されていることはわかります。

「フェルディナンド様の忠告には感謝していますが、その地位に相応しい行動を求められるのは当然ですもの。わたくしはもう次期王を兄に譲った第二王子の妻ではありません。わたくしは争いを避けるために仕方なく引き受ける魔術具頼りのツェントではなく、神々からも認められる真のツェントになりたいのです」

「心意気は良いが、人の言葉は信用ならぬ。すぐに嘘を吐く。エグランティーヌ、其方はそれを神に誓えるのか？」

エアヴェルミーン様の指先が上空を示すと、キラキラとした金色の光が差し込んできました。光の女神とその眷属から契約に繋がる宣誓を促されているのだとわかります。

神々の干渉に苦々しい顔になったフェルディナンド様に苦笑しつつ、わたくしは自分から金色の光の中に入りました。ゆっくりと体の向きを変え、厳しい目でわたくしを見下ろしているエアヴェルミーン様とその肩の近くに浮いている英知の女神に向かって跪きます。

「どうぞ他の神々もご照覧《しょうらん》あれ」

ゆっくりと顔を上げて目指す先である神々の世界を見つめると、光のきらめきが増したような気がしました。

「今のわたくしは魔術具を与えられるだけで魔力も祈りも足りない身でございますが、真のツェントになるための努力を惜しみません。必ず祠を巡り、祈りを捧げ、わたくし自身のメスティオノーラの書を得ることをここに誓います」

わたくしを金色の光が包み、その光が体に浸透するように消えていきました。

「神々への誓い、確かに英知の女神メスティオノーラが見届けました」

女神の声が今までと違ってとても柔らかく響いてきます。上空から英知の女神へ視線を動かすと、ふわりと優しい笑みを浮かべているのがわかりました。エアヴェルミーン様も表情が幾分和らいでいるように感じます。

「契約は成った。励め」

激励の言葉に、わたくしは跪いたまま更に深く頭を下げました。

新しいアウブのすげぇ魔術

「ジフィも戻ったか。お疲れ」

「お疲れ。今日は最悪だったぜ。魚、また減ってないか？」

漁師は一仕事を終えると港の近くに集まり、売れなかった魚を煮たり焼いたりしながら酒を飲んで談笑するのが一連の流れになっている。俺は近くに積まれている木の枝をつかんで自分の持っていた木箱に放り込むと、皆の輪に入る。

木箱をひっくり返して枝を自分の横に置くと、俺はドカッと木箱に腰を下ろした。枝を手に取って腰のナイフを手にして少し削り、魚を刺しやすいように先を尖らせる。

「なぁ、魚を取ってくれ」

「ほい。塩はこっちな。三本くらい作ったら、こっちを食べてもいいぞ。そろそろ食べ頃だ」

「おぉ、悪いな」

魚に塩を塗りつけて尖らせた枝に刺し、火の近くに並べた。酒の肴《さかな》を準備したら、お待ちかねの酒がようやく飲める。俺は自分のベルトに括り付けているコップを外してトレムに向かって突き出した。

「俺にも注《つ》いでくれよ」

ここで飲んでいる酒は皆で金を出し合っているので特に遠慮する奴《やつ》はいない。だが、トレムはつかんでいた酒瓶《さかびん》と俺を見比べて顔を顰めた。

「ジフィ、ここで飲んでていいのかよ？　昨日、嫁さんと派手に喧嘩したって聞いたぞ」

「いいんだよ。かかあには怒られるが、こういう情報交換も大事な仕事の一つじゃねぇか。海に出ない女に俺達の仕事なんてわからんさ」

「また適当なことを言いやがって」

こうして酒を飲むのを妻や娘に咎められるのは俺だけではない。漁師ならば誰しも身に覚えがあることだ。皆がゲラゲラと笑いながらトレムの注意を受け流せば、トレムも「俺は忠告したからな」と言いつつ俺のコップに酒を注いでくれる。

俺はそれをグッと飲んで、プハッと息を吐いた。本当に海の状態が悪いので、酒くらい飲まなければやっていられない。俺は食べてもいいと言われた魚に手を伸ばした。皮に焦げ目がついて、棒を伝って身から滴る油がジュッといい音を立てている。

「今日は誰が城に魚を持っていったんだ？」

「ゼグトとアンクじゃねぇか？　何か面白い話はあったか？」

ここ最近、酒を飲みながら話題に上がるのは、城のこと。正確には新しいアウブのことだ。港から横暴な余所者を追い払って、二度と来られないように海の大きな門を閉めてくれた。まだ髪も上げてない少女だが、俺達の英雄だ。ちょっとでも新しい情報を知りたくて、城に行ったら料理人や下働きの者から話を聞いてくる。

実は、港で暴れていた余所者を追い払った翌日、「城の食糧が余所の騎士様達に食い尽くされそうだから魚をたくさん仕入れたい」とお貴族様から要請があったのだ。俺達漁師は助けられたお礼も兼ねて、できるだけ多くの魚を持っていった。その後、どうやら新しいアウブは魚が好きらしいと情報を得て以来、その日の午前中に獲《と》れた中で一番良い魚をアウブに献上するようになっている。

「あぁ、新情報があったぞ。城の料理人が教えてくれたんだが、新しいアウブは魚を『シオヤキ』にするのが好きらしい」

「シオヤキ？　聞いたことがないな。どういう料理だよ？」

「元の領地の調理法か？　名前だけじゃアウブが喜ぶ魚の種類もわからねぇだろ。もっとちゃんと聞いてこいよ」

新しいアウブは北の方にある余所の領地から来たと聞いている。そのせいか俺達にはよく知らない調理法で魚を食べるようだ。新情報なのに意味がないと俺達が顔を顰めていると、ゼグトとアンクが顔を見合わせてヒヒッと笑った。

「魚に塩を振って焼くだけだってさ。ただの塩焼きだよ」

「白身の美味《うま》い魚があると助かるって料理人が言ってたな」

二人の言葉に、その場が一瞬静まった。

「……は？　塩焼き？　塩焼きって、この塩焼きか？」

俺は目の前で焼かれている魚を手に取った。ついでにクルリと火の当たる位置を変えていく。海で獲れる魚と、海水からできる塩。それだけで美味く食える塩焼きは漁師がよく口にするが、お貴族様が好む料理ではないはずだ。

「この塩焼きだ。俺達だって料理人に何度も聞き返したさ。なぁ、ゼグト？」

「あぁ。その料理人はアウブのために塩焼きにしてほしいって言ったお貴族様に、本当に間違いないのか何度も確認したらしいぜ」

アンクの言葉に困惑する料理人が簡単に思い浮かんだ。新しいアウブのために腕を振るおうとしていた宮廷料理人からすると、驚いたなんてものではないだろう。俺達だってビックリだ。

「マジかよ？　俺等の食べ方と同じじゃねぇか。お貴族様は変な味の草をいっぱい付けたり、舌が痺れたりするような辛さの料理を好むんじゃなかったのか？」

「新しいアウブは余所から来たせいか、あんまり外国の味が好きじゃねぇみたいだな。ジフィ、その魚は俺のだ。取ってくれ」

「他の料理には目もくれず、塩焼きばっかり食べてたってさ。……何か嬉しいよな」

アンクに魚を渡し、俺はゼグトの最後の言葉をゴクリと飲んだ酒と一緒に何度も噛み締めるように頭の中で繰り返す。そう、嬉しかった。

「俺達が持っていく魚を喜んでくれて、あのいけ好かねぇ外国の味より塩焼きが好きなんて……今までより親近感が湧くな」

「前のアウブがアレだったから誰が新しいアウブになっても多分歓迎されたと思うが、早々に交代してくれて良かったよ」

しみじみとした声になってしまうのも仕方がないだろう。前のアウブも成人前後の若い女だったが、あれはひどすぎた。

「年を食った爺《じい》さんアウブが死んで若い女に代替わりした途端、それまでの取り決めを完全に無視するようになったもんな」

「海の向こうの門から来る外国人をやたら依怙贔屓《えこひいき》するし、交易の期間も守らない。そのせいで海がじわじわと濁っていくし、魚がどんどん減ってるだろ？」

「うーん、交易の期間を守らないせいかどうかは知らんが、代替わりの時期から急速に魚が減ったのは事実だな」

アウブが交代し、外国から黒と銀に色が変わる変な船が来るようになってから海が濁り、魚が減り始めたのだ。俺達漁師にとっては死活問題である。商人達の中には交易期間が延びて大儲《おおもう》けした奴等もいる。もしかすると奴等からの評価は高かったのかもしれないが、漁師にはすこぶる評判が悪かった。

「港で邪魔になるでかい船をいくつも並べるし、横暴が過ぎる外国人を野放しにするし、注意したらこっちが怒られるんだぞ。意味がわからねぇよ」

「しかも、その外国人達はいけ好かねぇだけじゃなくて、人攫《ひとさら》いの集団だったからな」

あの日は夕方なのにやたら馬車や荷車の出入りが多かった。しかし、明るいうちに船へ運び込まれていくのはでかい箱ばかりだったから、奴等が貿易を終えて国に帰る準備をしているのだと俺達は思っていたのだ。こうして酒を飲みながら「さっさと帰れ」とくだを巻きつつ、奴等の動きを見ているだけだった。

奴等が人攫いだと気付いたのは早朝だった。夜も明けていない暗い内から漁に行く準備をしている時に、縛られた女が荷車に乗っていることに気が付いたのだ。担がれて船に連れて行かれる女が何人もいる。その服は明らかに良い物で、富裕層かお貴族様だと瞬時に判断できた。

「あの担がれてる女って、お貴族様じゃねぇか？　まずくね？」

「おいおい、連れ去られるのを見逃したのかって後からお貴族様の怒りを買うのは俺達だぞ！」

あっという間に漁師達に伝わり、「いい加減にしろ！」と一気に怒りの火がついた。様々な面で溜まりに溜まっていた今までの鬱憤《うっぷん》が大爆発したのだ。

「これ以上俺達の港で勝手なことをされて堪るか！」

「今から漁に出るっていうのに、そのでっかい船が邪魔なんだよ！」

「女を助け出せ！　船に突撃だ！　他にもいるかもしれんぞ！」

漁に出ようとしていた俺達は自分達の舟にあった銛《もり》を持ち、網を持ち、外国人に襲いかかった。まだ日も昇っていない暗がりでの戦いなのであっちにもこっちにも怪我人《けがにん》が出るが、一度暴れ出したら俺達だって止まれるはずがない。

そんな暴動をあっという間に収めたのが新しいアウブだった。見慣れた藤色のマントだけではなく、青や明るい黄土色など、普段はあまり見ないマントをつけた余所の騎士様が外国の船を攻撃していく。

「最初は俺達が捕まるんじゃねぇかと思ったよな」

「そうそう。お嬢さん達を助けようとしたと認められるか、お貴族様にとって大事な大事な貿易相手を攻撃したと叱られるかわからなくて、騎士様が来た時は気が気じゃなかったよな」

暴動を収めに来た騎士様の姿を見た俺達はまずいと思ったが、外国人への攻撃は彼等が取って代わり、連れて行かれたお嬢さん達を助け出してくれたのだ。

「あのでかい船が簡単に壊されるんだぞ。お貴族様ってやっぱり俺達とは違うよな」

「新しいアウブは俺達みたいな平民にまで癒しをかけてくれるし、光の柱を出して海を凍らせるし、海の門を閉めてくれるし……わけがわからなかったが、まぁ、すごかったよ」

新しいアウブは見たことのない魔術をたくさん使っていた。今まで俺達が見てきたお貴族様とは全く違う。

「平民に癒しを与えるアウブなんて今まで見たことも聞いたこともねぇよ。ホントすげぇ」

空中から緑色の光が降ってきたかと思うと、腕にあった切り傷や殴られてできた痣《あざ》が一瞬で消え、痛みがすぅっとなくなった。直後に降ってきた黄色い光は自分の領民を守るためのものだと騎士様が教えてくれた。実際、外国人が暴れても俺達は痛い思いをしなくなったのだ。あんな体験は二度とできないだろう。お貴族様が俺達平民の漁師を守るべき民に含めてくれることが、あれほど嬉しくて誇らしいと思わなかった。

「すげぇけど、ウチは困ってるよ。親父《おやじ》がやっと引退したのに、アウブの癒しで足腰の痛みが消えたからまた舟に乗るって言って、聞かねぇんだ」

「おやっさん、まだ暴れ足りないのか」

焼けた魚にかじりつきながら肩を落とすゼグトを皆が笑う。ゼグトの父親は「海で悪さをするな！」とガキを叱り飛ばすのと同じ勢いで外国人も殴りつけていた。息子に舟を譲って引退したのにまた乗ると言い出したのだから、どちらが主導権を握るかで親子喧嘩が増えているに違いない。

「いやぁ、アウブにも色々いるもんだな。金髪の女と全然違うじゃねぇか」

貿易の期間を終えて外国の船が出港する時に見送りに来ていた金髪の若い女のアウブは、「視界が美しくない」という理由で自分が港に出る時には平民の出入りを禁じたり、外国の船以外は見えないくらい遠くに繋げと文句を言ったりしていた。どう考えても彼女が平民を癒したり守りの魔術をかけたりすることはないと思う。

「漁師にだって漁の上手いヤツと下手なヤツがいる。アウブにだってできるヤツとできねぇヤツがいるって思えば何の不思議もねぇだろ。前がハズレだったってだけだ」

「こっちの生活や命が懸かってるんだぞ。ハズレだったら困るだろ！」

「だから、今まで困ってたんじゃないか」

そこに「また新しいアウブの話か？」と声がかかった。振り向くと、木箱を手にしたフルトの姿があった。フルトは漁師ではなく、様々な物資を船で運ぶ商船の船乗りだ。領地の北へ物資を運びに行っていたはずだが、仕事を終えて戻ってきたらしい。

「面白いことがあったぞ。新しいアウブがまたやってくれたんだ！」

「何だ、何だ？」

新しいアウブの情報ならば大歓迎だ。皆が少しずつズレてフルトが入れる場所を空ける。持ってきた木箱からフルトが土産物の果物や酒を出して皆に渡し、空になった木箱をひっくり返して座ると、今度は彼のコップに酒が注がれる。

「俺さ、カンナヴィッツに行っていたんだ」

カンナヴィッツは海で行ける北端だ。フルトが乗っている商船はここの港を出発して沿岸にある町をいくつか回りながら北上し、カンナヴィッツに到着したら北側の土地の物を仕入れて戻ってくる。

「こっちに戻るためにカンナヴィッツを出て南下している時に騎獣に乗ったローゼマイン様達を見かけたんだ」

「……ローゼマイン様？　新しいアウブの名前か？　なんで知ってるんだ？」

お貴族様の名前なんて平民に知らされることなど滅多にない。家や城への出入りを許される商人ならば知っているかもしれないが、俺達みたいな漁師に教えられることはない。フルトは得意そうに笑って「まぁ、聞けよ」と話を続ける。

「あの戦いの時と同じようにアウブだけは二人乗りで、でかい杯みたいな物を持っていて、空中から虹色の光を垂れ流してたんだ。その光が降り注いでくると、黒っぽく濁っていた海が一気に澄んで明るい色になるんだぜ」

興奮気味にフルトが喋っているが、興奮しすぎているせいか何がどうなったのか全くわからない。

「フルト、興奮しすぎだ。全然わからねぇよ。緑色の光で怪我が治ったり、黄色の光で怪我をしなくなったりしたみたいに、虹色の光で何かもっとわかりやすいことはなかったのか？」

「虹色の光はすげぇよ。海の色が変わるくらい海草が伸びて増えて、網にも引っかからないくらいに痩《や》せこけてた魚がぐわっと目に見えて大きくなっていったんだ。近くで漁をしていた漁師達も大興奮よ」

「は⁉　そりゃ興奮するだろ？　マジかよ⁉」

そんな光は今まで見たことがない。目に見えて魚が成長するなんて、一体どんな魔術なのか。

「マジだって。そこら辺にいた船の奴等と一緒に歓声を上げて手を振ったら、ローゼマイン様が振り返してくれてさ。うおぉ！　ってなってたら、近くにいた男が祈れって言うんだよ」

「祈れ？」

「そう。この領地の新しいアウブとなった女神の化身であるローゼマイン様に祈りを捧げよ！　神に祈りを！　って……」

そういえば洗礼式とか成人式の時に神殿で祈らされた記憶があるが、アレだろうか。海の変化に興奮していたフルト達は歓声を上げながら言われるままに祈ったらしい。そうしたら、再び虹色の光が降り注いできたそうだ。

「すげぇよ。すげぇけどさ、城へ魚を届けているのは俺達だぜ。カンナヴィッツの前に城の近くにあるこっちの海を何とかしてくれよ！」

俺は拳を握って膝を打った。俺の言葉にフルトは「うーん……」と腕を組む。

「ジフィはこの辺りの海しか行かないから知らないだろうけど、ぶっちゃけ、土地も海も痩せて餓死者が出るくらいひどいのは、こっちより北側だったからな。ビンデバルトなんてギーベさえいなくなってて、とんでもない状態だったんだ。領地全体を考えたら北側を優先するのは当然だって」

確かに俺は他の土地がどんな状態になっているのか知らない。自分のところを優先してほしいと思っているが、それはどこの者も同じだろう。

「ひどいところから始めただけで、最終的にはこの辺りの海も元に戻してくれるさ。ローゼマイン様は見捨てずにちゃんとしてくれるから、俺達は順番を待っていればいいんだよ。領地のどこへ行こうが、いつかは城に戻ってくるんだから」

「……そうだな」

別に何の保証もないのに、あの戦いでも平民を守ってくれたローゼマイン様ならば信じられる気がする。

「城に戻ってくるのも楽しみだな。ローゼマイン様は虹色の変なのを西側に向けて飛ばしていたんだ」

「虹色の変なの？」

「あれだけのことができるんだ。ローゼマイン様が何をするのか気になるだろ？　近くの町に船を泊めて、農民達からも話を聞いて様子を窺っていたら……」

フルトによると、ローゼマイン様達はそこら辺の倉庫より大きい虹色の建物のような物を拠点にしていたらしい。俺は程良く焼けた魚にかぶりつきながらフルトが指差す倉庫を見上げる。

「この倉庫よりよっぽど大きくて虹色の建物みたいな見た目なんだけど、魔獣みたいな変な顔とか尻尾《しっぽ》がついてて……色は神々しいけど、見た目が何か変だった」

……虹色の倉庫に顔がついてる？　説明されても全くわからんな。

「しかも、その拠点、飛んだんだ」

「……フルト、お前、大丈夫か？　大袈裟にしたい気持ちはわかるけどさ。この倉庫みたいな大きさの物が飛ぶわけないだろ？」

全く想像もできない俺達の反応にフルトが「大袈裟じゃねぇ！　アレがこっちに来たらお前等に

もわかるさ」と言い募る。

「はいはい。ローゼマイン様が早く戻ってきたらいいな」

興奮しているフルトを宥めていると、ガンガン！　と何やら叩く音が聞こえてきた。派手な音を立てながら兵士やどこかのギルドの奴等が街を巡るのは大事なお知らせがある時だ。大抵の場合はお貴族様の無茶振りである。前は貿易の期間でもないのに外国の船が来るから、漁師は港を空けろというものだった。

「何だよ？　ローゼマイン様は北の方にいるはずだろ？」

新しいアウブが不在の間にお貴族様が何かするつもりなのだろうか。俺達は億劫《おっくう》な気分になりながら立ち上がり、広場へ向かう。家々から皆が出てきて、兵士からの知らせに耳を澄ました。

「城から急ぎの知らせがあった。今夜、六の鐘から七の鐘の間に新しいアウブが領地全体を一気に魔力で満たすための大規模な魔術を行うそうだ。空が光っても心配はいらない。……繰り返す」

魔術を行うだけで、俺達がすることは特にないらしい。珍しい現象があっても騒ぐなという知らせだった。拍子抜けするような知らせに首を傾げつつ、俺達は元の場所へ戻る。

「空が光るってどういうことだよ？　虹色の光が空から降ってくるんじゃねぇのか？」

「ほら、俺が北で見た虹色のヤツが光りながら飛ぶんじゃねぇか？　変な顔のついたでっかいのが……」

「フルトの奴、まだ言ってやがる」

「くそ！　お前等も見て驚け！　呆気《あっけ》に取られろ！　マジで意味不明だから」

情報交換の酒飲みを早々に解散し、俺達はローゼマイン様が行う大規模な魔術を見るために夜に備えることにした。


夜明け前に舟を出す普段ならば寝ているはずの時間に、俺は妻のフィナと外へ出た。

「酒の量が減るなら新しいアウブには毎日魔術をしてもらいたいもんだね」

「……井戸の広場じゃなくて港へ行っていいか？　フルトが言ってたように海の色が変わるのか知りたいんだ」

「こんなに暗い中じゃ海の色がちょっと変わったとしても全然見えないと思うけどね」

俺は近所の人達が集まっている井戸の広場を通り抜け、道に出た。周囲にも一体何が起こるのか興味津々《きょうみしんしん》で空を見上げる面々はいるし、貴族街がある山側に駆けていく者もいる。貴族街の方からも騒ぎが聞こえるようで、皆が待ち望んでいるのがわかる。祭りのような喧騒に心が浮《うわ》つくのを感じながら、俺達は暗い海に向かって歩いていく。

「おぅ、ジフィ達も来たか」

俺達が港に着いた時には、一緒に飲んでいた連中が大体集まっていた。また火を囲んで飲んでいるのが見える。その光景を目にした途端、フィナの機嫌が急降下した。

「あんた達、本当に飲んでばっかりじゃないか」

「まぁまぁ、そう怒るなって。今夜は特別だ。新しいアウブが何かしてくれるんだから。フィナも飲め飲め。おい、ジフィ。フィナが座れる木箱を取ってこいよ」

機嫌が悪くなっているフィナを宥めつつ酒瓶を軽く振るアンクに頷き、俺は倉庫や舟から木箱を持ってくる。それぞれの家から持ち出された料理を摘まんだり、酒を飲んだりしながら何が起こるのか待つ。

「あ、始まったみたい。あっちが明るい」

フィナの指差す方向に皆が一斉に顔を向けた。高台にある城全体が淡く光を帯び始めた。フルトの話を聞いて予想していたよりずっと大規模らしいと思ったところで、城から緑色の光が真っ直ぐに空に向かって伸び始めた。

「緑の光⁉　虹色じゃないぞ？」

聞いていたのと違う。俺達は思わずフルトへ視線を向けた。フルトは困ったように顔を顰めて空を見上げている。

「俺が見たのと違う。ローゼマイン様もお付きの騎士様もいねぇし……」

高く上がった緑の光は意思があるように動き始めた。城の上空から貴族街、下町、港にいる俺達の頭上を過ぎて海へ飛んでいき、緑に光る線を空中に描いていく。

「門がある方向だよな？」

「この線から虹色の光が降ってくる……とか？」

しばらくすると緑色の線が西に向かって動き始めた。それと同時に、空中に複雑な模様が広がり始める。

「緑色に光るレースが空に広がっていくみたい」

「細かく細工されたお嬢様用の扇みたいじゃないか」

女達は「綺麗」「見事なものだ」と感激した声を出している。同じ場にいて、同じものを見ているのに俺達は胸に抱く感想がちょっと違った。先に聞いていたフルトの話と違いすぎる。

「すげぇよ。すげぇけどさ……虹色じゃねぇな」

「変なでっかいの……とは違うんだろ？　これだってでっかいけど」

「こんな綺麗な模様じゃなくて、虹色のでっかい倉庫くらいの建物みたいな物だったんだよ。動くし、飛ぶし、変な頭がついていたんだ！」

「フルト、お前さ、何を見てきたんだ？」

「それは俺が知りたい！　俺はカンナヴィッツで何を見せられたんだ⁉」

フルトの混乱はともかく、実際すげぇ魔術だと思う。西側に向かっていた光は北側へと進路を変えている。それに合わせてどんどんと空に模様が広がっていくのだ。大規模と兵士が言っていたが、予想をはるかに超えた規模に俺達は空を見上げて唖然とするしかない。

「アーレンスバッハの、いいえ、これからアレキサンドリアと呼ばれることになる土地の民よ、聞こえますか？」

「何だ？　どこから声がしているんだ⁉」

誰が喋っているのか知らないが、若い男の声が聞こえ始めた。発生源を調べると、見知らぬ道具が置かれている。

「私は新しくアウブとなるローゼマイン様の側近です。この空に広がる美しい魔法陣は新しいアウブであるローゼマイン様が魔力に乏しい領地を満たすために作り出したもの！　女神の化身であるローゼマイン様以外、他の誰にも真似できない神代の魔法陣なのです。神々からの祝福を得るために必要なのは祈り。この領地のために、皆でローゼマイン様に祈りを捧げなければなりません。神に祈りを！」

「は？　え？」

「平民であっても貴族であっても洗礼式や成人式で教えられたでしょう。この祈りによって、領地を満たす神々からの祝福に差があると言っても過言ではありません。自分達の生活をより良くするため、魔力の減少で痩せた土地を少しでも豊かにするための祈りです。もう一度いきます。準備はよろしいですか？」

声だけなのに圧が強い。戸惑う俺達に声は再度祈りを強要する。皆が何となく声に押される形で立ち上がった。

「これでまた魚が増えるんだったらやるか」

「俺は船でもやらされたんだ。この声、絶対にあの時のお貴族様だ」

神殿で神官達にやらされた祈りを思い出しながら皆で確認し合う。

「声に合わせて手と足を上げればいいんだね？」

「神に祈りを！　って言いながらやるんだ」

フルトが「こうだ。こう！」と祈りの手本を見せる。こんな祈りで本当に変化があるのか半信半疑だが、土地を少しでも豊かにするための祈りだと言われればやるしかない。実際、魔術の出来に差があった時に困るのは自分達なのだ。

「女神の化身であるローゼマイン様に祈りを捧げましょう！　神に祈りを！」

「神に祈りを」

俺達も一応声を出したが、道具の向こうからも大勢の、あまりやる気のなさそうな声が聞こえてきた。直後、道具から聞こえる声に叱られる。

「全然足りない！　もっと真剣に！　祈りに貴族も平民もありません。貴族である貴方達ならば今回の魔術にどれだけの魔力が必要か、ローゼマイン様がどれほど身を削っているかわかるでしょう。皆の心を一つにして！　ローゼマイン様の魔術に相応しい祈りを！」

どうやらこの祈りを、道具の向こうでお貴族様も強要されているらしい。誰が音頭《おんど》を取っているのか知らないが、付き合わされているお貴族様の顔を想像してしまい、俺達は思わず顔を見合わせて笑う。

「お貴族様も同じことをやらされてると思うとおかしいねぇ」

「お貴族様でもきついことをローゼマイン様が身を削ってやってるのか」

脳裏に浮かんだのは、まだ髪も上げていない少女の姿だった。余所の領地からやってきたばかりの若い女の子が身を削って領地のために大規模な魔術を行っているのだ。領民である俺達が協力しなくてどうするのか。

「真剣味が足りねぇってよ。気合い、入れてやるぞ」

三回目の祈りでは港以外にいる者達の声が聞こえるようになった。四回目では皆が隣に負けじと声を張り上げるせいで、まるで街が祈っているような音量になった。

「良い感じに揃ってきましたね。これで最後です！　女神の化身であるローゼマイン様に祈りを捧げましょう！　神に祈りを！」

「神に祈りを！」

街全体が震えるほどの祈りの声が響いた時、ぐるりと領地を回っていた緑色の光が戻ってくるのが見えた。東側から模様が広がってきて、空を見上げれば夜空の隙間がどんどん狭くなっていく。

「もうちょっとだ、繋がるぞ！」

最初の線と合わさった瞬間、夜空全体を覆う魔法陣が完成した。直後、魔法陣全体がカッと強い光を放ち、魔法陣が剥《は》がれ落ちるように緑色の光の粒になって領地全体に降ってくる。

「おおおぉぉぉ！　神に祈りを！」

先程の祈りで一体感を得ていたせいか、街中から歓声が上がる。その感動の渦《うず》の中に、さっきの声が早口で興奮を伝えてきた。

「神々の御力を使った古代魔術の復活！　素晴らしいです！　さすがローゼマイン様！　我々の女神の化身！　共に祈ってくれた領民達は、神々の御力によって癒されて生まれ変わった領地をその目で確かめ、ローゼマイン様に感謝を捧げてください」

港にいる俺達は海に近付いて覗き込んでみるが、さすがに真っ暗で変化は全くわからない。それでも、フルトからカンナヴィッツの話を聞いていたので海の変化に期待は大きい。

「明日の漁が楽しみだな。急いで帰って寝るか。海の様子がよく見えるように夜明けに集合だ！」

街全体が興奮している中、俺達漁師は妻達に「興奮しすぎて寝られないんじゃない？」とからかわれながら帰路を急いだ。

翌朝。俺は興奮しすぎて眠れず、普段より早くに目が覚めた。外はまだ日が昇っていなくて薄暗いが、日の出が近付いている。俺はわくわくした気分で家を出た。階段を下りて、いつも通り井戸の広場を通り過ぎようとする。踏み出した途端、ザザッと音がして足に草が触れた。

「うぉ⁉」

昨夜はなかったはずの草の感触に驚いて思わず声が出た。その場にしゃがみ込んで、俺は草に触れる。脛《すね》くらいの高さまで草が伸びていた。痩せて硬くなっていた土が一晩でふっくらと柔らかくなっているのがサンダル越しにも伝わってくる。

「マジかよ。……井戸の広場がこれなら、海はどうなってるんだ？」

自分の呟きに胸が昂《たか》ぶってくる。募る期待に背中を押され、俺は駆け出した。一歩踏み出す度に、空に明るさが増していく。これならば港に着く頃には海の様子もよく見えるはずだ。

息を弾ませながら家に囲まれた路地を駆け、角を曲がる。港まで真っ直ぐに通っている大通りに出た途端、足が止まった。

白い街並み、白い大通り、その先に見えたのは明るい青い緑の海。遠目で見ても、その水の透明感が伝わってくるほどだった。

「すげぇ……。こんな海、初めて見た」

昨日までの海がどれほど暗く濁っていたのか一目でわかって、俺は感動に打ち震える。あの黒と銀色に変わる外国の船が来てから一気に魚が減り、海が暗く濁り始めた。いくら舟を出しても思ったように魚が獲れなかった日々が脳裏に浮かぶ。

「昔はこうだったんだ」

聞き覚えのある声に振り返ると、ゼグトとその父親の姿があった。彼等も港に向かっているようだ。俺は二人と一緒に歩き始める。

「結局、一緒に乗ることにしたのか？」

引退していた父親が復帰するかどうかで舟の主導権を巡る争いがあったようだが、決着はついたのだろうか。

「舟は返してもらう。アウブのおかげでもうどこにも痛みはないんだ。感謝のためにも俺が新しいアウブに贈る魚を獲る！」

「はぁ？　アウブには俺の魚を贈るんだよ！　一回引退した親父は引っ込んでろ！」

全然決着はついていなかった。どっちが舟の主導権を持っても俺には関係ないが、二人の言い合いには聞き流せない言葉がある。俺は腕を軽く回すと、言い争う二人を置いて走り出した。

「残念だったな、お二人さん。アウブに魚を贈るのは俺だ！」

「あぁん⁉　ジフィ、待て！」

「親子喧嘩は後回しだ。ゼグト、ジフィに負けるんじゃねぇ！」

追いかけてくる親子に負けじと港に駆け込めば、すでに何人もの漁師達が舟を出そうとしている。

どうやら俺達は出遅れ組らしい。

「遅かったな、お前達。先に行くぞ。誰の魚をローゼマイン様に贈るか、勝負だ！」

「おぉ！　綱を解け！　碇《いかり》を上げろ！」

「ローゼマイン様に感謝を！　神に祈りを！」

魚が光を反射して輝く海へ漁師達が我先に漕《こ》ぎ出す。間近で海を見れば、肥えた魚が泳いでいるのが肉眼でも見える。

俺も舟に飛び乗ると、波を掻き分けて明るく輝く海へ飛び出した。

あとがき

お久しぶりですね、香月美夜です。
この度は『本好きの下剋上　～司書になるためには手段を選んでいられません～　第五部　女神の化身XI』をお手に取っていただき、ありがとうございます。

プロローグはフェルディナンド視点です。前巻の本編の続きに当たります。側近達から見たローゼマインの異変や、フェルディナンド視点でのローゼマインに降臨した英知の女神とのシーンを回想で入れてみました。呼び出されたラザファムの様子を入れられたので私は満足です。

本編のローゼマインの視点で見ると、貴族院の戦いに出てこなかった王族は礎を守らなかったと判定されましたが、ジギスヴァルトは中央で最も重要な王宮と離宮を守っていたという意識なので全くわかり合えません。

この巻のメインは新しいツェントを決めることと、神々の御力を消すために奮闘する部分になりますが、ローゼマインにとっての気がかりは女神によって断たれた記憶です。下町家族との記憶を断たれてしまったローゼマインは、最初から貴族として育てられた意識に近くなります。家族に対する認識や他者に対する態度などに違いがあることに気付ける者はほんの一部。

彼等がどう感じるか。ぜひ想像してみてくださいね。

私がこの巻で力を入れたのは、女性の選択です。暴走するローゼマインを目の当たりにした影響が大きいのですが、エグランティーヌやアドルフィーネは大きな選択をしました。今のユルゲンシュミットで彼女達の進む道は決して平易ではありませんが、自分で選択した未来を突き進んでほしいです。

エピローグはグレーティア視点です。味方が決して多くないアーレンスバッハでローゼマインの生活を支える側仕えの奮闘、自らの意思で名を捧げたグレーティアの過去や忠誠心、大規模魔術の間の側近達のやり取りなどを詰め込んでみました。

閑話はハンネローレ視点です。講堂に集まった貴族達から見える神秘的な継承の儀式をお楽しみください。ローゼマインの視点によるバタバタとした本編とはずいぶん違う様子になっていると思います。


今回の書き下ろし短編は新しいツェントになったエグランティーヌ視点と、アーレンスバッハの漁師の一人であるジフィ視点です。

エグランティーヌ視点ではアナスタージウスとの会話、それから継承の儀式中に始まりの庭で起こったことを書きました。ローゼマインの視点では見られない女神の降臨時の様子をお楽しみください。

ジフィ視点ではランツェナーヴェ掃討戦から大規模魔術までアウブ・アーレンスバッハの交

代によって起こった変化を漁師達がどう感じているのか書いてみました。

TOブックスオンラインストアのお知らせです。

・【五月十日】同時発売のグッズ

1　ドラマCD9……中央の戦いをメインにした内容で、おまけSSはジルヴェスター視点「頭の痛い要望と報告」です。

2　紋章ピンバッジ……ダンケルフェルガーとアレキサンドリアの紋章が増えました。新領地であるアレキサンドリアの紋章はこの巻で決まったものです。

3　スカーフ……エーレンフェストの学生達が貴族院でつけているスカーフをグッズにしました。第四部Ⅵの表紙イラストを元に椎名優様がデザインしてくださっています。ダンケルフェルガー&アレキサンドリアのスカーフも鋭意製作中。

・【五月十五日〆切】ローゼマインフィギュア

第五部Ⅶの表紙イラストを基にしたフィギュア。受注生産で〆切は間もなくです。

・【五月十五日】コミックス第四部6巻

図書館のお茶会、音楽の先生達とのお茶会、シュバルツとヴァイスの採寸などイベントがぎっしりです。私はロジーナ視点のおまけSSを書き下ろしました。

・【六月一日】コミックス第二部9巻

トロンベ討伐の後始末や奉納式など、神殿での冬籠もりの様子が詰まっています。ダームエルの出番がぐっと増えました。
・【夏発売予定】 ジュニア文庫　第二部８巻
原作小説第二部Ⅳの後半を収録。椎名優様による描き下ろしモノクロイラストが五枚、四コマ漫画も加わります。総ルビで小学生にも読みやすいです。
・【冬発売予定】 第五部Ⅻ＆ドラマＣＤ10
最終巻もドラマＣＤ同梱版があります。内容は王族との話し合いからラストまでの予定。これから書き下ろす部分も脚本に入れていただくために、まずは本文を書き上げます。


今回の表紙は継承の儀式をイメージしていただきました。光の女神の冠を手にした儀式用衣装のローゼマイン。グルトリスハイトを持つエグランティーヌ、じじ様の枝や魔石を手にしたフェルディナンド。

カラー口絵は大規模魔術のイメージです。エピローグのグレーティアを中心に、護衛騎士達がずらり。グレーティアとラウレンツは初めてのカラーですね。

椎名優様、ありがとうございます。

最後に、この本をお手に取ってくださった皆様に最上級の感謝を捧げます。

第五部Ⅻは冬の予定です。そちらでまたお会いいたしましょう。

二〇二三年二月　香月美夜

毎度おなじみ
巻末おまけ
ゆるっとふわっと日常家族
作：いなゆう
下手すると
コルゲンシュミット
道連れ
君は感情を揺らさず体力を温存して大人しくしていなさい
（念押し）
は、はい
わたしの命ってもしかしなくても超重くない？
名を捧げた人々
触らぬ神に祟りなし
次代のツェントの選出からできる限り古の方法に戻して下さい
まずツェントの世襲を廃止して自力でメスティオノーラの書を得た者がツェントになって下さい
それから住居もすべて貴族院に移し領地から集めた税で生活をして下さい
足りなければ自力で稼げばいいです
わたくしもしていることですから
出来ますよね
中央神殿は古の聖地の貴族院へ
ツェントはその神殿長となりユルゲンシュミットを魔力で満たしていただきます
うちの娘が微塵の遠慮もなしに王族に指示をしているぞフロレンツィア
関わりを持たないことが賢明ですわジルヴェスター様

粉砕器

金粉の作り方
運び込まれた素材の袋に手を入れてよく掻き回す
ぐりぐり
あっという間に金粉の出来上がり
ぺかーー
あ
知ってるこれミルミキサーってヤツだ
わたし便利調理家電みたい
ふはははは
姫さま？
ぐりぐり

複写機

この魔法陣を写せるか試してみなさい
わぁい
手描きじゃない〜〜
コピーシテペッタン
コピーシテペッタン
ひょい ひょい
ぺたぺた
……
どうした？ローゼマイン
いえわたしってもしかして『便利家電』と同じなのかなって
ミキサーの次はコピー機 はは…
気落ちするような事柄なのか？それは
ベンリカデンとは？

大切な記憶へ
愛する者達へ
本好きの
下剋上
司書になるためには
手段を選んでいられません
第五部 女神の化身XII
香月美夜
miya kazuki
イラスト：椎名 優
you shiina
第五部ついに完結！
2023年冬

広がる
コミックス 第四部
貴族院の図書館を
救いたい! Ⅵ
漫画:勝木光
2023年
5/15
発売!
新刊、続々発売決定!
コミックス 第二部
本のためなら
巫女になる!Ⅸ
漫画:鈴華
2023年
6/1
発売!

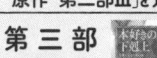

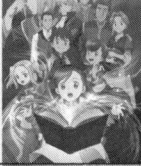

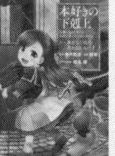

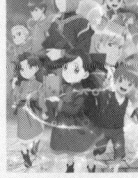

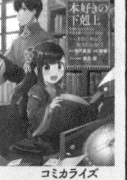

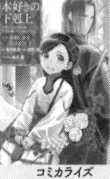

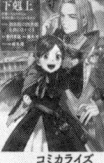

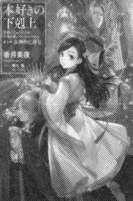

ドラマCD1～9
「本好きの下剋上」
グッズ続々発売！

公式《こうしき》HPで最新情報《さいしんじょうほう》、ぞくぞく公開中《こうかいちゅう》!
http://www.tobooks.jp/booklove
2023年《ねん》夏《なつ》、発売《はつばい》予定《よてい》!

（通巻第32巻）
本好きの下剋上
～司書になるためには手段を選んでいられません～
第五部　女神の化身Ⅺ

2023年6月1日　第1刷発行

著　者　香月美夜

発行者　本田武市

発行所　TOブックス
〒150-0002
東京都渋谷区渋谷三丁目1番1号　PMO渋谷Ⅱ　11階
TEL 0120-933-772（営業フリーダイヤル）
FAX 050-3156-0508

印刷・製本　中央精版印刷株式会社

ISBN978-4-86699-836-7

徳光流
生き当たりばったり

徳光和夫

文藝春秋

徳光流生き当たりばったり

もくじ

取材・構成　中村竜太郎

装丁　野中深雪
写真　深野未季

第一章
運のいい人に「なる」

人生を振り返ると我ながら「運のいい人間だな」と思います。
それはギャンブルで大当たりするとかいうことでなく（笑）、
ターニングポイントに必ず「出会い」があるということ。
幸運をつかむコツは、出会いを見逃さないことかもしれません。

「長嶋さんが好きだ」その一念が人生を拓《ひら》いた

1957年11月3日、東京六大学野球秋のリーグ戦、立教対慶應《りつきょうけいおう》の一戦。秋晴れのもと4万人を超える満員の観客の中に、当時、東京の海城《かいじょう》高校2年生だった私はいました。

ブルーのピンストライプとブルーのストッキングで立教大学のゆりのマークがついた帽子。五回裏の第二打席、対戦相手は速球とドロップぎみのカーブが持ち味の先発、慶應の林薫《はやしかおる》。第一打席で凡退に終わったこの打者は、ボール、ボール、ファウル、ボールでカウントは1－3。バッターボックスのその人が、内角低めのカーブをすくい上げるように振り切った。

カキーンという鋭い当たり、弾ける白球が低い弾道で一直線に飛んでいき、レフトスタンドに突き刺さった。

神宮《じんぐう》の星、立教大学・長嶋茂雄《ながしましげお》、大学新記録の8号ホームラン。最終戦で出た新記録に神宮球場スタンドは揺れんばかりの大興奮で、一塁ベースを回り、二塁へ、長嶋さんは全速力で走る。途中三塁を回ったところでホームランと気づいた長嶋さんはバンザイをして体全体で喜びをあらわし、小躍《こおど》りして飛び跳ねるようにして三塁コーチと肩を組むようにホームを踏んだ。

球場の一塁スタンドから見ていた思春期の私は、まさに落雷に打たれたようなショックを受け、目の前で見るヒーローの姿に心底、心が震えました。そのときです、「この人の後輩になりたい。この人に近づきたい」と思ったのは。

澄み渡る青い空に、まっすぐに線を描いた白いボールの美しい軌跡《きせき》が、今でもまぶたにはっきりと焼きついています。大げさに聞こえるかもしれませんが、そのときの長嶋さんとの衝撃的な出会いが、私の運命を変えた。否、その後の人生すべてを形作ったといっても過言ではありません。長嶋さんを知って、熱狂し、恋焦がれて、これまでずっと生きてきました。

そんな酔狂《すいきょう》な話と笑われる方もいるかもしれませんが、いやいや、実際そのとおりなんです。かれこれ何十年と生きてきて、私自身いろんなことがありましたが、「長嶋さんが好きだ」「長嶋さんに会いたい」、その思いだけでやってきて、その強い気持ちが、自分を変えて、運命を切り開いてくれたような気がします。

アナウンサーだってサラリーマン

みなさんにアナウンサー徳光和夫《とくみつかずお》として知られるようになり、多くの方に愛され、80歳の今でもこうして現役で仕事が続けていられる。『路線バスで寄り道の旅』なんかでも、ロケ先や街のあちこちで「徳さん、徳さん」とお声をかけていただける。こんなにしあわせな人生はありません。本当に果報者だと思います。

いったいどうしてそんなふうになることができたのか、最近ふと立ち止まって考えることもあるんです。だれしもひとそれぞれの人生というものがありますから、一概にこうだとはいえませんが、自分自身つくづく「運がいいなあ」と思うんです。

競馬や競艇《きょうてい》なんかのギャンブル好きの私だからそんな験担《げんかつ》ぎみたいなことを言っているのかなと思われるかもしれませんが、そういう意味合いではなく、要所要所、人生のターニングポイントに自分を変える「出会い」があったと。青春の真っ只中に長嶋茂雄さんに感化されたことを筆頭に、多くの方との「出会い」がありました。

大学を卒業し、念願だった日本テレビに入社できたのもそう。お茶の間のみなさんに親しまれるアナウンサーという職業ですが、アナウンサーという役目をもらっているとはいえ、しょせんは企業に奉公《ほうこう》するサラリーマンです。自分の思いどおりにならないことはたくさんありますし、気楽にやっているようでいても、過去には、このまま埋もれて消えていってしまうんじゃないかとすっかり落ち込むほどの挫折《ざせつ》もありました。

みなさんもおそらくそうだとは思いますが、人生の長い道のりは一筋縄《ひとすじなわ》ではいきませんよね。人前で顔をさらしているぶん、応援してくれる方もいれば、「おまえなにやってんだ」と面と向かって非難されることもある。人生浮き沈み、日向《ひなた》もあれば日陰もあります。

サラリーマン時代も山あり谷あり、47歳で、居心地のよかった日本テレビから独立したのも一大転機でした。テレビ局、制作会社、広告会社、芸能プロダクションなどさまざまな関係者、いろんな方に支えられて、独立後も多くの仕事をいただいてきましたが、一方で、視聴率が悪ければいつ打ち切りになってもおかしくないのがテレビや芸能界の現実。コンプライアンスがうるさくいわれる昨今では、かりに失言などしようものならすごい勢いで叩かれますし、そうした影響で番組を降ろされることも可能性ゼロではありません。そんななかこの年齢までどうにかこうにかやってこれたのは奇跡のようなもの、というと他人事のようですが、それが本心です。

心筋梗塞からの生還

幸運といえば、2001年ちょうど60歳のときに心筋梗塞《しんきんこうそく》をわずらって緊急入院となったときも、なんとか生死の境から生還できました。

当時、週に6本のレギュラーを持たせていただいていたのですが、生来の仕事好きと「もっとがんばらなきゃ」という気持ちでやっていたので、ほとんど休まず遮二無二《しゃにむに》はたらいていました。さらに一日4箱吸うほどのヘビースモーカーでしたし、魚の肝や魚卵、てんぷらなんかの脂《あぶら》っこいものが大好きという、だれがどうみても健康とはほど遠い生活。病前は「健康に気を遣うということが、既に不健康である」というのがモットーでしたから、病気になったのもむべなるかな、です。

そんな不摂生な男が大病から現場復帰することができたのは、神さまの思し召しなのか、それとも偶然なのか。しかし心筋梗塞以降はきっぱりと禁煙し、おかげさまでアステラス製薬のコマーシャルに抜擢《ばってき》してもらったんですから、世間さまには申し訳ないくらいなもので……。

80歳になって、じゃあなにに感謝するのかといったら単純に、そうだ神社にお参りにいって神様に感謝しよう、というようなことではないですね。むしろ、こんな徳光を支持してくれた、無条件に支えてくれた多くの方、つまり世間さまに感謝、感謝という気持ちなんです。人と人との出会い、人と人とのつながり、いまどきはそれは昭和な感覚といわれるかもしれませんが、けれど、そんなアナログなコミュニケーションに秘訣があるような気がしています。

私の人生のなかで、多くの出会いがありましたが、そこに運が開けるヒントがあるような気がするんです。ですから私自身の半生を振り返りつつ、どんな生き方をすれば楽しくなるのか、あとで振り返って「ああ、よかった」「自分の人生まんざらじゃなかった」と充実した人生を送れるのか、ちょっとお話ししたいと思います。

＊人生は、出会いのドミノ　出会いが出会いをよび、良き人生ができあがる

◆長嶋茂雄という衝撃

長嶋茂雄さんとの出会いが私の運命を大きく変えたと申しましたが、その前に少しばかり私の生い立ちを語ろうと思います。父親の徳光壽雄《としお》は明治の終わり、1910年に、神戸で生まれ、大倉《おおくら》高等商業学校（のちの東京経済大学）を卒業し、映画会社を転々としたのち、1953年日本テレビの開局社員として勤めていました。長男が私、徳光和夫で、次男の次郎《じろう》は大学卒業後、伊勢丹《いせたん》社員になりましたが、その長男が最近テレビに出て活躍している甥っ子のミッツ・マングローブです。

日本テレビに勤めた当初、父親は目黒《めぐろ》の都営アパートに居を構えていました。一家

4人で6畳、8畳のつつましい暮らし。父はなんとか家を持ちたいと、やがて茅ヶ崎《ちがさき》に家を建てましたが、私の子どもの頃はごくごく一般的なサラリーマンの家庭でした。

母親から「和夫はおしゃべりが好きだから」と口癖《くちぐせ》のように言われるほど、小さい頃からおしゃべり好きだったようで、小学校の通知表には「授業中しゃべりすぎだ」と注意事項に書かれていたような子どもでした。大人を笑わせたり、たぶん小生意気なことを言っていたと思うんですが、幸いにも母親は好意的に解釈してくれまして、うちのおふくろが好きなラジオ番組の『二十の扉《とびら》』というのを聞きながら、そのアナウンサーの藤倉修一《ふじくらしゅういち》さんみたいになれるといいね、なんてことを話してくれていたんです。そんな記憶がどこか頭のなかにあったのかもしれませんが、不思議な縁があって、いつしかアナウンサーになることができました。

とにもかくにも、おしゃべり好きな子ども、それが少年時代の私です。大人の宴会やちょっとした集まりで子どもが洒落《しゃれ》のきいたことを話すとすこぶるうけるじゃないですか、それが子ども心にもうれしかったのはなんとなく覚えています。

中学時代は落語を好きになり、その当時は、将来は落語家になろうと真剣に考えたこともあったんです。

高校は、新宿《しんじゅく》にあった海城高校へ進学しました。1891年創立の私立で、もともと海軍兵学校への人材育成のための海軍予備校だったところですけれども、私が通っていたころの海城は、今とは全然違って、都立高校に落ちた連中の受け皿みたいな感じでした。

私は小中高一貫してオール3の成績の少年で、勉強が人よりもできるわけではなく、スポーツが万能というわけでもない、なにか秀でた点があるわけではない〝平均点の子ども〟だったんです。あえていうならば、おしゃべりが好きで、漠然と落語家に憧れている少年。中学2年時には廓噺《くるわばなし》『明烏《あけがらす》』を覚え、小さな下半身を固くしたものでした。将来はなにができるんだろう、落語が好きだから落語家になれたらいいな、その程度ですよね。そんな特徴のない、平凡な少年の人生を変えたのは、神宮で見た、あの長嶋さんの一発のホームランでした。

志望校を決めたホームラン

今でこそ「自分にとって長嶋さんは神さまです」と公言していますけど、高校2年のとき神宮球場で立教大学の長嶋茂雄をこの目で見るまでは、お恥ずかしい話なんですけれども、そこまで長嶋さんを好きだったというわけではありません。野球は物心ついたときから大好きだったんですけど、実は中学時代に大好きだったのは、青バットとして有名だったプロ野球選手の大下弘《おおしたひろし》さん。大下さんが東急《とうきゅう》フライヤーズにいたときはそのチームを応援し、大下さんが西鉄《にしてつ》ライオンズに移籍するとライオンズを応援していました。

それが、たまたま観戦に行った立教大学対慶應大学の六大学野球リーグ戦。内野席一塁側にいた私が目の当たりにした弾丸ライナーホームラン。長嶋さんは大学野球のスター選手で有名でしたから当然野球好きとしては知ってはいましたし、躍動感があっていい選手だなと思い、好きなタイプの選手ではありました。けどあのとき、神宮球場をまるで自分のステージのように縦横無尽《じゅうおうむじん》に活躍する姿は、まあなんというか、スターしか持ち得ない華がありましたね。

打球が容赦なく飛んでくるホットコーナーサードを体を張って堅守《けんしゅ》し、ひらひらと舞い踊るような華麗なフィールディング。各ベースポジションへのシュッと音がするような勢いのある投球。そしてなによりも炎立つというか、闘志がメラメラと感じられるバッターボックスでの立ち姿です。満場の観客の視線が敵味方関係なく、すべての一点、長嶋茂雄さんの存在に注がれているような、そんな錯覚《さっかく》をおぼえました。

長嶋さんの記念すべき8号ホームラン。ぐっと引っ張って、スコーンという快打音とともに外野スタンドにもっていった打球はレフトのポールの右横に入りまして、後日長嶋さんから聞いたのですが、あのときフェンスにあたって二塁打になると思って、スリーベースまで奪おうと猛ダッシュしたそうなんです。途中審判のジェスチャーに気づいてホームランだと知ったそうなんですが。それでホームランを打ったあとの長嶋さん、サードベースを回ったときにライン横で待ち構えていたチームメイトと、喜びを分かち合い、大きく飛び上がってバンザイですよ。そして全身で勝利をつかみとるような感じで、ホームベースを踏むんです。

その日は慶應大学が一塁側で、立教大学が三塁側だったのですが、私がいたのは一塁側。そんな長嶋さんが颯爽《さっそう》と三塁ベースを回って、チームメイトと肩を組みながら入ってくるとこが一塁側からしっかり見えたんです。それがあまりにもかっこよくて、あのお姿にはしびれましたねえ。もう理屈じゃないんです、理屈じゃ。説明など無用でしょう。もう球界一、絵になる男が長嶋茂雄さんじゃないですか。

長嶋さんのパフォーマンスを見ておりますと、その場にいた人は無条件に、それこそ手放しで感激してしまう。ファン以外の方には若干《じゃっかん》伝わりにくいかもしれませんが、それがスター、長嶋さんなんです。当時それをしっかり見届けた私は、長嶋さんの一挙手一投足が若い感性にズドンと飛び込んできた感じで、言いかえるならば、長嶋さんの投げた豪速球が、厚いミットにバシッとおさまるような感触を得たといってもいいかもしれません。

1957年のあの日、衝撃的な電流を受けた私は、決めたんです。長嶋茂雄さんの後輩になるため、立教大学へ入ろうと。その翌年、長嶋さんは立教大学を卒業後、読《よみ》売《うり》ジャイアンツへ入団するのですが、憧れのミスターに少しでも近づきたい、背中を追っていきたいという強い思いが芽生えて、立教大学を目指すことにしました。とはいうものの、当時は正直なところ、立教大学がどんなところかまったく知りませんでしたし、予備知識もまったくなく、それ以外の六大学のことも全然知らなかった。ただただ長嶋茂雄イコール立教大学、だったのです。

目指せ、立教！

さっそく私は、立教大学合格を目標に受験勉強をすることに。今でこそ海城高校は高偏差値の受験エリート校に格上げしましたが、当時、海城高校からの立教大学受験は実はかなりハードルが高かった。

私は海城高校の中ぐらいの成績だったので、先生からすれば立教大学は難しいだろう、浪人したくなかったら自分に合ったレベルの大学を受けろっていうふうに言われました。いっぽう親には、しっかり勉強して早稲田《わせだ》と慶應を受けろ、記念受験じゃだめだと檄《げき》を入れられて都合5大学分の受験料をもらったんですけども、それを全部、立教の各学部に振り分けて、「目指せ、立教！」と集中したんです。

一番最初が立教大学文学部の試験でした。最終的に立教は文学部と経済学部と法学部と社会学部、四つを受けました。あと一つ、親から受験料をもらって試験を受けたのが、近所のお兄さんが通っていた上智《じょうち》大学でしたね。立教の文学部の試験を受けたときに、ディクテーション、いわゆる英語の聞き取り試験がありまして、いきなり外国人の先生が入ってきてべらべらとしゃべる。このあと、私がゆっくりしゃべりますので書き写してくださいって言われたんですけど、世の中にこんな試験があるのかと面食らうばかりで、終始ちんぷんかんぷんでした。結果、「I was…」くらいかな、ほとんど白紙というか、答案用紙に聞き取り文字が書けなかったんです。途中からなかばあきらめて、さすが外国人の先生はきれいな英語を使うなあって感じで、感心して終わりました。でも、内心は、しっかりショックを受けましたね。こんな試験があるんだったら、おれ、絶対ダメだなっていうふうに。

文学部同様に、経済学部も法学部もまったく難しくて歯が立たなくて、点数にするとおそらく20点とか30点レベルだったと思います。これはさすがにまずいぞと、ほかの受験日程よりも少し時間が空いていた社会学部の試験前に10日ぐらい、しゃかりきになって勉強をしました。

とにかく長嶋さんの後輩になるため、必死でヤマをかけて勉強したのが『日本書紀《にほんしょき》』。そしたらなんと、社会学部試験の本番に、私の参考書と、設問もなにも全部一緒の問題が出たんです。いや奇跡としかいいようがなかった。のんきな私は、これは長嶋さんが「徳光、おまえ、立教に来い！」と引っ張ってくれたんだと勝手に思い込み、なんていうか、私の性格なんでしょう、本当に能天気でした。

社会学部の試験はこの調子でもしかしていけるかなと思ったので、それ以外の科目の国語と英語も、他学部の時のような白紙同然でなく、一生懸命に答案用紙を埋めました。それで合格発表を見に行きましたら、掲示板には自分の番号がない。やっぱり駄目だったか、といったんは諦《あきら》めたんです。仕方がない、来年を目指して浪人かと。

ただ、ちょっと待てと。もしかすると、見落としているかもしれない、もう一度、見直してみようとそんな考えがふと頭をよぎりました。実際に1度目のときは自分の番号は発見できず、でも2度目に念入りに確認してみたところ、自分の番号がないのは変わらないのですが、一番最後の合格者の受験番号の下に、当時よく通夜の道案内で電柱に貼られていた「☞〇〇家」みたいな指マークが書かれてあり、そこに「補欠はあちら」と記されていたのです。「え!? 知らなかった、補欠があるのか」と思っていくと、日の当たらない寒風吹きすさぶなかに、ひっそりと、まさに目立たないような感じで20人ぐらいの受験番号が出ていた。そのなかに私は入っていたんですが、あわや見落としたまま、浪人するところでした。

それで補欠合格とはいえなんとか現役で立教大学に入れまして、とうとう長嶋さんの後輩になれた。1959年の受験ですから、長嶋さんはその前年に読売ジャイアンツに入っていらっしゃる。キャンパスで会うことは不可能ですが、立教大学に入った以上、長嶋さんが大学生活をどういうふうに過ごしたのか、ひたすら思いをはせ、図書館にあった野球部に関する本をすぐさま探して読んでみたところ、長嶋さんは必ず、水曜日にはチャペルに行ったとか、そんなようなことが書いてあった。だから私も、長嶋さんを見習ってチャペルに行ったりして、大学入学早々、私がはじめたのはなにかになるための勉強ではなくて、〝長嶋茂雄巡礼の旅〟でした。

◆大学での出会いからテレビ局へ

ご存知の方もいらっしゃるかもしれませんが、立教大学はミッション系の大学です。晴れて入学した私は、長嶋さんが通ったという憧れの大学内チャペルへ。とはいってもうちは先祖代々、天台宗《てんだい》、純然たる仏教徒ですから、クリスチャンとは無縁です。しかし長嶋さんがチャペルに通っていたのならばそうしないといと思い、教会のうしろのほうに座っていると、静寂でおごそかな空気のなか敬虔《けいけん》な信者の方々がしずしずとひざまずいたりするわけです。こうべを垂れて、神父さまのお説教に耳を傾けるのですが、時おり神父さまが、「主はなんとか」などというと「アーメン」って全員が唱和する。おっかなびっくりそれを繰り返してみていると、はは ん、キーワードは「主はなんとか」だなと思って、そこでいたずら心が働くのが自分の悪いところで、おれもおれもみたいな感じで「アーメン」とやってみようと思ったわけです。きっと憧れの長嶋さんも「アーメン」と言ったに違いないし。タイミングを見計らって、よし、ここだと「アーメン」と声を発すると、自分一人だけがやけにいい声で、シーンとした教会に場違いにとどろいた。慣れないのに無理してやったのが間違いのもとで、立教入学一発目の赤っ恥でした。

応援団から放送研究会へ

そんなこんなで、長嶋さんに少しでも近づくにはどうしたらいいのかばかりを真剣に考えていたところ、きわだった運動センスがない自分がいきなり名門野球部に入部するのは無理だろう、じゃあ、長嶋さんが野球部である以上、野球部と一番近いのは応援団だろうと短絡的発想ですぐに応援団に入りました。応援団といえば基本バンカラな気風で、われわれの時代は1年生なんていうのは奴隷《どれい》の、いわゆる厳しい体育会系というか、まさに縦社会でした。しかし立教の応援団にかぎってはそういう上意下《じょういか》達《たつ》の厳格な体質がなくて、わりあい民主的で過ごしやすくてよかったんです。

1年生のときの主な役割は、学生応援席で応援の手を抜いてる生徒を注意すること。

私はてっきりグラウンドでプレーする選手の方を見て、試合の行方を観戦しつつ応援に参加できると思っていたのが、当てが外れたことがすぐにわかりました。グラウンドに背を向けて、「すいません、もう少し手を細かくたたいてください」「もう少し声を出してください」「拍手をお願いしまーす」というようなことを応援席の生徒に指示するんです。また、応援団の規律としてグラウンドをあまり見ちゃいけないというのもありまして、特に1年生は、ちゃんとみんなで応援できるように、学生がまとまるように細かくチェックしないといけない。がんばっている応援団員には大変失礼な話だったんですけれども、入学当初の私としましては、あれ？　こちらが期待していた応援団のメリットとはかなり違うじゃないか、と身勝手ながら思うわけです。

応援団員は試合後、ゴミで散らかった学生応援席を掃除して、だれもいないグラウンドで先輩たちのお説教を聞く。どこか本意じゃないまま応援団員として3週間くらい活動していると、観客がいなくなった席の最前列に目がいきました。なにやらでっかいデンスケ（取材用テープレコーダー）を持ってきている6、7人のグループがちらほら。女の子も3人ぐらいいて、硬派をきどった応援団員の私からすると、ひそかにいったいあれはなんなんだと思っていたんですね。やがてそれが放送研究会であるっことが判明しまして、彼らは球場のダッグアウトから電源コードを引いて、デンスケを設置して、マイク片手にいそいそとそこで実況中継しているんですけども、応援団の私には背中越しで見えない試合展開も、当然ながら彼らはきちんと観戦できるわけです。放送研究会は試合の実況を録音し、その音源を学食で流すということを知り、そうか、こういうのがあったのかと。

そこで民主的でやさしい立教大学応援団に、やめさせてくださいと頭を下げて聞き入れてもらい、その足で放送研究会に入ったのです。そこで出会ったのが、のちに『TVジョッキー』などでアナウンサーとして一世を風靡《ふうび》した土居《どい》まさる。私と同級生だった彼は、本名は平川《ひらかわ》といいました。その出会いがもとで、彼とはアナウンサーとしても友人としても長きにわたる交際が続くことになります。

さてその放送研究会ですが、私が事前にリサーチしたとおり野球部に取材に行くこともでき、日頃から野球部と密な関係だった応援団にいるのと同じような待遇で、野球部と接することができたりして、私もかなり積極的に活動していました。なんと、立教大学ＯＢとして長嶋さんや杉浦《すぎうら》（忠《ただし》）さんがクリスマスの日にキャンパスを訪問したこともあったんですが、せっかく長嶋さんと会うために放送研究会に入部したのに、大学に長嶋さんがいらっしゃるという事実だけで、緊張を通り越して頭がぼーっとしちゃって、口もきけないどころか、近寄ることすらできない。そしたら放送研究会の3年生、4年生の先輩が長嶋さんにうきうきとインタビューするわけです。それを首をのばして遠巻きに見ながら、自分は指をくわえているだけで、なにも積極的にアクションしていないのに、どうにもこうにも、そうした先輩がうらやましくてしょうがなく歯ぎしりしました。いずれ自分が3年生になったあかつきには、かならずや長嶋さんにインタビューするんだと、そう思ってその後も放送研究会でがんばっていたのですが、どういうわけか、私が3年生以降、長嶋さんがキャンパスを訪れることはありませんでした。なんというか、見逃し三振な気分でした。

「立教野球部から小説家が出るとは」

長嶋さんと立教から後に縁を得た方の一人に、伊集院静《いじゅういんしずか》さんがいます。伊集院さんは1950年生まれですから、当然私と在学期間は重なりません。しかし立教というのは何かと同窓生のつながりがある大学で、いつの頃からかお付き合いさせていただくようになりました。伊集院さんが立教へ進んだのも、高校生のころに長嶋さんから「野球をするのならセントポールだ」と勧められたのが志望動機と聞き及びますから、そんなところも私と通ずるものがあるのでしょうか。とはいえ私と違い、伊集院さんは立教野球部、期待の星。今でこそイチロー選手や松井秀喜《まついひでき》選手もそうですが、当時は珍しかった右投げ左打ちで、新人戦では四番を打つほどの有望選手だったといいます。ですが早くに肩を怪我され、ご本人としては葛藤の時期がおありだったと思うのですが、そののちに小説家として颯爽と登場されるわけです。

私は長嶋さんが「野球部から小説家が出るなんて！」と非常に誇りにされているのを伺っていましたので、すっかり人気作家になられてからご本人にお会いした際にはどんな方だろうと思いましたが、彼は私を「先輩」と呼ぶのに私が「先生」と呼ぶのは嫌がるんですね。後輩だから呼び捨てでいいと、これには参りました(笑)。

以来、私が心筋梗塞で倒れた後には手紙を頂いたり、私が伊勢丹で誂《あつら》えてプレゼントした木製の万年筆を伊集院さんが執筆にも使って下さっていると伺って喜んだり、遠からず、さりとて近すぎずの距離感が長らく続いています。まさに『大人の流儀』で書いておられる通りの一番いい距離、伊集院さんというのは真の〝付き合い達人〟だと思います。こんな卒業後の親交も、立教大学がもたらしてくれたものです。

親友に背を押されアナウンサー試験へ

さて在学中に話を戻せば、ことあるたびに放送研究会で「長嶋さん、長嶋さん」と騒ぐ私に、気をきかせてアドバイスをくれたのはくだんの親友、土居まさるでした。「おまえ、それならテレビ局のアナウンサーの試験受ければいいじゃん。アナウンサーだったら長嶋さんに会えるかもしれないよ」。そうか、なるほど。灯台下暗《もと》しというか、ちょっとした盲点で、その助言は的を射ていると思い、大学卒業後の進路にアナウンサーの試験を受けることに。刎頸《ふんけい》の友、土居まさるからいろんな影響を受けて、彼に背中を押されるように受験したところ、立教大学の入試で奇跡的に『日本書紀』の問題が出たように、どうやら試験にはツキがあるみたいで、日本テレビのアナウンサー試験も、NHKのアナウンサー試験も、ソコソコまでいくことができたんです。

学生なりにあれこれ考えを巡らし、NHKは最初地方に回されるから、日本テレビに入りたい。しかも日本テレビは読売ジャイアンツのテレビ中継をやる局だから、もしかすると長嶋さんに会える確率は高いんじゃないか。父親が日本テレビにいるため、総合職は親子で入れないという社内規約はあるものの、専門職のアナウンサーならば試験を受けて合格になれば入社できる……と志望をしぼりました。

日本テレビのアナウンサー試験は、私と同じ年に総勢五百数十人が受けたんですけども、1次試験は筆記試験で、これでまず半分ぐらい落とされる。私は海のものとも山のものとも分かんないような若者ですし、小中高と通して限りなくオール3の少年ですが、どうやら平均点は取れ、1次試験にはなんとかパスした。

そして今度は2次の音声テストというのがありまして、要するに先輩アナウンサーがいらっしゃる前で、原稿を渡されて読みあげるわけです。問題の原稿には句読点がついていなくて、ぱっと見た瞬間、どこで切っていいかわからない。だらだらと関係代名詞みたいな文章が続き、しかも、名だたるOBがずらり、アナウンサーを志す若者にとりましては憧憬《しょうけい》の的にあたるような、そんな先輩諸兄が面接官にいらっしゃるものですから、かなり舞い上がっちゃう人もいる。

私は、長嶋さんを遠巻きに見るだけでがちがちになって、洒落《しゃれ》にならないくらい緊張して汗びっしょりになってしまい、長嶋さんがいるというだけで完全にフリーズする。顔は紅潮《こうちょう》し言葉も出ず、まさに病気なのかというレベルの緊張症ですが、一方で驚くべきことに、「神＝長嶋茂雄」以外には、まったく動じない。つまり普通の人の前で、それがどんなに偉い人であろうが、めったにあがることがないんです。そうですね、いま考えてみても、私が極度に緊張するのは長嶋さんと美空《みそら》ひばりさん、このお二人だけです。ですからアナウンサー試験の際も、先輩が目の前でかたい表情をしていようともなんとも思わない。句読点のない問題原稿を、こういうふうに文章がつながる、ここで点だ、ここで丸だなとわかるわけです。

ところが、あがってしまうと、東大の学生ですら漢字がとっさに読めなくなったり、句読点の区切りが付けられなくなったりする。問題原稿の初見《しょけん》中にすっかり舞い上がってシドロモドロになり、本来の成績優秀さが発揮できなくなってしまう、それが音声テストの怖さ。テスト後は周囲から「参った」の声しきりでした。

忘れもしませんが、そのときの試験の文章に、数年前に流行《はや》った〝忖度《そんたく》〟という言葉が出てきた。私はそれも、しめた！と思って楽勝でした。アナウンサーを志望する仲間うちで忠告されてやった試験対策の漢字の勉強にありましたので。

ＮＨＫで勤め上げた加賀美幸子《かがみさちこ》、日本テレビに入社した旧姓・南村幸《みなみむらさち》、彼女はのちにロイヤルウェディングの中継させたらナンバーワンといわれる女性のアナウンサーの青尾幸《あおお》ですね、また、もう亡くなってしまった、ＮＨＫの高校野球中継の名アナウンサー、高山典久《たかやまのりひさ》。そういった放送研究会の同期が6人ぐらいいて、一緒に漢字の勉強をしていたため例の〝忖度〟もちゃんと読めたし、〝常磐津千東勢太夫《ときわづちとせだゆう》〟とか〝忸怩《じくじ》〟とか、出題された漢字はすべて読めたんです。

しかもあがらなかったから、文章もすらすら読めて、また放送研究会で声のトレーニングをしていたおかげで、マイク乗りも結構、良かったような気がします。そうしたら、五百数十人中260番目ぐらいで1次試験をかろうじてパスした私が、マイクテストで上位に来るわけですよ。あとで採用してくださった先輩アナウンサーに聞きますと、最下位レベルから一気にごぼう抜きだったみたいです。

ノンポリゆえの幸運

日本テレビのアナウンサー試験は2次試験までは、競馬にたとえますと、ぶっちぎりで大まくり。

音声テストの次にカメラテストというのがありまして、これは三つのジャンルでカメラテストを受けろというもので、一つは子ども番組の司会、一つがテレビの生コマーシャル、一つが〝時の総理と語ろう〟という政治座談会。この三つのどれかしら選んで受けろと言われたとき、選考にはもうすでに十数人しか残っていなかった。たしか16人だったと思います。そのときに役にたったのが、子どもの頃から親に教えられたマージャンで、なぜかというと、勝負のときは大人は子どもであろうともだますわけです。これは通るだろうと思うような牌《はい》を引っ掛けたりして、そうやって親がマージャンを覚えさせた結果、幸か不幸かわかりませんがけっこう疑い深い少年になった。つまり裏読みするのが常になっていまして、これはもしかすると、どれを選択するかっていうことがポイントじゃないだろうかと直感的に思った。あえて、みんなが受けそうもないような、時の総理に聞く、池田《いけだ》（勇人《はやと》）総理に聞くっていう政治座談会を選んだんです。これを選んだのはたった二人。ほかはみんな、それなりにアナウンス・キャリアを積んでる学生やアナウンス学校行ったりなんかしてる連中が、得意分野として子ども番組の司会やテレビの生コマーシャルを選んでいった。そうしたら結果的に、政治座談会を選んだ二人がその先へ駒を進めることができ、最終の重役面接まで私は残ることができたんです。

最終面接の5人のうち3人は、どこの企業か分かりませんけど、おそらく三菱《みつびし》商事とか当時のわれわれ学生にとりましては超優良企業に、内定が決まっていたそうです。

入社後に先輩のアナウンサーに聞いたところでは、彼らはテレビ局を記念受験したというか、入社を辞退し、内定をもらった人気企業をおのおの選んでいったようです。

で、残ったのが、早稲田の政経の学生さんと私の二人。片方の彼は60年安保の世代ですからバリバリの学生運動をやっていた男でした。その頃、日本テレビはちょうど労働組合ができたばかりで、学生運動やってた連中が労働組合の中心幹部になっていて、もしも新入社員が労働組合運動のほうに力を注いだらアナウンサーどころじゃないという判断があったそうなんです。当時はアナウンサーもストライキに参加したりしている、そんな時代背景でしたので、労組ができたばかりの日本テレビは、私と一緒に残った早稲田の学生さんを結果的に落とすことになったのです。

さらに私に有利だったのが、父親が当時、日本テレビの映画部長だったこと。私にとってはコネ入社なんかとんでもない話で、先に説明したとおり日本テレビを受験する動機は別のところにありまして、実は父親には日本テレビの就職試験を受けるとはいっさい相談もしなかった。最終面接までたどり着いたところでようやく父親に話したら、寝耳に水で、そのとき初めて面接官だった重役に話したみたいなんです。「最終面接に残っている立教の学生は映画部長の徳光の息子だ」となったようで、そこから先はどう判断してくれたのか知りませんけど、コネ入社は会社によっては禁じられていると思いますが、おそらく当時だからこそ許される温情といいますか、父親に内緒で就職試験の難関をくぐってここまで来た以上は仕方ない、入れてやんなきゃみたいな感じになったんだろうと思うんですよ。言い訳がましくて恐縮ですが、それまではまったくコネらしきものを使っていませんし、最終選考まで残ったのは自力ですし、運も実力も自分のおかげです。

かれこれ何十年も前の大昔の話ですし、総合職の父と違って、私がアナウンサー志望だったからお目こぼしがあったといえるでしょうから、最終的に幸運だったといえますね。成績がとても良かったと聞いている例の早稲田の学生さんは、ご本人には大変お気の毒だったと思うのですが、残念ながら当時の時代背景が色濃くあって採用されなかった。一方で、結局、面接官があれやこれやどうみてもノンポリにしかみえなかった私が最終的に一人残りました。そうして五百数十人の志望者のうち、たったひとりの男性アナウンサーとして合格。それもこれも私にとっては、長嶋茂雄さんとの衝撃的な出会いからはじまり、強い思いはそのままにして、その場その場でサイコロを転がしていたらそうなったという、幸運の賜物だと感じました。

＊一度は流されてみよう……意外な仕事が、新たな道を拓くこともある

◆野球中継がやりたかったけど

アナウンサーになったら憧れの長嶋茂雄さんに会えるんじゃないか、そんなよこしまな動機もありましたが、思いがけず数々の幸運にあと押しされて、念願の読売グループの一角、日本テレビに意気揚々《いきようよう》と入社した私でしたが、さあ、これから野球中継できるぞ、と意気込む気持ちとは裏腹な仕事をまかせられました。それが社会人1年生の現実で、入社10カ月後に起用されたのが、野球のヤの字とは、はるか遠い『ドライブ・ゲーム』という子ども番組。2年目に『百万ドルの饗宴《きょうえん》』というテレビ初の60分歌番組と、『こよい酔《よ》わせて』という今じゃ考えられないようなすごいタイトルの

番組が芸能アナとしての産ぶ声でした。

入社する前に想像していたのは、長嶋茂雄さんのそばで緊張を隠しながらマイクを持ってインタビューするアナウンサー徳光和夫の姿でしたが、現実は絶対にそんな夢のような展開にはなりません。気がつけば、『こよい酔わせて』で当時売れっ子の三《み》浦布美子《うらふみこ》さんという浅草の芸者さんと一緒に番組をやることに、もとい、させていただきました。

想像したのとは違う新人アナウンサー第一歩でしたが、この番組が本当に面白かった。覆面《ふくめん》をかぶってくちびるで占う、キス占いとかいうのをやってまして。伊東四朗《いとうしろう》さんがミスターブラバンってキャラクターの名前で登場し、なにがブラバンなのか全然わからないんですけど、今でも伊東さんと会うとよくそのときの話になります。

「そういえば、あのとき番組構成をやっていたのが阿久悠《あくゆう》だよな」なんて。昭和を代表する名作詞家の阿久悠さんは、最初は構成作家でバラエティを仕事にしつつ、しばらくしてズー・ニー・ヴーの『白いサンゴ礁《しょう》』という曲を書いて、専業作詞家に転身するんですけど、私はそんな彼を、どうして鬼瓦《おにがわら》みたいな顔をして恋する少女の気持ちがここまで如実《にょじつ》にわかるのかなんて首をかしげていました。それはまあすばらしい美しい詞をお書きになるんだけれども、クスリとも笑わない構成作家で有名でしたね。最初の番組が歌番組で楽しかったことはすてきな思い出ですし、その後の自分のキャリアにおいても、大変意義のある経験、貴重な体験をさせていただきました。

ストライキの司会!?

しかしなぜ、私が歌番組に起用されたかというと、それは日本テレビに入社して入ることになった組合運動と大いに関係があるんです。

当時は60年安保真っ盛りの時代。戦後日本から脱し世界革命の波が押し寄せ、時代が変わるという空気が世の中に吹き荒れていて、本来ノンポリの私でさえも大変な刺激を受けていたんです。日本テレビ黎明《れいめい》期、私がいたアナウンス部には20人くらいいて労働組合に入ってる男性アナウンサーはわずかに5人でしたが、その先輩から「徳さん、労組入るよね」と言われ、疑う余地もなく組合に入りました。

入社から3年前、60年に全学連が国会正門に突入したときに東大生だった当時22歳の樺美智子《かんばみちこ》さんが亡くなったことにも衝撃を受けました。各局のアナウンサーのなかにも同じような志を持った方がいらっしゃいまして、ラジオ関東、今のラジオ日本ですね、野球中継で有名だった島《しま》（碩弥《ひろみ》）アナウンサーがこの国会突入のときに、夜11時ぐらいからずっと寝ずのしゃべりで全学連と警官隊との実況中継をされました。「こんなことが、警察官は横暴であります、これから日本の将来を背負って立つ若者に対して警察はこういった態度でよろしいんでありましょうか。たった今、学生で死者が出たようであります」、そんな絶叫にも似た音声をラジオの生実況で聞いて、当時は今で言うチャラ男《お》、典型的なノンポリ学生であった私もいたたまれぬ義憤をおぼえ、自転車で桜田門まで行き警察官と対峙したデモに参加したものでした。反体制思想、反骨精神を持つことが一つの正義である、そんな考えを若かりしころの私は確実に持っていました。

ですから日本テレビの組合活動を活発にしていたのは事実で、そのころの日本テレビではストライキを敢行したことも度々ありました。スト中に先輩アナウンサーたち、さらに他のセクションの管理職の方たちがスタジオに入ると、私は組合活動の急先鋒《きゅうせんぽう》として、「このスト破り！」「会社の犬！」とか、世話になった先輩に対してでも言わなきゃならない。組合員の前で日和《ひよ》ってしまうのはかっこ悪いし、とにかくやらないといけないから、なるべく先輩と目を合わせないようにして、われながら気がちっちャいというか、先輩や上司に気をつかってしまう手前、横を向きながらアジテーションしていました。

ストライキで「アナウンサーだから、おまえ、司会をやれ」と言われても、これが聴衆を煽動《せんどう》するというより、典型的なアナウンサー口調というか、当時アルバイトでやっていた結婚式の司会みたいになる。

「それでは、ただいまよりー」と自分なりに精一杯熱を込めて話しだしても、「南麻布《みなみあざぶ》にございますラジオ関東から労働組合の委員長であります○○様がお越しくださいました。ぜひ、お言葉をいただけないでしょうか」。これじゃあ、組合の先輩は「おまえ、それじゃ全然ストライキっぽくない」と怒るわけです。

するとその場にいた、ストライキに参加してはいるものの実はそこまで熱心な組合員じゃない、制作の連中から、私のまったく迫力のないアジテーション、聞き手に思わず失笑が漏《も》れるような司会ぶりに、逆に「こいつ、面白いな」という反応がきたんですね。それで私は野球中継がやりたいと入社動機で主張していたにもかかわらず、「あいつを歌番組に使おう」となりまして、抜擢《ばってき》されることになったのです。

神様との初対面

『百万ドルの饗宴』という歌番組でアナウンサーデビューした私でしたが、野球中継をあきらめたわけではありませんでした。読売ジャイアンツの主砲、サード長嶋を自分の声で実況中継する日がかならず来ると信じて、担当番組の合間を活用して、ひそかに野球実況の練習をしていました。

「打者はわれらが巨人軍、長嶋茂雄。一打逆転、まさに好機であります。カウントは追い込まれての2－3、二塁走者が帰還すれば逆転です。ピッチャーがふりかぶって、投げた、打ったー。打球は大きく、大きく伸びている、入ったー、長嶋、値《あたい》千金のホームランです……」

アナウンス部でずっと「長嶋さん、長嶋さん」と訴えていた私ですが、私にとっての神さま、長嶋茂雄さんとの出会いは入社1年後でした。毎週日曜の朝9時半に放送していた人気番組『ミユキ野球教室』というのがありまして、その司会を長年担当されていた越智《おち》正典《まさのり》さんという、野球実況の神様みたいなアナウンサーが声をかけてくださったのです。

のちに私はその方の弟子になるわけですけど、越智さんは長嶋さんと昵懇《じっこん》の間柄。独身だった私は、日曜の朝放送を担当しておりまして、アナウンス部にスタンバイしていると、越智さんから電話がかかってきた。当時日本テレビのスタジオの横にパーラーがあって、『ミユキ野球教室』が終わり、「徳光君、パーラーでお茶を飲んでるから、こっちに来なさい」。アナウンサーは先輩後輩の序列が厳しい縦社会で、いわば殿上人《てんじょうびと》の越智さんに呼ばれ、駆け足ですっ飛んでいったら、なんとそこにミスターがいたんです。

越智さんが、「ミスター、これが今度うちの新人で入ってきて、ミスターに憧れて立教大学に入った男で、徳光君といいます。セントポール出身アナウンサーなんだ」と紹介してくれまして。長嶋さんが相好《そうごう》を崩《くず》して、あの独特のハイトーンで「そう」って。あの声色がいまだに忘れられません、声が裏返るような感じで、「そう、がんばってね」と激励してくれたんです。さらに握手までしてくれました。

まさに天にものぼるような気持ち。そのときに、自分は長嶋茂雄さんの一挙手一投足を追えるようなアナウンサーになろうと心に誓いました。とにかく一流のアナウンサーにならなければ。あの長嶋さんに「がんばって」と言われたんです。でも、そこから先は、思うとおりにいきませんでした。野球中継はまずサブアナウンサーとしてスコアをつけたり、そういう役割を踏んで実況のイロハを学び、一歩一歩努力を積み重ねてようやく実況中継のできるアナウンサーになる。いつか長嶋さんの熱いプレーを自分の口でしゃべることができるようになればいい、その念願がかなったならば、いつ自分はアナウンサーを辞めてもいいっていうぐらいの切実な気持ちでした。しかし、ついぞ、そんな役割は回ってこなかったのです。

◆ジャイアント馬場さんとの出会い

日本テレビでは野球と同じぐらい人気の、視聴率を常時25パーセント以上取るスポーツに、プロレス中継というのがありました。二人ともお亡くなりになったんですけど、プロレス中継できるアナウンサーは佐土《さど》（一正《かずまさ》）さんと清水《しみず》（一郎《いちろう》）さん、このお二人しかいらっしゃらなかった。当時、男性アナウンサーの本業としてはニュースかスポーツ中継。スポーツ中継のなかでも野球か相撲《すもう》、これが王道といわれます。プロレスとかボクシング、こうした格闘技はそれに準ずるというような形で、あまりみなさん、されたがらなかったんですね。視聴率は取っても、けして王道ではなかった。そのプロレスを日本テレビではたった二人の先輩アナウンサーで回していたんですが、プロレスは地方のあちこちでやるでしょう、先の二人がプロレスだけに関わっているわけにもいかない社内事情がある。なにしろお二人ともドキュメンタリー番組のナレーションもおやりになって、それは見事なアナウンスメントでしたのでプロレス中継に人員不足が生じるようになり、そこで私に白羽の矢が立ったのです。「去年、入った新人、おもしろそうだな。あれを引っ張ろう」ということでプロレスに引っ張られたんですよ。

これは、まあ言いようもないくらいのショックでした。ずっと野球、野球で、それをやるもんだと心に決めていましたし、いつかその日がきたときのために人知れず努力をしていた。当時、日本テレビは夏の都市対抗野球や社会人野球を放送していましたが、私はその仕事もやっていたし、六大学中継なんかもやっていて、将来はプロ野球中継のアナウンサーになろうと、準備万端整えてトレーニングはしてたわけです。実際に試合のスコアも細かくつけて、先輩の見よう見まねで中継したりとか、いつか出番が回ってくるのを首を長くして待っていた。水鳥のように一生懸命、水面の下で足をかいていたわけです。神宮の絵画館前に球場があってそこで草野球の試合があると、デンスケを持っていって、実況中継の練習。プレーしている全然知らない人たちに自分で勝手に架空《かくう》の名前をつけて、その場でマイク片手に実況中継をやったりしていました。

私の師匠である先輩アナウンサーの越智さんから「実況中継っていうのは、目に映った瞬間のものを描写しなきゃいけない。だから、動くものを描写できるようにしておきなさい」と教わり、それで考えたのが、自宅のある茅ヶ崎と東海道《とうかいどう》線の新橋《しんばし》駅の電車の通勤時間に、車窓を流れる景色を実況中継することでした。だいたい帰り道が多かったんですけども、新橋から家へ帰るまでずっと実況中継するわけです。電車で乗り合わせた人たちは、今は見かけませんけど当時はよくあった、赤面症や吃音症の人が矯正《きょうせい》する練習だと思ったかもしれません。そうはいってもこっちは本職のアナウンサーですから、やけに滑《なめ》らかだというふうにも思われたでしょうね。

「ただいま、電車は新橋を出まして、次の品川《しながわ》に向かっております。左側に高架橋が見えてまいりました。これが羽田《はねだ》と東京、浜松町《はままつちょう》を15分で結ぶモノレールでございます。そして、その向こう側にはおそらく東京湾が広がってることでありましょう。遠く外国航路を行き交う船の汽笛が聞こえてきそうな、そんな小春日和《びより》の一日でございます」

最初はおかしい人だというふうに思われたでしょうけど、通勤客はなんとなく同じ時間帯の人が多いので、なじみになってきたようなんです。ときたま私がしゃべらないでいることもあるじゃないですか。するとみなさんが、しゃべるネタがないんだなっていうふうに思ってくれて、何回か続けてしゃべらない時があったら、ちょうど電車が川崎《かわさき》を出て、鶴見《つるみ》を通る時ですよ。ある男性から「いつもお話しになって、中継されてますよね」と言われて、「はい」と返事すると「ここは鶴見の生麦《なまむぎ》事件っていうのがあるんですよ」と、その地にまつわるくわしい資料をいただいたことがありました。そんな交流が昔はありましたし、そうした人とのつながりは、どんな時代になったとしても大事だと思いますね。

しかし、とにもかくにも、野球の実況中継がやりたくてしかたがなかった。入社以来、歌の番組であるとか、子ども番組とか、そういうのをやっていて、その手の仕事は拘束《こうそく》1日で終わりますから、空いた時間にプロ野球や学生野球を見に行って野球の情報を吸収していた。実況アナにとって野球は記憶のスポーツです。あのときにあの場面でこういったシーンがあった、そういったことを自分の引き出しの中に入れて、整理して、実際に中継でしゃべるときに、それが自然と引き出される。使われないままの記憶やデータもたくさんあるのですが、それも含めて、自分の大好きな野球の楽しさ、おもしろさを伝えることができる。こんなに野球を愛しているのに、業務命令とはいえ、プロレスへ行け、といわれ、野球の世界から大きく遠ざかってしまった。プロレスに回されたことは、まぎれもなく大きな挫折でした。

巡業、巡業で野球を観られない日々

プロレス担当になっても、野球への情熱が失われたわけではありません。しかしプロレスの仕事はとにかく地方に行かなきゃならない。それまではどんな仕事が振られても、長嶋さんの試合だけは一挙手一投足をずっと見続けていたし、休みさえあれば後楽園《こうらくえん》球場に足を運んでいました。

ところがプロレスの地方巡業に帯同するとなると、今は便利になりましたけども、当時は2泊3日ぐらいの出張になる。この「抜け」はものすごく大きいんです。野球中継するアナウンサーになるため勉強しているのに、それがまったくできなくなる数日間がある。このままだと意味がないなと、当時は思いつめていたというのもあって、本当にアナウンサーを辞めようかなと思ったこともありました。

しかも当時は、現役時代の長嶋さんの絶頂期。最高の状態のミスターをこの目で見られないというのは大変なショックです。だから実は、長嶋さんの活躍で見逃しているシーンが結構あるんですよね。当時、得点圏打率が5割に近かった長嶋さん、二人に一人、ほとんどのランナーは返していたわけです。それなのに、私は貴重な場面を目撃することもできず、ジャイアント馬場《ばば》さんや芳の里《よしのさと》さん、遠藤幸吉《えんどうこうきち》さんなどのご一行と地方へ遠征する日々でした。

野球と違って、プロレスっていうのはほとんど取材ができない、どちらかというと取材しないスポーツなんです。スポーツアナウンサーのトレーニングを越智さんから教授されていた私としては、常に取材をして、その取材を通じて自分の中の引き出しを増やす、そういうことがアナウンサーの仕事であり、財産だと思っていたんですけども、プロレスは事情も勝手も違いました。

たとえば越智さんの教えにのっとって、外国人レスラーに取材に行きますと、みんな控室でカードやって、葉巻くわえたりして、当然のようにアナウンサーの存在など無視です。自分なりにがんばって、たどたどしい英語でプロレスにまつわる質問をしても、全然わからないスラングみたいな英語を使って、一方的にすごい剣幕《けんまく》で怒鳴られるだけ。そのうちにコップなんか投げつけられたりなんかして、まあ、とにかく散々でした。ますます、おれはなんのためにこの仕事をやっているんだろうと悲嘆にくれるようになりまして、希望していた野球中継から遠ざかったあげく、配置転換されたプロレス中継におもしろさが見いだせない。挫折につぐ挫折、そんな心境でした。

失意に沈む自分でしたが、プロレス中継なんか辞めよう、いっそアナウンサーを辞めよう、と鬱屈《うっくつ》した毎日。そんな苦悩する私の姿をそばで静かに見ていてくれた人がいます。私のネガティブな思いを撤回《てっかい》させてくれたといいますか、衝動《しょうどう》的に辞めるなどと口走る私をぎゅっと抑《おさ》えてくれたのが、あのジャイアント馬場さん。そのときから、馬場さんは私の恩人でもあります。

「長嶋」と「馬場ちゃん」

今では知る人ぞ知る話になりましたが、ジャイアント馬場さんはその体格のよさから大型ピッチャーとして期待され、読売ジャイアンツでマスコット的な存在のプロ野球選手でした。だから長嶋さんのことを、「長嶋」って呼び捨てにするんです。一方で、長嶋さんはジャイアント馬場さんのことを「馬場ちゃん」っていう。年齢は長嶋さんのほうがちょっと上だからでしょうね。

馬場さんのひそかな自慢は、長嶋さんと同じチームでプレーしたこと。プロレスの仕事で馬場さんと一緒にいる時間が長くなり、馬場さんが話してくれたのが、「徳光君は長嶋が好きなんだってな。長嶋が多摩川《たまがわ》に来て最初にキャッチボールしたのは俺なんだよ」。「どうでした」と聞いたら、「最初から違ってたね」。うれしくなった私が「どう違っていましたか？」と食いつくと、「もうね、新人とは思えなかった。躍動感であるとか、声の出し方とか、普通、新人はおどおどするんだけど、まったく天真爛《てんしんらん》漫《まん》で、野球が大好きって感じの男だったよ」と。

馬場さんはスカウトされて読売ジャイアンツに入って、プロ野球はこんなに練習するのかと、あまりにきつくて本当に辟易《へきえき》したそうなんですけど、「長嶋はそうじゃなかった。あの厳しいジャイアンツの練習が全然平気だった。だから、長嶋はすごいと思った。そのときから、こいつはものが違うなって思わせるなにかがあったよ」とおっしゃった。その話を馬場さんから聞いて、感動してしまったんです。

しかも馬場さんの「長嶋評」がまたすごい。

長嶋さんという方はまじめにしゃべればしゃべるほどおもしろい、長嶋語録ともいわれ、それがまたスターの一面というか魅力でもあるんですが、テレビのバラエティ番組などではそれをちょっとおちょくったふうに取り上げることもある。すると、馬場さんはカンカンになって怒っていました。

「こいつら、長嶋の本質を知らない。長嶋がどれだけ努力してるかというのを知らずに笑っているけれども、そういうもんじゃないんだ」

馬場さんは、長嶋さんのことをきっと心の底から尊敬していたんだと思います。

「長嶋を野球以外のところで人は笑うけれども、そういうものじゃないだろう。野球人として評価して、おもしろいことを言うやつだぐらいならまだわかるけれども、揚《あ》げ足を取るような感じでからかって笑うのはおかしい」と、馬場さんは真剣に憤《いきどお》っていました。私もときどき冗談めかして、長嶋語録をおもしろおかしく話してしまうことがありますけど、そしたら馬場さん「それは徳さん、おかしいよ」と本気で怒る。そういって高ぶる馬場さんの表情をみていると、長嶋さんの熱狂的信者である私としては、至極《しごく》、感激するわけです。そして、ますます馬場さんが好きになる。大好きな長嶋さんの話題を通じて、こうしてまた、新たに好きな人が私の目の前に現れたわけです。

いつぞや馬場さんのそうしたエピソードを長嶋さんに縷々《るる》お話ししたところ、長嶋さんは「そう、馬場ちゃんね、本当にボールゆるいのよ」ってカラッと言う。「キャッチボールで、ゆるいのよ」。それがまた、長嶋さんらしくて笑ってしまうんですね。

〝ジャイアント〟の素顔

旅から旅へのプロレス巡業ですけれど、今は交通手段がスピード化して日帰り出張の距離でも、昔はだいたい2泊3日とか3泊4日が当たり前。そうすると巡業先で試合が終わって、馬場さんは、体が大きいから外に出ないんです、出たがらないんです。プロレスってタニマチがいますから、タニマチがいろいろごちそうしてくれるんですけど、馬場さんはタニマチに誘われてもほとんど外出せずに部屋にこもる。そこでマージャンやったり、もしもマージャンのメンツがそろわないときは、ひとりで絵を描いていらした。油絵でしたね。だから、馬場さん、なぜ個展を開かなかったのかなっていうほど、ご自身が描かれた作品をたくさんお持ちで、自分の家にちゃんとしたアトリエもありました。私はずいぶんと付き合わされましたけど、昼間ちょっと出ていくときれいな風景をみつけて写真撮って、その写真をもとに家で風景画を描くっていうことをされていました。国民的プロレスラーのイメージからすると意外かもしれませんが、趣味が静的な絵画や音楽。「引退したら別荘のあるハワイで絵を描く生活がしたい」ともおっしゃっていましたね。

馬場さんの話によりますと、高校時代は自分に合うスパイクがなく、大好きで入部を希望していた野球部に入れず、仕方なく、次に好きな美術部を選んだそうです。高校1年生のときに美術部で野外写生をしていたら、グラウンドでは野球部が練習していて、そのボールが飛んできたのを投げ返したらば、野球部が仰天《ぎょうてん》するようなスピードの剛速球だったらしいんです。馬場少年に惚れ込んだ野球部の監督が探し回って、30センチのスパイクを調達してきてくれて、晴れて三条《さんじょう》実業高校野球部に入部することができたのです。実家は新潟・三条の八百屋《やおや》で、身長200センチ超の少年がいるっていうんで、読売ジャイアンツがジャイアント（巨人）にかけて、マスコットボーイ的に馬場正平《しょうへい》をスカウトする。高校2年で中退して、ジャイアンツに御両親が腰を抜かす程の契約金で入るわけです。それから紆余曲折《うよきょくせつ》があって、プロレスラーになる。

そして、馬場さんは年間200冊以上の本を読む読書家でした。プロレス巡業は列車で移動したり、バスで移動したりするんですけども、ほとんどのレスラー、特に若いレスラーなんかは、たいてい漫画をおもしろがって読んでいるのに、馬場さんは『中央公論』を愛読。小説家ならば山岡荘八《やまおかそうはち》の歴史ものが好きで、彼の作品は常にたずさえて読んでいました。

日常会話でも「徳さん、井上靖《いのうえやすし》のあの作品は読んだ？　あれ、読むといいよ。あそこに出てくる男はなかなかだよ」といろいろと教えてくれる。読書家らしく知識も豊富で、博覧強記《はくらんきようき》。レスラーであれほどのインテリは探してもいないんじゃないかなと思います。柴田《しばた》錬三郎《れんざぶろう》や司馬《しば》遼太郎《りようたろう》のファンでしたし、山岡荘八の『徳川家康』が傑作、吉川英治《よしかわえいじ》の『宮本武蔵』、『新・平家物語』、これも歴史小説として傑作。井上靖の『敦煌《とんこう》』、これは最高だというふうに馬場さんはおっしゃっていました。

そんな馬場さんはロマンチストで、「本来は馬賊《ばぞく》みたいになりたかった。モンゴルの大平原を馬に乗って。けれど、自分が乗ると馬がつぶれちゃうでしょう」と話し、「馬に乗って走り回りたかった、自分は遊牧民に生まれて、大草原を駆け抜けたい」。だからかもしれませんが、大陸の歴史小説が好きで、中島敦《なかじまあつし》さんの『李陵《りりよう》』とかを紹介してくれ、その魅力を教えてくれました。たとえばマージャンが終わってから。ちょっとお茶飲もうかとコーヒーを飲みながら、葉巻をくゆらせながら、馬場さんが歴史を語り始める。馬場さんは歴史小説の一節を朗々と語るんですけど、こっちは読んでないからさっぱりわからない。内容を話して、「どうだい、この魅力的な男は」みたいなこと言うんですけど、お粗末ながら私はうなずくだけ。他のレスラーにいたっては、漫画の話題ならともかく歴史の本などまったく知らないから、ほとんど馬場さんと話さなかったですね。

音楽では民謡がお好きで、尺八の音色が哀調を醸しだす曲調のもの、例えば刈干切《かりぼしきり》唄《うた》を興が乗ると唄って聞かせてくれることもありました。馬場さんと長く時間を過ごすごとに、私は馬場正平というひとりの人間に惹《ひ》かれていきました。

馬場さんの境遇に自分を重ね合わせた

馬場さんはかつて読売ジャイアンツの将来期待されたピッチャーで、一軍先発までいったんですけど、脳腫瘍《のうしゆよう》をわずらい、戦線離脱。その後大洋《たいよう》ホエールズに移籍しましたが、宿舎の風呂場で転倒してガラス戸に突っ込み、左肘《ひじ》を17針縫う大怪我を負い、それがもとでプロ野球選手を引退した。馬場さんは失意のどん底にいて……、すると プロレスラーの力道山《りきどうざん》さんから声がかかり、そのままプロレス界入りしたのです。この時の力道山氏の誘い文句は「今、野球の長嶋はどのくらい取ってるんだ?」。馬場さんが答えると「よし、すぐにそれだけ稼げるようにしてやろう」とだけ言い、契約金は決して驚くような額ではなかったそうです。

昔、渋谷《しぶや》に力道山さんが作ったリキパレスっていうプロレス専門のホールがありまして、不本意ながら業務命令でプロレスアナとなった私はそこで、凱旋《がいせん》帰国し日本デビューした馬場さんを目《ま》の当たりにしました。最上段のロープをひとまたぎっていう見事なデビュー戦で、ココナッツクラッシュ、ヤシの実割りという技を駆使《くし》しまして、対戦相手がぶっ飛ぶという、私がはじめてみた馬場正平、ジャイアント馬場は、もう完全にプロレスラー。プロ野球選手から華麗なる転身をして、これがおれの天職だみたいな感じで喜んでやっているのかなと思ったら、実は違った。お母さんには内緒でレスラーになったので、知られるころには有名レスラーとして既成事実が必要だったという話を馬場さんから直接聞き、正直びっくりしました。

馬場さんのお母さんは、人伝《ひとづ》てに息子がレスラーになったと聞いても「正平は身体は大きいけど、他人様《ひとさま》を傷つけるようなことはしない」と信じなかったそうです。だから馬場さんは、力道山さんにアメリカで修行してこいと命じられたときも、お母さんには「野球をやめてアメリカに行く」とだけ説明して出発した。

このでかい体をどうしたらいいのかと考えていた時に、自分の大きな体を見込んで力道山さんが声をかけてくれた。元はといえば、ジャイアンツに入ったのも体が大きいから。でもプロレスは野球と違って、持て余すほどの大きい体をものにしなければいけないということで、アメリカ行きの片道切符だけをもらって渡航し、それなりの伝説をつくってから帰ってこいって言われたと。そうしたら東洋人ででかいけど動ける男がいるということで、もの珍しさも手伝って向こうではかなりの出場オファーがあった。半纏《はんてん》に下駄という田吾作《たごさく》スタイルを着させられて、ヒールとしてやる。本場アメリカで必死にプロレスの技を磨《みが》きながらも、こんなことでいいのだろうかと悩みながら生きていて、それでも悪役プロレスラーとしての需要《じゅよう》は増えていく。

現地で車を買って、試合会場まで行き来してるときに、馬場さんはふと思ったそうなんです。なんであんな小さなおふくろからこんなでっかい大男が生まれたんだろう。それで、毎日、殴り殴られ、四角いリングの中でそういう生活をしているんだろう。

たまらず中古のキャデラックをとめてカーラジオをつけると、九《きゅう》ちゃんの『上を向いて歩こう』が流れてきた。偶然とはいえ、なぜか嬉しくて涙が溢《あふ》れでて、よし、もう少しこの仕事を頑張ってみようと思った。だから、おれは坂本九《さかもときゅう》の『上を向いて歩こう』って歌が大好きだと、ちょっと右上に目線をやりながら、あのくぐもった低音で語るのです。

アメリカからの凱旋帰国後すぐ、馬場さんは日本プロレスのエースになりましたけど、エースといっても、まだ現役の芳の里さんや吉村道明《よしむらみちあき》さんといった先輩レスラーだけでなく、キラー・カーン、上田馬之助《うえだうまのすけ》など、大勢いるわけです。もちろん、アントニオ猪木《いのき》さんもいた。群雄割拠《ぐんゆうかっきょ》のなか、馬場さんはセミファイナルまではいくんですが、なかなかメインイベントを組んでもらえなかった。

そんな時代の話を聞き、当時の私もたとえるなら4回戦ボクサー、グリーンボーイみたいなアナウンサーですから、こちらの勝手な思い込みなんですけれど、やけに馬場さんの境遇に共感してしまって。自分の境遇を重ね合わせていたのかもしれません。だから、あそこで馬場さんに会ってなければ、本当にアナウンサーを辞めていたんじゃないかなって思います。

「親しき仲にも礼儀あり」を忘れるな

馬場さんと知り合って、その人柄に惹かれると同時に、にわかにプロレス愛も湧いてきました。

馬場さん自身はっきりとは言わなかったですけども「なんであの小さなおふくろからこんなでっかい俺が生まれたのかな」と苦笑いしてたこともあり、体が大きくなければ自分の人生は変わっていたっていうようなことを言いたげでした。巨体であることに対してのコンプレックス、それを逆手にとってプロレスの世界で生かしたということなんでしょうけど、馬場さんはプロレスのすごさをいつも口にされていましたね。あきらかにショービジネスではあるけども、スポーツである。ショースポーツであると実感し、自らに言い聞かせているようでした。

筋骨隆々《きんこつりゅうりゅう》のレスラーはたくさんいます。でも、そういうタイプの試合は見ていたらおわかりのように、だいたい十数分で終わる。30分一本勝負みたいなものです。往時の馬場さんのように60分3本勝負で、60分フルに戦って引き分けることなんかもありましたが、格闘技で60分持続して戦えるというのは尋常《じんじょう》ではない。いかに体を鍛《きた》えているかという証左《しょうさ》です。馬場さんがいつもおっしゃっていたのは、それだけの試合を毎日続けられるだけのスタミナ、体力、持久力を、プロレスラーは徹底的に鍛《きた》え込むということ。プロレスっていうのはそういうもんなんだ、自分たちのトレーニングは半端ではないと話していました。そして相手が小さくかけた技をどういうふうに大きく見せるか、受け身をしっかりしないとダメなんだ、受け身のスポーツなんだっていうことなど、馬場さんはプロレスのおもしろさを教えてくれました。

日本武道館で行われた馬場vsフリッツ・フォン・エリック戦なんかは最高でしたね。本当に60分フルタイムで戦って、お互いあんなに反則技を出し合ったにもかかわらず、両雄が最後にたたえ合って肩をたたき合うんですけど、あれは本当に美しい光景でしたね。このときは生中継。よくぞ闘いきったという感じで、それを中継していた私は、おかげさまですっかりプロレスのとりこになっていました。

馬場さんと過ごした数年間、アナウンサーを辞めようと思っていた私の気持ちを引き止めてくれただけじゃなく、多くのことを学ばせていただきました。馬場さんから言われて私の金言になっているのは、月並みな言葉なんですけども「親しき仲にも礼儀あり」。土足で相手の懐の中に入り込むな。特にアナウンサーという仕事はいろんな人と付き合う。だから、本当に親しくなっても距離を置かなければいけない。相手は、きょうは調子いいかもしれないけども、明日はおまえの顔を見たくもないっていうふうになるかもしれない。こっちが親しいと思っていると、それをわからずに、土足で相手の中に入り込む、そうすると、それがきっかけで取りたい話も取れなくなってしまう。そういう意味では常に相手を気遣いながら、「親しき仲にも礼儀あり」だと。相手とは常に、自分の目線で距離を置いて、付き合うようにしなきゃ駄目だ。徳川家康や黒田《くろだ》官兵衛《かんべえ》、かつての名将はみんなそうだったんだと諭《さと》してくれました。

いまだにアナウンサー人生で一番気にかけていることですし、経験を経て、あとになって馬場さんの言葉の意味がしみじみと理解できるようになりましたね。

◆『ズームイン!!朝!』との出会い

ようやくプロレス中継のおもしろさに目覚め、スポーツアナウンサーとしての仕事に本腰が入るようになったころ、新たな転機が訪れました。昭和48年からはじまった、和田《わだ》アキ子、せんだみつお、デストロイヤーが出演して人気となった『金曜10時!うわさのチャンネル!!』というバラエティ番組です。準レギュラーとして参加した私は、彼らのやりとりをとにかく実況中継しろという役割で、番組プロデューサーで当時から天才と称されていた赤尾健一《あかおけんいち》さんが、プロレス中継をやっていた私を買ってくれたんです。徳光をスタジオに置いといて、目の前で、4の字固めをタレントがかけられ痛がるのをまじめに実況中継したら面白くなるんじゃないかと。

プロデューサーから「どんな事があっても、実況中継しなきゃ駄目だぞ」と命令され、なにかあんのかなってていうふうには思ってたんですけど、まさかデストロイヤーに自分が4の字固めをかけられたりとか、上へ担《かつ》ぎ上げられたりなんかするとは思わなかった。たぶん、ディレクターが、私にだけ知らせずに、かけろというふうに指示したのかもしれませんが、プロデューサーの言いつけですから、「こういうことをされようとも、マイクを離さない徳光であります」などと言いながら実況中継。この4の字固めが激痛ですから、痛みをこらえながらもしっかりコメントは成り立ってたんですけど、あまりの痛さに「てめー、このやろう、カートを誘拐するぞ」とデストロイヤーの息子の名前を叫んだりとか、当時でも放送できないような言葉を思わず発していましたね。一段落したところで、和田アキ子さんから「徳さん、どうですか」と問われ、漸《よう》く声に出したのは「これで私はもうニュースは読めません」。一息おいて「明日は子どもの父親参観日だぞ!」。

怪作『なんでも実況中継』

このときの実況中継を続けろ、には後日談がありまして、同じ赤尾プロデューサーが、この実況中継だけで番組ができるんじゃないかと発案し、『なんでも実況中継』という番組をゴールデンタイムでスタートすることになりました。たとえば表参道の公衆トイレ、そこに中継席を置いて隣はかならず解説者。チャンカ、チャンカ、チャンカチャカチャン〜とテーマ曲が流れ、「黛《まゆずみ》敏郎《としろう》作曲によります、日本テレビのスポーツテーマに乗りまして、全国3000万、公衆トイレファンの皆さん、お待たせいたしました」がオープニングコメント。

「忍び寄る秋、放送席解説は、小島貞二《こじまていじ》先生でございます。この季節になりますと、公衆トイレファンにとりましたら、たまらないですよね」

「いやー、相当冷え込んできましたね」って全部アドリブ。

「おっと、そうこうしているうちに、ひとり、小走りでやってまいりました。これは小なのか、いや、ちょっと踵《きびす》を返したぞ、周囲を見て、これは大に入った！」

そうかと思えば、歯医者の治療の実況中継、「ドリルの針が変わります、いよいよこれから、第2犬歯に3ミリのドリルが入ります。さあ、おっとその前に溜まった唾液をバキュームか？」。

麻丘《あさおか》めぐみが『わたしの彼は左きき』を歌っているときに音を消して実況中継。「アイドル、麻丘めぐみ、お姫さまが右手にマイクを持っておりますけども、これを、おっと左手に持ち替えた、さらに右手へいって、最後はどうだ、左手が宙を舞った、一回転して、『わたしの彼は左きき』」みたいな、バカバカしいことをまじめにやって、記憶に残るくらいおもしろかったんですが、残念ながら数回で終わっちゃいました。

ダメ押しはストリップ劇場だったのかなぁ。「さあ、全国3000万のストリップファンの皆さん、こんにちは。浅草《あさくさ》ロック座からでございます。放送席解説は小島貞二先生です。きょうの見どころはどうでしょうか」と言ったら、「きょうは和物がよろしいんじゃないでしょうか」、「さあ、そうこうしておりますうちに曲はハーレムノクターンから、哀愁を帯びた演歌に変わりました。おケイちゃんの『お別れ公衆電話』であります。おっと、肌襦袢《はだじゅばん》がはらりと落ちます。見事な、見事な二つの桜色の乳房」。当時は自由な番組作りが許されていた時代でしたけれど、はたして番組が終わったのはこれが理由だったのかもしれません。

いよいよ、朝の顔に

ときには不謹慎と指さされながら、日本テレビで世間様をざわつかせるような番組をやっていたのでありますが、１９７９年に朝の情報番組『ズームイン!!朝！』がスタートし、月曜から金曜まで東京・麴町《こうじまち》にある日本テレビ本社「マイスタジオ」から生放送することに。光栄と申しますか、重責を負うと申しますか、その初代司会者に私が選ばれたのです。

冒頭、「皆さんおはようございます。徳光和夫、37歳、顔も背丈も標準よりちょっと下回っているようでございますが、そんな私が司会をいたします『ズームイン!!朝！』が今からスタートいたします」と挨拶し、番組ははじまりました。

最初のニュースが前日に起きたＪＲＡの騎手、福永洋一《ふくながよういち》の落馬事故だったことは覚えていますが、それからの毎朝は目が回るような忙しさで、激動の日々でした。なにぶん生放送ですし、けして得意ではない生ネタのニュースを扱い、そのつど処理していかねばならない。日本テレビのネットワークを使っての各地方局アナウンサーとのリレー、一歩間違えば放送事故という、緊張を強いられる状況です。

メインパーソナリティに選ばれるにあたって、プロレスと歌番組とバラエティしかやっていない中堅の局アナに、今までやったこともないニュースがつとまるのかという反対意見も相当あったようです。当時の日本テレビ・アナウンス室では野球とニュースが二枚看板で、業界的にもそれが本流とされるなかで、私は視聴者からある程度知られていたとしても、しょせんは亜流であり、傍流《ぼうりゅう》。そもそも報道が不向きだというコンプレックスを抱えている私にとって、『ズームイン‼朝！』の抜擢は喜びであると同時に、相当な重圧、プレッシャーだったのは説明するまでもありません。唯一のびのびとできたのは大好きなスポーツネタと、地元球団を応援しながら伝える「プロ野球いれコミ情報」くらいだったでしょうか。

けれど私の起用を決めた初代総合演出、齋藤太朗《さいとうたかお》さんはこんな私を高く評価してくれ、原稿を読むだけの仕事ではなく、自分の言葉、自分の感性でしゃべってもらいたい、そういって背中を押してくれました。番組開始当初は1％台を出すなど視聴率的に大変苦戦しましたけれども、毎日の「ズームイン！」というかけ声とともに、徐々《じょじょ》に番組の人気も上がり、やっとの思いで朝の番組としてお茶の間に定着できました。もちろん制作スタッフの努力のおかげなんですが、番組も軌道《きどう》に乗り、私から福留功男《ふくとめのりお》アナウンサー、福澤朗《ふくざわあきら》アナウンサー、さらに羽鳥慎一《はとりしんいち》アナウンサーに引き継がれ、最終的に22年も続く長寿番組となりました。

このとき「朝の顔」として国民のみなさんに知ってもらったのが、今でも私にとって大きすぎるほどの財産になっています。いまだに世間の方々から、「徳光さん、ズームイン！」と声をかけてもらいますしね。

高視聴率番組ならではの勢い

私は『ズームイン!!朝！』で全国区に売りだしてもらったようなものです。これは社員アナウンサーだったからこそのことで、のちにフリーアナウンサーになった立場からすると考えられないほどのチャンスでした。

朝の帯番組にだんだん慣れてきて、各コーナーもおもしろかったですし、プロデューサーがしっかりしていましたから、とにかく全国の系列局と仲がよく、月に1回、みんなが集まるっていう会をつくってくれました。連携がうまくいっていて、番組の雰囲気はよかったですね。

私の次をやってくれたトメさん（福留功男）、彼は年齢的にも私より1歳下で、すでに日本テレビで『ウルトラクイズ』『高校生クイズ』などで活躍していて、「ニューヨークへ行きたいか！」という彼の一声だけで、「おおーっ！」と歓声が返ってくるぐらいの存在になっていました。ですから、次がトメさんだったから番組にとってよかったですよね。系列各局のキャスター相手にボールのやり取りをする際、私はどちらかというとキャッチャータイプで、受けることは受けるものの、ピッチャーに送球するとたまにセカンドまで暴投しちゃうんですけど、トメさんは、キャッチャーもピッチャーも両方できる器用なタイプ。相手にボールを見事に投げていました。

番組って生き物みたいなもので、勢いというのがあるんです。徐々に人気が上がっていく時期が確実にあって、何をしてもいけるみたいな感じになる。視聴率のリレーは私が最高16％で渡して、トメさんが20％ぐらいになったんですよね。上り調子でバトンを渡せたのは本当によかったと思います。それもこれも、日頃からの人間の対話というか、人とのつながりが生んだものです。

長嶋茂雄さんからジャイアント馬場さん、そのプロレスからデストロイヤーと絡《から》むことになった『金曜10時！うわさのチャンネル‼』、そこで私を買ってくれた日本テレビのプロデューサー、さらに広がって、がむしゃらにやっている私を認めてくれて、周囲の反対を押し切って『ズームイン‼朝！』に抜擢してくれた制作陣。こちらがそうなるよう望んだわけではなくても、どんどん仕事が増え、要所要所で引き立ててくれる人がいた。あんなにいやだったプロレスを好きになり、野球中継ができなきゃアナウンサー辞めると言い張っていたのに、思いとどまり、むしろ仕事に前向きになることができた。災い転じて福となすといいますか、自分がいやだいやだと思っていたことでも、見方や考え方、捉《とら》え方を変えれば、チャンスが巡ってくるということかもしれません。

自分の生き方を見つめ直して、なんでだろうと自問自答することがあるんですが、単に自分の力だけでこうなったとはいいがたい。やっぱり、たまたま巡り合って、好きになった人がもたらしてくれる幸運が、自分を上に引き寄せてくれたと解釈するしかなく、だからこそ感謝の思いが自然に湧いてきます。いつまで私が生きられるかわかりませんけど、これからもきっと終生その考えは変わらないと思いますね。

◆名球会と長嶋さんの思い出

毎日の仕事に忙殺される『ズームイン!!朝!』にたずさわっているときも、多くの人との出会いに恵まれました。では、いったい誰との出会いが素敵だったかというと、くどいとお叱りを受けるかもしれませんが、一番インパクトがあったのは長嶋茂雄さんとなってしまうのです。

当時、特番で、伝説の400勝投手、金田正一《かねだまさいち》さんが作った名球会の密着取材をすることになりまして、昭和生まれの名選手が一堂に会して、ハワイに行ったり、オーストラリアに行ったりしました。海外でじゃんけん大会やらゲームやら、そんなレクレーションをして名球会のレジェンドたちに楽しんでもらって、なおかつ、ちょっと野球をやってもらうという企画。そのときに長嶋さんとご一緒させていただいたんですけど、野球のおもしろエピソードを聞かせてもらったりすることもあって、実に含蓄《がんちく》があるというか、ためになることが多かった。

長嶋さんは私のことを「立教の後輩」とはいわず、なんなんでしょうか、いまだによくわからないんですが、「実況の後輩」と呼んでくれていまして、名球会のプログラムのときによく取材に応じてくれました。王《おう》（貞治《さだはる》）さんとの対談の仕事も、私が気が引けてなかなか聞けないような場面になると、長嶋さんがリードしてくれて、まるで司会役まで引き受けるみたいに振る舞ってくれました。率先して長嶋さんが王さんに質問して、王さんは勢いに気圧《けお》されるように答える一方だったんですけども。

企画内容は球宴の往年の大スタープレイヤーがいろんなゲームに取り組む。要は綱引きをやったり、水泳大会だったりとか。みなさんアスリートですから、どれもそれなりにできるわけですよね。しかし現役時代から体形はすっかり変わっちゃってるんで、野球やろうにもかつての剛速球はないし、あらゆる場面でスピード感はないわけです。バッティング力も、王さんだけがホームランを打ちましたけど、ほかのメンバーはすっかりベテランの域で運動量も少なく、正直アスリートっぽさは失われていました。でもゴルフだけは現役バリバリでしたね。

そんな中で竹馬競争をやりましたら、長嶋さんがむちゃくちゃ速いんですよ。見てるこっちが目の玉が飛び出るくらい速い。距離はトラック40メートルぐらいですけれども、長嶋さんがゴールするときに、2位との差を25メートルくらい引き離して、ぶっちぎりで1位になったのには驚きました。長嶋さんは竹馬をストンストンと弾ませ、まさに馬術競技のように走るんです。「これは得意なんですよー」と、いつものハイトーンで。当時すでに現役を退《しりぞ》いていた長嶋さんですが、恐るべき身体能力を見せつけられました。

そのとき特に印象に残った話を三つします。

名球会レジェンドがオーストラリアへ行きまして、現地在豪邦人、つまり日本人のお子さんたちを指導することになりました。長嶋さんは日頃から、子どもを指導するときにはかならず、背番号に書いてあるローマ字の名前を見て、「中村《なかむら》君頑張れよ」とか「清水《しみず》君頑張れよ」と励ます言葉を投げかけてくれる。子どもたちはそれで、「このおじさん、ぼくのこと言ってくれた」みたいに親近感を覚えたりするんですけど、ただオーストラリアは、所変われば習慣も変わるで、少年野球といえどもしっかりスポンサーがついてたわけです。それが、赤井《あかい》電機という大手電機メーカーだった。背番号の上にはスポンサー名が「ＡＫＡＩ」とローマ字で縫い込まれていました。

その日も長嶋さんはいつも通りサッと背番号の上を見て「アカイ君、いいね」、「次の人、いいぞ、アカイ君！」、「アカイ君、ナイスバッティング」と声がけ。次々と登場する少年たちにずっと「AKAI」君が続いているんですけども、まったく気がつかない。というかまったく気に留めない。それで6人目に進んだところで、いたずらっぽく笑って私を呼ぶわけですよ。監督もやっと気付いてくれたのかなと私は思ったわけなんですが、「徳ちゃん、オーストラリアは赤井って名前が多いね」って。これには参りました（笑）。

同じく、みんなでオーストラリア観光したときに、コアラ園にコアラを見に行った。コアラって夜行性だから、昼間動かないじゃないですか。それで王さんや金田さんは「なんだ、全然動かないな。葉っぱを食べるとか言ってたけど、食べもしないな」とか、わいわい話していた。それでふっと、長嶋さんがいるはずの方を見たら、いない。戻られたと思ったら、どこから探してきたのか、長い棒を持っている。それでコアラをちょこちょこ突《つつ》いたら、コアラがようやっと動いた。長嶋さんは「ぬいぐるみじゃないよ。ぬいぐるみじゃないよ。生きてる、生きてる」と、なんだかうれしそう。無邪気というか天然というか、好奇心のまま行動するところもやっぱり長嶋茂雄なんだなと感心し、改めて好きになりましたね。

そして最後に一つ。オーストラリアのセミプロ・レベルのチームと、名球会の錚々《そうそう》たるメンバーが試合することになりまして、そのときは野球用具のSSKがスポンサーでしたから、「名球会用のユニホームに」とストライプのユニホームやグラブやら全部支給してくれたんです。みなさんそれぞれが、ファーストミットをはめてポンポン、「ちょっと硬いな」とか言ったり、新品のグラブの感触を確かめたり、談笑している。スパイクなんかも、こぞってためし履《ば》きしていました。ところが全員そろっているその場所に、長嶋さんだけがいない。

長嶋さんはひとり、すでに試合が始まる前にダッグアウトにいまして。そこで、小さなボストンバッグから、使い慣れた愛用のグラブとスパイクをおもむろに取り出した。偶然その光景を目撃した私が、「監督、持ってきたんですか」と思わず口にしたら、長嶋さんは「プロ野球選手がね、野球やる以上は、手慣れたグラブと履き慣れた靴、スパイクじゃないと駄目よ」とおっしゃって、プロフェッショナルな野球人の顔つきになったんです。これぞ長嶋さんの美学。ほれぼれしましたね。

ミスターに、「なんで監督になって現役退いたにもかかわらず、ランニングしたり、腹筋をしたりするのか」とたずねたところ、「プロ野球選手っていうのは、やっぱり選手時代のイメージがファンにはあるから、それを損なっちゃいけない。だから、妙に太ったりなんかしちゃいけない。ユニホーム姿は現役当時と同じような体形を維持しなければ、アスリートとはいえないんだよ」ときっぱりとおっしゃった。これも長嶋さんの美学なんです。それゆえに、ここは長嶋さんらしいんですけども、優勝して胴上げされたときに体がVの字になる。腹筋を使って腹をひっこめ、両手足をぴんと伸ばして実に美しいV字姿勢をつくり宙を舞うのです。現役をやめると太ってしまう監督が多いなか、そんなことを考えて、ストイックに実践している人はそうそういません。私も長嶋さんに直接聞くまでは、そうとは知るよしもなかった。けれど、あのV字はたゆまぬ努力が生み出したもの。やっぱりミスターはすごいんです。

第二章
たったひとつのルール

行き当たりばったり、ならぬ「生き当たり」ばったりな私にも「これだけは」という人生のルールのようなものはありまして、畑違いの仕事をふられても、大きな決断を迫られても、ここさえ揺るがなければ大丈夫。シンプルでしょう?

＊「好き」の一念、巌《いわ》をも通す

無心の熱意は思いがけない形で戻ってくる

だれかを猛烈に好きになる。なにかを強烈に好きになる。「好きだ」という、ほとばしる思い、発する熱量は、人間を動かすパワーですし、エンジンだと思います。キザな言い方をすれば、人生を切り開く原動力といえるのではないでしょうか。

私が「好き」な人は、長嶋さんや美空ひばりさん、そして矢沢永吉《やざわえいきち》さん。あとは競馬、競艇などのレースによるフォーカス（予想）ギャンブルが「好き」なのも、みなさんよくご存知かと（笑）。ギャンブルはそれで身を持ち崩すという悪いイメージがあるかもしれませんが、私の場合は幸いにもそういうことはなく、ギャンブルを楽しみたいがために、よし、もうひと仕事がんばってやろう、となるわけです。

好きだという私の思いは単純明快、まっすぐ一直線。ほかの余計な感情はいっさい頭に入らない、いわば無心というのかな。「好きな人」や「好きなこと」を考えているだけで内面から喜びが湧き上がってくる。その気持ちに正直に生きて、そのつど行動していたら、多くの出会いがあって、すごく苦しい局面でも「運」に助けてもらうことができたのです。

思う一念巌をも通す、といいましょうか、こうして長年現役でアナウンサーを続けてこられたのも、そんな思いが枯れなかったからかもしれません。「好き」ということは人生において、とても大事なことだと思うんですね。私に突出したなにかがあるとしたら、「好き」という感情が非常に強いこと。それをもとに今まで人生の選択をし、行動に移してきた。おいおい単純すぎるだろうとも思いますが、まあ、俗にいう天然というやつですか、そんな性分はずっと変わっていないようです。天然な人といえば、われらがミスター、長嶋茂雄さん。その点はたしかに似ているのかもしれない、いや、それとも、ひょっとして憧れるあまり次第に似てきたのかもしれませんね。

◆命の瀬戸際に届いた花

「好き」の一念で命をとりとめた話をしましょう。

2001年6月、私は心筋梗塞を発症して東邦《とうほう》大学病院に緊急搬送され、そこで長時間にわたる手術を受けました。術後も予断を許さない事態のままで、女房はもちろん心配していましたけど、当時北海道にいた息子たちも全員呼ばれ、要は生きるか死ぬかの瀬戸際でした。家族もひたすら祈るしかないような状況で、医師や看護師さんが全力で治療にあたってくれても、そのかいなく死んでしまうかもしれない。結果、奇跡的に助かりましたが、私は意識もないまま、3日間集中治療室で生死の境をさまよい続けた。この世からあの世を行ったり来たり、三途の川を見たわけです。

ベッドに静かに横たわり、朦朧《もうろう》とする意識のなか、ようやく開けた目にぼんやりと見えた黄色やピンク。そのあざやかな色彩に引き寄せられるように目を凝《こ》らすと、数々の大きな花が盛られた見舞い花でした。よく見ると、「長嶋茂雄より」と札があるではないですか。まさか、とびっくりすると同時に、感激で胸がいっぱいになりました。「長嶋さん…、長嶋さん…、長嶋さん…」、口には酸素マスクがつけられているから言葉を発することはできないのですけど、喜びの声が自分のなかからあふれてきました。

それは私あてに届いた初めての見舞い花で、よくよく考えてみると、あの段階では私が倒れたことはマスコミもまだ知らなかったはず。どうしてわかったのか不思議でしたが、長嶋さんのことですから、どこかで聞きつけ心配して届けてくれたのでしょう。それは奇《く》しくも集中治療室最後の日。長嶋さんの花のおかげで、意識がハッとして、「よし、なんとしてでも生きてやろう」という気持ちになりましたね。

ほかにも、回復の励みになることがありました。2001年6月9日の巨人対阪神戦。巨人の清原和博《きよはらかずひろ》選手が3打席連続ホームランという偉業を達成するのですが、1本目はライト、2本目はセンター、3本目はレフト。3本目でバットが折れたのですが、折れたアオダモ製のバットは処分されて『かっとばし』という箸《はし》にするのが習慣。それで職員が処分に回そうとしたら、清原選手が「これ俺、サインするから、徳光さんのとこ持ってってくれ」といって、私の病室にわざわざ届けてくれたんです。

それと2018年に急性心不全でお亡くなりになった西城秀樹《さいじょうひでき》さん。実は私がこの心筋梗塞で闘病していた当時、結婚式の司会を頼まれていたんです。入院が長引けば、約束を反故《ほご》にすることになる。だから「申し訳ない」と断りの電話を入れました。すると秀樹さんは「徳さん、今、話してる声は普通の声だよ。大丈夫だよ。前日まで待つから。もしも間に合わなくても、代役を頼む人は考えるから。安心して、とにかく治してよ」と。謝罪のつもりが逆に励まされ、長嶋さんのときと同様に、とても前向きな気持ちになれました。そして退院4日後の7月7日、木本龍雄《きもとたつお》・美紀《みき》御夫妻（西城秀樹夫妻）の結婚披露宴の司会を務めることができました。宴後、秀樹さんから「ありがとう、徳さん」と言われ、「いやぁ、こちらこそありがとう。それにしても疲れました。これが本当のヒロウ宴だよ、お互いに」と笑い合いました。

ですから私にとって3人は、大病から生還できたときの恩人です。みなさんの思いがあって、病気が快方に向かい、仕事にも復帰できました。こうしたことが自分の自然治癒《ちゆ》能力を高めたんじゃないかなと思いますね。そういえば、長嶋茂雄さんからの見舞い花ですが、病院内でも相当な話題になったらしく、私の容体よりもそっちを見にくる人が多かった。看護師さんらが「あ、本当だ」なんてね（笑）。

けれど、「好き」という気持ちは、返ってくるんですね。私が子どものころから熱中していた長嶋さんから、まさかこんな形で励まされるとは。めぐりめぐって縁がつながると申しましょうか。まさに、「好き」の一念、巌をも通す、ということだと思います。

＊「上」ではなく「横」を見よう　「一緒に作る」仲間に支えられて

◆初めての「報道」

1988年4月、「徳光がわからなければニュースじゃない」というキャッチフレーズではじまったのが『NNNニュースプラス1』です。夕方の大型ニュース番組で、日本テレビ放送網の全国ネットでした。キャッチフレーズにあるように誰にでもわかりやすいニュース番組がコンセプト。立ち上げからその後18年間続いた長寿番組になりましたが、私が初代メインキャスターに抜擢《ばってき》された、さらに私にとって初めての報道番組でもありました。野球中継がしたいとアナウンサーになったのにかなわず、主たるものはプロレスの実況中継でした。そして1969年からは『NTV紅白歌のべストテン』のサブ司会、1974年10月から『新・底ぬけ脱線ゲーム』の司会を務め、1979年3月から『ズームイン!!朝!』で総合司会を9年間担当、1982年10月から『歌のワイド90分!』の司会など、キャリアのほとんどをプロレス、芸能、情報番組というジャンルで歩んでいました。

『ズームイン!!朝!』のおかげで全国的に知名度があがり、自分なりに調子をつかんで、番組もいよいよ足掛け10年目に差しかかったところ。それが突然ニュースに行けと言われたわけで、本当にショックでした。新人でプロレスに回されたとき以上にショックが大きかったかもしれません。

アナウンサーは大きくわけて、ニュースを読む報道とスポーツの実況中継、そして芸能やバラエティ番組の司会業があります。ベテランになるにしたがって、報道かスポーツの二極に専門化されるケースが多いんですが、テレビ局において報道は王道です。ニュースをきちんと読めなければアナウンサーでないという不文律があり、スポーツ専従のアナウンサーでさえも、やはり「一度は報道に」という思いは強い。つまり、ニュースが読めないアナウンサーはアナウンサーとはいえない、そんな物差しがあったのは事実です。

ところが私は、スタートでつまずいていますから、そのような尺度にはまったく関心がありません。それどころか、あの頃は報道部に行きますと、社内選《え》りすぐりのエリートが集まっていて、居心地の悪さを感じたものです。当時、麹町にあった社屋の2階が報道部、5階が芸能部で、報道局長は「5階の連中は……」などと高圧的なものの言いを平気でしていましたしね。スポンサー受けがよくて営業収入があるのは芸能部のほうなのに、政界や経済界とつながりの深い報道のほうがトップ扱い。放送機材を買う予算も、優先的にお金が使えるのは報道部で、芸能部は後回し。そんな実態を目の当たりにしているだけに、持ち前の反骨心のせいか、報道の色合いが肌に合わなかったんです。けれど先輩のアナウンサーが「おまえ、アナウンサーである以上、一度は報道はやっとけ」と諭《さと》してくれまして、結局はこれも業務命令ということで、育ててくれた『ズームイン!!朝!』を離れ、ニュースの伝え手になりました。

『ニュースプラス1』を務めたのはわずか3年間でしたけれど、その間に昭和から平成となり、湾岸危機、ベルリンの壁崩壊、東欧やソ連の民主化、まさに激動の毎日でした。嫌々はじめたニュース番組でしたが、世界が大きく動いたあの時代に報道部でニュースにどっぷり浸かった経験は、私にとって大きな財産になりました。

すべての漢字に読み仮名が……

若いスタッフが中心となってニュース音痴の私を、番組のメインキャスターに推薦してくれたわけですが、報道部のベテランからすれば、プロレス技をかけられたり、芸能人とチャラチャラしている軽薄なアナウンサーとしか思えない。ニュースを読めるか疑わしい……そんな完全アウェーであるのをひしひし感じましたが、なにくそとやり遂げるしかない。

当時、久米宏《くめひろし》さんがメインキャスターのテレビ朝日『ニュースステーション』が、それまでのニュース番組と一線を画《かく》し、「中学生でもわかるニュース」をコンセプトに、あらゆる視聴者にアピールする番組作りをしていました。開始当初は苦戦した番組でしたが、1986年以降は安定して20％前後の視聴率を取り、大成功していたんです。久米さんも、フリーになる前はTBSで『ぴったしカン・カン』『ザ・ベストテン』の司会で人気が出たアナウンサーですから、同じようなキャリアの私に白羽の矢が立ったといってもいいでしょう。

私の新しい仕事場となった報道スタジオには、芸能部門で見たこともないような最新機材がそろっていて、アナウンサーが顔を上げたまま読めるように原稿が表示されるプロンプターというシステムがありました。映し出された原稿を見てみたら、徳光は漢字が読めないに違いないとすべての漢字にルビが振ってある。「折角」という漢字は「せっかく」と読みますけど、その程度の漢字にも何でもかんでも全部ルビ。「おりかど」って読むと思ったのか（笑）。そんな細かいところでも、バカにされているような感じがありましたね。

当然ながらプロのアナウンサーである以上、本番のニュースに備えて毎日猛勉強します。新聞も片っ端から読み、ニュース・キーワードも解説とともに暗記する。とはいえ、基本的に私が報道に不向きな人間だったのはたしかです。

入社当時のある日、国家予算に関するニュースを私は原稿そのままに「5円」と読んで大目玉をくらいました。言い訳になりますが、原稿には「兆」が抜けていた。ですから原稿を「正確に」読み上げるのが仕事のアナウンサーとしては、ある意味で正しいんじゃないかと（笑）。まあ、そんな理屈がこねられるはずもなく、カンカンになった報道部からは、「国家予算なら5兆円に決まってるだろう！　常識がなさすぎる！」とダメ・アナウンサーの烙印《らくいん》を押されましたね。そんな私が局の看板ニュース番組で、森羅万象《しんらばんしょう》の時事を語り、世界情勢を伝えるとは、予想だにしませんでしたが、キャスターとして現場に足を運び、記憶に鮮明に残る逸話がたくさんできました。

女性記者にコテンパンに叱られた

世界に飛び出して、自分の常識をガツンとやられることもありました。

アメリカ合衆国とソビエト連邦の両首脳、ブッシュ大統領とゴルバチョフ書記長が行った１９８９年12月のマルタ会談。映画『マルタの鷹』でも知られる、地中海に浮かぶ島ですが、そこに出張し、44年間の東西冷戦に終止符を打つ歴史的な場面を伝えました。現場にはＴＢＳ『ニュース23』の筑紫哲也《ちくしてつや》さんやＮＨＫ『ニュースセンター８４５』の池上彰《いけがみあきら》さんなど、錚々《そうそう》たる顔ぶれの報道キャスターが日本からも来ていました。『ニュースプラス１』の私は、なんと日本の報道陣では一番乗り。

本来は洋上で米ソ首脳会談が行われるはずが、大嵐のため予定を変更してマルタ島の港に接岸した船の中でゴルバチョフとブッシュが会談し、そのあと記者会見。共同会見場に到着して目を見張ったのが会場に詰めかけた記者の数。世界中からなんと３０００人も集結していたんです。なにより一番びっくりしたのはアメリカのＣＮＮが運んできていた超巨大なパラボラアンテナで、それを使って全世界に配信するという。歴史的瞬間、歴史がここで動いている、そんななかに自分がいる。圧倒的なスケールや熱気を感じ、報道はやっぱりすごいなと、改めて感じた瞬間です。

その状況に興奮した私は、アメリカ人の女性記者に、「今回の米ソサミット、女性の目から見て、どういうふうに思われますか」と聞いたんです。すると彼女は「あなたはなんてことを言うんだ」と険《けわ》しい表情。彼女の反応に戸惑《とまど》っていると、「女性も男性もない」と。「記者の目だろう。そういうことを言う日本人はおかしい」と、かなり叱責を受けました。私としては単純に聞いただけ。むしろ女性記者としてここで取材できるなんてたいしたもんだなっていうふうに思い、敬意を表したつもりですらあったのですが、コテンパンに言われてしまいました。

この一件は重要で、報道とは世界の出来事を常に国内に伝えると同時に、国際情勢の動きの渦中《かちゅう》に自分がいる、私個人の言動が「日本人」の言動として世界に伝わる可能性がある、と思い至りました。音楽番組出身の私が、あるいはプロレス中継の私が、『ズームイン!!朝!』出身の私が、そんな現場にいること自体に妙に高揚感をおぼえました。

日本テレビのアナウンサーで傍流《ぼうりゅう》、亜流といわれ、ずっと抱えていた劣等感。俺も一人前になったのかなみたいな、自尊心をくすぐられる思いもあり、緊張感もあり。ですから、先輩のアナウンサー諸兄が、一度は報道を味わわなければいけないというアドバイスがなんとなく分かるような気がしました。

チェコの妖精が民主化で見せた涙

1989年11月にはチェコスロバキア・プラハに出張し、当時の共産党支配を倒した民主化革命、ビロード革命を取材しました。のちに初代大統領となる自由主義運動を進めた劇作家、ヴァーツラフ・ハヴェルを囲むように、市内のヴァーツラフ広場に集まった民衆は100万人。民衆が歓喜し、路面電車がパンパン歓喜の警笛を鳴らし街を行き交う。その現場からの中継で、ゲストに招いたのが女子体操選手で「五輪の名花」と称されたベラ・チャスラフスカさん。東京とメキシコのオリンピック両大会で個人総合の金メダルを取られた方です。だが、チェコの英雄であるがゆえに社会主義体制国家に翻弄《ほんろう》されていた。体操選手引退後は、大統領顧問などをやられていて、歴史が変わった日に彼女は涙するわけです。

プラハからの中継のなかで私は、二つのオリンピックの思い出話のほか、「子どもをどういうふうに育てましたか」と質問したら、彼女は「あなた、いいこと聞いてくれる」と私の手を取って語ってくれました。「旧体制では秘密警察が監視していて、一回でも時の政権を批判すると、すぐに連行されてしまう。だから誰も信用できなかった。そんななかで子どもたちと夕食時に、正義とはなにかということをよく話題にしました」。

さらにベラさんは続けて「その子どもたちが蜂起して、今、自由主義になった。だから本当にうれしい」とおっしゃり、「お互いが監視する日常での暮らしの狭さは本当に怖い。人が信用できない。家族しか信用できない。家族も信用できない家庭もあったかもしれない。うちは子どもたちに、死とは、正義とはなどということを、おとぎ話にかぶせて話をしながら育ててきたから、それが今になって花開いた」とも。

うれしいことに、2015年にベラさんが来日したおりには、私のラジオ番組にも出演してくれまして、30年ぶりの再会を喜びあいました。体型はかつての体操選手ではなく砲丸投げアスリートかのようになっていましたが、笑顔はそのままでした。

フセイン大統領のニセモノ⁉

『ニュースプラス1』最大の珍事といえば、なんといってもフセイン大統領替え玉事件でしょう。

1990年8月、湾岸戦争の最中、クウェート在留邦人がサダム・フセイン大統領の命令下、イラクに連行されて人質となる事件が起こりました。11月に一部の日本人が解放されることが決定すると私はバグダッドに急きょ飛んで現地レポート。そのときに役立ったのがスポーツ実況中継で得たスキルです。スポーツ取材では、選手の顔と名前、プロフィールが一致するよう事前に頭に叩き込むのが鉄則。解放された日本人78名ひとりひとりに「○○さん、ご苦労さまです」「●●さん、おめでとうございます」と声をかけましたら、初対面なのにみなさん大変喜んでくれて、なかには抱擁《ほうよう》する方も。仄聞《そくぶん》ですが、当時テレビ朝日の現地駐在員だった川村晃司《かわむらこうじ》さんがその様子をしきりに感心されていたというんです。長年『ズームイン‼朝!』でなじんだ私の顔についほっとした方もいらしただけかもしれませんが。

そんな情勢で、世界中がフセイン大統領に注目していた頃です。現地のコーディネーターを介して、フセイン大統領に会えるという話になり、成功すれば大スクープ！

大統領官邸の横にある迎賓館《げいひんかん》に呼ばれ、ディレクターと二人で待たされていると、軍服姿の男があらわれた。で、イラク側がうやうやしく「大統領閣下です」と紹介してくるけど、どう見ても大統領には見えない。いやというほど写真を見ている顔と、ヒゲしか似ていない。誰が見てもあきらかに別人、あきらかにバッタもん（笑）。フセイン大統領には影武者が6人いるというけど、なかでも一番似ていないのを連れてきたんじゃないか。いや、ヘアスタイルもまるっきり違う、もはや影武者ですらない感じ。ディレクターと「これ、絶対違うよね」と耳打ちし合う有り様です。

けれどイラク側は強引に「フセインだ」と押しつけてくる。急に英語もしゃべらなくなりアラビア語らしき言葉でペラペラ、丸め込もうとしていることだけはすごくわかった。通訳もしょせんはイラク側なので、「フセイン閣下です」と言い張るわけです。これはさすがにまずい、と青ざめました。もしもこんなのカメラを回して、日本で流したら、放送界はじまって以来の大事故です。だって子どもが見たって、別人とわかる容貌なんですから。

ディレクターが猛抗議しても「本物だ」の一点張りで、「もしこれ以上文句を言うようだったら国際問題になる」と逆に恫喝《どうかつ》しだす始末。考えてみれば、独裁的軍事政権国家のド真ん中にいるわけで、これ以上揉《も》めるといつ逮捕監禁されてもおかしくないんだと頭によぎったとき、冷や汗が背中をつたいました。

粘った挙げ句、妥協案として、フセイン政権の副大統領が来日した際に、改めて独占インタビューをということになりましたが、この方は本人でした（笑）。

私がなぜ湾岸戦争を続けるのかを聞いたところ、良質な石油がたくさん取れるクウェートは自分たちの土地だ。クウェートの石油成金はイラク国内を高級外車で我が物顔で走り回っているが、我が国民はそれをながめ、ますます貧乏を体感する。そんなことを話しながら、自国の攻撃の正当性を主張したのです。そしてなぜか、ドラマ『おしん』を絶賛。「あのドラマはすばらしい。貧しさに耐えながら一生懸命明日を見るというストーリー。イラクでは大変な人気なんだ」と。戦争とドラマ、話題のギャップが印象に残っています。

アナウンサーとしてテレビ局内で勤務しているだけでは、世界の要人に会うことはできない。報道は特別なポジションなんだなと、こうした体験から感じました。ニュース番組をイチから立ち上げるのは大変だけど、やりがいのある仕事。ニュース自体はおもしろいと思いましたが、真剣に考え直してみて、自分に一番しっくり合うかというと、「合わなかった」というのが結論です。経験としての貴重さは感じつつも、新たな道を探りはじめるきっかけにもなりました。

◆支えてくれた若手社員たち

こんな経験を共にするのですから団結は強まります。一緒にイラクへ行ったディレクターなど、30代半ばぐらいの若手スタッフたちが支えてくれた番組でした。

久米さんの成功でわかったように、ニュース番組でも視聴率は取れる。テレビマンなら誰だって視聴率が欲しい。しかし当時の報道上層部は、『ニュースステーション』は邪道だという考えでした。報道とはいかに格調あるニュースを伝えるかで、一番目は政治、次は経済、芸能なんていうのはうしろのほう、もっと言えばなくてもいい。そういうランク付けが出来上がっており、難しい活字言葉を散りばめてニュース原稿を書くことが、自分たちの品格であるという考え方。日本テレビに限らず、当時はNHKやTBSやフジテレビもそう。自己満足というのか、要は、一般市民に向けて伝えているニュースではなかったんです。

久米さんが伝えるニュースが関心を持たれたのは、一般庶民に話しかけているから。久米さんは、原稿を自分の言葉に置き直してから読んでいましたけど、すると書き言葉から話し言葉に変換される。その普段使いの言葉のわかりやすさで、一気にニュースは面白いものだと認知されるようになりました。クライアントも、ニュース番組でCMが流れるのはステータスになるし、かつ視聴率が取れればこれに越したことはない。報道番組で営業が動けるようになり、会社も大きな利益を生むことができる。

そんな機運のなか私が起用された『ニュースプラス1』のスタッフは、視聴率を取ることに貪欲《どんよく》になってくれた。数字が上がると快哉《かいさい》を叫ぶ。それまでの報道部門では見られない光景です。すると、今度はどうやったらもっと視聴率が取れるかと、俄然、若い連中はやる気になる。特集をやろう、じゃあ食べ物の特集はどうだろう、おもしろいじゃないか、と作り手のモチベーションがどんどんあがるようになりました。6時から6時半までは一般の全国向けのニュースを放送しますが、6時半からのローカルは、自分たちが企画した特集ものをやるようになった。言ってしまえば、どこの番組でもニュースは同じ事が起きていますが、特集では自分たちの「色」を出せるんですね。特集で数字を取る好循環が生まれたんです。大ブレイクのきっかけとなった、最初の特集が美空ひばりさんでした。

とにかくやってみよう!

１９８８年4月11日、美空ひばりさんは東京ドームのこけら落としとなるコンサート「不死鳥／美空ひばり in TOKYO DOME 翔ぶ!! 新しき空に向かって」を行いました。3年ほど前から重度の慢性肝炎と特発性大腿骨頭壊死症《とっぱつせいだいたいこっとうえしし しょう》を患《わずら》い闘病していたひばりさんにとって、これは大事な復帰公演でもありました。昭和を代表する大スターですから彼女の病状は連日マスコミで大きく取り上げられていましたが、体調不良を隠して彼女は復帰コンサートにのぞみ、不死鳥をイメージした金色の衣装に身を包んで、合計39曲を熱唱し、多くのファンを感動させたのです。そのパフォーマンスは「完全復活」と喧伝《けんでん》されるほどのすばらしいもので、その実は命を削《けず》っての歌唱だったのですが、まぎれもなく伝説のステージでした。

日本テレビの歌番組を通じて以前からひばりさんと親しくさせて頂いていた私は、『ニュースプラス１』でそのライブ直前のひばりさんの心の準備を流したいと思い、特集コーナーで放送しようと思いました。「交渉は私がする」と息まき、ひばりさんに最も近い付き人さんに電話を入れ懇願。すると「徳光さんじゃしょうがないわネ」ということで3分間ならばOKと返事を頂いた。

甦《よみがえ》る不死鳥ひばり、そのコンサート直前の表情と声を多くの人々に伝えることができる！　心臓の高鳴りがひばりさんにも聞こえるのではと思うほどの中、開演直前の東京ドームとNTVニューススタジオとの中継が始まりました。

「ひばりさん、おめでとうございます。そして今日はありがとうございます。それにしてもお綺麗ですね」

「あら、そうぉ、ありがと。そう言ってもらえると嬉しいわ」

「体調はいかがですか」

「うん、完全ではないけど大丈夫よ！」

「1億2000万の方々がこの日を待っていました。みなさんに一言どうぞ」

「そうぉ、みなさん、ひばりは帰ってきました。色々ご心配かけましたけれど、今日は頑張りま〜す。それにしても東京ドームは広いわネェ」

短いインタビューでしたが、大コンサート前のひばりさんが我々のニュース番組に出てくださった。ローカル特集だけでのオンエアなのは残念でしたが……。

結果、信じられないような大反響、視聴率はうなぎ登り。当時の報道上層部からはニュース番組で芸能人を紹介するとはけしからんという反対意見も根強くあったのを、押し切っての敢行でしたが、ニュース番組では前代未聞の高視聴率が飛び出し、系列局から、なぜ全国ネットでやらなかったのかと猛烈なクレームがきたくらいでした。


「本当にすみませんでした、本当にありがとうございました」


実はこの大成功には後日談がありまして……。

私としては報道とは格調云々《うんぬん》の説教に一泡吹かせて「してやったり」の気分だったのですが、芸能番組を2年も遠ざかっていた伝え手の落とし穴がありました。というのも、当日のひばりさんの体調に関して私には情報が皆無でした。ましてや報道の連中もまったく知らされていなかった。救急車を待機させてのコンサートだったというのは今でこそ有名な話ですが、当時の私はひばりさんの堂々たる姿をすっかり真に受けて、完全復活を信じてしまったのです。

本来なら、いつ倒れるかもわからない、本番直前まで一瞬でも長く安静にという心づかいが必要など体調でした。コンサートのプロデューサー、ディレクター、スタッフのみなさんにすれば「誰だ余計なインタビューを受けた奴は！」という気持ちになって当然。なかには「徳光はしばく！」と怒るスタッフもいたそうです。

後日、お礼に伺った時に付き人の方からその話を聞き、ひばりさんがどれ程の覚悟で引き受けて下さったのか、周囲の方々がどんな思いで見守られたのか……その場で涙が止まりませんでした。今でもひばり邸に伺うと、私は必ずお仏壇に合掌し、「あの時は本当にすみませんでした、でも本当にありがとうございました」と心を込めて呟いています。

ひばりさんのライブ放送の大成功があって、周囲の見る目も番組スタッフの自覚も変わったのは事実です。ニュースでも視聴率が取れる、そして自分たちが面白いと思ったことをやれば視聴者にそれが伝わるということ。視聴率が高い、イコール視聴者が関心を持って見てくれているということですから、ニュース番組のスタッフも思い切りバットを振っていけばいいというムードになったと思います。

それ以来ですね、日本テレビに限らず、各テレビ局の夕方のニュース番組が「特集」を売りにするようになったのは。今や定番になっている「情報コーナー」、たとえば、食べ放題レストランや大盛り激安店、スズメバチ退治、グルメラーメン、回転寿司などいろいろと趣向《しゅこう》を凝《こ》らしていますが、保守的な報道の厚い壁を破って、これを発明したのは実は『ニュースプラス1』の若手たちだったんです。

そんな聞き方じゃ伝わらないよ

その頃のテレビの報道局はどこも政治部が主体みたいなところがあって、20代の記者でも大物国会議員に会いに行けたり、黒塗りのハイヤーだって使える。報道局でインタビューに行くとなりますと、設問もすべて報道記者が書きます。現場に行くキャスターとしてはこんなつまんないこと聞いてどうするのかなと思うんですけど、それに沿って質問せよと。リポートでこういうことを言いたいから、こういうことを聞いてくれという筋書き通り。それではつまらない、伝わらない。

そこで私はそのやり方をいったん壊したんです。本当に私が知りたい順番で聞く。設問の言葉も、難しくしない。1回のインタビューで3問を聞けるとしたら、それを第1問とその答え、第2問と答え、第3問と答え、と1問ずつ分けて聞くようにした。つどつど答えをもらう。そんなの当たり前じゃないかと言われるかもしれませんが、それまでの報道記者は、一気に3問を聞き、取材対象者はまとめて答えるというやり方。それじゃあ全然伝わらないと私が強引に変えたんです。旧来の方法論を身に付けた記者からは非難される一方で、若いスタッフは目からうろこ。ついには「徳光さん流で質問しよう」と追随《ついずい》する若い記者があらわれた。

報道局に配属された時点でどっぷり染まり、若いのに年寄りみたいな記者や、政治部を鼻にかける連中も多かった。でも若さというのは、柔らかい頭脳と優しい心と、もう一つは反骨精神だと思うんです。反骨精神がない記者は、本当にダメだなと思います。ニュースキャスターをやっていたころは、若い連中と飯を食ったり飲んだりして、いつも活発に議論をしていましたね。当然、反論もされますけど、仕事に賭ける情熱が根底にあるので、しこりを残すような喧嘩《けんか》にはならない。折りに触れて飛び出すのは、報道とはなんなのか、テレビとはなんなのか、という熱意でした。

テレビとは大衆を映す鏡、大衆のメディアです。いくら格調高くても、お仕着せのニュースは面白くないじゃないですか。やはり庶民にわかる情報、庶民が有益だと思える情報を発信しなくてはならないと思います。つまるところ大衆本位。そんな私の信条に影響を与えたのは、恩人、美空ひばりさんかもしれません。

＊ひばりさんが教えてくれたこと

変わらぬ交流を支えたのは……

◆出会いは入社３年目

長嶋茂雄さんに感化されるまでの私は、映画と落語が好きな少年でした。戦前から戦後にかけての娯楽といえば映画かラジオ。今のようにテレビやインターネットはない時代でしたし、映画に登場するスターに憧れ、ラジオから聞く寄席の落語に耳をかたむけ、楽しむ日々です。そんななか圧倒的に存在感があったのが、昭和の歌姫、美空ひばりさん。私よりも4歳年上になりますが、彼女は12歳でデビューし天才少女歌手とうたわれて以降、歌謡曲、映画、舞台などで活躍し、はやばやと国民的スターになります。彼女の歌声を聞いていますと、子どもながらに体がふるえるほど感動したものです。

その歌唱力は私が解説するまでもなく、日本中を魅了し、歌謡界の女王として君臨し続けました。１４７センチしかない背丈で、その小さな体が、体全体がスピーカーのようになって共鳴する。その生音に接すると、まさに神がかっているると思えるようなパワーがありました。

ひばりさんに初めてお会いしたのは、日本テレビに入社して3年目ぐらいのこと。歌謡番組『コロムビア歌謡大行進』のサブ司会をやっていまして、この正月特番に『新春コロムビア大行進』というのがあり、そのときは私が司会を務めていました。そこにいらしたのが天下の美空ひばりさん。私は『港町十三番地』を紹介させていただきました。若いアナウンサーが挨拶にいくにはあまりにも恐れ多い存在でした。

そのあと美空ひばりさんと五木《いつき》ひろしさん、森進一《もりしんいち》さん、森昌子《もりまさこ》さんの4人がメインの『演歌・四つの太陽』という特別番組で一緒にお仕事をさせてもらいましたが、芸能界で「お嬢」といわれた彼女には二重三重の取り巻きがいて、ここでもやはり挨拶にいくのはかなわなかった。

そんな彼女に急接近できるきっかけになったのが、１９８２年から１９８６年まで放送された『歌のワイド90分！』。これは主に演歌の番組で、毎週水曜日午後7時半から、毎回20％前後の視聴率を出す人気番組でした。プロデューサーは当時一番ひばりさんから信頼された、『スター誕生！』を作った池田文雄《いけだふみお》さん。ここにひばりさんが出演して下さり、歌の合間のトークで、ある質問をポンとぶつけてみたんです。

「ひばりさんはあれですかね、和也《かずや》君のお母さんですので、息子さんの父母参観日なんか行かれるんですか」

ひとりの母親の顔になって

現在ひばりプロダクションの社長である加藤《かとう》和也さんは、ひばりさんの弟、かとう哲也《てつや》さんの実子ですが、7歳のときにひばりさんが養子にされ、溺愛《できあい》していた。この質問が、ものすごいストライクだったみたいで、ひばりさんは「勿論《もちろん》行くわよお」と突然、相好を崩《くず》したんです。

ひばりさんは上機嫌のままニコニコと話を続け、「あの子の学校に行ったら、子どもたちがみんなで私を歌で迎えてくれたの。それだけでもう感動した」と。

「本当に和也っていうね、血は少しつながってはいるけども、私のおなかを痛めた子ではないんだけれども、あの息子ができたことによってこんな楽しい思いができるんだと思うと、うれしくて」と喜色満面。

「そしたら今度、お母さんたちが歌えっていうでしょう。それでうちは加藤だから、あいうえお順で、はやめに順番が来るわけよ。お母さん一人一人が歌うらしいんだけど、子どもたちのお母さんがね。なんでもいいから好きな歌をとおっしゃる。そのときに私、学校だから歌謡曲は歌えないから、『埴生《はにゅう》の宿』を歌ってね、ほっとした。ああ、こんなに緊張するなんて。あたしは、美空ひばりとしては緊張したことなかったけど、本名の加藤和枝《かずえ》になるとこんなに緊張するものなんですね」という話をテレビの収録でされた。

さらにそのあとも「徳光さん、聞いて」とひばりさんのおしゃべりは続いて、

「そしたら今度、先生がいきなりあれなのよ、じゃあお母さん方の組はお誕生日の順番でいきましょうって。私、誕生日は5月29日だから、4月や5月のお母さんたちが、私が歌おうと思った歌を先に取っちゃうもんだから、次はなに歌おうか、なに歌おうかってもうドキドキ。その選曲が大変だったのよ」。

ひばりさん、話が止まらない。すっかり母親の顔になって、喜々とした表情でした。

後日、お付きとして人生を捧げたSさんから伺ったのですが、お嬢さん（とひばりさんを呼ぶのです）はそのときのことを家へ帰ってからも、「本当にいい話を、テレビでできた」と楽しそうにおっしゃっていたそうです。

その番組がきっかけで大変かわいがってもらうようになりまして、目黒・青葉台《あおばだい》のご自宅へたびたび伺わせてもらうようになりました。とはいえ、ジャイアント馬場さんに教わった「親しき仲にも礼儀あり」はふまえつつ、遠慮がちではありますが。仕事でひばりさんの私生活にちょっとだけお邪魔するという感覚ですね。自宅に招かれると、ひばりさんの好物の手羽先をごちそうになったり、一緒にどら焼きをほおばったりして、ひばりさんの物語をご本人の口から聞くという、これもまたしあわせな時間でした。

雲の上の歌姫が見せた横顔

その後、日本テレビ制作で『女優美空ひばり』という単発特番をやることになり、これは歌唱抜きで、女優・美空ひばりがいかにすごいかということを伝える内容でした。私が少年時代に好きだった女優さんに桑野《くわの》みゆきさんがいて、映画はよく見にいっていたんですけれど、同時上映にひばりさんの映画が多々ある。そのころはまだ特別にファンではなかったんですけど、低いトーンのべらんめえ口調の男役をしたかと思うと、別の映画では本当に初心《うぶ》な町娘の役をやって、その自在な演技は、若いのに堂に入っていました。東映では中村錦之助《なかむらきんのすけ》さんとのコンビで出ていて、よく見ていたものですから、そんな話題をひばりさんにすると、「よく見ていてくれてるわねえ」と喜んでくれました。その番組はひばりさんのお母さん、加藤喜美枝《きみえ》さんがプロデューサーで、うれしいことに「司会は徳光さんで」「徳光さんじゃなきゃダメよ」といってわざわざ呼んでもらいました。それ以降は、ひばりさんは、徳ちゃん、徳ちゃん、と声をかけてくれるようになりました。

『悲しき口笛』『東京キッド』『リンゴ追分』といった戦後日本を象徴するヒットから、『柔《やわら》』『悲しい酒』『真赤な太陽』『みだれ髪』『川の流れのように』など演歌の枠にとどまらず、日本を代表する歌手であった美空ひばりさん。今でこそ女性スター歌手を歌姫と表現しますが、美空ひばりさんは別格の別格、亡くなった今でも永遠の歌姫、まさに雲の上の人でした。１９５０年代は江利《えり》チエミ、雪村《ゆきむら》いづみと「三人娘」で人気を博し、１９６２年には日活スター俳優の小林旭《こばやしあきら》さんと結婚、２年後に離婚。誰もが憧れる絶対的スターでありながら、その人生は波乱万丈。母親の加藤喜美枝さんは〝一卵性親子〟とあだ名がつけられるほど、ステージママで有名でしたし、ひばりさん自身が家族を愛し、家族に翻弄《ほんろう》された人生でした。１９７３年には実弟が起こした刑事事件により、それまで17回出場し１９６３年から10年連続で紅組トリを務めていた紅白歌合戦を辞退、当時新聞の一面を飾る大ニュースになりました。１９８１年に最愛の母を亡くし、さらに１９８３年に実弟も若くして亡くなり、相次いでその下の弟も亡くなり、そしてご本人も闘病のすえ、１９８９年に52歳の若さでお亡くなりになった。不世出の天才、あっという間に駆け抜けた人生だったと思いますが、生前思いがけない話をひばりさん本人から伺ったことがあります。

あれは青葉台のご自宅でのこと。

「徳ちゃん、もう私ね、もう本当にお金がなくなっちゃった。いま持ってるのは、事務所名義のビルだけよ。前は競走馬を持っていたし、ゴルフの会員権もたくさんあったんだけど、みんななくなっちゃった。でもいいの。（闘病生活だった）おふくろが２階で寝ていたとき、おふくろがとにかく桜の花が好きだったから、桜の木を買ってきて、うちの庭に３本植えたの。それが季節になって桜の花が咲くとね、寝たきりのおふくろがとっても喜ぶのよ」

「そんなにお母さん、桜好きだったんですね」

「徳ちゃん、私の舞台を思い出してよ。1幕は必ず桜だったでしょう、2幕が月、3幕が祭りなのよ。1幕で桜が咲いて、ばーっと町人たちが陽気に行き交って。2幕で話の本筋になって、それは月夜のなか、非常に寂しい、どろどろとした話。それが3幕でハッピーエンドになって、祭りばやしで華やかに終わる。だからもう本当に桜が好きだったのよね」

「そうでしたか」

「桜の花を3本植えることができたの。でもこんな小さな庭よ。磯子《いそご》の家なんかはプールもあったけど、それもみんななくなっちゃった。でも、こういうのもしあわせなのよ。今は本当に和也にいい思いをさせてもらってるし」

そんなことをしんみりとおっしゃるひばりさんの横顔が忘れられません。

スターの宿命を負った人

美空ひばりさんはやはりスターの宿命を背負っていました。長嶋茂雄さんが長嶋茂雄を常に演ずるというか、長嶋茂雄でなければいけないって思っているのとある意味で同じようなところがある。いずれにしても、自分で作った偶像を守り通すっていうことがスターのステータスになるわけでしょうから。その美空ひばりという人物像を作り上げたのは、ひばりさん本人とプロデューサー役の母、加藤喜美枝さんの二人。あるとき喜美枝さんが「このまま市井《しせい》の人として収まっていてもいいんだろうか」と嘆かれたことがあって、ひばりさんはその言葉に耳を傾けていらした。世間に求められている〝ひばり像〟を常に模索し、考えていらしたと思います。

と同時に、誰より歌が好きなのがひばりさん。都《みやこ》はるみさんが「普通のおばさんになる」って辞めたときに、美空ひばりさんにコメントを求めたんです。どう思いますって聞いたら、「だって徳ちゃん、普通のおばさんになる人には、もうコメントする必要はないわ」、そして「私は歌手だから、ずっと歌い続けますから」ときっぱりとおっしゃったんです。自分の私生活でどんなことが降りかかろうと、最終的にはひばりさんご自身が決断される。

大衆のなかの美空ひばり。横浜・磯子の魚屋「魚増《うおます》」の長女として生まれた加藤和枝が、〝美空ひばり〟に生まれ変わって、人生で貫き通したのは、大衆から愛される美空ひばりであることだったと思います。結婚でいったん主婦に収まりかけて、別れてまた復帰したのも、大衆のなかに帰らなければいけないという思いだったのではないでしょうか。

そしてあっぱれだと思うのは、ひばりさんが決して権力にこびを売らなかったことです。あるとき飛行機に某有名大臣が乗り合わせ、みんながこぞってあいさつに行っても、ひばりさんは絶対に行かなかった。そういう逸話がいくつもあって、政治家から「あれは歌手のくせに、生意気だ」と言われました。しかし、自分は歌謡界の女王だ、大衆の中の美空ひばりだ、という信念とプライドがきっとあったと思います。

ひばりさんはものすごく頭のいい人で、意志の強い人。政治家や経済人にも彼女が尊敬する人はもちろんいましたけど、その人たちと話すときも他と変わらぬ口の利《き》き方です。いつも堂々としていて、絶対にこびない。私の解釈で恐縮なのですが、いろんなスターがいるなかで、ひばりさんの立ち位置は特に大衆と切り離せない。常に〝大衆の中から生まれたスター〟であるという強烈な自負を感じるんです。

〽じれったいほど　あの娘のことが　泣けてきやんす　ちょいと三度笠

とはじまる、『ひばりの渡り鳥だよ』という歌があるんですが、最後の決めの歌詞は「渡り鳥だよ」です。「渡り〜〜ィ」の間合いでヤッと見下すようにして、続く「鳥だ〜よ〜」で思い切りのひばりスマイルを見せてくれる。女王らしくツンとして見えて、最後は「私は魚屋の娘なのよ」っていうチャーミングさがこぼれて、一気にお客さんをぐっと引き寄せる。これは彼女の自己演出でもあると同時に、自分の生き方を歌の中で、そして表情であらわしている。美空ひばりさんが独自に編み出した歌唱法だと私は解釈しています。

ひところは年間14枚のシングルを出し、年間10本以上もの映画に出た。こんなことはスターに上り詰めた人は普通、やりません。要はお金のためじゃないんです。大衆から生まれた自分が出ることによって大衆が喜んでくれるってこと。だからそのために、ひばりさんは体を酷使して、〝美空ひばり〟をやり続けていたと思うんですね。そして52歳で天に召された。ひばりさんも、同じく52歳でお亡くなりになった（石《いし》原《はら》）裕次郎《ゆうじろう》さんも、われわれの1年間を5年ぐらいのスパンで歩んでいたんじゃないかなあというふうに思えてなりません。美空ひばりさんと同じ時代に生あることを、私は神様に感謝したい。時代ごとにスターは数多く生まれますが、私にとって特別なのは、美空ひばりさんと長嶋茂雄さん。リアルタイムで見てきただけじゃなくて、接することもできたわけですから、自分の人生は最高だと思います。アナウンサーという仕事につかなければ、こんなめぐり会いはありませんでした。それもこれも、就職のアドバイスをくれた友のおかげ。平川よ！　土居まさるよ、ありがとう。

◆忘れえぬ人々

あの石川さゆりにも下積み時代が

アナウンサーという職業について、当初念願だった野球中継はできませんでしたけど、長嶋茂雄さん、ジャイアント馬場さん、そして美空ひばりさんなど、さまざまな偉大な方々と知り合うことができました。私は音楽番組やバラエティ番組の司会を多くやらせていただいたので、多くの芸能人の方と知己《ちき》を得ることができ、彼らがスターとなって駆け上がっていくまさにその瞬間を垣間《かいま》見ることができました。

たとえば石川《いしかわ》さゆりさん。15歳でデビューした彼女を、スカウトしたホリプロは最初、同年代で同事務所の山口百恵《やまぐちももえ》さんと森昌子さんと「ホリプロ三人娘」として売り出そうとしていたんです。ところがサンミュージックの桜田淳子《さくらだじゅんこ》さんが、『スター誕生！』から出てきて、結局「スタ誕三人娘」（のちの「中3トリオ」）となり、ご存知のように彼女らが一世を風靡《ふうび》するなかで、さゆりさんだけが取り残される状況となりました。ですから彼女は、事務所のお手伝いをしたりとか、そんな時期が5年ほど続くわけです。私はそんな彼女の下積み時代を知っていまして、ずっと応援していました。

あんなに歌のうまいさゆりさんでさえなかなか売れない。芸能界で売れるかどうかは誰にもわかりません。それはさゆりさん本人がいちばん悩み、苦しみ、がんばっていたと思います。

そして、ようやく、『津軽海峡《つがるかいきょう》・冬景色《ふゆげしき》』に出合う。1977年、第8回日本歌謡大賞で放送音楽プロデューサー連盟賞を取ったとき、私が前口上をさせてもらいました。「耐えて3年、忍んで2年、やっと開いたさゆり花」

それを聞いて、彼女は涙する。涙しながら絶唱しました。その光景は強烈に覚えています。

またあるときは、「厳寒のみちのく、すだれ模様に降る雪に、愛を断ち切る女が一人、津軽海峡冬景色、石川さゆりです」と述べて、彼女の歌の世界に導く。歌のＭＣ

として、イントロ口上に活路を見出させてくれたのは、石川さゆりの『津軽海峡・冬景色』に他なりません。それがきっかけで歌手のみなさんから声をかけていただくようになり、さゆりさんともプライベートを含めてずっとお付き合いが続いています。

弟のような西城秀樹との別れ

仕事の接点から、芸能人の方から結婚式の司会を頼まれることもあります。

六本木のスイートベイジルというライブハウスで開いた野口五郎《のぐちごろう》さんと三井《みつい》ゆりさんの結婚式も、司会を務めさせていただきました。五郎さんはミュージシャンですから、その会場を選んだんですけれども、とてもいい結婚式でした。「新・御三家」の野口五郎さん、郷《ごう》ひろみさん、西城秀樹さんとは、彼らが結婚するときは司会をやる約束をしていたんです。

秀樹さんは2001年に結婚するのですが、お相手に選んだのが、土木工事のエンジニア、理系女《リケジョ》の美紀《みき》さん。彼からフィアンセだと見せてもらった写真は、ブルーの作業服にヘルメット姿の女性でした。大阪水道局の下水道の図面なんかを描く仕事をされていて、最初は本当におどろいたんですけど、芸能人ではなく、そんなごく普通のお嬢さんを選んだのは秀樹らしいなと、ものすごくうれしくなりました。結婚式の司会を依頼されながら、私は心筋梗塞で入院することになり、これは迷惑をかける、困ったなと思っていたのですが、彼はぎりぎりまで私の退院を待ってくれて、奇跡的にその結婚式の4日前に退院できることになりました。打ち合わせを2回してエピソードを伺い、ぎりぎり間に合って当日を迎えたんですが、それは感動的なブライダルでした。年の離れた二人でしたが、1年半の交際を経てのゴールイン。秀樹さんはとても晴れやかな笑顔でしたね。二人は一女二男を授かりました。

職業と立場は違いますけれど、秀樹さんは私の弟のような存在でした。彼はとても義理堅くて、毎年私の誕生日に花を贈ってくれる。それも何十年も。また彼ほど気さくな人もめずらしくて、とある先輩ニュースキャスターの娘さんが熱烈な秀樹さんファンだったのですが、その先輩から、たまたま秀樹さんと一緒にいた私のもとへ電話がかかってきたときがありました。そのまま娘さんに電話を代わって、秀樹さんが会話したんですけど、彼はスターぶらないし、すごく自然体なんです。まるで長年の友だちのようにファンの方と接するんですね。それが秀樹さんの飾らない人柄です。

しかし残念なことに、秀樹さんは脳梗塞《のうこうそく》を発症し、17年間の闘病のすえ、2018年4月に自宅で突然倒れ、急性心不全で亡くなりました。そのときにも奥さんから丁重に葬儀進行を依頼され、つらい気持ちは当然ありましたが、使命感もあってお受けしました。まず、葬儀の前に秀樹さんときちんとお別れをしたいと思い、自宅に向かうと、棺《ひつぎ》の中には現役のときと変わらないシャープな顔立ちの彼がいて、真っ赤なスーツを着て横たわっていました。しばらくそこで奥さんとお話しし、「秀樹はやっぱ赤が似合うね」と言ったら、「パパが一番好きなステージ衣装だったんです」。

私はちょっと言葉を失ってしまい、なにを話していいかわからなくなってしまって、思わず「延命措置の方法はなかったんですか？」と言ってしまった。これは言っちゃいけなかったと思うんですけど、口をついて出てしまった。そしたら奥さんが「ありました」と言うんです。

ただし医師からは、「たとえ命が助かっても、家族のことはほとんど分からない状態です」と宣告され、そうしたら次男坊が、「パパは本当にがんばったから、休ませてあげたほうがいいんじゃないか」と、そう話したそうです。それで、かねてのご本人の希望通り延命措置はとらず、家族4人でお別れを決断したといいます。

文藝春秋の新刊

8

2021

「客待ち」©大高郁子

●「博雅よ、無垢は、時に罪だ……」

陰陽師 水龍ノ巻

夢枕 獏

源博雅の笛・葉二の過去、蟬丸の若き日の恋。そして、人の魂を召喚する秘儀の正体とは。累計720万部「陰陽師」シリーズ第17巻

◆8月4日
四六判
並製カバー装
1650円
391409-1

●直木賞受賞第一作&待望の続編

結《ゆい》 妹背山婦女庭訓 波模様

大島真寿美

浄瑠璃に魅せられ、浄瑠璃のために生きた人々の喜怒哀楽と浮き沈み、せわしなくも愛しい人間模様をいきいきと描く群像時代小説

◆8月4日
四六判
上製カバー装
1870円
391410-7

●「ズームイン!!朝!」から路線バス旅まで自由な成功の秘訣

徳光流生き当たりばったり

徳光和夫

国民的名司会者の、八十歳にしてますます楽しくなる人生お気楽術！ 長嶋茂雄、美空ひばりとの交流ほか、芸能界の生き字引が語る

◆8月4日
四六判
並製カバー装
1540円
391179-3

●平成育ちによるはじめての決定版平成史

『知性は死なない』『中国化する日本』で知られる歴史学者による、

6日
バー装
円
1-4

◆発売日、定価は変更になる場合があります。
表示した価格は定価です。消費税は含まれています。

白石あこさ

と名言を紹介する 写真も満載

●我々はどうやって機械と共存すればいいのか？

アルゴリズムの時代　機械が決定する世界をどう生きるか

ハンナ・フライ　森嶋マリ訳

買い物のお勧め、自動運転、がん診断、犯罪予測に作曲まで。人間生活に深く入り込んだ「アルゴリズム」の驚くべき実態を解き明かす

◆８月24日
四六判
並製カバー装
1870円
391422-0

●ノワールの鬼才が挑む戦後最大の怪事件「下山事件」

TOKYO《トーキョー・》 REDUX《リダックス》　下山迷宮

デイヴィッド・ピース　黒原敏行訳

一九四九年、国鉄総裁が轢断死体で発見された。謎を追うＧＨＱ捜査官に戦後日本の闇が迫る。英国の鬼才が昭和の魔を描く戦慄の傑作

◆８月24日
四六判
上製カバー装
2750円
391423-7

●怖いのに泣ける!!　新怪談コミック

怪談和尚

原作　三木大雲　作画　森野達弥

「怪談」＋「仏教説法」の怪奇譚。三木和尚の「怪談説法」を妖怪漫画家が〝最恐〟コミカライズ。あなたの身にも起きるかもしれない

◆８月５日
Ａ５判
並製カバー装
990円
090105-6

●壬生浪たちの威名轟く！

新選組血風録（二）

原作　司馬遼太郎　作画　森　秀樹

擾乱の京を舞台に、だんだら羽織をまとった最強剣客集団の軌跡を描く司馬遼太郎原作を、『墨攻』森秀樹が激烈コミカライズ。第二弾

◆８月25日
Ｂ６判
並製カバー装
990円
090106-3

もっともつらい判断こそ家族がしなければならない。結果、奥さんと子どもたち3人は別れを迎えることになりましたが、その時間と最後のお別れはこれからも家族の中で守っていきたいという話でした。私は、秀樹さん御一家の限りなく深い愛情と、強い絆《きずな》に胸が熱くなりました。だからその話を告別式で伝えていいですかと聞いたら、了承してくれました。

長年親しくしてきた秀樹さんとの別れは自分自身も悲しくてやりきれなかったですし、告別式の司会も涙がこぼれてつらかった。けれど、ずっと闘病生活を献身的に支えた家族は、周囲がはかりしれないほどの苦労があって、最終的に苦渋の決断を迫られようとも、最後の最後まで秀樹さんを愛していた。そして一方で、生前の秀樹さんもきっと、惜しみない愛情を家族に注《そそ》いだと思います。彼の素顔や性格を知る立場から、それは容易に窺《うかが》い知ることができます。

お互いをほったらかしにする家族もあるなか、秀樹さんは、家族と濃密な時間を過ごしていたことでしょう。また、先に旅立つにあたって、奥さんにすべてを託《たく》していったはずです。こんな深い家族愛があるのか、私は立ちすくむような心持ちで、それを見ていました。

西城秀樹の最期をみなさんに伝えることで、いろんな愛の形があることが伝わればいいなと思います。そして秀樹さんがすばらしい人間だったことを私が生きているかぎり、伝えていきたいと思います。

＊いつだって家族がいてくれた　三度目の正直で背中を押してくれた妻

◆いちばん近くにいる人をいちばん大事に

さて、私自身が良き夫、良き父親であったかというと……。家族は何点をくれるでしょうか（笑）。

私には妻と二人の息子、そして孫がいます。妻とは長年連れ添い、苦楽をともにし、子どもたちも40代と50代、それぞれ社会人として人生を歩んでいます。ひょっとするとご存知の方がいらっしゃるかもしれませんが、次男の正和《まさかず》は「徳光正行《まさゆき》」という名前でタレントとして、テレビ番組の司会などをやらせてもらっています。

私は次男を「マサ」と呼んでいました。本人もトーク番組などで話していますが、実は中学生のとき大変な〝問題児〟だったんです。10代に反抗期を迎える子どもは多いと思いますが、彼もそのひとり。ちょうど私が『ズームイン!!朝!』のキャスターをして世間的に「徳光」の名前が知られるころ、学校でも「徳光の息子」というだけで目立つようなことがあり本人は、それが嫌で嫌でしょうがなかったらしく、ずいぶん荒れていきました。小学校までは本当にかわいい子で、親のいいつけもよく守っていたのに、中学でガラッと変わった。一方、私自身は一番多忙な時期で、いってみれば自宅のある茅ヶ崎《ちがさき》から東京に単身赴任しているような状態。仕事にかまけて、家庭のことや子育てのことは妻にまかせっきりでした。妻がしっかり者ですから安心していたわけなんですが、その妻からマサの様子がおかしいと相談されまして、聞くと「学校の先生とうまくいっていない」という話でした。

当時の中学の先生が「徳光和夫の息子」と触れ回っていたみたいで、そういったことにマサが反発して勉強もしない、そんな有り様《あさま》でした。高校受験を控えた中学3年生のとき、突然体を鍛《きた》えはじめまして、マサの部屋に行くと、大きいダンベルやエクスパンダーがある。聞けば「卒リン（卒業式で仕返しのリンチ）する」と物騒なことをいう。親として止めるには止めても、息子のくやしい気持ちもわかる。結果、卒リンはなかったんですが、万が一本当に起きたらアナウンサーを辞めなきゃならないなと覚悟はしていました。

問題は進路です。「おまえ、高校はどうするんだ」とたずねましたら、「お父さん、馬場さんに頼んでくれ。プロレスラーになりたい」と。これには私も困っちゃいましたね。妻と話し合って、自由にさせたらとか、高校浪人でもいいんじゃないかとか、そういう話はしていたんですが、親としてはとにかく高校には行ってもらいたい。それで、一週間の夏休みを利用して息子と旅をしようと思い立ちました。旅の間に説得しようと思ったんです。行き先に選んだのは、息子とは一緒に行ったことがなかった北海道、最北端の街・稚内《わっかない》でした。

息子との二人旅

一緒に旅しようといっても、息子は反抗期まっさかりですからすんなり言うことは聞きません。妻が説得し、渋々行くことになったのですが、日ごろ接することのない父親に反発するのは当然といえば当然。息子からすれば一緒にいるだけでも気まずい。ギクシャクした関係のまま旅に出たわけです。多感な時期ですし、無理強《じ》いしても逆効果です。とりあえず千歳《ちとせ》までは一緒に空路で行き、そこで息子に「お父さん、先に稚内に行っているから、あとから来てくれ。もしおまえが嫌なら、来なくていい」と別行動を告げ、望みをつないで、稚内で落ち合うことにしたのです。

私は札幌《さっぽろ》から宗谷《そうや》本線で稚内駅に到着し、息子の到着を待ちました。札幌からの電車はたしか2、3本しかなかったと思います。降車する乗客を目で追って、マサはいるかなと探しました。しかし、私と同じ電車にはいなかった。荒れているとはいっても息子はまだ中学生で子どもです。どこか途中で迷っているんじゃないか、千歳空港にまだいるんじゃないかと心配しつつ、ひたすら稚内駅で次の電車を待ちました。来ないかもしれない、ダメなんじゃないかな。そんなことも頭をよぎりました。

もう夕方、次の電車が到着すると、ぞろぞろと乗客が降りてきました。ひとりひとりの顔を見て、ああ、やっぱりいない。乗客も全員出払ってしまい、人がまばらになり、静かになった駅舎。あきらめるしかない、もう引き上げようとしたんですが、よく見ると、駅のむこうに小さくうずくまっている子どもがいる。こっちに気づいて立ち上がり、ゆっくり近づいてきた。

「マサだ！」とわかって、胸が熱くなりました。しかし息子と相対したとき、情けないことに、普段の暮らしで長らく接してないから、なんて声をかけていいかわからない。気恥ずかしいし、ぎこちないのは父も息子も同じです。だから「おまえ、腹減ったろう」と言って、駅前をゆっくり歩いて、ロータリー脇にあるラーメン屋へ二人で入りました。そこでラーメンを注文して、テーブルで向き合ってラーメンを食べる。ほとんど会話はない。けれど、息子がラーメンをすする姿を見ながら、ほっとしたというか、それまで遠かったように思えた親子の絆を感じることができました。

父親不在を反省したきっかけ

その日は稚内で息子と一泊しました。「高校は出ておけよ」と言うと、「もう遅いからダメだ」とぽつり。で、「プロレスラーにどうしてもなりたい」と言うから、「たしかに高千穂明久《たかちほあきひさ》（ザ・グレート・カブキ）や大仁田厚《おおにたあつし》は中学を出てレスラーになった。でもおまえね、身長が170センチぐらいじゃプロレスラーにはなれないぞ」って、そんな話を途切れ途切れしましたが、まったく気まずい雰囲気のまま、翌日、宗谷本線に乗って札幌へ向かいました。途中「徳満《とくみつ》」という駅があり、行き当たりばったりでこれも何かの縁かとそこで降りて、旅館を探してもう一泊。再び息子を説得しました。息子の意思は固かったので、「じゃあおまえの身長が中学卒業するまでに、あと6カ月ぐらいあるけど、それまでにもし178センチまでいったら、ジャイアント馬場さんに話す」と。男同士の約束だと誓ったら、息子も納得してくれました。成長期なので一気に伸びることもありますし、そのときはいよいよ馬場さんにお願いするしかないかと思ったんですけど、結局、卒業までに身長は1センチ伸びただけで、内心ほっとしました（笑）。

次男はプロレスラーにはならず、受験して高校へ入学。その高校でいい先生に巡り会って、大学を目指すことになりましたけれど、なんていうんでしょうか、私がプロレスを担当していたおかげで、息子が少し曲がりそうな時期に、プロレスを通じて親子の会話ができたのは本当によかった。いろいろありましたけど、雨降って地固まると申しましょうか、今もわりあいにいい関係が築けています。ただ彼は、「うちのツキは全部おやじが持っていく」と笑っていますけれど。

世の中には仕事が忙しくて、家庭をかえりみれないという方も多いと思いますが、私はその典型でした。父親は仕事を一生懸命やって、家族を養《やしな》うのがなによりも大事。それさえちゃんとしていれば、子どもは勝手に成長するんだろうと信じていたんですけれど、成長の仕方によっては、父親の存在というのは本当に必要なんだなと思います。母親まかせのところもずいぶんあったと思いますが、次男のケースを経験して、父親の必要性を考え直しました。家庭の「父親不在」は散々言われますが、やはり父親が果たす役割は大きいと思います。

◆決断のカギは妻にあり

1963年に日本テレビへ入社した私は、1989年に退社しフリーランスになります。26年勤めた日本テレビには大変愛着があったのですが、独立に際して背中を押してくれたのは妻でした。人生の決断に彼女の言葉があったのは間違いないです。

アナウンサーという仕事をしていますと、芸能プロダクションから「退社してうちでやらないか」という話はけっこうあるんです。1度目は『ズームイン!!朝!』をやる前、2度目は『ズームイン!!朝!』の人気が出てきたころだったと思います。そのどちらのときも、芸能界の大物マネージャーAさんから「徳さん、日本テレビでの年収はどのくらい? フリーになったら、その20倍は稼《かせ》げるから」と口説かれました。

けれど当時、私はサラリーマンとしては裕福だったんです。というのも残業手当はしっかりつくし、『ズームイン!!朝！』では朝6時からの早朝出勤手当もついて、さらにあの頃は結婚式の司会などのアルバイトもできましたから。日本テレビの給料でじゅうぶん生活できましたし、安定しているし、好きな競馬もできる。だから不満はなかった。今でもそうなんですけど、私は自分のギャラがいくらなのか知らないくらいで、ギャラが高額になって仕事を頼まれにくくなるよりも、とにかく仕事をたくさんしたい。お金そのものにはどちらかというと無頓着《むとんちゃく》なほうなんですね。

とはいえ家計を左右する話ですから、いちおう妻にAさんのオファーを話してみたら反対されました。具体的にフリーになったらどうなる、それで仕事がなくなったらどうなる、という現実的な話し合いまでしましたが、結論は2度とも反対でした。

妻の実家は、喫茶店のほか、賃貸収入を生業《なりわい》にしていたんですけど、彼女自身はそれがすごく嫌だったそうなんです。彼女の夢はサラリーマンの家庭に入って、団地に住むこと。だから、私がテレビ局の社員だというのは、彼女にしてみれば、納得のいく結婚だった。とにかくサラリーマンから離れて、山っ気のあるような、浮き沈みの激しい職業につくのは極力避けたいというふうに夫婦そろって思っていました。日本テレビのなかでもわりあいと自由にやらせていただいていたので、居心地もよかったから、そうしたことを伝えてお断りした経緯があります。

そして3度目で私は独立するのですが、これには理由があります。

1988年に初めての報道番組『ニュースプラス1』でメインキャスターになり3年半続けるのですが、その途中の1989年に退社しました。いろいろ葛藤があったのですが、ニュースを経験しなければフリーになろうとは思わなかったですね。月曜から金曜に帯で放送される夕方のニュース。ニュースキャスターの仕事はやりがいがありますし、徳光はニュースも仕切れるという評価を次第に得られ、アナウンサーとして願ってもない立場になれました。

番組では美空ひばりさんの復活コンサートを特集でやったりして高い視聴率を取りましたけれども、それはニュースキャスター以前のキャリアがものをいっていて、スポーツ選手との交流も同じく以前の仕事を通じてです。ニュースキャスターという役目に馴染《なじ》んでいくたび、なんとなく偉そうに思われてしまうのではないか、やがては現場スタッフやこれまでの取材対象者からどんどん離れていくのではないか、そんな不安におそわれました。年齢も48歳、日本テレビアナウンス室の副部長という肩書きで、管理職です。その後のキャリアを見据《みす》えると、年齢的にも、ますます管理職的な色合いが濃くなる。とはいえ私は、人やものを管理する能力が皆無ということは自覚していましたし、今後いったい自分はどうしたいのか、どうするべきなのか、悩むこともしばしばでした。

ニュースについてズブの素人《しろうと》の私を担《かつ》いでくれた『ニュースプラス1』の若手報道マンに恩を感じているし、日本テレビにこのまま残りたいけれども、ニュースに埋没する自分ははたしてどうなのかと。

そこで、『うわさのチャンネル!!』で私を世に売り出して下さり、その後に日本テレビから独立されて番組制作会社の「日企《にちき》」を設立した赤尾健一《あかおけんいち》さんや、日本テレビの先輩で『11PM』などを手がけた名プロデューサー、後藤達彦《ごとうたつひこ》さんに悩みを打ち明けたところ、「やっぱりそろそろ徳光、思いっきり羽根伸ばすにはフリーだぞ」と言われ、一気に心が傾いたのです。そのアドバイスがなければ、フリーになろうって気持ちは湧いてこなかったですね。

肝心なのは妻との話し合いです。『ニュースプラス1』時代は、慣れないことばかりで、法律や経済、国際問題など苦手なことを勉強する毎日でしたから、それまでは自宅にいても仕事で愚痴《ぐち》ることはなかったのですが、大変だ、こんなことまでやらなきゃいけないのか、などとおそらく妻にもこぼしていた。自分なりに苦しんで、悪戦苦闘して、もがく日々。それで先輩諸氏のアドバイスを聞いて、これまで2度断っていた独立について真剣に考えるようになりました。思い切って妻に言ったんです。

「もうニュースをやめたい。ニュースやめるには会社をやめてフリーになるしかない」

これまで同様、3度目も妻は反対すると予想していたのですが、「あなたが選ぶ道についていくから」というシンプルな返事でした。フリーになると仕事がなくなる心配があることに変わりはないのに、彼女が発したのはその言葉だけで、それ以外はあれやこれや聞いてこないわけです。肩透かしのようだったんですけれど、彼女のひとことで安心したというか、よし、やってやろうという気持ちになれました。いざというときに、家族の同意や応援があることほど、勇気づけられることはありません。

◆孫に習うという楽しみ

こんなわがままダンナについてきてくれる妻への感謝は日増しにつのりますが、いま私が家族でふれあっていて、純粋に楽しいなあと思えるのはやはり孫ですね。これは理屈じゃなく、本当にかわいいものです。孫バカだ、溺愛しているといわれても、どこが悪いんだと思っちゃいます（笑）。

私はおかげさまでＡＫＢだのロックフェスだのの司会をやらせてもらいましたから、そんな話題を接点にして孫娘と会話できるのが本当にうれしい。若者のカルチャーはちんぷんかんぷんですけど、いろいろ教えてもらうのは新鮮な感じがして、気持ちが若返るような気がします。

彼女が学生のころ、日本の伝統や哲学を理解するのには茶道がいいよと話したことがあります。茶道はすべて、理にかなった動きがあって、所作がとても美しい。小さな庵《いおり》、茶室に躙口《にじりぐち》から身をかがめて入って、床の間の掛け軸や飾られた質素な生け花を見て、そこでお茶を飲んで、侘《わ》び寂《さ》びを感じる世界。実際に孫娘はお茶をやってみたそうなんですけど、最初はなんなんだろう、これは、と思ったらしいです。ところが、たしなむうちに先生にほめられたりして、だんだん自分でも気に入って続けてくれていました。

私がなにげなく孫娘に話していたことを、そうやって覚えていて、影響を受けてくれているのはくすぐったいようなうれしいような気持ちになります。彼女ももう社会人ですが、仕事の秘訣を、「まず相手を好きになる。それはじいじが教えてくれたことでしょう」と語る（笑）。そんなこと言ったかなと思ったんですけど、彼女が中学生のころ、私がよく話していたそうなんです。「相手の話をよく聞け」、「この人はどういういいところを持ってるのかな。ちゃんと話してる間に、自分で追究しなさい」と。

忘れていたけれど、私自身、孫娘に言われてハッとしたんです。もしかするとそんな生き方をしてきたので、けっこう人生が面白くなっている。相手と積極的にコミュニケーションをはかることで、道が拓《ひら》けてきたと思うんですね。そんな人生の拓き方を、孫娘が会話のなかで覚えていてくれて、それを彼女自身の未来に活かそうとしている。そうやって私の得たヒントをフラットに受け止めてくれるのはすごくうれしいですね。

第三章

人生を楽しむコツ、教えます

とりあえず、やってみる。やってダメならさっさと方向転換。
私の人生はその繰り返しだったように思います。
チャレンジは楽しむ、平常心、常識や「普通」にしばられない。
生き当たりばったりなりに、いくつかのコツはあるようです。

＊自分活用術　求められる内が花の仕事、でも自分を曲げての無理はしない

◆やってみてから考える

人生というのは長いようであっという間です。まだまだ自分は若いと思いながらも、気がつけば80年。男にとって、仕事こそが自分の人生といえるのではないかと思いますが、うまくいかないと悩みながら紆余曲折《うよきよくせつ》、ようやくいまがあるような気がします。けれど、不本意な場所にたどりついたとしても、ああ、ダメだと思っても、「自分は運がいい」と言い聞かせて、いったんは流れにまかせてやってみれば、神さまは見てくれると思うんですね。要は、自分の心がけ次第です。苦手かなと思っても、やってみると、意外とおもしろかったというのはけっこうあります。

最近では２０１９年、「ＪＯＩＮ ＡＬＩＶＥ」という北海道の野外ロックフェスの10周年記念スペシャルＭＣとして参加させていただきました。最初聞いたときは、実は、ちょっとどうかなと躊躇《ちゅうちょ》したのです。奥田民生《おくだたみお》、きゃりーぱみゅぱみゅ、OKAMOTO'S、ザ・クロマニヨンズ、ナオト・インティライミ、サカナクション、ゆず、山崎《やまざき》まさよし、DA PUMP、マキシマム ザ ホルモンなど豪華ラインナップですが、正直知らないアーティストもたくさんいるし、私の好きな歌謡曲と違ってなじみがない。二日間で3万人以上が集まる野外ロックフェスに招かれたことは光栄だったのですが、若者中心の大群衆を相手に、80歳になろうとする親父になにができるか。盛り上げる役目なのに、会場を一気にしらけさせてしまったらどうしようとも一瞬、考えました。けれど、新しいことはやってみようと決めていたので、えいっと引き受けました。

あらかじめバンドのプロフィールに目を通して、関係者を取材して、自分なりに咀《そ》嚼《しゃく》して、本番でバンドを呼び込み紹介する。ステージにぱっと出ていきまして、「ちょっと疲れた肥満体のじじいが出てきて、申し訳ございません」みたいなこと言って、観客に声をかけたりしまして、「ニューヨークへ行きたいかー！」と言うと、「おー」

と大歓声です。さらに「ニューヨークへ行きたいかー！」、2回言わせて、「自分で行けー！」っていうオチをつけた（笑）。ベタですがこれしかないぞと。

で、紹介したのはザ・クロマニヨンズ。

「2006年の4月、ローリング・ストーンズのコンサートのあと、二人の男が話し合い、バンド名を決めようじゃないかとなった。男の一人は甲本《こうもと》ヒロト。彼がクロマニヨンズっていうのどうだろうか、と話を持ちかけたらば、もう一人の男、真島昌利《ましままさとし》が落雷を受けたように驚いたのでありました。彼はポケットから一点の紙片を出して、実はきょう朝、考えてきた名前なんだと。そこにはクロマニヨンズって書いてあったのです」とエピソードを紹介すると、「おー！」と会場は熱狂のるつぼです。

最後には、「ぼくにはこれしかできません。クロマニヨンズに」と右手をふりかぶったら、会場全体が一緒にハモって「ズームイン！」。われながら、じじいでもやればできるじゃないかと興奮しましたね。

それでも、向き不向きはあるもので……

たまたま運よく、日本テレビのアナウンサー時代に『ズームイン!!朝！』で注目されて、妻が背中を押してくれたおかげで独立する決心をし、さらにさらに運よく、今まで現役でアナウンサーの仕事を続けてこられたわけですけれども、冷静に考えて、私よりもアナウンス技術が上手な人は山ほどいるわけです。こうしてみなさんに愛されて仕事ができるのは、自分なりに「向き不向き」を考えて行動していたからかもしれません。

学生時代に頭脳明晰かつ運動神経抜群とか、社会人になっても企画も営業も管理もオールマイティに能力を発揮するなんて人は世の中にはたしてどれほどいるでしょうか。一握りの万能の人が世の中や組織を引っ張っていっているかといえば、そうとも思えない。ビル・ゲイツやスティーブ・ジョブズのような天才といわれる人でも、どうしようもない欠陥を持ち合わせている。そこが人間らしさと思いますが、天才どころか凡人のなかの凡人だった私は、好きなことに熱中し、それを仕事に結びつけて邁《まい》進《しん》し、そこで恵まれた出会いをいただいてきた。

最初にお話ししましたように、日本テレビ時代は挫《ざ》折《せつ》の連続です。長嶋さんを追いかけ、野球中継をしたくてもかなわず、興味のなかったプロレスへ。そして歌謡番組の司会をさせられ、どんどん長嶋さんに手の届かぬほうへいき、転がり続けて気がつけば、朝の出勤サラリーマンへ「ズームイン！」です。

そしてフリーランスになるきっかけをつくった報道番組『ニュースプラス１』では慣れないニュースに四苦八苦。ニュースに無知で、ずぶの素人を支えてくれた若いスタッフのおかげでどうにかこうにか番組の形にしていましたけれど、どう考えてみても、あの番組は自分に向いていなかった。とどのつまり、フリーランスになっても、フリーな気分にはまったくなれず、毎日毎日、馬車馬のように働いたわけです。

ありがたかったのは、『ニュースプラス１』がフリーの私と契約してくれたこと。けれども、このままニュース番組を続けていても、たぶん自分の人生のなかでいい流れにはならないと判断し、３年目に決断しました。「向いていない」と悟ったことも含め、『ニュースプラス１』で本当に多くのことを勉強させてもらいましたが、そのニュース番組でサラリーマン人生に見切りをつけたことは正解でしたね。

ＡＫＢもバス旅も気負わず飛び込む

毎年の恒例行事だったＡＫＢ選抜総選挙というのがありまして、若い人を中心にすごい盛り上がりでした。開票イベントの模様はフジテレビやＢＳスカパー、ライブビユーイングやネット配信などで生中継され、翌日のスポーツ紙の一面で大きく紹介されますし、あの総選挙から新たなスターが誕生する舞台になっています。なんと、その司会をやっているのが古希を超えた私です。AKBの女の子たちは数え切れないくらい大勢いて、ほとんどが10代や20代なんですが、最初仕事を受けるとき、それまでまったく関心がなかった少女アイドルの名前と顔が一致するのか、そこにまず不安を感じました。しかしせっかくオファーをいただいたのだから、選り好みせずに、よし、おもしろそうだ、やってみようと思ってはじめたのです。

いざ会場で仕切ってみると、そうしたむずかしさの反面、芸能界の最前線で行われるパフォーマンスに感動をおぼえるようになりました。グループのなかで埋没しているような無名に近い女の子が、ファンの熱い声援を受けて、頂点を目指す。イベント自体もファンを楽しませるようなゲーム性がたくさん盛り込まれていて、「○○ちゃん推《お》し」だの「●●ちゃん推し」だの、ファン同士の熾烈《しれつ》なバトルもあるわけです。その司会をして、盛り上げる私もテンションは上がりっぱなし。競馬にたとえると、「ゲートが開きまして、各馬いっせいに走り出しました、第3コーナーを回って、さあラストスパート」、そう実況する気分と申しましょうか。なかには選ばれて号泣する女の子もいれば、突然の引退宣言をして筋書きのないドラマになるケースもある。つられて私も涙しちゃうこともありますし、あれはいいものです。

まあ、そんな感じで、大変だったけれど、やってみてよかったという仕事は多いです。２０１１年の『24時間テレビ』では、70歳の史上最高齢ランナーをやりました。あのときは長嶋さんがサプライズゲストでおみえになって、ひと目もはばからず大号泣しましたね。シニアと呼ばれる年代になっても、「まあ、やってみましょうか」というチャレンジ精神は、元気に生きる張り合いになっているような気がします。

◆変わりゆく声と言葉

ＡＫＢもそうですけど、今のアイドルは昔のアイドルと違いますよね。昔はなんでもかんでも「わかりません」ってぶりっ子すれば、それが「アイドルらしさ」でしたけれど、今の子はどんどん主張するじゃないですか。ガンガン前に出て、「ファンの皆さんありがとうございます」とにっこりするんですけども、不思議なもので、どの子もみんな、声のトーンがほとんど一緒に聞こえるんですね。現代のアイドル像イコール今の女の子像というか、「声」がそれを示す記号みたいに判別しにくい感じ。「声」の内容は個性を主張するのに、トーンは没個性な印象が残るんです。

私は話し言葉の職業なので、彼女たちの使う言葉の意味や発音のトーン、抑揚《よくよう》やニュアンスがすごく気になります。カワイイとか、コスプレだとか、今の女の子が若者文化を牽引《けんいん》していて、どちらかというと男の子もそれに引っ張られている。言葉も同じで、ギャル語が男女問わずの若者言葉になっています。「チョーなになに」とか、そういう言葉ですけれど、私が学んだ正しい日本語と比較すると、アクセントの位置も違うし、どんどん言葉自体が平坦《へいたん》化していますね。「○○だわ」「●●かしら」というこれまで女の子が使っていた語尾がすっかり消えて、美しいものに触れたとき、女も男もどっちも「チョーきれい！」。

これって本当に美しさが伝わるのかなと、やっぱり首をかしげざるをえない。本来、残してもらいたい、女の子のやさしい声。やさしいものの言い方、特に美しいものを見たときの驚きとか、そういったようなのは、記号ではない「声」で伝えてもらいたいなと思います。だからといって、あの女の子たちがそうやって話しているのを見つけて、「こら、正しい言葉を使いなさい」と説教をたれるかというと、たれない（笑）。

ニコニコ「そうか、そうか」とうなずいてしまう好々爺《こうこうや》がいるわけです。

とはいえ、お年寄りになって、孫以外の若い人と交わるのって意外とラッキーだと思います。世代間断絶が言われてひさしいですが、ＡＫＢの女の子たちや孫みたいな年の共演者と話していると、へえ、今の子たちはこんな感覚なんだ、とちょっとした感動をおぼえたり、あるいは、年代は違っても、自分が10代のころ感じてたのとさして変わらないなあと感心したり、なかなかに新鮮です。若い人と交わっていると、若さが取り戻せるような錯覚をおぼえることもありますしね。

ラーメン屋での中学生との交流

若者で思い出した余談ですけれど、いつものように東京ドームシティ内のウインズ後楽園（場外馬券売り場）に行ったとき、施設内のラーメン屋で、ラーメンを食べていたんです。そしたらとなりに中学生の男の子6人がきました。みんなでお金出し合って、「ラーメン二つとろうか」と相談している。そのうちの一人が、私のほうを見て、友人に「おいおい、もしかして」みたいな話をしていて、「ちょっと行ってこいよ」と肘《ひじ》でうながしている。そのうちやってきて「徳光さんですか？」と言うから、「そ

「ええ、これから二人でラーメンとって食べんのか」と返したら、「ええ、これからローラースケート場へ行くから、お腹すいたんで分けあって食べようって決めたところだったんです」って。聞いたらいじらしく思えちゃって、「じゃあさ、おじさんおごってやるから、6人全員分とれよ」。さらに「ギョーザはどうだ？」と言ったら、「いいんですか。はい！」って元気に声を揃えるもんだから、お大尽《だいじん》気分でおごりました。気風《きっぷ》がいいでしょう？（笑）

本当なら今の中学生が、私なんかを知ってるはずがないのに、たまたまテレビに出ていたのを覚えていたのか、それが路線バスなのかクイズ番組なのかわからないけれども、なんとなく名前と顔が一致する。そうやって声をかけられて、若い世代となにげなく交流ができた。うれしいことですね。

若い人向けの番組といえば、2007年に終了した『世界ウルルン滞在記』の司会が最後だと思いますが、あのとき体当たりで現地レポートしてくれた若手俳優の小栗《おぐり》旬《しゅん》、上地《かみじ》雄輔《ゆうすけ》、玉木宏《たまきひろし》、塚本高史《つかもとたかし》、藤原竜也《ふじわらたつや》、阿部《あべ》サダヲ、佐藤隆太《さとうりゅうた》、つるの剛士《たけし》、溝端淳平《みぞばたじゅんぺい》、安田美沙子《やすだみさこ》、優木《ゆうき》まおみ、彼らとも番組を通じて知り合えたし、番組をステップにその後の彼らの活躍を見届けることができたのは、貴重な経験だった気がします。孫世代の藤田《ふじた》ニコルさんが「徳光さん、小学生のころ『ウルルン』が大好きで、いつも見てました」と大喜びで語ってくれたこともある。テレビ出演を介して、いろんな出会い、新たな出会いがあるもんだなあとつくづく思いましたね。

＊平常心　いつでもどこでも、誰といても、同じ自分であること

◆歴史的な現場でもいつもの「徳さん」

アナウンサー生活で初めて挑戦した報道番組『ニュースプラス1』では、１９８８年からの３年間、東西冷戦終結を挟む激動の時代と重なりました。海外レポートも担当し、ダイナミックな歴史的瞬間を伝えたわけですが、「ニュースキャスター・徳光和夫」という顔よりも、世界のどこにいようが、誰と交わろうが、〝司会者〟という意識を座標軸に据えてきました。つまり、〝ニュースキャスター〟ではなく〝ニュース番組のＭＣ〟という心構えです。

アナウンサーという職業は因果なもので、ニュース番組を担当すれば、キリッとし

た顔を視聴者に見せて、インテリ好みの難解な意見を述べて、「キャスターです」ってやりたくなる。じゃあ、俺はどうなのか。まったくそんなんじゃなかったですね（笑）。マルタ島ではアメリカ人女性記者に「男尊女卑のコンコンチキ」だと叱られるし、国際感覚も備わっていなくて、散々でした。完全無比なキャスター然とした人格には程遠いのは、他人様から指摘されるまでもなく自分が一番わかっています。

けど一方で、変わらない自分、気軽に「徳さん」「徳ちゃん」と呼ばれる自分を愛《いと》おしいと思っていたりもするんです。自分で言うのもなんですけど、私は基本、人間的に円満なキャラクターかと思いますが、でも、それだけじゃない、もしかして自分を偽《いつわ》って円満なふうに見せているだけかもと自分自身を疑うこともある。

もともとの性格とは別に、表現者としてのもう一つの本当の姿というのがある。世の中見渡しても、本来の自分とは別に、ビジネスとしてそれらしく振る舞っている方もたくさんいるでしょう。誰しも周囲が持つイメージとは異なるものを持ってるんじゃないかと思うんですけども、私にしたってそういう部分はある。ギャンブルに熱くなる徳光、涙もろい徳光、司会でみんなを明るくさせる徳光、バラバラなようですけど、同じ人格ですよね。そんな自分を愛してあげるのは、どうやら自分しかいないような気がします。だから自信を持ちましょう。

◆コミュニケーションの原点は「聞く」

日本テレビの入社試験のときに、面接官を前にあがらなかったのが勝因だったという話をしましたが、私の〝絶対神〟である長嶋茂雄と美空ひばりの前では、天地がひっくり返るんじゃないかと思えるくらいガクガクふるえ、とてつもなく緊張しますが、あまりにもそれが強すぎて、それ以外の相手はまったく動じない。そんなの理解できないと言われても、「それが徳光です」と説明するよりほかない。お二人に関していえば、ミスター教、ひばり教に帰依《きえ》しているようなものです。

そんな私が、アナウンサーという仕事を通じて得た極意があります。いわば人付き合いのヒントといえるかもしれませんが、コミュニケーションの原点は「相手の話を聞く」ということ。タレントや話術の巧みな人が繰り出す、飛んだり跳ねたり、おどろいたりの話じゃなくても全然いいんです。地味で、つまらなそうな話、オチのないような話でも、まずは一生懸命聞く。

初対面の人だと、そもそも相手がどんな人かわからないから、この話のどこが面白いのやらと、戸惑う展開もたくさんあります。しかし、うん、うんと素直に耳を傾けていると、気が通じるような瞬間ってあるんですね。そしてここがポイントなんですが、相手の話を聞いて、どういう良さを持っているのかを探し、それを常に気にかける。ここに焦点を置きますと、たとえ苦手なタイプの人でも会話が苦痛にならないんですよ。そうか、この人はこういういいところがあるぞっていう発見をして接すれば、会話がよりスムーズになりますし、徐々に楽しくなっていくんですね。

誰しも第一印象で好きな人、苦手な人がいます。人間ですから感覚的にそういうのはあるでしょう。途中まで話して、やっぱりダメだなって感じる人もいるわけですよね。でも、それをちょっと置いといて、この人はどういう良さを持っているんだろうか、しゃべり方のスピードがいいなとか、声がいいだとか、表現方法がすばらしいとか。もっとハードルを下げると、話している内容はいやなことを言ってるけど、しゃべり方のトーンはいいな、みたいな。そこだけをピンポイントに見ていますと、あんまり欠点が気にならないというか、きらいにならなくなる。そうすると友人関係がだんだん増えていくんですね。たとえそれが八方美人であったとしても、自分の世界が広がると考えると、心がゆたかになることと同じ価値がありますね。

苦手な相手との会話法

ここまでしてもどうにもダメだなっていう人、絶対に合わないという人もなかには出てくるでしょう。そのときは、静かに離れればいい、それだけです（笑）。しかしそうはいかない場合はどうするか？

かくいう私も、これは苦手だなと感じた人はもちろんいまして、会話のなかで「途中で悪いけど、こっちの話を全部、聞いてから発言してくれよ」と注意したこともありました。そういうのも若いときはなかなか言えませんでしたけど、年長者としてよわいを重ねてきたら、さらっと言えるようになりました。今はむしろ、もっと気安く、そのほうがもしかするとためになるかな、という感じで、苦言を呈《てい》しているかもしれませんね。それを受けて、なんだ、このやろうって怒る人もいるかもしれませんが、自分が言われても傷つかない程度に言えば、問題ないんじゃないかな。我慢して、ためて、ためて、もったいぶった感じで言うと、それこそ嫌味《いやみ》になるでしょうから、通常の会話の中で、ちょっと待てよ、みたいな感じで言ってあげたらいいかもしれません。それが最善の方法かどうかはわかりませんけれど、会話とコミュニケーションは柔軟に、そして軽やかに、ということではないでしょうか。

会話の真髄は「引き」の呼吸

アナウンサーの重要な役目にインタビューがあります。これもコミュニケーションの妙がありまして、大切なのはトークの「出」と「引き」です。ジャイアント馬場さんの「土足で相手のふところに飛び込むな」という金言に集約されています。親しくなればなるほど、つい土足で上がり込んでしまうけども、相手の調子というものは、日によって違うし、状況によって変わる。しっかりと事前に読み取ったうえでお互いが会話をすることが大事だと思うんです。

特に、出すぎた感じ、でしゃばった感じが、よくない。聞き手に徹することが、相手を心地よくさせるわけですから、「出」と「引き」を心得ることがいかに大切か。

たとえば私が前口上で石川さゆりさんを紹介するとしたならば、歌い手は歌の世界に集中する場面ですし、ぐっと感情を込めるタイミング。それを少しでもうるさい感じでやってしまうと、すべてが台無しになってしまいます。今の世の中はお笑いだったり、にぎやかであったり、過剰なくらい派手なことが最上とされる価値観がありますが、個人的にはそれはどうなのかと思います。あらゆる場面で物語があって、緩急のある美しさが尊ばれてもいいんじゃないか。だれでもかれでも「出」ばかりが強調される風潮にあって、むしろ「引き」の間のほうが重要で、昔気質《むかしかたぎ》ではあるかもしれませんが、日本人本来の美意識を際立たせるものだと信じているんです。

話し手として一番気をつけることは、その日に出会ったときの、相手の空気を読みながら問いかけ、応《こた》えを受けとめ、会話を成立させること。最初から設問を準備して、自分の筋書きどおりに無理やり進めようとしても、いい空気は作れないというか、最悪、険悪なムードで終わってしまいます。機嫌が悪い日もあるでしょうし、逆に機嫌がいいときもあるでしょう。雰囲気が悪いなと察したら、なるべく切り口、引き出し口を変えるようにすると、たちどころに新鮮ないい風が吹き込むこともありますね。お互いがリラックスして、肩の力を抜いて、会話する。それがいい人間関係作りの基本ではないでしょうか。

◆人付き合いの極意は〝自然体〟

2015年から毎週日曜、テレビ朝日で放送する『路線バスで寄り道の旅』、通称「バス旅」が、おかげさまで好評をいただいていまして、私と田中律子《たなかりつこ》さんと毎回お招きするゲストとともに、主に関東地方の路線バスを乗り継いで、各地の名所をめぐりながら気ままに旅をするという番組です。いちおうゴールを決めておりますが、沿線の飲食店や気になる場所に寄り道しているうちに、ゴールにたどりつかないままなんとなく終わってしまったり、おもいがけず脱線してしまったり、いきあたりばったりの私の性格のせいかもしれませんが、のたりのたりと旅するわけです。ですからきっちりと台本どおりに進行することもなく、逆にハプニングがあったり、そこで暮らしている方々との触れ合いがあったりして、仕事とはいえ大変楽しい時間を過ごさせてもらっています。

「バス旅」で磨かれる〝自然体〟

なによりうれしいのは「徳さん」「徳光さん」とロケ先で出会った初対面の方から声をかけてもらうこと。八百屋のおじさんや魚屋のご主人、肉屋で惣菜《そうざい》を売っているおばさん、自転車に乗ったまま大声で呼びかける主婦の方、農家の軒先でひなたぼっこしているおばあちゃんや車椅子にのったおじいちゃんまで、いろんな方が気さくに接してくれて、親切にしてくれる。突然うかがったのに、いやな顔をいっさいせず、カメラや音声さんの大勢のロケ隊を自宅や工場にどうぞどうぞと招き入れてくれたり、なかには「ほら、揚げたてのコロッケだから食べな」とか「うちのビニールハウスで採れたトマトだから好きなだけ持っていっていいよ」というご同輩もいて、こっちは勝手にお邪魔しているのに、たびたび恐縮しつつも、ご厚意にすっかり甘えてしまっています。

すっかり定着した感のある「おもてなしの国ニッポン」。いろんな場所を旅していて、日本ていう国はなんてすばらしいんだろう、本当にそう実感します。これは、日本の国家がどうこうでなく、一般の、市井《しせい》に生きる私たち庶民がすばらしいということだと思うんですよね。バスで次の場所に行くまでのあいだ、見知らぬ土地で不案内な私が右往左往するわけですが、わからないことを聞けば、手助けしてくれたり、頼んでもいないのに、自分の仕事を放り投げてでも一緒についてきてあれこれ面倒みてくれる。こんなやさしい国民は世界でも類を見ないと思います。

「バス旅」を見てくれている方だと、私がロケ中に居眠りするのを知っていて、田中律子さんが起こす前に、「徳光さん、バス停に到着しましたよ」なんて親切に教えてくれる方もいるくらいです（笑）。

よくロケ先でご婦人たちに言われるんです。「あら、徳光さん、テレビで見るのと全然変わらない」。これは私にとって最大の褒《ほ》め言葉です。普通テレビに出演しているタレントは、輝かしいオーラをまとっていて、実物とのギャップがあるらしいんですが、私はきわめて等身大なんですね（笑）。商店街を歩いていても、喫茶店のメニューを見て立ち止まっていても、昔から住んでいる人みたいに、溶け込んで見えるみたいです。大勢のカメラクルーがいるから「あれ？　徳光さんかしら？」と気づきますけど、私が「おじちゃん」「おばちゃん」と呼びかけているご同輩とまったく同じ雰囲気。ロケでも特別じゃないし、行く先々の食堂で同じような献立を食べて、ちょっと気になったスポットを覗《のぞ》いて、適当にぶらぶら。自分自身それがとっても心地いいですね。

65歳を過ぎて到達した境地

タレントが気にする〝人気〟というのは、一方で怖さがあるじゃないですか。〝人気〟を得たことによってガードを作ってしまう芸能人の方とかいらっしゃいますよね。庶民的とされる方でも多かれ少なかれそんなところがあります。〝人気〟が垣根になって、テレビに映ってない部分では庶民じゃなくなってしまっているみたいなことは。私もそういう時代がたぶんあったと思うんです。

今は「徳光和夫」という鎧《よろい》であるとか、ジャケットであるとか、あるいはタレントやアナウンサーという肩書であるとか、そういうのがちょっと取れてきて、もっとふんわりしたものをまとった生き方になって、楽になりました。

「バス旅」を見て、まわりから「徳さん、本当に愛されてますね」と言われるのは、大変にありがたいです。私自身、誰に対しても垣根を作らないように心がけているので。タレントとして視聴率を取らなきゃとか、番組の実績を背負ってがんばっていたところは、もしかして垣根を作っていたかもしれませんが、齢《よわい》六十五を超えてから、張り詰めた気持ちもさーっとなくなりましたね。

人生はそれぞれに一生懸命なものだと思いますが、つまるところ、みんな同じですよ。じたばたしたっていずれ死ぬときがくる。そんな考えがつかえることなく素直に飲み込めると、自分自身がえらいとか、そういうふうに思わなくなる。番組をご覧になっている視聴者の方はご存知でしょうけど、けっこう私、わがままなところがありまして、えらいという意識はなくても、自分の我を押し通してしまうこともあります。けれど、いつか、それを譲って相手を許すという領域までいけたとしたら、それが究極のゴールかもしれません。

相手が政財界の大物でも、「バス旅」で出会うおばちゃんでも、同じ仲間。私は相手の立場で、態度は変えません。それが自分流の〝自然体〟だと言い聞かせています。

＊「普通」にとらわれない　「みんな」ではなく何事も自分次第

◆携帯ナシ、電車通勤、これが私の「普通」です

世の中はインターネット時代です。若い人はもちろんのこと、私と同じシニア世代もＳＮＳを駆使してコミュニケーションするのが当たり前になってきました。ところが私、スマホどころかガラケーも持っていません。

唯一の例外は、コロナ禍で使うようになったタブレット。外出自粛で競馬場にも場外にも行けなくなり、いわば緊急手段でインターネットでの馬券購入を覚えました。とはいえ、他にいっさい使わないので、競馬専用タブレットです。

日本テレビの社員アナウンサーだったときからポケベルも持たず、連絡を取る手段

はずっと公衆電話。大事な電話番号はしっかり頭に入っていますし、覚えなければならないときはメモ書きで残す。スケジュール管理も当時から変わらず、手帳に書いていますし、マネージャーとのやりとりも直接会うか、自宅の電話で会話するのが決まり。そして緊急の場合は公衆電話を使うわけです。デジタル時代にそんなアナログ人間がいるのか。いやあ、いるんですね、私が。

携帯電話が普及する前からそのやり方を通していましたから、まったく不便を感じたことはありません。携帯を持つと、ことあるごとに呼び出されたり、そのつど返信しなくてはならない、当然スケジュールにもしばられる、考えようによってはこんな不自由なことはないでしょう。自分の居所が知られないというのは、気ままで、爽快な気分ですよ。世の中が技術的に進歩して、以前よりも格段に便利になっていますが、携帯を持たないことはもはや私のポリシーといえるのではないでしょうか。

携帯電話が出はじめのころ、ＮＥＣに勤める私の友人から未来のスマートフォン世界やＩＴ社会についていろいろレクチャーを受けたことがありまして、なるほどそんな世の中になるのかといったんは納得したのですが、一方で、待てよ、どんどん便利になるのはわかるけれども、顔を合わせての会話がなくなったり、会話をしながら平気で目の前のやつの悪口をメールで打てるとか、そういう時代になると人間同士の信頼性が損なわれていくんじゃないかと考えました。こう見えて、私、生粋《きっすい》の江戸っ子で、へそ曲がりなところもありまして。そしたら、自分だけでもそんな世の中に反抗して生きてやろうかなと無性に思った次第。で、時代遅れといわれようが、意固地になって、旧来どおりを貫いてきたというわけです。ほぼほぼネット社会とは無縁で、調べ物があっても、わからない言葉があればまず辞書を引き、そしてできるかぎり記憶し、メモをするのがセオリーです。けれど携帯電話を持たないからといって、家族からクレームがきたことは一度もありませんから、身近な人も理解してくれているので、快適ですね。

ただし外出時に電話するときに困ることがある。最近、公衆電話ボックスが、あちこちから消えているんです。いったい誰が取り払ったんだと思うほど見事になくなって、私が記憶していた〝公衆電話地図〟がまったくの白紙状態になる。町中で四方八方見渡しても、一台も公衆電話がない、そんな場面はしょっちゅう。緊急で電話しなきゃいけない、そんなときはどうするか。あわてて近くを歩いている方をつかまえ、「私、徳光和夫と申します。大変申し訳ないのですが、お電話をちょっとだけ貸していただけないでしょうか」と頭を下げております。もし「電話を貸してください」と平身低頭頼んでいるおじさんがいたら、それはひょっとすると私かもしれません。どうか事情をお汲み取りください。

50年以上乗っている通勤電車

テレビ局など仕事先の送迎は、所属事務所の手配で国産高級車（笑）がきてくれます。ラジオ放送なんかは朝もはやいですし、ロケの収録時間が遅くまでおしたりすると、大変助かります。私は広めの後部座席にゆったりと腰かけ、知らない人が見たら、どこかの大企業の重役のように見えるかもしれません。なんだ、徳光は結局はセレブリティで、好感度を上げる狙いで庶民派ぶっているだけかと思う人もいるでしょう。といっても、年齢も年齢ですから車中の私は「バス旅」のときと同じようになかば気絶したように爆睡していたり、かりに起きていてもスポーツ紙を広げて競艇の予想に専念していることが多いのですが（笑）。

そして、都内の仕事が終われば、茅ヶ崎の〝大豪邸〟まで運転手がさーっと連れていってくれる……とすると、まさに成功した著名人のライフスタイルですね。

ところが現実はちょいと違います。局から私を乗せた国産高級車は一路、サラリーマンの街、新橋《しんばし》へ向かうのです。車を降りた私は、ときにウインズ汐留《しおどめ》（場外馬券場）など、あちこち寄り道しながら、スーツの群れでごった返す新橋駅へ、徒歩で、最終的に向かうわけです。

ここ新橋駅と、茅ヶ崎駅を、ＪＲ東海道線で往復するのが私の日課。運転手付きの国産高級車は、考えようによっては、テレビ局に横づけするハッタリみたいなものでしょう（笑）。日本テレビの社員アナウンサー時代から、長年の電車通勤は変わっておらず、フリーランスになっても同じ。たまに「あ、徳光さん」と声をかけられることもありますが、湘南方面へ行き帰りするサラリーマンからすれば、もはや見慣れた光景で、お互い「あ、いつも、どうも」と会釈する程度です。また、列車内ではスポーツ新聞に向かい、ペンを片手に予想屋の親父みたいな風情で、尋常ではない集中力を発揮しており、殺気立ったギャンブラーに声をかけづらいのかもしれませんが、馴染みの乗客はあたたかくそっとしておいてくれます。まあ、周囲の方のご機嫌を伺うこともありませんし、人気商売だからといっても今さら媚《こ》びることもない。どこまでも、どこまでも自然体。それが楽ちんなんですね。

話しかけられたら挨拶する、という「普通」

もともと日本テレビのサラリーマンだったということもあり、俳優や歌手といった選ばれるべくして選ばれた〝本物の芸能人〟とは中身が違います。見た目も能力も「普通」なんですね。タレントを目指して社会人になったわけではありませんし、フリーアナウンサーとして独立しなければ、勤め先で定年を迎えて、それはそれで自分なりに満足したはずです。

長嶋さんやひばりさんなどのスターは憧れの対象で、私はあくまでもファン。デビューを目指して努力されてきた芸能人の方とはタレント（才能）がそもそも違うし、ベクトルが合わない。ですから、「徳光さん、サインいただけますか」と請《こ》われても、自分なんかがそんなことをやってもいいのかしらんと、今でも居心地の悪さというか、恥ずかしさは拭《ぬぐ》えないですね。反対に、そこらの近所のおじさんと思って、声をかけてくれるのは正直うれしい。「よっ元気か」なんて、柴又《しばまた》の寅さんみたいじゃないですか。

昔からそうなんですけど、知らない人から「こんにちは」と挨拶されれば、「こんにちは」と返す。「さようなら」には「さようなら」。挨拶されれば、挨拶で返すのが「普通」じゃないですか。そこにお互い笑顔があれば、こんなしあわせな瞬間はないでしょう。一日がハッピーに過ごせます。

そうして、フラットにいることが「普通」。いいかえれば「平常心」なのかもしれません。この「普通」でいること、「普通」でい続けることがとても大事だと、やっぱり私は思うんですね。

＊趣味に本気　ギャンブル、昭和歌謡、落語。熱中は人生を豊かにする

◆ギャンブルで儲けたお金はギャンブルに使う

徳光といえばギャンブル好きとイメージされる方もいらっしゃると思います。競馬、競艇、オートなどあらゆるギャンブルをたしなむと自負しておりますが、これには長い歴史があります。子どものころは将棋が大好きな少年で、先《せん》の先《せん》を読むとか、駆け引きを制したいという性質がありまして、父親に誘われて夢中になったのがマージャンでした。日本テレビに入社すると、先輩同僚とマージャン漬けの日々を送り、また、大学時代はかじる程度だった競馬も、自分の給料分まるごと賭けていいんだという、いっそう大胆な考えにおちいりました。もともとの素質もあったんでしょうけれど、

環境にも恵まれまして（笑）どんどんギャンブル好きな方向にいき、勝負事にすっかりはまってしまい、「賭ける」というよりも鉄火場の「張る」という感覚に変わるのもあっという間だったように記憶します。競馬は血統の芸術、競艇はエンジン音と旋回時の水しぶきの上がり具合を見る、この推理がまた楽しい。

これはね、遊びじゃないです、本気です。人はたかが趣味と言うかもしれませんが、私に言わせれば、趣味こそ真剣にならないとやっている意味がない。競馬は組み合わせ次第で何レースもやりたいという気持ちがあるんですが、今はどちらかというと6000円張って1000万円くるような、穴が出そうな競馬レースを中心に賭けています。

ひととおり公営ギャンブルをやるなかで、一番はまっているのがなんといっても競艇です。競艇の場合は6艇で勝負、レースとレースの間のわずか30分間で、すさまじいアドレナリンを脳内に放出しながら、どの着順になるかという〝推理小説〟を書くわけです。このレーサーは性格がこうで、一方、この艇はご当地ではすごくいい、モーターも伸びている、整備能力もある。そいつがインコースに来たら、絶対、勝つ。よし、鉄板だ。

そうすると勝負熱がガッと湧いて、お金の張り方が俄然《がぜん》、勢いを増すわけです。競馬の場合は何百円単位でちびちび買うところを、競艇の場合は1レース何万単位で勝負する。私自身も競艇で一度、100万円を一点狙いで賭けたこともあって、これが当たれば800万円！　残念ながら、それは、はずれたんですけれども……、まあ、それでも……。

負けてしまうと、〝推理脳〟はぽかーんと空洞になり、気持ち的にも釈然としないのですけど、結果は結果。ことほどさように、競艇の話は興奮してしまうのです。

競艇はまとまったお金で勝負ができて、当たれば一攫千金《いっかくせんきん》、非常にスリリングなんです。ギャンブル通がはまるおもしろさがありまして、自分が描いた筋書き通りにレースが運ぶと、これ以上のエクスタシーはない。レース中に自分の読みがばっちりはまったときは、着順確定する最終コーナーを回るやいなや、あたりかまわず、見知らぬ人に「俺の言ったとおりだろ！」って自慢する。

G1レースの日はスポーツ紙で、たとえジャイアンツが勝っていても、最初に開くのは競艇の欄。紛《まご》うことなきギャンブル症候群ですが、止めてくれるなおっかさん、競艇歴48年の筋金入りの私はもはややめられない。日本船舶振興会・笹川良一《ささかわりょういち》さんの

「人類みな兄弟」というCM標語がありましたが、私の場合は「人類みな兄弟《キョウテイ》」と読みます。

オケラこそ勤労意欲の源⁉

ドツボにはまっている競艇ですが、男のロマンだとか、そんなかっこいいものじゃありません。ある種の原動力にはなっていて、もしも競艇がなかったら、こんなにがむしゃらに働いていなかったと思います。

戸田《とだ》競艇場で1万円買った舟券がバカ当たりして900万になったことがあるのは、日本テレビ時代。レースの読みが的中して、普通ならば儲かってラッキー、そのまま散財でしょうが、競艇狂いの私はちょっと違う。すぐに会社に電話して、有給を取りまして、妻にも電話で嘘をつき、埼玉・戸田からその足で羽田に向かうと競艇発祥の地、長崎の大村《おおむら》競艇場に空路で直行しました。元手の900万円を握りしめ、二日間は大村競艇場で勝負、翌日からは福岡に3カ所ある競艇場を転戦。だが、しかし、羽田に戻ったときに手元のお金はなぜか3万円しかなかった……。プラマイゼロだからいいじゃないかというゆとりある気持ちになれるわけもなく、何倍にもふくらませようという気満々だったわけですから、いったい俺はなにをやってるんだ、と。まだヒリヒリした高揚感が体全体をおおっている一方でとてつもなく絶望し、ダウン寸前なわけです。

賭け事でスッテンテンになるのをオケラといいますが、オケラになったらなったで、毎回、やらなければよかったと悔やむ。毎度その繰り返しです。

またしても思い出すのは日本テレビのアナウンサー時代。平和島《へいわじま》ボートレース場で一銭もなくなったことが。そのときは夜勤で、日本テレビの8時56分からの4分間のニュースを担当していたんですが、電車賃もバス賃もなく、平和島から麴町の日本テレビ本社までの13キロを歩いていきました。ギャンブルやっている人ならば多少はご理解いただけると思いますが、賭け事で交通費を残して安全策を取る発想はありません、少なくとも私にはない。勝ったり負けたりしつつ、最後の最後、最終レースで絶対勝てると確信しているからです。

そんな燦然《さんぜん》とかがやく希望とは裏腹に、お尻の毛まで抜かれてしまったオケラ。どうしようかと思い途方に暮れて、思考能力のかけらもなく、魂が抜けたような状態でとぼとぼと歩く。途中われに返って、あれ?ニュース本番に間に合うかなと焦って、品川神社あたりで小走りしたり。そして、決まってこう思います。もうこんな最悪な気分はいやだ、賭け事は金輪際やめよう。しかし、ふて寝して、次の日に目覚めると、スポーツ紙のレース予想を食い入るように見つめ、ギャンブル狂にリセットされるという繰り返し。ギャンブルやめようかな、と自問するたび「俺はいいけど、徳光が何て言うかな?」と悪魔がささやくのです。懲《こ》りないですよね。

ギャンブルに関してはそんな自堕落でよくやってこられたなと我ながら思いますが、破綻《はたん》しなかったのはすべて愛する妻のおかげです。

サラリーマン時代は給料をすべて妻が管理していて、昔は企業のパーティや結婚式の司会とかけっこうアルバイトがあったので、そのお金をギャンブルにつぎ込んで遊んでいました。だから家庭には迷惑かけないと思っていたんですが、税務署からごっそりと請求がきて、妻からすればなんのことやら、ちんぷんかんぷん。税金の常識がなかった私の責任なのですが、やっぱり迷惑をかけてしまいました。

そのぶん、自分で言うのもなんですけど、ギャンブルした以上に稼がなきゃと必死に仕事をがんばりました。そんな困ったダンナですが、最近妻が達観したように笑ってこう言います。

「あなた、本当に競馬と競艇があったから、今日《こんにち》があるんですよね」

変な女房でしょう?

でも、ほんとに良いかみさんです。

◆原点には歌謡曲と落語

——さあ、いよいよ、みなさま、お別れのときがやってまいりました。

夜霧は白く、別れは青く、ランプは赤い終列車。

われらが八っちゃん、春日《かすが》八郎《はちろう》、思い出のデビュー曲。

昭和28年『赤いランプの終列車』でお別れです。


あれは1955年だったか……私が中学生のころ。今の西武渋谷店が渋谷松竹という映画館であった頃、桑野《くわの》みゆきさんという女優さんが好きだった私は、彼女の映画を見に行きました。当時、映画と映画のあいだに〝実演〟という歌謡ショウがありまして、そこで春日八郎ショーをやっていたんです。当時、『お富さん』や『別れの一本杉』の大ヒットを飛ばしていた春日八郎さん。桑野さんがお目当てだったんですが、初めて見る歌謡ショーで私が釘付けになったのが、司会者の口上だったのです。へえ、こんな仕事があるのか。流れるようなセリフが、国民的歌手の歌唱を盛り上げる。万雷《ばんらい》の拍手と声援。けれどもなぜか私には、春日さんの歌よりも、その名調子のほうが強烈に耳に残った。それはずっと脳裏の片隅にありまして、大学同級生の土居まさるに誘われて、アナウンサーの仕事につこうかと考えたときも、あのときの光景が脳裏をよぎったのです。

あとでわかったのですが、その方は宮城《みやぎ》けんじさん。漫才コンビW《ダブル》けんじの東《あずま》けんじさんの相方で、のちの漫才で「やんなっ！」というギャグで大ブレイクした人なんですけど、漫才師になる前に、春日さんの専属司会者をされていた。のちに宮城さんとお会いした際に、しゃがれ声で「そうかい、うれしいねえ。でもあんたはアナウンサーさんだろ、今は」なんておっしゃって。思えば、あれは歌謡曲との強烈な原体験かもしれません。

卒論では日本の流行歌を研究

美空ひばりさんとのご縁の前に、学生時代から興味があるのは大衆文化。立教大学の卒業論文は『日本の流行歌と、それを支配していた時代背景』で、最初の流行歌ってなんだろうということを調べてまとめたんです。しかし調べたら文献がほとんどない。親父から拝借したデンスケを持って、老人ホームに2軒ぐらい訪問しまして、明治生まれのおじいさんやおばあさんと話をしながら聞き出したのが、『宮さん宮さん』でした。これは社会風刺を歌う辻演歌師によるもので、官軍の姿を皮肉ったような風刺ソングで、当時は全国に広まった。それをもとに戦後第2期の歌謡黄金期まで追いかけ、1960年の橋幸夫《はしゆきお》のレコード大賞新人賞までを書き上げた力作でした。

そこでわかったのは、戦争時代の軍歌は、戦意高揚というよりも、どこかしら戦争否定があり、歌詞は勇壮なんだけれどメロディーがさびしい。あるいは歌詞のなかに、たとえば『麦と兵隊』のように、故郷や、親や兄弟のことを思わせる詞を入れて。それとか『暁《あかつき》に祈る』なんていうのは、「ああ、あの顔で　あの声で」と勇壮に歌いながら、でも「手柄頼むと妻や子が」という一節が、切なく印象に残った。軍歌で一番ヒットした『戦友』でさえ「ここはお国を何百里」と、物悲しいメロディーに乗せて歌われる、そこにこそ大衆の思いが込められているような気がしたんです。

そんなことを論文に書き、その内容を、『高校三年生』や『東京のバスガール』を作詞された丘灯至夫《おかとしお》先生に伺ったときに「まったくそうだ」とおっしゃってくださいました。

日本が1955年あたりから高度成長に突入していくと、デートソングの定番、フランク永井《ながい》さんの『有楽町で逢いましょう』が生まれ、それから石原裕次郎さんの『銀座の恋の物語』など続々とムード歌謡の世界ができあがっていったんですね。そんな歌謡曲の知見があったので、日本テレビのアナウンサーとして歌番組を任されたときも、すんなり馴染めました。ですから、『異国の丘』『有楽町で逢いましょう』『誰よりも君を愛す』『いつでも夢を』を作曲された昭和歌謡界の巨匠、吉田正《よしだただし》先生に「NHKのアナウンサーよりずっと知ってるな、君は」と感心されたこともありました。

今も私、ムード歌謡の世界が大好きでして、カラオケは、川柳と同じ、文化系趣味の位置づけ。バーや居酒屋で、昔の歌謡曲談義をするのがまた楽しいんです。

幻の落語家「柳家徳光」⁉

子どものころからおしゃべりは達者でしたが、中学時代に好きだったのが落語です。単純なんですけれど、野球、落語、歌謡曲、全部私は好きなんですね。ラジオから流れる名人の落語を聞いていると、淡々たる口調がリズミカルで心地いい。柳家小《やなぎやこ》さん、桂文楽《かつらぶんらく》、三遊亭圓遊《さんゆうていえんゆう》、三遊亭圓生《えんしょう》、林家三平《はやしやさんぺい》、月《つき》の家《や》圓鏡《えんきょう》、名だたる師匠の語り口に酔いしれました。圓遊さんの『湯屋番』、柳家小さん師匠ですと『あくび指南』、文楽さんの『明烏《あけがらす》』、何度も聞きました。じゃあ自分でもやってみたいと、講談社の落語読本を買って読んで覚えるわけです。そのうち教室の中でやってみると、どっとウケて、みんなから認められたようで気分がいい。で、教壇の上におふくろが作ってくれた座布団敷いて、ホームルームで先生が来なかったりすると、クラスメートから「徳ちゃん、落語やってよ」なんて声がかかる。そこで座って「えー、それじゃあ、ばかばかしい一席を」と（笑）。『錦明竹《きんめいちく》』、『道具屋』、『寿限無《じゅげむ》』、『寝床』、それから『明烏』なんかを覚えました。

たとえば『宮戸川《みやとがわ》』。

「これも夜遅く帰ってきて、親から閉め出されました若旦那と隣の娘が家へ入れなくてですね。全然この二人は仲が良くはなかったんでありますが、しょうがないからって、じゃあおじさんの家へ行こうって言ったら、私も連れて行って、となるんです。で、一緒に連れて行ったらおじさんが、このおじさんが早とちりの人で、よし、分かったと。まさかおめえがな、こういう人を連れてくるとは思わなかったよ。すべては言うな言うなって二階に案内して。ばあさん、ちょっと寝床敷いてやってくれみたいな。二階に上がって、まあゆっくりゆっくり、お父つぁんには俺が言うからみたいなね。そうすると決して深い仲ではなかった二人が、深い仲になっちゃって」

こんな艶話《つやばなし》を中学時代にやっていたわけですから早熟ですね。落語には吉原《よしわら》だの男女の睦言《むつごと》だのが頻繁に出てきて、これがまた、思春期の背伸びしたい少年の心を刺激する。俺は廓噺《くるわばなし》を知ってるぞ、粋《いき》な江戸っ子情話にも通じてるぞ、というちょっとした優越感もありますし、ますます楽しくなるんです。

そして高校に入って、学芸会のとき講堂で、鉄道マニアの佐藤《さとう》くんと一緒に落語をやったら、これがまたやんややんやの大喝采となりました。だんだん噺家《はなしか》になりたいという気持ちが芽生えてきて、ついに行動を起こすんです。林家小さん師匠に弟子入りしようと。

落語雑誌に掲載されていた情報をもとに、小さん師匠の目白《めじろ》の家へ。着いたはいいけど、立派な門構えの前で行ったり来たり。なかなか、どうやって入っていいか分からない。そしたら玄関で水をまいてるお弟子さんが「お兄ちゃんどうしたんだ」と言うから、思い切って「落語家になりたいんです」って言った。すると「ちゃんと親には了解を得てきた？　親御さんに。ボクはお母さんに言ってきたの？」。どぎまぎしながら「言ってきてないです」と答えると、「おまえ、家出じゃねえか」ってドカン。「どっから来たんだ」「目黒、上目黒です」。その人から「とにかく、だったらすぐに帰りなさい」と言われて、重ねて「落語家にはならないほうがいいよ」って追い返されれた。実のところ、そのときは逡巡《しゅんじゅん》していまして、親に打ち明けたら絶対に反対される、家出同然で小さん師匠の家に転がり込んで、師匠が預かってくれたなら親には事後承諾でいこう、くらいの覚悟でいたんです。

アナウンサーになって、あのときの柳家小さん師匠のお弟子さんはもしかしたら鈴々舎馬風《れいれいしゃばふう》師匠かと思い、当時の家出話をご本人にしましたら、「そんな子がいたかなあ、まあよく来るんだよ、そういうやつが。いやあ、徳光さんもその中の一人だったんでしょうけどね」とおっしゃいました。

目白で入門を断られた私は、ひとり帰路につくわけですが、自分は弱い人間なものですから、親に申し訳ないなと思い、それで家に帰って、親には最後まで思い余った行動を話せませんでした。

あのとき万が一、弟子入りしてたらどうなっていたんでしょう。もしかしたら見習いで、「柳家徳光《トクコウ》」って名乗っていたかもしれませんね（笑）。

ちなみに、〝この人・この噺〟を四つ挙げろと問われれば〝（金原亭《きんげんてい》）馬生《ばしょう》・厩火事《うまや》〟、その弟〝（古今亭《ここんてい》）志《し》ん朝《ちょう》・居残《いのこ》り佐平次《さへいじ》〟に親父〝（古今亭）志《し》ん生《しょう》・火焔太鼓《かえんだいこ》〟、そして〝（立川《たてかわ》）談志《だんし》・芝浜《しばはま》〟ですかね。

第四章

こんな時こそ「非まじめ」でいこう

２０２０年、いろいろな「当たり前」が一変してしまいました。
私も、仕事に私生活に、様々な変化を感じています。
ただ、難しい顔ばかりしていても疲れてしまいますよね。
適度な非まじめ精神が笑いやゆとりを生んでくれると思います。

「バス旅」が気軽にできなくなるなんて……

私が出演させていただいている『路線バスで寄り道の旅』（テレビ朝日）ですが、あの番組をご覧になっている方が大変多くて、街をぶらぶらしていると「徳光さん、いつも見てますよ」と声がかかります。やはりうれしいものですね。ただし収録はバス移動のわりにあちこち乗降しますから、かなり歩きます。朝から晩までの収録で、だいたい8000歩から1万歩でしょうか、私の年齢だと、きついといえばきついんです。だからバスで揺られていると、真剣な仕事の真っ最中なのに、不思議と眠くなるんですよ。なんで寝ちゃうんですかね、揺れにまかせていると、確実に眠くなります。

春ならば「春眠暁《あかつき》を覚えず」と気取って構えられますが、これが年がら年中だと、そうも言っていられない（笑）。大変ありがたいことに視聴者のみなさんからは、「徳光さんらしくていい」と私の自由気ままぶりを楽しんでくださる声もあるものですから、つい甘えてしまうんですね。ほとほとお恥ずかしい限りでございます。

バスの中で見るのはきまって競馬場の夢。馬券を握りしめてうきうき、頭の中で心地いい雰囲気にひたっていると、ハッと目がさめて、「ここは競馬場じゃないの？」

と慌ててまわりを見回してしまう。で、田中律子《たなかりつこ》さんの熟女のエンジェルスマイルをこの目で確認して、「あ、バスの中だったかあ」というのが毎回のオチです（笑）。

ただこうしたロケ撮影は、２０２０年から日本中に蔓延《まんえん》した新型コロナウィルスによって状況が一変しました。基礎疾患のある方や高齢者が感染すると死亡する確率が高いことは報じられているとおりですし、私自身もれっきとした高齢者で、なおかつ心臓疾患を持つ身の上ですから、感染しないよう重々注意が必要です。コロナパンデミック以来、大勢の方が亡くなり、芸能界でもお世話になった方々が新型コロナでお亡くなりになっている現実を考えると、気を引き締めていかなくてはなりません。

今年（21年）になってワクチン接種が始まり、幸い、私自身も茅ヶ崎市の会場に行って2回打ってもらうことができました。まだまだ用心しつつも、バス旅で街の方々と気軽にお話しできる日常が早く戻ってくればと願うばかりです。

◆戸惑いつつも、「しあわせだなあ」と感じる日常

散々ニュースで言い尽くされている話ですが、新型コロナウィルスによって、これ

まで当たり前だったことができなくなるなど、私たちの暮らしが激変してしまいました。新聞にはニューノーマルなんて言葉が書いてありましたが、コロナ禍のなか新しい生活様式が提唱されて、生まれてこのかた〝昭和〟を背負ってきた私からすると終始、戸惑うことばかり。おそらく私と同じような窮屈《きゅうくつ》な気持ちをされている方も大勢いらっしゃると思います。

日々の感染者数やワクチンの問題、医療機関の逼迫《ひっぱく》、政府の対応の遅れや、はたまたコロナ禍による不景気。明るい話題の起爆剤だった東京オリンピックもコロナの影響で、本来のようなお祭りムードにはなりません。なんだか暗い世相に思えてしまいますね。けれど、気の持ちようで将来に希望がさしてくることもあるじゃないですか。「まじめ」でも「不まじめ」でもない、「非まじめ」を標榜《ひょうぼう》する私です。仕事は一生懸命しますが、遊びも目一杯。まじめを絵に描いたような人から見れば、どうかと思われるような〝破綻〟している部分もあります。けれど、こうしてなにげなく生きているだけで、「しあわせだなあ」と日々感じているのも事実。そこでちょっとだけ、こんなときだからこそ、みなさんが笑えて、気持ちが楽になるようなお話をしましょう。

あるとき「徳光さん、コロナ禍で変わったことってありますか？」と訊かれました。

競馬、競艇、オートレースといろんな公営ギャンブルを続けてまいりましたが、有り金がなくなるまで賭けてしまうことに変わりはありません。「そりゃあ徳光さん、おかしいよ」と指摘されるかもしれませんが、もはや趣味というより、私の生き方そのものになってしまっていますので。なにしろ運動会の徒競走を見ても〝着順予想〟してしまう筋金入り。立派な、残念なおじさんですね（笑）。

ところが困ったことに、コロナ禍で競馬場に行けない。たとえ不謹慎といわれようとも、それはそれ、これはこれです。そこで私が手にしたのはパソコンの画面だけついた機械、タブレットってやつです。事務所のマネージャーになげいていたら、画面を操作したら馬券が買えるサイトがあるという。パソコンも触ったことのない機械オンチの私が、欣喜雀躍《きんきじゃくやく》してこれに飛びつきました。若い人からいろいろと教わりながら、中央競馬場や大井競馬場はおろか、今まで行ったことのない、写真でしか見たことのない高知競馬場とか佐賀競馬場、金沢競馬場とかの馬券まで買えるんですから、これはすごい。いや夢のよう、興奮します。地方競馬の馬券まで買えるとなると、購買欲や探究心が無限にふくらんで、タブレット上の指先がビュンビュンと動くわけです。さらに、馬券購入のデータとして馬の血統や過去の成績、騎手のプロフィールや戦績、厩舎《きゅうしゃ》の情報などが見事なまでに出てきて、競馬好きにはたまらない情報が満載されている。あにはからんや、すさまじい文明の利器を手に入れてしまったのです。

タブレット導入であれよあれよと資金が！

まずはネット銀行に口座を作りまして、そこに預金を入れます。ふだんこうしたことが苦手でもたもたするのが常の私ですが、馬券サイトに到達するまでの集中力はおそらくはたで見ていても尋常ではないと思われます。そして口座の資金をもとに、中央競馬と地方競馬でそれぞれ馬券を買うわけですね。毎日のようにタブレットをシュッシュッと鮮やかに操り、馬券、馬券。あっという間に〝馬券購入タブレット症候群〟です。あれほど苦手とし忌《い》み嫌っていたデジタルの世界、それが嘘のようにタブレット操作をメキメキ上達させ、と同時に、あれよあれよという間に資金が底をつくという悲惨な状況に陥《おちい》りました。

この1年間で定期預金を崩してしまいまして、今はタブレット直結の口座には残高120万円を残すのみです。それを知った社会人の孫娘から「じいじはいったい何やっているの！　貯金はふくらませて、お腹はへこませて、でしょ」となじられていまして……。まったくそのとおりですから、言い返すことはできませんが。でもこれから巻き返すつもりですので。勝負はときの運、という言葉もあります。いずれ勝ったあかつきには、孫娘にプレゼントを買ってあげようかと思います。

しかしこれは弁解になりますが、不特定の女性に貢《みつ》ぐというのと違って、私の賭け金は確実に地方自治体の、たとえば学校の講堂であるとか、そういったところに還元されます。国家や地方都市のため少しはお役に立っているはずだと。それにすがっていると申しましょうか、そんな免罪符があるからこそ競馬を続けていたのですが、さすがに今回は、事務所のマネージャーから真剣な顔で「これ以上預金を崩さないでください」とさとされています。私は〝オケラ〟になるまでギャンブルする癖があって、お金はあるだけ使ってしまうので、どうしようもない。これはたしかにまずいですね。コロナで時間ができて、未開のデジタル世界の扉を開いたら、とんでもない〝禁断の果実〟を食べてしまったわけです。まあ現状は馬券購入サイトしか使いこなせていませんので、周囲からは「高い授業料だ」と呆れられています。定期解約がダメなら生命保険があるか、と追い詰められてもまだ懲《こ》りないのですから、いやいやほんとに、自分でもどうしたものかと（笑）。

◆電動自転車で湘南を快走

文明の利器でもう一つはまっているのが電動自転車です。私は自動車免許を持っていないので、妻が運転する車の助手席が指定席でしたが、コロナ禍で湘南の自宅にいることが多くなり、近所の移動のために試しに購入したわけです。

さっそくまたがってこぐと、これは大変な発見でして、ひとこぎでビューンと。最初乗ってびっくりしました。上り坂もスイスイ、はやてのように、湘南の街を勢いよく走り抜ける。風を受けながら景色もビュンビュン流れていって、それでいて疲れないから、いつもタクシーで2300円ぐらいのところにある歯医者さんに、相模《さがみ》川にかかる大きな橋を渡って行くんですけど、電動自転車で行っちゃいました。

ふだん散歩していた道や行き過ぎていた街の風景が、とても新鮮に見えて、実に爽快です。だから最近は、日常生活でほとんど電動自転車を使っています。

買い物をすることも多くなって、よく行くのが茅ヶ崎《ちがさき》駅の成城石井《せいじょういしい》です。そこでお肉を買ったり、おでんの種を買いに行ったり。上質のタラコとか、ルイベってシャケですか、サーモンね、それからシューマイとか、ギョーザとか。

駅まで歩くと20分くらいかかっていたのが、電動自転車だと5、6分。駅の近くにある本屋に行って、週刊誌を買い、「ちょっとの間、置かせといて」なんて地元民らしく声をかけて、ぱぱっとスーパーで買い物を済ませてくる。これが私のルーティンでしょうか。

電動自転車を知るまでは、お子さんを前と後に乗せてお母さんが自転車こいでいると、すげえな！って感動していたんです。ハンドルにしこたま大きな買い物袋をぶら下げて、親子3人分の体重をのっけてすべるように通り過ぎていく。お母さんというのはパワフルですごいな、たくましいなと思ってたんですけど、こんな便利な画期的な乗り物があったとは。

そんな電動自転車のおかげで、年寄りっぽく自宅で隠居することもなく、どんどん外に出るなどアクティブな生活を満喫しています。電動自転車。ちょっとしたことでも、自分の生活が変わるし、見え方も変わるし、快適さ以上の何かを得られたような気がします。

*シニアこそ「非まじめ」であれ！

「不まじめ」とは違う心のゆとり

コロナ禍でもずっと続けていたのが、レギュラーのラジオです。

「土曜朝5時の男、徳光めでございます」

このセリフで毎回スタートするのが、私がパーソナリティの『徳光和夫 とくモリ！歌謡サタデー』（ニッポン放送毎週土曜朝）。演歌や歌謡曲、そして読売ジャイアンツや競馬、ちまたの話題をお話しさせていただき、おかげさまで10年以上続いています。自分の興味のあることを紹介しながら、リスナーの方々と一緒に盛り上がれるとは、なんてしあわせなことでしょう。

その番組でやっていた「徳さんと学ぼう！認知症予防！」というコーナー。「日本認知症予防学会」の理事長で、鳥取大学医学部教授の浦上克哉《うらかみかつや》先生をお招きして、誰もが気になる認知症の「予防法」や、認知症にまつわるさまざまな事柄を一緒に勉強していく企画なのですが、これが大変ためになりました。私たち世代には特に切実で、社会全体がこれから向き合わなければならない問題だと思うんです。

厚生労働省によると、2025年には認知症の方または予備軍とされる方は、高齢者の約5人にひとり、全国で700万人前後に増えると推計されており、私もその予備軍のひとり。その予防に取り組む浦上先生のすすめで、最近、「認知症予防大使」を拝命しました。正直申し上げますと、なんとか大使なんて肩書きは苦手ではあるのですけれど、ビートたけしさんの『みんなの家庭の医学』という番組で先生と共演し、おっしゃることがすごく印象に残っていて、たまたま先生から申し出があったのでやってみようと思いました。私のような不摂生な人間が、と若干抵抗がありましたが、そうか、こんな自分でも、どこかで社会に恩返しできることがあるならば引き受けなきゃと思った次第なんです。

アルツハイマー博士の誕生日6月14日に制定された「認知症予防の日」のイベントで講演をするなど、日本認知症予防学会のみなさんと、認知症や認知症予防についての啓発活動をさせていただいています。これまで多くの世間の方からたくさんの応援をいただいて、今の私があります。メディアに出ている人間として、なにかしら世の中の役に立たなければと65歳過ぎから思いはじめたこともありまして、「認知症予防大使」は世間の役にたてる唯一のライフワークじゃないかと考えたんですね。だから、しっかり世の中に「認知症予防」をアピールしていきたいと思います。

認知症の「薬」はコミュニケーション

今、私はたまたま元気ですけれども、いつ体に不調をきたすかわからない。実際、高齢者ですし、60歳で心筋梗塞を患《わずら》い、死線をさまよった経験があります。日によっては体の調子が悪くなることも年齢相応にあります。加齢は誰にでもあることで、自然現象である老化にはあらがえません。健康も、普通に生活できていることが、どんなにありがたいことか身にしみてわかる年齢が私たちシニアです。

高齢化にともなう「認知症」もその一つ。程度の差はあるんですが、親しい友人や身内にもそういうことがあって、「なんだ、お前、どうしたんだ、いま言ったばかりじゃねえか」「そうか、わりい、わりい」という会話で、あとで気づいたり、身近にそういうことが頻繁に起きるようになりました。いつも「徳光がテレビに出ていることが、俺たちの生きがいなんだよ」、そう言って励ましてくれる仲良しのためにも、何かできないだろうかと漠然と考えていたんですね。だから、自分が現役で仕事を続けているあいだは、認知症予防に一役買おうと思いました。認知症に特効薬はないとされてきましたし、完治というのは難しいですが、状況は日々変わっていて治療薬の開発も進んでいると聞きます。さらに現在の医療でも、症状が進むスピードを緩《ゆる》めることはできる。予防は可能なんです。

そのためには何をすればいいかというと、しゃべったり、散歩したり、歌ったりするのが、とてもいいという。軽い運動や歌というのは自発的にできますけど、認知症で何よりも大事なのは会話によるコミュニケーション。とにかく相手と会話することが予防に有効で、しかも認知症だからといってあからさまに病人扱いしないで、一対一の人間として、その人の思い出話を聞いてあげたりすることが大切だというんです。それはそれで同じことを繰り返し話すわけですから、けっこう粘りが必要だと思うんですよ。子どもの教育も粘りが必要ですけれど、それと同じですね。

根気よく相手に向き合うことで、相手の心がほぐれ、こっちを向いてくれる。長年アナウンサーの仕事をしてきた経験から、同じことを何度も話す方と一緒になることもありましたが、何度聞いても、そのときに初めて聞いたような反応で受け止めるというのは、一つのテクニックじゃないかと私は思うんですね。

アナウンサーが司会をする際、出演してくださったゲストがどれだけいい気分で帰れるかがカギです。たとえばインタビューで、相手が本当に言いたいことにたどり着くまでじっくり聞き出す。その交流によって、話と話が絡み合ってハッピーな気分になれる。うまくいって、人間性を引き出せたときは、アナウンサーにとっての達成感でもある。それが私たちのなりわいだとすると、職業的にトレーニングをしているアナウンサー、たとえばリタイアしたアナウンサーなんかに声をかけて、認知症の方と対話をして話を聞き出すっていう仕事が、もしかすると、できるんじゃないかと今、考えているんです。カウンセリングの資格はありませんが、医師の代わりにアナウンサーが話を聞いて、それをまとめて医師に報告する。医療関係者の一助になれる気がしますし、社会貢献になるのではないかと思います。

それが100％うまくいくかどうかはわかりませんが、日本認知症予防学会で勉強させてもらいわかったことは、人間にとってコミュニケーションがいかに大事かということ。認知症の方に限らず、人間を孤独にさせないことが一番大切で、そのためには相手を尊重しながら接し、お互いに会話を楽しむことだと思うんですね。

◆リタイアして「枠」がはずれてからが人生本番！

ご存知のように、お酒もタバコも好き放題、不養生を続けていた私が、大病を患って、もうダメかとあきらめかけたところから、今は健康に留意しながら、元気に現役で仕事をさせてもらっています。今でもゴルフをやると、飛距離が出るのが自慢ですね（笑）。

「バス旅」のロケでは途中居眠りし、みなさんに「徳さん、まったく困ったもんだなあ」とあきれられながらも、許してもらい、楽しくやらせてもらっています。いろいろなロケを通じて街の方とふれあうなかで、「年齢を重ねてかがやく」ことがすばらしい、と思ったエピソードがあります。

巣鴨《すがも》の地蔵通りにあるシルバー世代専門の写真館。大勢のシニアが遺影用の写真を撮りにいらっしゃるそうなんですが、そのとき取材させてもらった75歳のご婦人は、ご主人が2年前に他界されたとおっしゃっていました。で、メイキャップの方がご主人との思い出を聞きながら、化粧をほどこしていく。

「ご主人と最後に行ったのはどこですか」「ハワイ旅行に行ったのよ」、そんな会話を続け、メイキャップさんが、ご婦人がご主人と一緒にいたときの表情を想像しながら、仕立て上げていく。すると出来上がった彼女の顔は、5歳くらい若くなっていて、びっくりしました。まるで、ご主人が生きていた当時に戻ったみたいで、本当に輝いていたんです。

メイキャップさんが髪の毛をブローして、ふんわりツヤツヤにし、ものの30分で、内側からキラキラと輝きを発していました。それまではなんとなく引っ込み思案だったご婦人が、自分の姿を鏡で見て冗舌《じょうぜつ》になり、「私は、ここがこうだったのよ、しみが消えましたね」とかすごく喜んでいらっしゃる。ああ、こういうことが「生き生き」するということなんだなと感動しましたね。

そしてメイクを終えて、いざ写真を撮るんですけれど、ご婦人はほほえんだりして、心の底から楽しそう。カメラマンがいろいろ注文してポーズを取るんですが、彼女が左手を上げたときに、ご夫婦の絆の証《あかし》である指輪がキラリと光りました。そのときに「ご主人との思い出はなんですか」と横から話を聞きますと、ちょっと恥じらいを見せたりとかされて。ご主人が亡くなって以降は表情の変化もあまりなく、子どもたちに言われるままに従って、時間を過ごされたんじゃないかなと勝手に想像してしまったんですが、とにかく見違えるほど生き生きと輝いていらした。ああ、すてきだなあ、と心の底から思いましたね。ご婦人いわく、〝終活〟の一環として、自分が亡くなったときに子どもたちが昔の写真を引っ張り出してきて、適当な写真を遺影にするのがちょっといやだったと。今の年老いた自分でも、少しでも良く見せたいとおっしゃっていて、その気持ちもすごくよくわかりました。

「非まじめ」は価値観から解放されること

内閣府が出した「高齢社会白書」によりますと、2025年には65歳以上の高齢者の人口割合が30％を超え、年々その割合は高くなるといわれています。介護や看護、そして先ほど言った認知症の問題なども含めて老後生活をどう生きるかが、日本人の大きな関心事になっています。

私の周囲を見回してみても、サラリーマンだとか役人だとか、そういった組織の中で仕事をしてきた人たちがほとんどだと思います。人生の大部分は、枠の中にはまっていた。リタイアするとその枠がはずれ、もしかすると、初めて自由になることができる。けれど、そこで考えてみてほしいんです。

今までの自分の倫理観や道徳観が、組織の中ではぐくまれた倫理観や道徳観だったのではないかと。はたして本当にそれは正論なんだろうかと。立ち位置を変えて見れば違って見えることは当たり前だし、さて自分が信じている正論とはなんだろうかと疑ってみてほしいんです。そうして、今までの価値観を今一度考えなおしてみるのもいいと思うんですね。

私が信条としているのは「非まじめ」な生き方です。

人生の価値観はいろんな角度から見ると、それに賛成の人もいれば、否定の人もいる。一方で、世間のほとんどの方が、今まで本当に「まじめ」な人生を送られてきたと思うんですね。逆に、「不まじめ」というのも別の角度から見た「まじめ」なんだと思います。ある意味じゃ「まじめ」も「不まじめ」も、何が「まじめ」であるかについて他の考え方を認めない点では同じじゃないですか。

でも「非まじめ」というのは、他人の考え方を許す。「そういう考え方もあるね」と認めるのが、私なりに考えた「非まじめ」のあり方なんです。たとえば自分のなかで、「これが正義だ」と思っていたのが、もう一人の自分が「そんなことはないだろう」「そんな固く考えることはないよ」みたいなことを言う。それが「非まじめ人間」だと思うんです。これまでの生き方とは違って、肩に力を入れずに、気楽にいきましょう。シニアになれば、自分をしばってきたような価値観から解き放たれて、気持ちも感性も自由になる。そうすることで季節折々の風を肌で新鮮に感じることもできますね。

座右の銘は「ちょっとあぶない普通人」

たとえば高度成長期にモーレツ・サラリーマンをやっていたご同輩をみても、遊びで羽目をはずすにしても、実は無理してはずしていたと思うんです。お酒の飲み方にしてもギャンブルにしても、「あいつの遊び方はすげえな」と思われたい、豪快な男と思われたい、というある種の見栄。わざと「不まじめ」に振る舞う。

やりたい事をがまんして「まじめ」に生きるのも、やりたくもない遊びに手を出して「不まじめ」に生きるのも、本来の自分と違う生き方をするという点では同じです。「まじめ」も「不まじめ」もがんばり続けていれば疲れてしまいます。

「非まじめ」は、「まじめ」な自分も「不まじめ」な自分もちょっと斜《なな》めに見ながら、無意識の無理やがんばりを指摘してくれる、そんな気の持ちようです。

「おまえ、そんなに堅い人物じゃないだろ」「そんな正義の味方ぶるなよ」「無理して不良ぶるなよ」「悪ぶっても仕方ないだろ」

こう言ってくれる、もう一人の自分です。

もう一人の「非まじめ」な自分って、誰しもが持っている一面だと思うんですよ。自分の「非まじめ」を認めることで、世界がより楽しく見えてくる。

私に関しても「まじめ」な部分と「不まじめ」な部分がありましたけれど、晩年は「非まじめ」であることを意識して、そういう人生を送りたいなと自分の中では思っていました。

アナウンサーの仕事をしていて、ここをこういうふうに聞くといい答えが出てくるぞとか、技術論で凝《こ》りかたまっていたことも、それは一生懸命なわけですから、「まじめ」といえます。自分の中で右往左往して迷走しながら仕事を続けていたのも、同じように「まじめ」です。遊びや趣味で羽目をはずした「不まじめ」な自分もたくさんありましたが、基本的にみなさんと同じように、私の人生は「まじめ」に偏《かたよ》っていたような気がして、やはりそれに囚《とら》われていました。

そういったものが取りはずせたのは65歳になってからかもしれません。いわゆる高齢者に仲間入りしてからですね。60歳で心筋梗塞を患って、回復したのちは、もしも2度目の心筋梗塞が起きたら収入がゼロになり、家族にも周囲にも大変な迷惑をかけると思いました。だから、きちんとテレビ局や取引先の言うことを聞いて、それこそ『24時間テレビ』のチャリティマラソン・ランナーに挑戦したり、できることは全部やりました。どれだけお金があるかわからないし、全部妻まかせですから、自分にできることは、いただいた仕事を一つひとつやり遂げることだけでした。

そしたらあるとき妻に言われたんです、「子どもたちも独立したし、一生懸命働かなくても、二人だけならじゅうぶん食べていけるわよ」。それで、肩の荷がおりたというか、ずいぶん楽になりましたね。それからは、念願の「非まじめ」をこころがけて、生活を送れるようになりました。

「まじめ」も「不まじめ」も一つの価値観の軸の上での両極端、力みすぎて疲れてしまいます。私が色紙などを渡されて時おり書く言葉に「ちょっとあぶない普通人」というのがあります。自分にとっての普通で生きてるんだけど、ただそれだけじゃなくて〝ちょっとあぶない〟くらいが丁度いい。これぞ「非まじめ」です。

「非まじめ」でいこう、と決めてから、毎日を充実して過ごせる生活を模索しました。高校野球をできるかぎり見に行くとか、好きな落語の寄席に足を運ぶとかして、自分が自分であることを「非まじめ生活」で初めて知ったような気がします。

「非まじめ」というのは、自分本位で気ままにやっているんですから、ときとしてわがままな生き方でもあります。けれど「非まじめ」は他人の考えも許すわけですから、相手のわがままにも腹が立たなくなるんです。年をとってくると、妙なことで腹を立てたりしがちですが、そうならないから本当にいい。さらに、こうした自然体でいると、自分が偉いとか、誰かに認めてほしいとか不思議と思わなくなるんです。

自分にはこれだけの実績がある、とか、こんなにすごい肩書きだったんだとか言って、「その俺に向かって貴様は何様だ!」と立腹するシニアをけっこう見かけますが、そういう態度とは無縁です。私も人気商売ゆえ、かつてはいろんなことを気にしたり、肩肘《かたひじ》を張ったりしたことはあったと思います。しかし、相手を受け入れる、相手を許すのが、「非まじめ」ですから、それを暮らしの基調にしたら心にゆとりが生まれる。究極のゴールは、自分自身が偉いと思わないこと。誰ともわけへだてなく交流し、そこから学ぶことで、人生がよりゆたかになるような気がします。

＊ステイホームと妻との時間

今だから、今しかできない過ごし方を楽しむ

コロナ禍であっても、何気ない日常を楽しむ。それが大事かなと思います。

先ほども申しましたように、現代社会に未曾有《みぞう》の危機をもたらした新型コロナウィルス。同年代の知人が亡くなっても感染対策で家族葬や密葬になり、きちんとしたお別れもできない。正直さびしいと申しますか、なんとも切ないような、心が痛むときもあります。私自身、残りの人生がどれだけあるのかわかりませんし、それは神のみぞ知る運命なのかもしれません。とはいえ新型コロナがどんなに脅威であっても、あまりに恐ろしがっていると何もできなくなるし、気持ちの上でもふさぎ込んでしまう。だから、ときに自分に言い聞かせるんです、「俺は、行き当たりばったりの人生じゃないか」。ウィルスは怖いことは怖い、もしも感染したら自分には心臓疾患があるし、おそらく残念な形で、みんなと別れなきゃならないかなと覚悟はしています。けれど

一方で、ワクチン接種が進んできて、また元のような日常が戻ってくる、トンネルの出口が見えてきたのかな、なんて希望も持っています。

そんなことをつらつらと考えつつ毎日を送っていますが、コロナで休みが多かったものですから、妻と一緒に過ごす時間が格段に多くなりました。

◆認知症の入り口に立つ妻との語らい

実は、私の妻は、初期の認知症との診断を受けました。けれどだからといって、必要以上に大変だとか、苦労するでしょうというふうに捉《とら》えないでいただきたい。夫婦が何十年も連れ添ってきて、一緒に子どもを育てて、お互い苦労して支え合ってきた。それが老夫婦になって、どちらかが認知症だとか、よしんば両方がそうだとしても、年を取るというのはお互いの心身が弱るとか、そういうことなのですから、当たり前のこと、自然の摂理ではないかと思うんです。

今の彼女は、いうなれば〝明るい認知症〟で、我が家の雰囲気は、みなさん驚かれると思いますが、ものすごく明るいんです。

彼女はいろんなことを忘れがちだったり、ときに、何度も同じことを言うんですけれど、話していてもけっこう楽しい。たとえば徘徊《はいかい》するとか、料理が得意なはずなのに味が落ちてきたとするとちょっと心配だなと思うけど、今はそういうことはありません。一緒にいると、きわめて彼女が明るいものですから、初めて「俺、女房孝行してるかな」って思っているほどです。これまでは夫婦で長時間、語り合う時間はありませんでしたし、子どもを育てている間は会話なんてほとんどなかった。そして今、私たち夫婦がするのは、もっぱら昔話ばかりです。同じような昔話を毎日のようにしているわけですけど、同じところでけらけら笑ったり。こんなに妻が、明るくよく笑うなんていうことは、今まで気がつきませんでした。

妻がする、覚えている話は限られています。ですから、毎回、同じ話に付き合わなければならない感じではありますが、それをつらいと思っちゃあダメなんですね。そこで、「あれはどうだった?」「こうだった?」とこれまで何度も繰り返し聞いた話を聞いて、相づちをうつ。毎日のように同じ話をしているんですけど、「もうその話は聞いたよ」ということは絶対に言いません。相手の自信を失わせるでしょうし、心のどこかを傷つけることになるでしょう。だから根気よく、お茶の間の会話でも、きちんと妻と向き合い、ひたすら彼女の言葉に耳を傾けるんです。

孫娘などは「ばーば、その話もう520回くらい聞いたよ」なんて言うのですが、妻も孫からの言葉は「あらそう、また言っちゃった」などと案外けろりと寛容に受け止めるのですよね。そのときに私がはじめて聞いたようなリアクションをしますと、喜んで彼女も説明するわけです。毎日がこうした繰り返しなのではありますが、その無邪気な笑顔を見るとね、ちょっとうれしくなりますね。

お気に入りネタは何度話しても、聞いても楽しい

妻がよくする昔話はいくつかあります。

妻の実家は麹町《こうじまち》にあった日本テレビのすぐ近く、二番町《にばんちょう》にありまして、子どもの頃おじいさんと一緒に都電に乗って、有楽町《ゆうらくちょう》にある第一生命ビルによく行ったそうなんです。戦後あのビルはGHQに接収されていて、午前10時と午後3時に正面玄関の階段にマッカーサーが出てくるんですが、短めのコーンパイプを持って、長い足がかっこよかったと。それと、都電に乗っていた子ども時代の話とか大好きで、何時に勝鬨《かちどき》橋が跳ね上がるとか、亡くなった友だちの思い出とか、そんな話を毎日のようにしま

すね。毎度同じ話なんだけれど、彼女は、はじめて話すように楽しそうに話すんです。それを嫌がらずに聞く。だって、ずっと私たち夫婦は、仕事が忙しい間はそんな話をしてこなかったんだから、何年分もまとめて聞いたっていいんじゃないでしょうか。

単身赴任にあやしい女の影あらわる⁉

『ズームイン‼朝！』時代の〝水曜日の女〟は鉄板ネタで、非常に喜んでくれますね。当時、自宅からの車代よりも賃貸物件を借りたほうが安上がりというので、日本テレビ近くのワンルームマンションを借りて、週6日そこで寝泊まりしていました。なかなか帰宅できない私のために、妻は茅ヶ崎から車を運転して、毎週水曜日に洗濯した物を持ってきてくれる。ところが日本テレビの編成局長のデスクから私のマンションがちょうど見える位置だった。

そしたら「水曜日に徳光さんは女を呼んでいる」という噂《うわさ》がなんとなく広まりまして、それが私の女房とはわからないわけですよ。妻には「水曜日の女って誰だと思う？」と話します。少々もったいぶってから、「水曜日の女っていうのはね……、実は、君だったんだよ」という話をすると、「ええ、やだあ。そういえば車で毎週、着替えを持っていったわよね」なんて言って、本当に喜んでくれますね。これも、何度も繰り返すネタなんですけど、彼女が心底うれしそうだから、こっちも同じ話をしちゃいます（笑）。

車を飛ばすスポーツウーマン

妻は本当に車が好きな人で、車の話題を振ると喜んでくれます。私は車を運転できませんが、彼女は運転が大好きで、けっこういい車にも乗っていたんです。アウディ4台、ベンツ3台を乗り継いだのかな。最終的にはベンツCL600という2ドアのスポーティな車に乗っていました。八ケ岳《やつがたけ》に山荘があるものですから、行きは矢沢永吉、帰りはサザンオールスターズを聞いてドライブするというのが、彼女の最高の趣味でした。私はもっぱら演歌や歌謡曲なんですが、彼女がひとりで運転するときは、息子がプレゼントしてくれた永ちゃんのCDをかけながら。それがストレス発散になって、本当に快適らしいんです。

彼女は若いときから活発な女性で、結婚する前、夏に大磯《おおいそ》ロングビーチのプールでデートしたとき、あれ？　いないな？　と思ったら、高さ5メートルの飛び込み台からクルッときれいに回転して水しぶきをあげて着水。その豪快さにびっくりしました。あとで聞いたら、もともと水泳の飛び込み選手になりたかったそうなんですが、ゴルフやスキーも上手だし、フィギュアスケートもできる、そんなスポーツ万能な女性でした。以来、高齢になってもずっとアクティブでいて、一緒にゴルフに行くときも妻が運転。私が静岡でゴルフコンペがあるというと、すすんで車で静岡まで送ってくれたりもしました。

それほどまでに車が好きだったのですが、妻が79歳になろうかというときに、自分でもちょっともの忘れが激しいって気づいたんですよね。認知症の兆しを感じていたかどうかはわからないですけど、もしも何かあるといけないというので、車の免許を返上する流れになり、子どもたちも賛成しました。私もそのほうがいいんじゃないかとすすめました。ただ、車の免許を返上したというのは、仕方ないとわかっていても悔いがあるといいましょうか、未練があるといいましょうか、免許を返上した話を彼女は今もしょっちゅうするんです。車庫に何もないわけですからね。あんなに好きだった車がそばにないのはきっとさみしいのかもしれません。

◆妻と私の55年～馴《な》れ初《そ》め、子育て、そしてまた二人～

これまでほとんど妻の話をしたことがないので気恥ずかしい気もするのですが、彼女との馴れ初めを話したいと思います。妻の実家は麴町の日本テレビ社屋の斜め前にあった『アンテナ』という喫茶店で、そこの看板娘でした。

お店にはいつも日本テレビ社員がたむろしていて、よく出前も取っていて、やがてその縁で、彼女は『3分クッキング』というお料理番組のアシスタントのアルバイトをするようになりました。有名な料理研究家の飯田深雪《いいだみゆき》先生に料理を教わりながら、大変かわいがってもらっていましたね。当時珍しかった女性のプロデューサーからもかわいがられ、番組を通じていろんなことを吸収していて、それが料理が好きになるきっかけだったみたいです。

『3分クッキング』時代は楽しい思い出だったようで、おそらく直伝のレシピも持っているんじゃないかな。だから子どもたちが小さいころ、レストランに食べに行っても、「うちのお母さんのほうがおいしい」なんて言ってましたね。調味料の微妙なさじ加減で整えられた、味がしみた肉じゃがは天下一品で、私も彼女の料理が世界一おいしいと思います。

そんな彼女は看板娘時代からいろんな人に好かれていて、彼女に好意を寄せるテレビマンも多かったと思います。当初、私は接点がなかったのですが、日本テレビ映画部にいたうちの親父が『アンテナ』の常連で、あるとき日本テレビのスキー旅行があり、スキー好きの彼女と当時大学生だった私がそこで初めて一緒になりました。その後、日本テレビに入社した私は、偶然、彼女とアナウンサー室の前でばったり、本当にぶつかりそうになったんです。

しばらくしてアナウンサーの志生野《しおの》（温夫《はるお》）先輩から「徳光は最近、妙にとちる。つまらないところでとちる。何かあるのか。好きな女でもできたか」みたいなことを言われて、先輩に「実は……」と告白したら、1週間もたたないうちに志生野先輩は、妻の実家の喫茶店を訪ねて「うちのアナウンサーがお宅のお嬢さんにどうも恋心を」と勝手に話をしてしまった。それで戻ってきて「話しといたから、あとはお前がやれ」と。

そんなことになるとは思ってもみなかったのですが、当時、アナウンサーの社会は徒弟制度みたいなところがありまして、先輩のお膳立てを、そのましらを切ってつぶすわけにはいかない。心の準備ができないまま妻のもとに行き、「すみませんけど、一度だけでもいいから、デートしてもらえないか」とお願いしました。そしたらあっさり断られたという(笑)。

続けてデートを申し込むも、3回ともダメ。

「好きだとか、好きじゃないとか、そういうことじゃなくていい。先輩がこれだけ言ってくれた以上、僕は本当に先輩の顔を立てなければならないし、アナウンサーの世界ってそういうもんなんだ。1回だけ、好きか嫌いかってことは別にして、一緒に出かけてくれ」といささか苦しいこじつけまじりに懇願しまして、ようやく初デートにこぎつけました。

西銀座デパートの中にあった不二家ミュージックサロンという、ハワイアンやカントリーウエスタンを演奏する当時流行《は》《や》ったライブハウスみたいなお店に行きまして、そこでは、ほとんど会話もなくて。そのあとはごく一般的な中華料理屋でご飯を食べて、それからフルーツパーラーに行き、私はプリンアラモードを注文しました。妻は、私がコーヒーの銘柄なんかを言ってキザに振る舞うんじゃないかと思っていたらしいんですけど、ずいぶん庶民的なかわいいものを頼むなと思ったらしく、そこでようやく気に入られたというわけなんです。

それで、帰り際に、きょうはありがとうってなりまして、「もう一度ぐらいデートしないか」みたいな流れでしたね。「気持ちをはっきりさせなくていいから、もう少し付き合ってくれない？」「いいわよ」と。そこからでしたね、わりと頻繁《ひんぱん》に会うようになり、丸1年間しっかり付き合って、それで私たちは結婚したんです。

結婚式のときに日本テレビの社長が祝辞を述べてくださいまして、「喫茶店の『アンテナ』は、お婿《むこ》さんを見つけたらアンテナ下ろしちゃった」。それがけっこう笑いを誘ったんだけども、実際、私と結婚する2カ月ぐらい前にお店を閉めちゃったんです。私たちはともに昭和16年生まれで、結婚当時二人とも24歳。うぶな駆け出しのころから、結婚して55年になりました。

どこでも嫁しゅうとめ問題はあるもので

もともと妻が言いだしたんですけど、新婚当初は茅ヶ崎にある私の実家に同居することに。彼女のお父さんは鹿児島出身で、親戚なんかはみんな同居しているというから、抵抗はさほどなかったようです。

しかし当時、私の世代は核家族のはしりです。同居に付き物の嫁しゅうとめ問題を極力避けようという考えでしたから、女性アナウンサーはこぞって「徳さん、両親との同居はありえないわよ。どこか小さくてもいいからアパート借りなさい」と猛反対。そうはいっても妻がそうするというから、親と一緒に住んだんですけど、結果的にうまくいかなくて、自由が丘にアパートを借りて、両親とは離れて暮らすようになりました。

おふくろは私にそっくりで割とかまわない質《たち》で、妻は几帳面《きちょうめん》というほどではないんだけれども、料理教室に通っていたのでその教えを守って物を大切にしていました。特に包丁は大切にしていたわけです。自分用の包丁を数本持っていたんですけど、それは引き出しに大事にしまっている。おふくろは、そういうことを構わずに平気で彼女の包丁を使っちゃう。こんなようなことの積み重ねですね。

とある日、妻が泣いているので何かなと思ったら、「お母さんが私の包丁を使って、そのままに放置してある」と。そんないざこざが続くと、間に入った私も神経性胃炎になってしまって、もうこれじゃダメだなと思って、東京に引っ越したんです。ところが子どもが3歳になったころ、妻が「お父さんの家の庭に築山《つきやま》があったけど、あそこに家を建てることはできないだろうか」と言ってきた。それで、実家に話したら、おやじもおふくろも、孫が帰ってくると大喜び。日本テレビからお金を借りて、妻の兄が建築士だったのでそこに頼んで、30坪くらいの敷地をめいっぱい使って、小さな家を造って住みはじめました。よくスープの冷めない距離って言いますけど、孫が時々遊びに行って、両親も時おり訪ねてくる、割といい関係になりました。わずかな距離ができたことにより、嫁しゅうとめの確執はなくなりましたね。

嫁しゅうとめ問題で本当に懲《こ》りているはずなのに、2度目に「同じ敷地内で暮らさないか」という提案が妻からあったのにはおどろきました。普通は顔を見るのも嫌だ、となるじゃないですか。それが妻のすごいところ。

フリーランスになるかどうか迷ったときの後押しもそう、彼女が節目節目で決断してくれたことが、徳光家をいい方向に導いてくれたように思います。

私が日本テレビにいた頃は、今では考えられないほど大らかな時代というか、アルバイトをたくさんしていたのですが、そこで得たお金もずいぶん自分で使っていたんです。臨時収入を時々妻に渡していたのが、彼女はそれをほとんど貯金してたらしい。

私はお金があれば、後先考えずに使う性格。一方彼女は、将来もし自分たちが困ったら、路頭に迷うことがないとも限らないから、と考えて、銀行と相談して、貯金を頭金にして土地を買ったり、私のいい加減なところを補ってくれるしっかり者。

いま私たちが住んでいる家も、息子たちが受験に失敗するなど家族が意気消沈しているところに、だったら一念発起して家でも建てようかと彼女が探して、全部やってくれた。度胸があるというか、いざとなったら、エイヤッみたいなところがある。八ヶ岳の山荘も、「やっぱり山はいいわよね」と言って、彼女が計画して購入したんです。

「あなたが一生懸命稼いだから、今があるんだ」と彼女は口ぐせのように言いますけども、そのお金をうまく運用して、夢を実現してしまう。家を建てることは一国一城の主になるというか、サラリーマンの夢。そんな一生に一度あるかないかの大きな買い物は夫婦で話し合って、だいたい夫が主導権を握って、これにしようみたいな話が多いですが、うちはまったくそうじゃない。妻がいきなり「家を建てようと思うんだけど」、私はただ「え？　家を建てる？」。すると彼女は段取りよく、どんどん話を進めて、見積もりも取ってさっさとやってしまう。とにかく頼りになるんです。

お金の管理も銀行とのやり取りもすべて妻まかせ。しっかり者の妻がいてくれなければ、典型的な〝宵越しの銭は持たない〟気質で有り金すべて賭けてしまう私は今ごろいったいどうなっていたことやら……。

コロナ禍で見つめ直した〝二人〟

そうやって建てた家も、長男次男ともに独立し、今は夫婦二人きり。年齢も年齢ですし、〝終活〟を真剣に考える時期にきました。断捨離せねば、とも思います。

長年ひとつの家に暮らしますと、いつのまにか物がたまり、使ってないようなものまでずいぶんあって、整理が追いつかない。ずっと整理整頓名人の妻頼みでしたが、さすがに今まで通りというわけにはいきません。きれいに掃除はしてくれていますし、本人は片付けるのが好きなので、ひもで束ねたり箱にしまったりはしてくれますが、荷物の多さに追いつかないという感じです。

だから、息子なんかは片付けてくれる業者を呼んで全部持っていってもらったらどうかみたいなことを言う。でも妻は、他人が家に入ることが苦手なタイプなのでストレスになってもいけないし、それなら今の状態でいいや、と思うんです。

口はばったい言い方になりますけども、やっぱりね、「あいつがいなかったら、俺、今、ないな」というふうに思っていますのでね。好きなように、できる限り、彼女が好きなようにさせなければいけないかな、と思うんです。

コロナ禍では思いがけず、自分の思いが鮮明になります。

私は、妻のこととか深く考えない人間だったかもしれません。しかしここまで来られたのは、彼女がしてくれた一つひとつのことがあるから。今はそう言い切れます。思い起こして、あのときはこうだった、このときはこうだったたって記憶をたどると、やっぱり彼女は全力投球でやってきた。いろいろと気を使って、脳の機能も消耗して、激しく生きていたんじゃないかな。一緒に歩いてきたつもりだけども、脳の〝金属疲労〟のスピードは、彼女のほうがちょっと早かった。そんな感じがします。私みたいに、好きなことを好きなようにやっている人はひょっとするとあまり認知症にはならないかもしれない。その分、彼女に、家族のマイナスを負わせていたのかもしれないですし、そこはなんとも言えないのですが。

本当のところはよくわかりませんけれども、彼女を見ていて、そんな思いを痛切に感じます。だから、申し訳ないなって思うところも出てくるじゃないですか。せめて、妻がこのまま明るく生きられるようなサポートを、今度は私がしなきゃいけないかなと。甘っちょろいと言われるかもしれませんが、そんなこんなをコロナ禍で改めて考えさせられましたね。いつの間にか、〝対〟。夫婦は二人で一人かなっていうふうに。そんなことを考えたこともなかったのだけれども、今回はそれを強く、強くというか、深く感じました。

そういう意味では、私にとってコロナが大きなマイナスかというと、けしてそれだけじゃないような気がします。コロナは恐ろしいけれども、自分がそんなに怖がって毎日を送っていたら、人生楽しくないぞっていうふうに思えるようになりました。人に強要しようとは思いませんけど、少なくとも自分はそうありたいと思います。また、さっきお話ししたような多くの気づきも得られましたし、そのためには自分がどうしなければならないのかという目標も見えたような気がします。そして、まじめ一辺倒ではなく、若干の頭脳の柔らかさをもって、変化の多いいろいろなことに対応していく。それを心がけていればコロナ禍でも、緊急事態でも、それほど慌てず騒がず人生を送れるんじゃないか。私たちくらいの年齢になると、「非まじめ」という気分で楽しく生きられるはずだと思うんです。

◆「思い出話」の効能

私にとって身近な妻の話から認知症にふれましたけれども、私自身も妻と連れ立って病院で診断を受けたり、お医者さんのアドバイスを聞いたりして常日頃、勉強しているところです。一言で「認知症」といっても症状や進行が十人十色であることは、認知症予防大使を務めるなかでも学んできました。ですので、〝明るい認知症〟というのもあくまでも妻を見ていて私が名付けた、造語のようなものですね。

私が妻と暮らしていての実感にすぎないのですが、〝明るい認知症〟の場合は、毎日一緒に言葉を交わしていることが、良い影響を及ぼしているような気がしています。もちろん、医学的に証明されることではないのですが……。

お医者さんにはひと月に1回、薬を取りに行ったりとか、その後の状況やなんかを説明していますけど、担当の女医さんは、「実は奥さんは、ご主人といるときが一番楽しいんじゃないか」と指摘してくれました。ああ、なるほど、だから明るいのかと合点がいきましたね。

認知症でいろいろ悩んでいる方、周囲に認知症の方がいらして日々の生活が大変な方はたくさんいらっしゃると思います。あくまで私と妻のケースからしか言えなくて恐縮なのですが、とにかく一緒に会話をする、楽しい昔話をするということが、光明になると良いなと思います。大変ではあるけれども、根気よく会話を続けてあげる。あげる、なんていうのはちょっと違うかな、一緒に楽しむというのが大事なのかもしれません。

お医者さんの判断によれば、認知症の患者さんは半分はわかってるだろうけど、半分はわかっていない状態になるといいます。またすべてを忘れてしまいますので、それはそれでやむを得ない。とにかく、あるがままに。その人のあるがままに、話を一緒につなぐ。そしてわかっていることでも、繰り返し受けて、明るく楽しむ。それで時おり質問する。そうすると相手は安心して、喜々として答えるわけです。当然こっちは答えがわかっているんですけど、それをちょっと角度を変えて聞いたりとかしますと、喜びながら、「だから、言ったじゃないの」って。いやいや、それはこっちのセリフだと言いたくもなりますが（笑）。

これは私、だてにアナウンサーを長年続けてきたわけではございません、同じ問いも、同じ答えも、抑揚を変え、時には変化球を交えながら楽しくインタビューするわけです。そして相手が喜んでくれることが、最大の喜びでもあります。

ゆっくり流れる時間を楽しむ

私の誕生日は事務所のスタッフがお祝いしてくれるんですが、毎年、妻の誕生日は息子たちがどこかしらお店をセッティングして、私たち夫婦とあわせて家族みんなで食事会をします。孫娘も社会人ですから妻に何かしらプレゼントをくれるのですが、それは家族にとってかけがえのないすてきな時間です。

プレゼントはそんなに高価なものじゃなくて、セーターとかハンカチのセットとか、電車に乗ったときにかけるショールとか。妻はめちゃくちゃ喜んで満面の笑顔。そして「こんなこと生まれて、初めて」とはしゃぐのですが、孫娘たちから「ばあば、去年もやったじゃない」とすかさず突っ込みが入って、一同がまた大笑い（笑）。

なんだかんだで、妻は、お茶目でかわいいんですよ。

最近は、彼女が好きな車に乗れなくなって、じゃあどうする？と。私が購入した電動自転車があまりにも快適なので、妻にもすすめたのですが、彼女は電動にはどうしても乗れないっていうから、普通の自転車に乗って、午前中、一緒に湘南の海に行くことが増えました。

茅ヶ崎の家から海岸まですぐです。行く前におにぎりを作って、二人で海を見に行きます。堤防前でそろって自転車を停めて、砂浜に少し降りていくと、相模湾から吹く潮風を全身で感じます。白い波が立つと、サーファーが次々と波乗りする姿が。

「次の波に乗れるかなあ」

「波に乗れるといいわねえ」

ビーチに腰をおろして、遠目にサーファーたちをしばらく見ていると、時間が経つのを忘れてしまいます。途中、ちょっと塩気のきいたおにぎりをほおばって、近場のピクニックにはちょうどいいロケーション。気がつけば2時間くらいずっとそこにいて、波音は耳に響くけれど、なんだかとっても静かで、私たち夫婦だけがいるような気がします。長い時間をずっとともに過ごしてきたような、小さなしあわせを感じますね。妻がそばにいてくれる、そんなささやかなことが心をあたたかくします。

そして、コロナ禍で新たに始めたもう一つのことがウクレレで、TUBEのベーシスト角野《かくの》（秀行《ひでゆき》）さんから以前いただいたマホガニーのいいやつがあって、倉庫に眠っていたのを取り出して、お遊び程度なんですけど、最近時間があると弾いています。本屋さんで見つからなかった教則本を通販で取り寄せて、今はコードを勉強中。学生時代にハワイアングループにいた友人からウクレレを教わっていたので、「ブルーハワイ」や「カイマナヒラ」「真珠貝の唄」とかスタンダードなのを、きちんと演奏してみたいですね。昔はコードをすぐに覚えられたんだけど、今はどうかな。でも楽器はボケ防止にもなりますし、特にウクレレの音色の素朴な味わいは、今の私の生活にマッチしているような気がするんです。湘南ですし、ウクレレ爪弾きながら、妻と一緒に海を眺めるというのもいいかもしれません。

◆これからも、二人でお茶を

日本テレビの社員アナウンサーからフリーランスとなって独立して、ずっとがむしゃらに働いてきましたし、遊びもしました。80歳になって改めて思うんですけどね、こんなわがままな自分を支えてくれた妻に対して、本当に感謝しています。

独立する際に最終的に「あなたについていきます」と背中を押してくれたのは妻で

したし、今、自分流の生き方でやっていられるのも「二人だけならじゅうぶん食べていけるわよ」という彼女の言葉からでした。

私が仕事先から自宅へ帰りますと、夫婦二人きりの時間です。

わが家は結婚して以来、京都の老舗茶店「一保堂《いっぽどう》」のお茶を購入しているのですが、そのお茶を妻がいれてくれるんです。やはり、ほっとするというか、彼女のいれてくれるお茶がとにかくおいしい。

お茶を飲みながら妻と、きょうあったことや家族のことなど、いろいろ会話をします。長く連れ添っていますから、すでに聞いた話もたくさんあります。でも、それでもいいじゃないですか。

毎日同じ会話だとしても、私が、「本当に俺はおまえと結婚してよかったなと思うのは、お茶がうまいんだよ」と言うと、彼女が大変喜ぶんですね。

「おまえが入れるお茶が、どこ行ったって、本当にうまい。すき焼きを食べても、フランス料理を食べても、中国料理を食べても、俺は途中でやっぱり日本茶を飲みたくなる。どんなときでも、おまえのお茶を飲むと、どんな料理も格段にうまくなるよ」

実際にそうなんですよ。お世辞ではなくて、それが実感なんです。

すると妻は、「ありがとう」とは言わず、きまってこう謙遜します。

「だって、お茶がいいから」

私たちだけが特別に知る〝お茶の味〟とでも申しましょうか。

そして、そんなおだやかで落ち着いた夫婦の時間を大切にしたい。

それはとても楽しい人生で、これからもきっと、心のうちをゆたかにしてくれるでしょう。

本書は語り下ろしです。

徳光和夫（とくみつ・かずお）

1941年東京生まれ。

63年、日本テレビ入社。プロレス中継や歌番組、『ズームイン‼朝！』『NNN ニュースプラス１』などで人気を博す。89年、フリーアナウンサーに。

『路線バスで寄り道の旅』（テレビ朝日）、『徳光和夫 とくモリ！歌謡サタデー』（ニッポン放送）、『名曲にっぽん』（BS テレ東）、『週刊ジャイアンツ』（日テレ G+）など、巨人と競馬をライフワークに、80歳を迎えた今も幅広く活躍中。

徳光流《とくみつりゅう》生《い》き当《あ》たりばったり

2021年8月10日　第1刷発行

著　者　徳光和夫《とくみつかずお》

発行者　大川繁樹

発行所　株式会社 文藝春秋
〒102-8008 東京都千代田区紀尾井町3-23
電話　03-3265-1211（代）

印　刷　図書印刷

製　本　大口製本

定価はカバーに表示してあります。

万一、落丁乱丁の場合はお取替えいたします。

小社製作部あてお送り下さい。


ISBN978-4-16-391179-3